*Dedico essa obra a Portugal,*
*precursor da Geopolítica*
*e a Marco Polo, viajante entre os povos.*

Masimo Della Justina

# GEOPOLÍTICA

## Crepúsculo e Aurora

EDICON

CIP-BRASIL. CATALOGAÇÃO NA PUBLICAÇÃO
SINDICATO NACIONAL DOS EDITORES DE LIVROS, RJ

J97g

Justina, Masimo Della. Geopolítica : crepúsculo e aurora / Masimo Della Justina. - 1. ed. - São Paulo : Edicon, 2022.
448 p. : il. ; 23 cm.

Inclui bibliografia e índice.
ISBN 9786559340392

1. Geopolítica. 2. Geopolítica - Aspectos econômicos. 3. Geopolítica - Aspectos políticos. I. Título.

22-79016 CDD: 320.12
CDU: 911.3:32

Gabriela Faray Ferreira Lopes - Bibliotecária - CRB-7/6643
20/07/2022 25/07/2022

Revisão técnica: *João Barcellos*
Revisão: *Nilza Aparecida Hoehne Rigo*

Contato com o autor: masimo.dj@gmail.com



**EDICON** **www.edicon.com.br**
**Editora e Consultoria Ltda-EPP**
11-3255-1002 3255-9822 zap 98871-1678
Rua Dom Duarte Leopoldo, 793 SP- SP 0142-000

# CONSELHO EDITORIAL

# Sumário

# INTRODUÇÃO

Estas páginas pretendem ser uma introdução aos grandes temas de geopolítica, recheados com possíveis cenários de agora até o ano de 2070. A intenção desta obra é ajudar o leitor a saber o que conhecer em relações internacionais e geopolítica para então saber como conhecer e acompanhar os fatos nos meios de comunicação e redes sociais, na dinâmica política nacional e internacional.

A primeira parte apresenta a definição de geopolítica e sua relação com a geografia, economia, política e poderio militar, trazendo também os autores mais relevantes; a segunda parte apresenta os grandes temas de relações e internacionais, situações de conflito e crise, a necessidade de plano estratégico e cenários de que os países precisam para atuar numa verdadeira teoria de jogos, a fim de se manterem no controle e evitarem cenários indesejados de refém ou vítima; faz-se necessário também entender a mente dos diplomatas e negociadores internacionais, influenciados na sua formação pelas escolas de pensamento construtivista, liberal, marxista, realista e pluralista; a terceira parte demonstra a importância da cooperação internacional para o bom entendimento político e o fluxo econômico entre as nações; traz à tona a ONU e as organizações internacionais relevantes, a ajuda internacional para o desenvolvimento e a agenda social de países em situações de fragilidade, bem como o uso de disputas de fronteiras como instrumentos de barganha para ganhos econômicos dos envolvidos; a quarta parte trata da importância geopolítica e econômica da água, do potencial de conflito sobre aquíferos, lagos, rios internacionais e sobre o Círculo Ártico, dos desafios de logística para o comércio internacional dos países sem saída para o mar, da importância dos fluxos marítimos e dos portos e dos multiplicadores da economia marítima; a quinta parte faz algumas conjecturas sobre cenários para os próximos 50 anos, considerando a importância geopolítica da China, EUA, Índia, Japão, Oriente Médio, Reino Unido, Rússia, União Europeia, e de alguns países em posição geográfico-estratégica indispensáveis, como Afeganistão, Alemanha, Arábia Saudita, Azerbaijão, Djibuti, Egito, Geórgia, Irã, Israel, Líbia, Panamá, Península Coreana, Turquia, Ucrânia, Venezuela.

Os temas e casos históricos e atuais são analisados sob a ótica das grandes escolas de pensamento em relações internacionais e de geopolítica. Nas páginas que você visitará há um cuidado para deixar a leitura agradável, sem faltar a devida fundamentação teórica, ilustrada com fatos históricos conhecidos (ou não) do leitor ou leitora. Dentro da filosofia da prosperidade e partilha, que se alastra dentro do país e entre países, estamos vislumbrando a aurora de uma maior cooperação internacional para o desenvolvimento e a superação da pobreza, da fome, das doenças, da ignorância, da migração, da violência, do terrorismo, das armas, das ditaduras, da brutalidade e da guerra; ao mesmo tempo, há um acirramento da concorrência econômica e da influência geopolítica por vezes silenciosa e por vezes agressiva entre poderes de longa data e entrantes que se estabelecem cada vez mais.

Os últimos 100 anos têm sido muito tensos e intensos nas relações internacionais e no jogo geopolítico, incluindo o grande. Desde o grande impacto da Primeira Guerra Mundial aos arranjos na Europa e Ásia Oriental, na sequência; as buscas de acerto no entreguerras, a grande depressão e a crise na Liga das Nações; a brutalidade contra a democracia, a expansão alemã e japonesa e as respostas da Inglaterra, França, União Soviética e EUA e logo a Segunda Guerra Mundial e a Guerra do Pacífico; a Grande Aliança e seu colapso; o Plano Marshall, o Plano Colombo e a expansão global dos EUA e sua contenção em outras expansões; o antagonismo entre a Organização do Tratado Atlântico Norte e o Pacto de Varsóvia; a Revolução Chinesa e a Revolução Cubana; a corrida armamentista e a deterrência nuclear com intervalos de *détente*; EUA e Japão como potências econômicas, o Reino Unido em declínio de poder global e a construção da União Europeia; a Guerra Fria e a sua brutalidade no Oriente Médio, África, Sudoeste da Ásia e na América Latina com inúmeras ditaduras e guerras civis; as divisões na Europa e os conflitos no Oriente Médio; as guerras da Coreia, do Camboja, do Laos, do Vietnã, da África e as independências na África e na Ásia; a intervenção soviética na Europa Oriental, América Central a África; a divisão sino-soviética; a preponderância americana sob Kennedy-Johnson-Nixon; as crises econômicas de 1970s e 1980s e o colapso do sistema de Bretton Woods; a *Détente*, o militarismo de Reagan, a segunda Guerra Fria; o colapso soviético, as independências e as transições econômicas e políticas de seus satélites e repúblicas, as guerras no Cáucaso; o unilateralismo americano e as guerras do Afeganistão e do Golfo; a crise financeira e econômica internacional de 2008; a Primavera Árabe e suas decepções e guerras civis no Iêmen, Iraque, Líbia e Síria; o fundamentalismo religioso-militante, a disseminação de células da Al Qaeda na África (Leste, Norte, Oeste), na Ásia e no Oriente Médio; o terrorismo, o Estado Islâmico e ação de mercenários e militantes; o uso das redes sociais para a mentira e o ódio, o populismo bruto dos autoritários e incompetentes eleitos nas democracias e o desafio das pandemias nos precários sistemas sanitários, a guerra na Ucrânia.

Como no fundo dos oceanos, a geopolítica global atual é uma mistura de forte pressão: tem luminosidade até certo ponto, mas também muita escuridão, tem dorsais tortuosos, vulcões, depressões; alguns países têm luz própria, mas não enxergam adequadamente; tem placas tectônicas se ajustando e ainda existe muito de desconhecido e de curioso a ser explorado.

As placas tectônicas da geopolítica global estão em movimento e abrindo um novo horizonte na economia política global com crepúsculos e auroras perceptíveis – a saber:

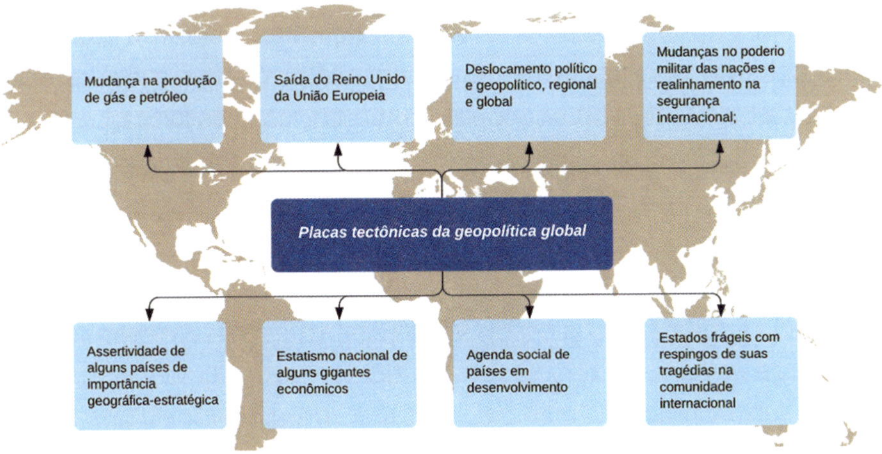


As mudanças com novos entrantes na extração do gás e do petróleo, além dos tradicionais, como a Arábia Saudita e outros Estados do golfo, Estados Unidos, Irã, Líbia, Rússia e Venezuela. Novas estratégias econômicas (o gás e petróleo misturados com poderes econômicos e militares ascendentes): China, Índia, Irã, Israel, Japão, Rússia e Turquia.

Estamos presenciando, de agora até 2050, com o pico em 2070, a aurora para o século da Ásia e um lento crepúsculo para o século do Atlântico? O crepúsculo seria representado pelo diminuído protagonismo geopolítico dos EUA, Europa e Inglaterra e uma indispensabilidade estratégica da China, Índia, Irã, Rússia e Turquia com um reposicionamento do Japão e uma assertividade de Israel?

"Hoje, vivemos uma época em que não foi só o mundo da Guerra Fria (1945-1991) que desapareceu. Também o mundo unipolar, que suportava a ideia de uma ordem liberal internacional (com apogeu entre 1991-2001) desapareceu. O 11 de Setembro em 2001, a invasão do Iraque em 2003, a crise financeira de 2008, a contínua ascensão econômica, política e militar da China – com a clara ambição de potência global – e a reemergência da Rússia, ainda que numa área geopolítica mais limitada aos seus territórios históricos de influência, alteram profundamente o contexto da geopolítica global" [Fernandes; 2019, p.134].

Existe, e todos sabem, uma mudança paulatina, mas na mesma direção, do jogo geopolítico internacional. Alguns falam de conflito de civilizações, mas talvez não seja para tanto; as diferenças somente estão sendo utilizadas, como sempre foram, como mecanismo de controle e manipulação de alguém de alguns sobre outros. Também se fala do surgimento da força econômica e militar da China, o que é mais real e mais perceptível em todos os cantos do globo. Isso, contudo, deve ser entendido como uma evolução normal, a exemplo de outras evoluções em outra regiões e em outros tempos. Outros falam de intradivisões na Europa, a divisão Leste-Oeste, da qual se fala desde a queda do império romano no ocidente. Há ainda a divisão transatlântica, entre europeus e, mais especificamente, da relação especial entre o Reino Unido e os EUA e num esticamento quase arrebentando com a Rússia.

Mesmo assim, em geopolítica, o pôr do sol é como o sol de verão no Hemisfério Norte, que se põe vagarosamente. A aurora é como o nascer do sol nas manhãs de inverno, tudo muito devagar e prolongado, quase sem perceber, até que um marco mostre claro o novo momento. O lento pôr do sol dos Estados Unidos e da Europa ficaram marcados nos dias da desastrosa administração Trump (2017-2021) e da saída do Afeganistão em 2021, mas com boa liderança da administração Biden na Pandemia e com a aurora da China, que vem num plano estratégico na mesma direção há 40 anos.

O Ocidente parece convergir para o ano de 476 e o Oriente parece convergir para a antiguidade. A China e a Rússia já são poderes nucleares e parte do Conselho Permanente de Segurança da ONU e se fortalecem mais e no mesmo clube os EUA, enquanto França e Reino Unido se enfraquecem um pouco. Como gotas de orvalho a brilharem na manhã de sol também surgem a Índia, Irã, Israel, Turquia, e um Japão que almeja ser mais assertivo na segurança regional.

Por fim, o autor gostaria de mencionar que esta obra pretende ser uma introdução e um guia para leigos e especialistas interessados, mas com a suficiente humildade de que não é possível, dentro das argumentações, exibir uma análise completa de todos os fatores complexos que influenciam e têm influenciado a geopolítica atual e daqui para a frente. Pode ser que a certa altura da leitura algumas partes possam parecer um tanto complexas e com muitos temas; fato é que a construção vai acontecendo na mente de quem lê e que, na última página terá entendido, afinal, um pouco mais do mundo!

Desejo uma boa caminhada pela geopolítica global.

# I

# GEOPOLÍTICA

Partindo da geografia física é possível ver o planeta Terra com seu relevo e todos os seus recursos naturais como se fosse a tabela dos elementos químicos. Os recursos animais, minerais e vegetais depositados sobre a Terra, nas entranhas da Terra, montanhas, colinas, vales, florestas, desertos, oceanos, lagos, mares e rios, são transformados em commodities, produtos e serviços na economia nacional, comprados e vendidos no comércio internacional; a partir daí, nessa dinâmica, a geografia humana e geografia política formam a base das relações internacionais e da geopolítica.

## 1. O QUE É GEOPOLÍTICA

Uma definição mais acadêmica surge no *Jornal para a Geopolítica*, da editora Vowinckel-Verlag:

> "Os redatores da *Zeitschrift für Geopolitik*,[1] em 1927, definiram a Geopolítica como a ciência que 'indaga os liames que ligam os eventos políticos à Terra e quer indicar as diretrizes da vida política dos Estados, deduzindo-as de um estudo geográfico-histórico dos fatos políticos, sociais e econômicos e de suas conexões" [Bobbio; 1995, p.244].

Os seres humanos habitam a superfície da Terra, onde quase cada metro quadrado já tem sido ocupado, e, por meio da economia, tudo o que se produz e se comercializa dentro de um país, e entre países, chega à nossa mesa de refeição ou em forma de utensílios para a cozinha, cabides para o guarda-roupa, veículo na garagem, aparelho de telefone celular, tecido de algodão e tudo o que pegamos na mão e usamos. Nenhuma parte do mundo é uma vaga extensão geográfica vazia; todos os metros quadrados estão sobre o controle de indivíduos, de empresas ou do setor público de Estados independentes, que são a organização administrativa, jurídica e política das respectivas sociedades.

Em diferentes regiões da Terra as pessoas falam os seus idiomas, se vestem tipicamente e preparam os alimentos numa identidade pró-

[1] Revista conservadora dedicada à estratégia militar expansionista alemã.

pria; assim, diferentes sociedades se organizam em cultura, país, política, bandeira, hino nacional. A partir da geografia física, humana e política, surgem as relações entre os países, a defesa nacional e dentro dessas relações internacionais está a geopolítica.

A análise geopolítica ajuda a entender como a distribuição natural da geografia física, que é transformada em geografia política a partir da geografia humana, cria condições para o exercício de poder em pontos geográficos estratégicos, identificando os respectivos atores, em esferas de poder. Essa distribuição de poder pode mudar na medida em que as relações econômicas do país se intensificam, a demanda econômica por recursos naturais oscila e as rotas de navegação e de fluxo no comércio internacional também mudam de direção e sentido; pode mudar com o surgimento de diferentes sistemas econômicos e políticos; muita coisa pode mudar também com o alinhamento e o realinhamento político entre países e regiões da Terra. Nessas premissas, a geopolítica basicamente busca entender:

- Quem tem poder em uma região?
- Por que tem esse poder?
- Quais mecanismos utiliza para exercer esses poderes?

O poder internacional pode ser exercido de forma visível ou menos visível, por *Hard Power* ou por *Soft Power*, ajuda externa, chantagem, coexistência pacífica, cooperação, cooptação, democracia, *détente*, deterrência, diálogo, diplomacia, distensão, dissuasão, *entente*, legalidade, neutralidade, persuasão ou ainda de forma agressiva por intimidação, isolamento, bloqueio econômico, sanção econômica, força militar, guerra, terrorismo de Estado ou violência. A geopolítica de um país por vezes faz uso da força econômica, diplomática, política e até militar numa determinada região do globo para acomodar interesses econômicos desse país dominante sobre outros que são reféns ou mesmo vítimas do jogo.

Alguns autores tentam resumir geopolítica em distribuição do poder no mundo e em estudo sobre quem detém esse poder que determina ou muda as relações entre países. Nessa intepretação, alguns Estados poderosos manipulam todo o sistema internacional a seu favor, sem precisar tirar a soberania de cada nação independente. Assim o fazem na formação de parceria, neutralidade, cooperação ou confronto e até de chantagem; em alguns casos o tipo de estratégia pode levar à revolta popular ou de grupos armados em países que se sintam agredidos. Há gigantes e nanicos, os que determinam e os que são determinados neste jogo dinâmico.

> "No complexo xadrez da política internacional os pequenos e médios Estados normalmente não passam de peões [...] "Nos conflitos do sistema internacional é usual os Estados mais poderosos – as grandes potências – não se envolverem diretamente num conflito político-militar ou fazerem apenas um envolvimento mínimo no terreno usando atores interpostos para o efeito. O maior desgaste material e os danos humanos são, assim, sofridos por outros. É uma estratégia antiga e conhecida como o 'conflito ou guerra por procuração'" [Fernandes; 2019, p.211].

Isso se verifica nas guerras por tabela como nos atuais casos do Iêmen, Iraque, Líbia e Síria e no antagonismo político interno nos atuais casos do Afeganistão, República Centro Africana, Ucrânia e da Venezuela.

Klaus Dodds [*vídeo Geopolitics a very short introduction, Klaus Dodds, World Economic Frum*, Davos, 2020] afirma que geopolítica sempre envolve a **disputa de poder**, recursos e território. Na visão da obra que você lê agora, para controlar recurso é necessário conquistar território e para conquistar território é preciso poder; a conquista inicial de poder geralmente é pela força e por aparato militar nacional ou nacional/externo ou somente externo; mas, para ter aparato militar o país precisa ter uma economia forte [Caps. 3 e 5].[2]

---

[2] Obviamente o comércio exterior e as transações econômicas não precisam do aparato militar. O Japão e a Suíça têm economias fortes e amplo comércio internacional, mas não exercem intimidação militar sobre ninguém.

É desejável que a manutenção dos três objetivos (poder, território, recursos) possa se dar sob democratização interna e externa, dentro da lei e da colaboração internacional. Mas, em raros casos, quando esses objetivos são conquistados pela força, permanecerão com a força por algum tempo, até porque quem perdeu o recurso e o território poderá ter mantido alguma força em alguma forma e escondida em algum lugar dentro ou fora do país, ter se refugiado em outro país ou ir se reconstruindo com mais força ainda, dependendo do apoio que recebe por outros grupos de interesse que lhes dão logística. Esses grupos de interesse, não raro, já se opunham aos interesses de quem conquistou o território e os recursos pela força em primeiro lugar.[3]

A **geografia física** mostra o mundo como ele é com seus recursos naturais. A distribuição política dentro do espaço geográfico é assegurada pela soberania de cada país, dentro de suas fronteiras definidas e reconhecidas internacionalmente. A geopolítica mostra como esses espaços físicos se transformam em espaços de poder, principalmente em disputa com a geografia política de outros países soberanos.

> "O termo geopolítica, ao qual damos hoje múltiplos usos, designa tudo o que diz respeito às rivalidades de poderes ou de influência sobre territórios ou sobre as populações que neles vivem: rivalidades mais pacíficas ou violentas entre poderes políticos de todo o género, não apenas entre Estados, mas também no interior dos próprios Estados, entre movimentos políticos ou grupos armados mais ou menos clandestinos. Estas rivalidades exercem-se para o controlo ou domínio de territórios geográficos de grandes ou pequenas dimensões" [Lacoste; 2006, p.7].

[3] No jogo geopolítico local e global não faltam países e grupos de interesse para apadrinhar desafetos políticos de um regime vigente num determinado país e que estão refugiados em outras terras. Esses são úteis para alguns países atingirem seus objetivos de médio e longo prazo no país em conflito interno, principalmente se galgarem poder eventualmente. Pode-se ilustrar aqui o Aiatolá Ruhollah Musavi Khomeini (1902-1989) que após 15 anos no exílio volta triunfante para tomar o poder no Irã em 1979; o caso de Laurent-Désiré Kabila (1939-2001), que após o exílio na Uganda volta para tomar o poder na República Democrática do Congo em 1997.

Existe uma divisão entre estudo de geopolítica, que trata do tipo de *distribuição de poder* que há numa região, e a análise geopolítica que trata *como esse poder* é *exercido e mantido*; tanto o estudo quanto a análise tratam dos efeitos locais e globais desse exercício de poder, das implicações e mudanças para as relações internacionais entre os países. Também inclui como os planos estratégicos e os objetivos de cada país são afetados e do realinhamento estratégico e geopolítico em consequência.

Na sua própria definição e prática, a geopolítica sempre envolve poder; esse poder é controlado por agentes locais, ou seja, pelo governante do dia em uma região ou país ou por seus oponentes; ambos estão geralmente armados, mas não raro as intenções, as tramoias e as estratégias são definidas e decididas em grandes capitais do mundo por poderes dominantes. As disputas internas de um país podem tornar-se ocasião para oportunistas externos imporem a sua agenda e certos regimes políticos nacionais não passam de arranjos externos.

A ocupação da mente com temas de geopolítica exige conhecimento profundo e detalhado dos fatos com um bom amparo teórico e de realidade. Para melhor entender também se faz necessário colocar na mesa conceitos de ciência política, economia, economia internacional, direito, estratégia, geografia, geologia, relações internacionais, história, geo-história, teoria dos jogos. A análise ficaria incompleta se a química não fosse incluída, pois, afinal de contas, toda a organização da economia nacional e internacional e as disputas territoriais na Terra, desde que se tem registro de atividade humana, se dão por conta do acesso aos elementos químicos que serão transformados em produtos a serem utilizados dentro do corpo humano ou à sua volta.

## 1.1 Entendendo os Povos

Os eventos geopolíticos determinam a história e eventos históricos determinam cenários geopolíticos. Segundo Lacoste [2006; p.12] "o pensamento histórico e o método de análise geopolítica são, de facto, indissociáveis". A geopolítica e as relações internacionais são recheadas pela herança de uma região geográfica que todos os povos e países têm na cultura, na economia, na política e nas interpretações de vida e pós-vida.

**Cultura**: arte, antropologia, arquitetura, astronomia, ciência, construção de casas, costume, culinária, dança, decoração, diversão, entretenimento, escrita, escultura, esporte, família, filosofia, jardinagem, literatura, matemática, medicina, mitologia, monumento, móveis, música, oferenda, ornamento, pintura, poesia, teatro, templos, teologia, urbanização, vestuário.

**Economia**: envolvendo o uso de água (abastecimento, canais de suprimento e navegação, cheias, desvios, diques, estiagens, irrigação, saneamento), agricultura e alimentação (secagem de pântanos, plantio, colheita, transporte, abastecimento, estoque, comercialização), animais domésticos (para alimentação, companhia e trabalho), administração, comércio, contabilidade, dinheiro, enriquecimento e fortuna, estatística e registro, gastos públicos, herança patrimonial, profissões, serviços de profissionais liberais; transporte e seus meios como estrada, canal de navegação e porto, ferrovia, aeroporto; matéria prima para produção e pintura de vestuário, vestuário, papel do governo, tributos, recursos naturais (animal, mineral, vegetal, aquático, marítimo); comércio local, comércio regional e internacional de produtos e serviços que ocorrem no entorno do corpo humano, por dentro e por fora.

**Política**: administração pública, castigo, colonialismo, conquista, democracia, diplomacia, disputas (aquífero, fronteira, lago, rio), ditadura, eleição, escravidão, Estado, exército, exílio, forças armadas, genocídio, golpe de Estado, geopolítica, governo, grupos de pressão, guerra, guerra civil, guerrilha, ideologia, imperialismo, julgamento, justiça, legislação, leis, *lobbies*, loteamento de recursos naturais e riquezas acumuladas, marinha de guerra, migração, monarquia, organizações fechadas, opinião pública, ostracismo, parlamentarismo, partidos políticos, patrimônio, poder, povos, presidencialismo, prisão, prisioneiro, punição, recompensa, refugiados, regimes, relações internacionais, república, secessão, subjugação de outros povos, submissão, sucessão, supremacia, terrorismo, traição, trama, vingança.

Vida e Pós-Vida: adoração, agradecimento, alma, altar, apocalipse, ateísmo, castigo divino (cheia, epidemia, estiagem, pandemia, praga, terremoto, tsunami, vulcão), cemitério, cerimônia, céu, compensação, condenação, costumes, cremação, crença, criação, culpa, culto, cura, deísmo, desastre natural (castigo, cheia, doença, estiagem, furacão), deuses, demônio, diabo, doença, escatologia, fim dos tempos, funeral, fúria divina, ideologia, inferno, intervenção divina, julgamento final, medicina, milagre, mausoléu, moral, morte, oferenda, onipotência divina, oração, origem do mundo, pecado, pedidos, penitência, perdão, praga, profano, punição, purgatório, redenção, reencarnação, religiões, ressurreição, sagrado, salvação, sepultamento, sobrenatural, teologia, tumba, vida eterna.

Ao relacionar-se com diferentes países, povos e nações, o agente, comerciante, diplomata e negociador deve ter todos esses aspectos em mente, pois são a cultura, a herança e a identidade de um país.

O **desinteresse acadêmico** pela disciplina de geopolítica, desde a Segunda Guerra Mundial, se deu muito em decorrência da sua associação com regimes totalitários das décadas de 1930 e 1940, bem como por impérios durante o neocolonialismo, desde a Conferência de Berlim em 1884 até à independência da Índia em 1947 e a sequência de independências até a Namíbia em 1990. Estudos e interesse em geopolítica e até de geografia têm sido deixados de lado nos últimos 90 anos, em grande parte pelo uso imperialista que certas nações têm feito na prática em suas estratégias de tentativas de monopólio do poder. Os impérios contemporâneos que mais exercitaram o conceito e prática de geopolítica por ordem cronológica foram o otomano, czarista, britânico, alemão, francês, austro-húngaro, nazista, japonês, soviético, americano.

Henry Alfred Kissinger (1923-), Zbigniew Kazimierz Brzezinski [1928-2017] e Robert David Kaplan (1958-) tornam a geopolítica elemento chave para as relações exteriores contemporâneas dos EUA.

Além de análises um tanto limitadas e menos recheadas com interdisciplinaridade, algumas publicações de geopolítica não navegam mais ambiciosamente nos labirintos da complexidade atual para colocar o mundo acessível à leitura. Recentemente têm surgido mais interesse e mais especialistas e analistas em tópicos de geopolítica e regiões [Cap. 6].

É possível entender melhor geopolítica por meio da leitura das **escolas de pensamento** em relações internacionais: construtivista, liberal, marxista, realista e pluralista [Cap. 10 ao 15].

*Portugal, pioneiro da geopolítica,*
*iniciando as grandes navegações a partir do século XV*

## 2. GEOPOLÍTICA E GEOGRAFIA

Há uma indissociável relação entre geografia, geologia, economia, comércio internacional, política nacional e internacional, relações internacionais, poder e poderio militar, sob as quais a geopolítica se sustenta e atua, influencia e é influenciada. O bom entendimento de geografia ajuda a melhor entender geopolítica como o estudo do efeito da geografia política e humana nas relações internacionais e na política internacional, num contexto geográfico específico. Nos dias de hoje é tido como superado o determinismo do ambiente físico sobre os indivíduos e sobre o Estado; o conceito mais aceito agora é a relação dos fatores geográficos com fenômenos políticos.

Existe um debate, já de longa data: a geografia é determinismo ou oportunidade para o povo de uma região? Gallup, ao perguntar se geografia destino, afirma que:

> "Se os cientistas sociais passassem mais tempo observando mapas, eles se lembrariam da força que os padrões geográficos exercem no desenvolvimento econômico" [2007; p.15].

Lacoste utiliza a Escola Geopolítica Francesa, combinando geografia e história, como também rivalidades de poderes sobre territórios e as diferentes razões, fenômenos e ideias dos protagonistas.

> "o essencial é explicar os conflitos actuais, associando os mapas que os representam à análise das consequências presentes de acontecimentos que se produziram há mais ou menos tempo, há alguns meses, alguns anos ou até vários séculos. Não é possível compreender, mesmo em traços largos, uma situação geopolítica sem saber <como é que se chegou aí> ou seja, sem estar informado globalmente acerca das rivalidades de poderes que se sucederam historicamente nos territórios em causa; tanto mais que, hoje, através da comunicação social, muitas são as forças políticas que reavivam memórias tendenciosas, velhos conflitos que se julgava pertencerem já ao domínio da história" [Lacoste; 2006, p.12].

O mesmo autor também afirma que, independentemente de tantas análises e controvérsias, não se pode negar, contudo, que há uma correlação entre geografia e desenvolvimento econômico.

Profissionais de Geografia sabem muito bem que temas de geopolítica, de relações internacionais, de negociação e barganha econômica e política estão sempre presentes nos agendamentos das organizações internacionais. Diversos temas de geografia se encaixam quase que naturalmente, principalmente na ajuda internacional perante desastres e no esforço para promover o desenvolvimento econômico em países pobres [Caps. 17 e 18]. Vale aqui lembrar da maioria, senão de todos esses temas de um curso universitário de Geografia como seguem:

O conhecimento da **geografia física** dará aos interessados no investimento externo uma descrição acurada do potencial de recursos (aquáticos, agrícolas, florestais, marítimos, minerais, turísticos) em qualquer metro quadrado do planeta. Com *lobbies* sobre o governo nacional, esses interessados podem alinhar a política externa de seu país e exercer um poder geopolítico na região para facilitar a atuação de suas empresas em tais regiões. Países com grandes corporações automotivas, de mineração, petróleo e gás natural, aí se encaixam.

Tópicos de **geografia física e ambiente** descrevem o contexto físico de implicações dos impactos humanos sobre o ambiente. É preciso ter em mente que questões como **espaço, sociedade e cultura** são variáveis geográficas muito importantes para a realização e conforto humano. O Brasil, por exemplo, tem desvantagens geográficas impostas por seu relevo composto de escarpas salientes e regiões montanhosas que além de forçarem 80% da população a morar em torno de 300 km do litoral, em terra baixas costeiras separadas, também não permitem muita integração e colaboração entre as cidades; cada cidade e município fica quase por conta própria. Por outro lado, graças à correção de solos no Cerrado, com fosfato e calcário somado ao desenvolvimento tecnológico em maquinários, plantio e colheita, esse bioma tornou-se o graneleiro que produz 70% dos grãos do Brasil, hoje, um dos maiores exportadores de produtos agrícolas por ano depois da França, Alemanha, Holanda e EUA. Porém, mais infraestrutura em transportes ferroviários de carga e pessoas se faz necessário para superar os obstáculos geográficos. As estruturas ferroviária e portuária do Brasil são ainda fracas e com pouca capacidade de estaleiros; esses gargalos abafam o efeito multiplicador da economia marítima. Vivemos na costa atlântica, mas não temos vocação para o mar [Cap. 25].

Uma **perspectiva geográfica na sociedade moderna** irá tratar da degradação e preservação ambiental, desenvolvimento regional, nacional e global sustentado e sustentável. Da mesma forma sistemas políticos, desigualdade espacial, urbanização e seus desafios, segregação nos sistemas habitacionais, disparidades regionais e desenvolvimento industrial estão interligados.

O esforço para o desenvolvimento econômico pode exigir **mudança locacional,** voluntária ou forçada de humanos bem como de animais como é o caso de inundação de terras férteis para a geração de energia hidroelétrica. Ante a crise climática, a consciência ambiental e crescentes inciativas de economia verde e tantas outras tecnologias para a geração de energia elétrica, as hidroelétricas já são práticas arcaicas; basta lembrar que toda a energia que o ser humano produz em 365 dias de um ano é igual àquela enviada gratuitamente pelo Sol para a Terra num único dia, bastaria capturá-la e cada casa e empresa já teria o seu próprio suprimento de energia.

De peculiar desafio é como incentivar pequenos e médios **negócios**, dentro da racionalidade econômica e de equilíbrio ambiental e social no entorno. Em particular o **desenvolvimento econômico e social** é o ingrediente principal da ajuda externa: modelos de desenvolvimento e suas características ou a mera utilização dos recursos para o comércio exterior. Desenvolvimento agrícola, industrialização, crescimento populacional e mudança demográfica, urbanismo, emprego; gênero, pobreza e estratégias de sobrevivência das famílias; abrigo, saúde e bem-estar; planejamento de desenvolvimento nacional e regional e da comunidade; impacto da dívida externa e de políticas de ajuste econômico estrutural [Caps. 17 e 18].

Aspectos da **geografia política** como o uso espacial pelo Estado que envolve a sensibilidade regionalista e nacionalista, sistemas eleitorais, escala de governo e governança, teoria geopolítica, análise de sistemas mundiais, Guerra Fria, relações Norte-Sul, Movimento Não-Alinhado, geografia política pós-Guerra Fria, crimes cibernéticos, terrorismo e agora a pós-Pandemia e a guerra na Ucrânia.

**Ambiente e sociedade** incluindo a análise da natureza, causas, efeitos e soluções alternativas para a degradação ambiental e poluição; análise econômica dos problemas e de soluções ambientais. **A mudança ambiental e climática global** tem ocupado atenção especial nos encontros internacionais que discutem a escala global e regional do impacto e consequências da intervenção humana. Diversos governantes por meio da ajuda externa, a ONU, Banco Mundial, instituições e universidades, têm oferecido treino em métodos de acompanhamento da mudança ambiental para servidores públicos e consultores de países em desenvolvimento. A ajuda externa é ligada à geopolítica social internacional e ambiental e ao processo de desenvolvimento econômico e superação da pobreza absoluta [parte III].[4]

Geografia e **gênero** são uma perspectiva global e regional e nem por isso isentos de controvérsias e disputas culturais, ideológicas, políticas e religiosas com relação à fertilidade, reprodução humana e famílias, legalização de todas as uniões afetivas; gênero e opção de gênero; saúde e serviços urbanos. Política de desenvolvimento, setor formal e informal, segregação e segmentação social, concentração de renda e riqueza, exclusão econômica e pobreza estão todos interligados.

A agenda internacional da América Latina tem se ocupado com teorias de desenvolvimento e subdesenvolvimento, desenvolvimento regional e desigualdade econômica; desigualdade de oportunidades na educação e no trabalho e desigualdade de remuneração quando há oportunidades; agricultura; industrialização; comércio; geografia política; direitos humanos. Degradação ambiental; mineração em terras indígenas; dívida externa; população e migração; urbanização; emprego; moradia; saúde estratégias de sobrevivência de famílias; agricultura familiar e reforma agrária; desigualdade de gênero; classe e etnicidade; pobreza; efeitos dos programas de restruturação econômica sobre os indivíduos, empresas, pequenos negócios e agricultura familiar.

Todos esses tópicos influenciam a política interna de cada país e o jeito com que cada país se relaciona com o mundo [Cap. 4]. Em alguns casos quando a cooperação internacional falha, os problemas dos países frágeis respingam em toda a comunidade internacional, como é o caso de desrespeito aos direitos humanos, desemprego, fome, doenças contagiosas, epidemia, guerra civil, migração em massa e refugiados, tráfico de todos os tipos e, tragicamente, genocídios [Cap. 19].

[4] Em abril de 2021 o presidente Joe Biden, dos EUA, assumiu a liderança global da discussão climática.

## 3. GEOPOLÍTICA E ECONOMIA

A relação entre geopolítica e economia envolve também o comércio exterior, investimento direto estrangeiro, acordos comerciais, sistema monetário e financeiro internacional, preço das commodities na Bolsas de Valores, títulos públicos, empréstimos internacionais, crises econômicas e financeiras, ajuda externa para o desenvolvimento, cooperação internacional, países sem saída para o mar, economia marítima, logística portuária, segurança sanitária, passagens marítimas estratégicas, faixas marítimas, zona econômica exclusiva, direitos de pesca, mar territorial, plataforma continental e poderio militar. Há também uma relação entre geopolítica, economia e segurança uma vez que os mesmos sistemas bancários, financeiros, de logística e de transportes e armazenagem internacional podem ser astutamente utilizados pela pirataria, contrabando, corrupção, crime internacional organizado, indústria do sexo, lavagem de dinheiro e tráfico de todas as espécies de animais, armas, humanos, narco, órgãos humanos.

Aqui, um ponto historiográfico ibérico: parte destas questões foram levadas à discussão no Tratado de Tordesilhas entre Portugal e Espanha, em 1494, sendo que Portugal já tinha a experiência estratégica da sua atuação mercantil na Liga Hanseática.

Segundo Agénor e Montiel [1999; p.38-41], os maiores desafios econômicos dos países em desenvolvimento são acertar as taxas de câmbio, estabilização de inflação elevada, administração do fluxo de capital internacional, crises cambiais, política de comércio exterior, reforma financeira, aspectos políticos da macroeconomia (instrumentos de política fiscal e monetária, inflação inercial, equilíbrio fiscal), funcionamento do mercado de trabalho. De vez em quando alguns desses desafios tornam-se crises necessitando do socorro da comunidade internacional, FMI, Banco Mundial e Clube de Paris. É uma questão geopolítica para os países desenvolvidos prestarem ajuda externa nesses casos, pois a instabilidade econômica de um país afeta todo o comércio internacional e uma crise aguda em um país pode torná-lo uma nação frágil, impondo todos os custos vistos no capítulo 19.

Há um conjunto de organismos internacionais que atuam de maneira sincronizada, com seus países membros, para o bom funcionamento das economias nacionais e da economia internacional e ambos atuam dentro da cooperação internacional (parte III). Para garantir todo esse bom funcionamento há uma regulamentação e cooperação para as operações dos bancos, das instituições no mercado monetário, financeiro e de capitais e da relação entre o setor público, o mercado, finanças globais e corporações.

O **Banco Mundial, o Fundo Monetário Internacional, a Organização Mundial do Comércio e o Programa das Nações Unidas para o Desenvolvimento** estão mais focados no desenvolvimento e crescimento econômico e no equilíbrio das economias e da economia internacional. Em sintonia com esses órgãos econômicos da ONU, atua o **Banco Internacional de Pagamentos,** que faz a supervisão bancária e do sistema financeiro internacional em parceria com 55 bancos centrais afiliados do mundo; o Comitê de Basileia, o Comitê do Sistema Financeiro Internacional e o Comitê dos Mercados estão abrigados dentro do Banco Internacional de Pagamentos; o Comitê de Basileia faz regulamentação e supervisão dos sistemas bancários dos países membros para uma cooperação entre Bancos Centrais para a estabilidade monetária e financeira entre os países membros.

O Clube de Paris auxilia nas negociações de dívidas soberanas.[5] A estrutura e funcionamento do balanço de pagamentos de cada país, sistemas de taxas de câmbio, a solvência e a liquidez das dívidas públicas e dívidas externas afetam a busca internacional de crédito por um país e, por consequente, afetam as taxas de juros, as taxas de câmbio, as taxas de retorno, a taxa de risco dos países.

O papel do FMI é prover empréstimos em moedas fortes para países em iminência de calote de compromissos internacionais. O objetivo é assegurar o bom fluxo comercial e financeiro entre os países, pois, dependendo do caso, os problemas de um país devedor podem respingar em outros países e prejudicar a economia internacional. Uma vez que toda a economia internacional está sincronizada, há um efeito contagiante provocado por desequilíbrios no balanço de pagamentos de algumas economias e ficam em jogo a produção, a exportação e alguns empregos em outros países também.

O país devedor auxiliado pelo FMI se compromete a fazer ajustes econômicos estruturais para reverter as causas da crise no balanço de pagamentos em primeiro lugar. Lembrando que não há empréstimos do FMI nem do Banco Mundial para crises fiscais, pois cada país é responsável por seu desempenho fiscal, aqui não há tampouco generosidade: o país só é socorrido para não perturbar ainda mais a economia internacional. Em princípio, pode utilizar os seus direitos especiais de saque no FMI, mas na insuficiência desses, alguns países disponibilizam, para empréstimos a esse país, parte de suas reservas que não estão utilizando.

No geral, quase tudo ainda funciona dentro do legado colonialista e a Organização Mundial do Comércio estabelece regras para evitar

---

[5] O Clube de Paris, fundado em 1956, é formado por Alemanha, Austrália, Áustria, Bélgica, Brasil, Canadá, Coreia do Sul, Dinamarca, EUA, Espanha, Finlândia, França, Holanda, Irlanda, Israel, Itália, Japão Noruega, Reino Unido, Rússia, Suécia e Suíça.

concorrência desleal e oferece um fórum em Genebra para disputas entre empresas de diferentes países em produtos similares.

Além desses órgãos e interações econômicas, as agências de ajuda externa dos países desenvolvidos também atuam para o fluxo de capital e crescimento [Cap. 17].

## 3.1 Política das Relações Econômicas Internacionais

A política das relações econômicas internacionais é um dos grandes temas de estudo em relações internacionais [Caps. 7 e 16]. A política exterior praticamente não existiria sem o fator econômico; aqui estão incluídas as ambições econômicas dos Estados, as restrições econômicas, os recursos econômicos da política exterior e os instrumentos econômicos. Isso pode ser visto na evolução do pensamento da relação entre política internacional e economia internacional, desde a Batalha de Waterloo em 1815, nas práticas do comércio internacional, na busca da estabilidade monetária internacional e nos desafios do desenvolvimento para os países pobres.

Quando se trata da política das relações econômicas internacionais se tem em mente o fator econômico da política externa; as ambições econômicas dos países; as restrições econômicas que são estruturais; os recursos econômicos da política externa; os instrumentos econômicos; o desenvolvimento do pensamento da relação entre política internacional e economia internacional; as ideias sobre o comércio internacional e arranjos monetários.

Também está incluído o desafio dos países em desenvolvimento e a vontade de participação das economias emergentes nas decisões internacionais.[6] Fica a sugestão para uma boa revisitada no pensamento político e da história econômica envolvendo as narrativas do mercantilismo, do *laissez-faire* e do marxismo.

É comum se ouvir que quando há disputa e guerra em uma região do planeta é porque existe algum tipo de recurso natural, ou uma

[6] Entra aqui a discussão da atualização dos membros permanentes do Conselho de Segurança da ONU e o Brasil pleiteando uma vaga.

oportunidade de riqueza sendo disputada entre os residentes ou por alguém de fora do país. Isso não quer dizer que onde não há guerra não há nada de interessante; pelo contrário, onde há desenvolvimento não há guerra.[7]

Por vezes, a geopolítica se mistura com os emaranhados do comércio internacional, o livre-comércio ou o protecionismo, que podem ser praticados pelos governantes do dia em favor de grupos de negócios [Cap. 4] e podem também estar alinhados com geopolítica dos grandes parceiros comerciais, bem como com as perspectivas para os próximos 20 a 50 anos. A geoeconomia é uma estratégia onde o país assegura interesses econômicos, mas sem utilizar questões de defesa, de segurança e militares. Um exemplo disso é a Alemanha desde 1945 [Cap. 33]. No outro extremo há casos em que o cenário geopolítico é criado e garantindo pelo poderio militar para assegurar interesses econômicos; a análise apresentada na Escola Realista retrata a brutalidade da Guerra Fria nesse sentido [Caps. 5, 13, 26].

O setor de mineração é interligado às exportações e importações dos parceiros comerciais e à economia marítima, siderurgia, metalurgia, produção industrial e agrícola, construção civil e transporte aeroviário, ferroviário, fluvial, marítimo e rodoviário. A lista Otto Bakkar é um guia para a análise da governança e da transparência, para a análise microeconômica e macroeconômica acuradas das exigências pelas autoridades locais sobre o investimento estrangeiro em mineração, levando em consideração a tributação, obrigações não tributárias, incidência de royalties, riscos e incertezas (conhecendo a natureza dos partidos políticos locais), a estabilidade política do país para os próximos 5 a 10 anos, o impacto ambiental e social, a aceitação ou resistência da população local à exploração mineral.[8]

---

[7] Desde as civilizações antigas e marcadamente durante o período romano, as conquistas de metros quadrados mundo afora pelo colonialismo de qualquer era sempre envolvéu a cobiça, o acesso e o controle militar de terras produtivas, depósitos minerais, rios, lagos, águas profundas e pontos estratégicos para portos e passagens estratégicas para transporte terrestre e marítimo [parte IV].

[8] Sugestão para especialização em universidades-líderes em mineração (Otto Bakkar):
School of Mining Engineering, University of the Witwatersrand (África do Sul);

O poderio militar dá a um país mais poder de barganha para as suas empresas em outros países tanto para exportação quanto para importação e investimento direto estrangeiros [Cap. 5]. Na robustez econômica e no poderio militar de um país, um sustenta o outro e fortalecem os objetivos geopolíticos deste país e de suas empresas. Nesse conjunto de forças próprias de um país prospero, está também a sua generosidade na ajuda externa.

A primeira grande pergunta nos estudos de economia internacional é: por que as nações comercializam entre si? Partindo de Adão Smith e David Ricardo e chegando aos estudiosos contemporâneos a primeira resposta é: porque os residentes dos países que exportam e importam entre si adquirem benefícios econômicos mútuos e recíprocos e, assim, desfrutam de um bem-estar econômico e social mais elevado.

A integração à economia internacional pode e deve ser um motor de crescimento econômico interno e gerador de renda, em forma de aluguel, juro, lucro e salário para a sua população. Isso refletido em melhorias nos **pilares da competitividade, IDH, Lei de Engel, Curva de Lorenz, Coeficiente GINI e Curva de Laffer** [Cap. 18]. Tristemente para alguns países, o setor externo pode ser um mero concentrador de riqueza para poucos e um mero alinhamento geopolítico a um parceiro comercial gigante na Terra. Neste caso, o que interessa à comunidade internacional é o que o país tem no seu solo e subsolo, e não as pessoas. O *superávit* comercial, por si só, também pode ser insuficiente para alavancar o crescimento econômico ideal no caso de o país sofrer de insuficiência de poupança nacional, com a respectiva pressão de crédito para cumprir obrigações financeiras internacionais e ainda atender ao serviço das dívidas do setor público [Cap. 17].

A economia, a geografia, a geologia e a geopolítica estão intimamente ligadas uma com a outra, muito embora na formação universi-

---

Master's Program, Mineral Exploration, Queens University (Canada);
Western Australia School of Mines (Australia)
Colorado School of Mines – Division of Economics and Business (EUA)
University of Denver (EUA)
Centro de Mineração, Pontificia Universidad Católica de Chile

tária a geografia fique continentes à distância das ciências econômicas. É necessário ter em mente a geologia e os hidrocarbonetos e a formação dos depósitos de petróleo e de gás, de diamantes, esmeraldas e minerais. Essas matérias-primas e todas as comodities são parte do comércio internacional e de disputas entre nações desde sempre.

O estudo de economia dá uma formação robusta aos profissionais da área, mas fica restrito a princípios, história econômica, pensamento econômico, política econômica, econometria, estatística, cifras e taxas; não traz para a sala de aula o mundo colorido dos recursos naturais, da agricultura e de seus avanços, da pecuária e da mineração, da produção industrial, do comércio, dos serviços e do sistema de transportes com o barulho e o cheiro dos caminhões, *containers*, trens, navios e aviões.

É salutar que na mente das pessoas a trindade fique completa, quando as ciências econômicas e as ciências geográficas conversam com a geopolítica. As disciplinas de economia do desenvolvimento, economia internacional, macroeconomia, sistema financeiro, bancário e monetário internacional têm uma ligação estreita e colaborativa com a geopolítica.

Muitas pessoas que frequentam universidades têm conhecimento de economia a partir de folhas de livros; a população em geral apenas por jornais, TV, rádio, telas do computador e do celular, redes sociais e geralmente sobre comentários, cifras e taxas. Quando, por outro lado, se observa a economia nacional e internacional e sua interação com a geopolítica, se percebe um mundo real, colorido, dinâmico, barulhento e cheio de atividades humanas, sobre as quais o sol e a lua brilham, a chuva cai e o vento sopra todos os dias e bilhões de pessoas estão envolvidas.

Não seria exagerado dizer que se não houvesse interesse no comércio internacional, talvez não haveria tanta dinâmica nas relações internacionais entre alguns países. Também se pode afirmar aqui que se o dinheiro fosse tirado das relações entre humanos, organizações e países, a metade do poder desapareceria de imediato da face da Terra e, se a ideologia fosse abolida, a outra metade do poder também desapareceria.

## 3.2 Mercado Financeiro e Bolsas de Valores

Outras interações estão entre mercado de capitais, os preços das *commodities* e de produtos industrializados, moedas fortes, ações de empresas privadas e títulos públicos nas Bolsas de Valores. Esses fluxos nacionais e internacionais também afetam a entrada e saída de capital externo e as taxas de câmbios, dividendos, juros, poupança, investimento e crescimento econômico.

A economia internacional, a economia marítima, a geopolítica, o poderio militar, o mercado de capitais, o sistema financeiro e monetário internacional estão todos interligados. Isso ocorre sem haver uma coordenação global generalizada e racional. É normal se verificar oscilações diárias nas Bolsas de Valores majoritárias e em algumas aplicações que elevam ou despencam os índices e, numa média de cada sete anos, há momentos de grandes perdas nas aplicações e que podem desencadear uma crise a partir de um país, contagiando outras economias, que podem ser de ordem cambial, financeira, fiscal, bancária e até econômica generalizada. Nesses casos a ação preemptiva ou curativa de governos das economias gigantes e seus devidos tesouros nacionais pode se uma oportunidade de assertividade geopolítica.

Couteur & Burreson (2006; Sumário), ao retratarem as 17 moléculas que mudaram o mundo, descrevem a relação entre **a química, a história econômica e a geopolítica no colonialismo**, incluindo a pimenta, noz-moscada, cravo-da-índia, glicose, celulose, compostos nitratos, seda e nylon, fenol, esopreno, corantes, remédios milagrosos, pílula, moléculas de bruxaria, morfina, nicotina, cafeína, ácido oleico, sal, compostos cloro carbônicos e remédio contra a malária. A geopolítica do colonialismo (séculos 16 a 19) se deu muito sobre esses produtos naturais, pedras preciosas e escravos, quando a marinha mercante e a marinha de guerra de algumas nações atuavam juntas; o neo-colonialismo (1885-1957) exclui os escravos, mas adiciona na lista as matérias-primas, petróleo e produtos industrializados. A totalidade do sistema comercial, de transporte (aéreo, ferroviário, marítimo, rodoviário), financeiro e de capitais no mundo todo irá girar em torno disso.

Há uma total organização, funcionamento e gerenciamento do sistema monetário e financeiro internacional. Há um poder financeiro estabelecido pelos grandes bancos e credores internacionais, bem como pelas moedas fortes. As políticas monetárias afetam a taxa de câmbio, os juros e a inflação dos países. A boa ou má condução têm as suas consequências para inúmeras economias e sobre milhões de pessoas dentro dos países, bem como sobre as relações políticas internacionais.

Além do mercado de ações de empresas, há o de *commodities*, de futuros, de derivativos e de títulos públicos para suprir a necessidade de financiamento do setor público, incluindo economias gigantes como a americana que suga para si a poupança de outros países.

Por vezes parece contraditório que Bolsas de Valores, com seus altos e baixos especulativos, acabem por influenciar o desempenho conjuntural e até estrutural de muitas economias, prejudicando os seus esforços de décadas na busca do desenvolvimento. Nem sempre a economia nacional e a economia internacional promovem a prosperidade e a partilha entre todos.

## 3.3 Crédito Internacional e Risco-País

Os mais de 200 países da Terra têm diferentes níveis de desenvolvimento econômico e diferentes ritmos de crescimento anual. Porém não há nenhum Robinson Cruso e todos estão integrados à comunidade internacional. A estabilidade interna de um país e o seu relacionamento com outros países definem a sua taxa de risco.

O risco-país é a medida do grau de confiança que a comunidade financeira e a comunidade econômica internacional têm no país. É influenciado pela capacidade das empresas, indivíduos e governantes do país pagarem cada U$1,00 ou outra captação que tomaram emprestado de outros países nas condições e prazos assumidos. Portanto, expressa a capacidade de liquidez e de solvência internacional do país ante a comunidade internacional. Na tradição o país teria que ter uma reserva cambial capaz de financiar 9 meses de importação, caso as exportações cessassem nesse período. As quatro maiores agências internacionais de risco de crédito são Moody's, Standard & Poor's, Fitch Ratings e Business Monitor Internacional.

| | |
|---|---|
| MOODY'S | Moody's – Fundada em por John Moody em 1909 e tem sede em Nova Iorque. |
| STANDARD & POOR'S | Standard & Poor's – Uma fusão da agência fundada por Henry Varnun *Poor* em 1860, para acompanhar ações das ferrovias e da agência *Standard Statistics Bureau* fundada em 1906 para acompanhar outras ações; |
| FitchRatings | Fitch Ratings – Fundada por John Knowles Fitch em 1913, tem sedes em Nova Iorque e Londres. |
| BUSINESS *international* | Business Monitor Internacional – Fundada em 1984 e comprada pela Fitch em 2014, tem sedes em Londres, Nova Iorque, Pretória, Singapura e Dubai e analisa 24 áreas industriais em 200 países. |

Os graus de crédito vão em ordem de confiança, desde *prime*, altamente recomendável, recomendação média, especulativo, risco e o mais baixo que é a probabilidade de calote iminente.

O mercado de *commodities*, em especial os setores da agricultura, pecuária, minérios, petróleo e gás, acabam por definir a geopolítica global e o poderio militar entre os países, mais do que a produção industrial e o seu comércio internacional [Cap. 5]. As finanças internacionais e o sistema monetário internacional têm um papel determinante no funcionamento e equilíbrio da economia internacional, bem como na busca de equilíbrio em períodos de crises.

A dinâmica da economia real de produção, renda, emprego, desemprego, consumo, exportações, importações, balanço de pagamentos e contas públicas e períodos de desequilíbrio e crise exigem todo um esforço bilateral e multilateral por vezes. A economia monetária que envolve reservas cambiais, juros, preços, taxas de câmbio, ações empresariais e títulos públicos influenciam o relacionamento entre países e blocos econômicos e são influenciadas também. O desempenho de tudo isso e a capacidade do país honrar os seus compromissos econômicos e financeiros internacionais, por sua vez afetam a taxa de risco-país. O petróleo e o gás como fontes de energia para a indústria, transporte e residências continuam a influenciar a geopolítica dos países, uma vez que todas as atividades econômicas e todas as economias necessitam dos mesmos. Para tal, se o país tem reservas, se ocupa em explorar, refinar e comercializar por meio do mercado; se não as tem, terá que importar.

Pode-se imaginar toda a logística e o efeito multiplicador econômico, para trás e para a frente, de cada barril de petróleo até a combustão para os devidos propósitos na economia, bem como todo o efeito multiplicador da economia marítima [Cap. 25].

Para entender mais claramente a importância econômica e geopolítica do gás e petróleo, pode-se utilizar o exemplo de Israel.

De acordo com a classificação do Ministério de Energia de Israel [fonte: Israel Fuel Sector Ministry of Energy, gov.il, acesso www 21/04/2021 19h04] a utilização de combustíveis se dá nos seguintes setores:

<table>
<tr><td>Gás<br>de cozinha</td><td>Que vem de gás de petróleo liquefeito ou gás natural liquefeito e abastece residências, o setor industrial, comercial e militar; serve como insumos para a indústria petroquímica, motores de veículos no transporte.</td></tr>
<tr><td>Nafta</td><td>Usada primariamente em insumos industriais petroquímicos, para transporte terrestre e em veículos de passeio.</td></tr>
<tr><td>Óleo Diesel</td><td>Para transporte pesado e de longa distância como caminhões, ônibus, táxis e em máquinas agrícolas e militares.</td></tr>
<tr><td>Querosene<br>refinado</td><td>A partir do petróleo para o transporte aéreo e em alguns casos ainda para aquecimento e em fogões de cozinha.</td></tr>
<tr><td colspan="2">Diesel para aquecimento utilizado em geradores de energia e de backup no caso de carestia de outros combustíveis; alternativo ao gás natural e para a indústria leve e aquecimento residencial.</td></tr>
<tr><td colspan="2">Óleo pesado e leve para a geração de eletricidade e abastecimento do setor marítimo e de transporte, mas que está dando lugar ao gás natural.</td></tr>
</table>

Temas da geopolítica social internacional de natureza econômica [Cap. 18] também têm estado no agendamento dos líderes mundiais nos últimos 50 anos. Um dos temas mais apelativos são os impactos humanitários das sanções econômicas internacionais conforme tratam Esteves & Seixas (2005; p.83-118); anomalias e desequilíbrios como a concentração de renda e riqueza nacional e internacional entre o 1% mais rico e os outros 99% acabam por inibir a prosperidade microeconômica em cada região do globo, mas o equilíbrio político e social deveria ser acompanhado do equilíbrio econômico[9].

O esforço para manter o equilíbrio macroeconômico do país geralmente é maior do que para promover a prosperidade microeconômica, quer seja, ampliar as oportunidades para a formação de aluguel, juro, lucro e salário por todos os agentes econômicos ativos.

## 3.4 Competitividade, Integração e Prosperidade

Em muitos países há desenvolvimento e crescimento, porém as escassas reservas internacionais, por vezes, acabam encontrando o seu caminho para os bancos internacionais e paraísos fiscais.

A evasão de tributos, lavagem de dinheiro e fuga de capital para paraísos fiscais se constitui um verdadeiro problema que, com a fuga da poupança nacional, emperra o desenvolvimento econômico em muitos países, gerando toda ordem de problemas relacionados a geo-política social, como grandes fluxos migratórios, deslocamentos, desemprego, pobreza, fome, doenças contagiosas [Cap. 18] e piorando situações já deploráveis em países frágeis [Cap. 19].

Tudo isso acaba respingando eventualmente de uma maneira ou de outra nos países desenvolvidos.

Outro desafio que se impõe a todos os países é como se industrializar, como competir, como prosperar economicamente e como crescer de forma sustentada e sustentável, perante as mesmas regras para todos ante condições estruturais diferentes para cada um.

[9] O imperador do Estado do Vaticano, Paulo VI, atento à economia, afirmou em 1976: "desenvolvimento é o novo nome da paz".

O Índice de Competitividade Econômica do Fórum Econômico Mundial compara, anualmente, o quão preparados estão os países nas suas estruturas físicas, a fim de crescer à taxa anual desejada e necessária para ninguém estar na pobreza absoluta.

*Competitividade econômica nacional e internacional do Brasil em 2019*

| Pilar de competitividade | Posição do Brasil entre 141 países | **Qualidade de cada item do pilar de competitividade.** O Brasil ocupa o ranking 71, significando que existem 70 países mais competitivos. |
|---|---|---|
| 1 Instituições | 132 | Crime organizado |
| | 132 | Taxa de homicídio |
| | 74 | Incidência de terrorismo |
| | 117 | Confiança nos serviços da polícia |
| | 75 | Capital social |
| | 7 | Transparência em orçamento |
| | 94 | Independência judiciária |
| | 115 | Eficiência do sistema legal para contestar regulamentações |
| | 84 | Liberdade de imprensa |
| | 141 | Peso da regulamentação governamental |
| | 120 | Eficiência do sistema legal para disputas |
| | 12 | Participação Eletrônica |
| | 91 | Incidência de corrupção |
| | 103 | Direito de propriedade |
| | 95 | Proteção aos direitos de propriedade |
| | 85 | Qualidade da administração da terra |
| | 71 | Força dos padrões de auditoria e contabilidade |
| | 68 | Regulamentação sobre conflito de interesses |
| | 17 | Governança de acionistas |
| | 130 | Garantia de estabilidade nas políticas governamentais |
| | 122 | Resposta governamental a mudanças |
| | 111 | Marco legal de adaptabilidade para modelos de negócios digitais |
| | 129 | Visão de longo prazo do governo |
| | 51 | Regulamentação sobre eficiência energética |
| | 28 | Regulamentação sobre energia renovável |
| | 26 | Compromisso ambiental dos tratados em vigor |
| 2 Infraestrutura | 69 | Conectividade das estradas |
| | 116 | Qualidade da infraestrutura das estradas |
| | 78 | Densidade ferroviária |
| | 86 | Eficiência dos serviços de trens |
| | 17 | Conexões de aeroportos |
| | 85 | Eficiência dos serviços de transporte aéreo |
| | 48 | Eficiência de linhas marítimas |
| | 104 | Eficiência dos portos marítimos |
| | 73 | Acesso à eletricidade |
| | 102 | Qualidade do suprimento de eletricidade |
| | 57 | Exposição de risco ao beber água não potável |
| | 76 | Confiança no suprimento de água |
| 3 Adoção de Tecnologia de Informação e Comunicação | 101 | Assinaturas de celular |
| | 46 | Assinatura de celular de banda larga |
| | 61 | Assinatura fixa banda larga de internet |
| | 61 | Assinatura de internet por fibra ótica |
| | 70 | Usuários de internet |
| 4 Estabilidade macroeconômica | 1 | Inflação |
| | 132 | Dinâmica de débitos |
| 5 Saúde | 74 | Expectativa de vida sadia |

| | | |
|---|---|---|
| **6** Habilidades | 101 | Média de escolaridade |
| | 84 | Treinamento estendido de equipe |
| | 127 | Qualidade do treino vocacional |
| | 131 | Habilidades dos graduados |
| | 133 | Habilidade digital da população ativa |
| | 129 | Facilidade de encontrar pessoas bem qualificadas |
| | 46 | Expectativa de anos na escola |
| | 126 | Pensamento crítico no ensino |
| | 77 | Razão professor/alunos na educação fundamental |
| **7** Mercado de produtos | 136 | Distorção da tributação e subsídios sobre a concorrência |
| | 73 | Extensão do domínio de mercado |
| | 82 | Concorrência nos serviços |
| | 135 | Prevalência de proteção não tarifária nas importações |
| | 128 | Percentual de tarifa de importação |
| | 22 | Complexidade das tarifas de importação |
| | 103 | Eficiência de despacho em fronteiras |
| **8** Mercado de trabalho | 68 | Custo da redundância |
| | 133 | Práticas de contratação e demissão |
| | 128 | Cooperação na relação trabalhador/patrão |
| | 123 | Flexibilidade na determinação dos salários |
| | 103 | Políticas ativas de mercado de trabalho |
| | 104 | Direitos trabalhistas |
| | 110 | Facilidade em contratar trabalho estrangeiro no país |
| | 111 | Mobilidade do trabalho no país |
| | 53 | Dependência em gerenciamento profissional |
| | 116 | Remuneração e produtividade |
| | 47 | Salário feminino comparado ao masculino em percentual |
| | 137 | Taxa de tributação sobre o trabalho |
| **9** Sistema financeiro | 52 | Percentual do PIB no sistema de crédito privado nacional |
| | 103 | Financiamento de estatais |
| | 74 | Disponibilidade de capital de risco |
| | 52 | Capitalização de mercado |
| | 76 | Volume do PIB em prêmio de seguros |
| | 19 | Solidez dos bancos |
| | 62 | Empréstimos sem retorno |
| | 69 | Regulamentação sobre provisão bancária para risco |
| **10** Tamanho do mercado | 8 | PIB em U$ |
| | 140 | Percentual do PIB em importação de produtos e serviços |
| **11** Dinamismo de negócios | 60 | Custo para iniciar um negócio |
| | 104 | Tempo necessário para iniciar um negócio |
| | 125 | Taxa de recuperação de insolvência |
| | 17 | Legislação regulatória para insolvência |
| | 63 | Atitudes sobre risco no empreendedorismo |
| | 68 | Abertura para delegar autoridade |
| | 60 | Crescimento de empresa inovadoras |
| | 56 | Empresas que abraçam ideias disruptivas |
| **12** Capacidade de inovação | 77 | Diversidade da força de trabalho |
| | 58 | Estado do desenvolvimento de cluster |
| | 67 | Coinvenções internacionais por milhão de habitantes |
| | 74 | Colaboração multi-stakeholders |
| | 24 | Publicações científicas |
| | 58 | Aplicação de patentes na produção |
| | 27 | Gastos em pesquisa e desenvolvimento |
| | 14 | Instituições proeminentes na pesquisa |
| | 73 | Sofisticação de compradores |
| | 58 | Aplicações de marca comercial |

*Fonte*: SCHWAB, Klaus, editor. **The Global Competitiveness Report 2019**. Geneva: World Economic Forum, www.weforum.org/gcr, consultado em 24/08/2020 as 19h30.

*Tradução e preparação:* Masimo Della Justina, 28 agosto 2020

A integração econômica entre países se aprofunda cada vez mais e blocos econômicos regionais são formados [parte III]. Como propulsora do desenvolvimento e do crescimento, a abertura econômica de um país para com o mundo deve necessariamente promover os **4 Es na economia internacional**:

## Os 4 E's na economia internacional

***EFICIÊNCIA***, a diminuição do desperdício no processo de produção, transporte, estocagem, comercialização e consumo de produtos nacionais.

***EFICÁCIA***, a obtenção do melhor resultado em cada atividade econômica, considerando o custo de oportunidade para cada R$1.00 investido a partir da escolha entre duas ou mais opções.

***EQUIDADE***, o desfrute do crescimento econômico que filtra direta e indiretamente as oportunidades de formação de aluguel, juro, lucro e salário para todos na estrutura de classes sociais, na tentativa de superar a pobreza absoluta por meio de ganhos, via mercado dentro do sistema econômico, ou por redistribuição para aqueles portadores de necessidades especiais e que não podem formar a sua própria renda.

***ESTABILIDADE ECONÔMICA,*** refletida no balanço de pagamentos, câmbio, juros, inflação, emprego, finanças públicas e crescimento econômico em períodos de calmaria e na execução racional de política fiscal e monetária ante turbulências nacionais e internacionais.

Os parâmetros do mercado e as regras da Organização Mundial do Comércio são as mesmas para cada metro quadrado da Terra, mas países têm diferentes níveis de desenvolvimento e diferentes taxas de crescimento, bem como diferentes sistemas tributários e desafios fiscais próprios. Os grandes embates do livre-comércio contra o protecionismo sempre são reflexos das pressões impostas por lobistas, rentistas e oportunistas sobre a política interna de um país [Cap. 4].

O **trilema de Rodrik** alerta para os três desafios na atual globalização acelerada:[10]

1. A globalização que atrai investimento direto estrangeiro e aumenta o comércio internacional, dando grandes oportunidades aos trabalhadores qualificados e empresários competitivos, ao mesmo tempo em que também exclui os menos qualificados, quebra empresas nacionais, aumenta o desemprego estrutural e suas consequências em forma de pobreza, violência e patologias sociais;
2. O conflito entre países e dentro de países com diferentes culturas, ritmos do crescimento e domínios tecnológicos, mesmo assim tendo que cumprir normas e padrões internacionais iguais para todos;
3. Desafio da viabilidade econômica da seguridade social em cada país (aposentadoria, educação, previdência, saúde) e a sua sustentabilidade ante os desafios adversos da globalização econômica.

A economia global e a geopolítica caminham juntas em questões de comércio internacional, investimento estrangeiro, desenvolvimento de produtos e serviços, integração internacional, transferência tecnológica, crédito, mudança urbana, mudança climática, preservação ambiental, reformas administrativas, papel do governo, colaboração de

[10] Dani Rodrik (1957-), economista e professor turco cujo pensamento tem a simpatia de Francisco, atual imperador do Vaticano.

negócios na esfera local e regional, importância de distritos industriais e dos pequenos negócios, migração de mão-de-obra.

## 3.5 Grandes Exportadores, mas pobres

A integração à economia internacional pode e deve ser um motor de crescimento econômico interno e gerador de renda de um país em forma de aluguel, juro, lucro e salário para a sua população. Isso se reflete em melhorias nos pilares da competitividade, IDH, Lei de Engel, Curva de Lorenz, Coeficiente GINI e Curva de Laffer [Caps. 3 e 18]. O mero *superávit* comercial pode ser insuficiente para alavancar o crescimento econômico ideal no caso de o país sofrer de insuficiência de poupança nacional, com a respectiva pressão de crédito para cumprir obrigações financeiras internacionais e ainda atender ao serviço das dívidas do setor público. Neste caso, o grande montante das divisas internacionais que entra via exportações (agronegócio, indústria, madeira, minérios, pesca), logo deixa o país para o pagamento de obrigações internacionais: dívida externa, remessas de lucro sobre investimentos estrangeiros, pagamento de juros sobre empréstimos internacionais, amortizações, devolução de empréstimos institucionais ao FMI, ao Banco Mundial e ao Banco Interamericano de Desenvolvimento. Não fosse essa sangria, as divisas externas poderiam transformar-se em crédito nacional que, por sua vez, financiaria os investimentos, o consumo no crediário e os serviços e amortizações da dívida pública a taxas mais amigáveis de juros, mais próximas da taxa de inflação.

Nesse tipo de armadilha, encontram-se muitos países da África, da América Latina, incluindo o Brasil, da Ásia e do Oriente Médio. É o caso de economias de petróleo bem como daquelas sem petróleo e de produção primária: elas têm de exportar mais produtos primários, produção agrícola, aviária e pecuária, cortar mais florestas, pescar mais e deixar buracos cada vez maiores no solo com a extração de minérios, para pagar suas obrigações internacionais. Enquanto isso, não se industrializam. Além disso, ainda têm de financiar a irresponsabilidade dos gastos públicos de seus governantes, muitas vezes com extravagâncias, construções palacianas, armamentos, carreira militar e uniformes e medalhas.

Muitos países exportadores de *commodities* têm *superávit* comercial sistemático, mas com conta corrente deficitária no balanço de pagamentos; as principais *commodities* são cobre, gás natural, óleo cru, milho, ouro, prata e soja seguidos também do açúcar, algodão, café, carne, etanol, grãos, laranja, madeira, metais, minérios, pesca e trigo. Nesse cenário, *superávit* comercial é sinônimo de pobreza para o país exportador, ou seja, alimenta a criação de riqueza para outros países e não para a economia nacional.[11] Em alguns casos o país tem *superávit* comercial e os seus agentes econômicos são detentores de títulos de dívida pública de economias desenvolvidas, abafando assim a industrialização nacional. O país tem independência política, mas o cordão umbilical econômico do colonialismo ainda não foi cortado; em alguns casos, na África, o país saiu das mãos de um mestre colonial, para cair ilusoriamente nas mãos de outro como, por exemplo, na década de 1960 em que saiu o Reino Unido para entrarem os EUA e o Japão e agora estes últimos saem para entrarem a China e a Rússia.

No caso da captação de crédito internacional para suprir a insuficiência de crédito nacional, a taxa real de juro nacional mantém-se elevada pelo fator atração e pelo fator repulsão; juros altos, por sua vez, perturbam os investimentos nacionais privados e o consumo no crediário bem como os serviços da dívida pública, afetando negativamente outros componentes da demanda nacional agregada, que não as exportações e, por consequência, todo o PIB. E o país continua a se deparar com escassez de capital financeiro.

---

[11] Isso ocorre mais ainda quando o país exporta *in natura* como carne, grãos, produção agrícola, madeira, minérios, petróleo, gás, longe de uma produção com valor agregado. No outro oposto, o Japão e o Reino Unido, por longa data, cobrem o *déficit* comercial anual com as remessas que recebem de lucros de suas empresas e de juros de seus bancos que atuam mundo afora; assim obtêm o equilíbrio no balanço de pagamentos, mantêm um alto padrão de vida para a população, investem em pesquisa e desenvolvimento e continuam credores internacionais.

**FATOR ATRAÇÃO:** necessidade de o país oferecer generosa remuneração do capital financeiro vindo do resto do mundo, em concorrência com outros tomadores internacionais, governos e empresas nos maiores centros financeiros como Londres, Nova York, Frankfurt, Paris, Zurique, Tóquio, Hong Kong, Shangai, Amsterdã.

**FATOR REPULSÃO:** o retorno oferecido pelo país nas suas tomadas internacionais de empréstimo deve compensar pelo risco-país e por arbitrariedades de política econômica que repelem a entrada de dólares no país. Ocorre também quando a rentabilidade no setor produtivo não compensa pela taxa de risco e outros fatores.

Nos dois casos, para cada dólar atraído é preciso ser excessivamente generoso com o aplicador estrangeiro, em concorrência com governantes de mais de 200 países também tomadores de empréstimo no globo. O estrangeiro que adquire títulos públicos num determinado país em desenvolvimento, por exemplo, prefere um rendimento anual médio acima da inflação anual, isenção do imposto sobre renda nessas aplicações e geralmente um rendimento anual em 5% acima daquele pago pelo Tesouro Americano.

O perdão de certas dívidas, por governos junto a seus bancos, em favor de países seriamente endividados, que não conseguem pagar parcelas de suas dívidas, também já ocorreu. Nestes casos é exigido pelo credor que cada unidade monetária perdoada ou paga por ajuda internacional, seja investida na educação, na saúde e no social do país endividado. Geralmente quem paga ao banco credor é o Tesouro Nacional do país sede deste banco. No fundo é uma transferência de dívida que seria quitada pelo contribuinte do país em desenvolvimento para o bolso do contribuinte do país desenvolvido e com capacidade para ajuda externa, por isso que é politicamente delicado e livre de ingenuidades [Cap. 18].

Algumas economias estão bem integradas à economia mundial, mas não conseguem desenvolver-se, nem se industrializar e nem se beneficiar, a não ser alimentar a acumulação de riqueza para um pequeno grupo de pessoas e empresários nacionais que, além disso, impedem o progresso econômico, político e social do próprio país que o faria convergir para a democracia social europeia, canadense, australiana e neozelandesa.

Sachs [2008; p.283] descreve um triplo revés da África no seu desenvolvimento econômico:

1. O desempenho agrícola e a fome;
2. O fardo das doenças;
3. A conexão com os mercados mundiais afetada pela geografia, história e a miséria.

Ainda, segundo Sachs [2008; p.286], a superação da pobreza deve seguir numa direção construtiva, indo da ajuda temporária para o incremento da produtividade e aumentos da poupança e investimentos, para levar ao crescimento sustentado. Isso, de maneira que a ajuda externa deva incidir efetivamente na superação dos empecilhos estruturais ao desenvolvimento e ao crescimento econômico, e não em mero assistencialismo que facilmente se configuraria como um novíssimo colonialismo.

Em conclusão, a integração econômica internacional e a ajuda externa são condições necessárias, mas não suficientes para o desenvolvimento econômico; o ciclo da pobreza não será quebrado se não houver esforço pelo país socorrido. Deve haver inteligência e racionalidade por parte de quem ajuda e por quem é ajudado. Ademais, é mais efetivo quando se ajuda quem quer se ajudar.

## 4. GEOPOLÍTICA E POLÍTICA NACIONAL

A política nacional e os objetivos das relações internacionais de um país podem estar intimamente ligados. Para Jackson & Sorensen [2018, p.295] na visão materialista dos neorrealistas e neoliberais e na visão ideacional dos construtivistas "poder e interesse nacional são as forças motoras na política internacional".

A relação entre Estados pode ser: bilateral, multilateral, não estatal e por órgãos internacionais. A postura de um país com relação ao outro se dá basicamente em três formas: cooperação, neutralidade, confronto. Pode haver uma tentativa do monopólio da força para garantir um ordenamento jurídico e a soberania do Estado e muitas estratégias de alinhamento e de chantagem.[12] Como parte disso, as relações entre Estados podem ser: pacífica, por força, guerra ou imperialismo, contudo o equilíbrio evita eliminar a soberania de outro Estado.

A área acadêmica de relações internacionais trata da dicotomia entre soberania/ anarquia, quer seja, cada Estado é soberano, mas as relações exteriores destes com outros Estados é solta e individualizada, sem uma coordenação geral. Não existe um supraestado que represente todos os Estados, apenas a Organização das Nações Unidas, mas que não tem função governamental e de representação de nações; ao contrário, são as nações que estão representados lá dentro dela.

Assim como a política interna de um país influencia as relações internacionais deste com outros países, da mesma forma também as relações internacionais de outros países influenciam a sua política interna [item 7.3].

É difícil para a comunidade internacional lidar com regimes menos democráticos, mesmo que esses países tenham matérias-primas

[12] A partir do Tratado de Vestfália de 1648, a Ciência Política entende que o Estado como organização política, jurídica e administrativa da sociedade é o único que pode fazer uso da força e das armas com a finalidade de manter a ordem interna e a defesa externa, e ninguém mais, presumindo que os representantes deste Estado tenham sido democraticamente eleitos e obedeçam a Constituição e as leis.

que interessam aos seus parceiros comerciais. Contraditoriamente tem havido uma associação e em alguns casos prolongadas, de países democráticos com regimes autocratas.

Thackrah [1987; p.252] aponta 3 critérios principais dentro dos quais operam os legisladores e formuladores de política externa do país:

1. Valores fundamentais e interesses;
2. Objetivos de médio alcance;
3. Objetivos de longo alcance.

O mundo hoje é bem mais complexo do que há cinquenta anos; quando as escolas de pensamento em relações internacionais surgiram não havia tantos países e o domínio nas relações internacionais estava entre uma meia dúzia de países, ainda exercendo um confortável imperialismo sobre os quatro cantos da Terra.

Thackrah alerta que certos vieses são comuns na política internacional:

- Muitas análises populares de política externa podem ser meros *reflexos de problemas domésticos*. Às vezes se entende que os maiores problemas do mundo são aqueles nos quais o país está envolvido consigo mesmo.
- Interesse comum ao não usual, *dramático e violento*. O foco de analistas e da imprensa é de sensacionalismo em cima de crises e da violência, dando menos ênfase às causas de boas relações pacíficas entre nações. Nesse caso se dá ênfase exagerada à política externa como poder, e não como cooperação e relação pacífica entre nações.

Problemas externos também podem servir para analistas, demagogos, empresários, imprensa nacional, oportunistas e políticos exagerarem os problemas externos, ao mesmo tempo em que tentam vender uma imagem de que na esfera nacional tudo é melhor, como tentativas disfarçadas de justificativas da sobreposição de alguns indivíduos e grupos sobre outros, dentro do próprio país [Cap. 34]. É a estratégia dos parasitas do Poder Permanente para induzir a população a olhar pela janela, e não no espelho.

> A política externa de um país sempre estará ligada à sua política interna. "Numa análise geopolítica aprofundada, é necessário examinar as relações, entre as questões de política externa de um Estado com as suas políticas internas entre aquilo que podemos chamar de geopolítica externa e a geopolítica interna; mas com o recuo do tempo é que se pode perceber essas interacções" [Lacoste; 2006, p.42].

Não se pode esquecer que numa coalisão internacional podem aparecer barganha, blefe, chantagem, decepção, escassez de recursos, falsidade, fraqueza, negociação, oportunismo, quebra de promessa e traição; quase sempre surge um parceiro de coalizão que não se compromete a partir de certo momento. Princípios e quantias devem ser sempre observados e em conjunto. É muito provável que cada participante maximizará os seus ganhos junto ao seu próprio eleitorado e que não queira deixar as benesses da participação internacional para os seus oponentes e eventuais sucessores em futuras eleições na política nacional.

De qualquer forma, as relações internacionais convergem para o equilíbrio e para a busca da otimização onde todos os participantes procuram participar com as melhores decisões e melhores opções possíveis, dentro das restrições impostas pelo momento e pelo futuro próximo.

Quase sempre nas suas visitas a outros países a postura de um chefe de Estado ou chefe de governo reflete pressões nacionais. É comum uma associação entre controladores da economia nacional, do comércio exterior, da política nacional, das relações internacionais e de militares. Nessa linhagem o conceito napoleônico de soberania tem sido utilizado para justificar a defesa do território nacional, do regime do dia e do militarismo em geopolítica. Para Jean-Jacques Rousseau soberania é vontade da maioria, num sentido filosófico-político de participação e representação do cidadão; para Napoleão Bonaparte soberania é controle territorial das fronteiras, num sentido militar-político. No ministério de relações exteriores e no ministério da defesa, animados pela indústria bélica, muitos países preferem utilizar o conceito napoleônico.

É uma tradição francesa que as forças armadas estejam alinhadas ao regime, além do Estado do qual são parte; medalhas, condecorações, promoção na carreira e graus ascendentes em sociedades fechadas também acompanham os que comandam. As repúblicas da América Latina, África e Ásia tendem a seguir o modelo. Em consequên -cia, as relações internacionais entre esses países quase sempre têm também uma conotação militarista, envolvendo o setor de defesa e a indústria armamentista.

Em consequência, também alguns não se importam em desrespeitar o princípio de não intervenção na independência e na liberdade interna de um país e de seu povo, em conduzir os seus afazeres econômicos e políticos, tampouco se preocupam com a qualidade democrática do regime que governa o seu país. Interesses podem ser seguidos de interferência e a interferência pode ser diplomática e por consenso mútuo, ou por imposição pela força pelos meios que julgar mais efetivos: expulsão de embaixador, cooptação, boicote, embargo econômico, sanção econômica, apoio a grupos oponentes dentro do outro país, derrubada de governo por voto de não confiança no parlamento, golpe de Estado e até intervenção militar.

O poder econômico, atuando junto com a política nacional e o poder militar numa dinâmica geopolítica, resultará no equilíbrio que também determina todo um **alinhamento internacional,** mesmo para aqueles que não lideram como poderes. Esse emaranhado vigora por décadas, entre 50 a 70 anos, e será aquele já conhecido na história: 'Seja um aliado do Império Romano e colherás todos os benefícios daí decorrentes; lute contra e sentirás na carne a força destrutiva de Roma'. Isso significa também que países ainda em desenvolvimento de início percebem oportunidades ao aliarem-se a poderes maiores, mas alguns deles logo perceberão que estarão numa situação de dependência ou mesmo de reféns, mas nunca com o controle.

Quando a dependência é puramente econômica, mas benéfica, não há muito o que se discutir; ocorre que, por vezes, a submissão é meramente política, porque o país que é submetido está numa posição geográfica estratégica importante para quem o domina [Cap. 33]. Às vezes a mera disputa entre gigantes, coloca por tabela um país em situação de refém até a disputa não se resolver.[13]

O pior dos cenários é quando grupos do próprio país, que oprimem o seu próprio povo, aliam-se por fidelidade a um poder regional ou global como escudo intimidatório contra esse mesmo povo.

Não havendo como a população se manifestar em regimes não democráticos, a violência será inevitável entre grupos políticos antagônicos dentro do país. Isso talvez explique tantas rebeliões, guerrilhas e terrorismo em alguns pontos do globo, pois não podendo atuar contra seus governantes, os insatisfeitos atacam e perpetram violência contra inocentes em países aliados a seus governantes. Possivelmente aí o objetivo dos terroristas é didático: fazer a população do país atacado sentir-se culpada por sua própria prosperidade que, em grande parte, só é possível pelas ações de algumas empresas e de seu governo em outros países.

Muito embora o terrorismo seja condenável, na mente do terrorista os ataques a inocentes servem para chamar a atenção do cidadão comum, do país atacado, para sua ignorância ou conivência com a "dor dos irmãos" no país de origem do terrorista. Relacionado a isso está o fracasso da cooperação internacional, nações frágeis, a geopolítica social e o tráfico internacional de armas [Caps. 18 e 19].

[13] Esse parece ter sido o caso do Afeganistão desde o final dos anos 1830.

Grupos de pessoas, atividade de lobistas sobre os parlamentares e sobre o executivo governamental acabam por definir a política externa. A ideologia do inimigo externo é, por vezes, um pano de seda sobre a mesa com interesses políticos e econômicos nacionais.

A indústria armamentista dos últimos 100 anos parece ter sobrevivido e prosperado sob a pregação útil da ideologia do inimigo comum, por carreiristas políticos e militares que têm selecionado cronologicamente o nazismo, o comunismo e o terrorismo nas suas cruzadas. Ao venerar regimes não democráticos, a indústria armamentista também usa a instabilidade internacional e da vizinhança como instrumento para drenar recursos públicos para a defesa e isso acaba por atrasar o desenvolvimento econômico.

Disputas de fronteiras e a busca de acesso aos recursos naturais do outro lado da fronteira onde está o mesmo grupo étnico, também têm gerado clientela armamentista mundo afora [Cap. 20]. Hoje, a tecnologia cibernética, a segurança cibernética, a capacidade de espionagem e de informação são questões estratégicas para a defesa de um país, onde o potencial bélico por si só sem informação confiável, não garante a segurança [item 9.2.1].

Teorias e mesmo ideologias têm tentado justificar o domínio de um poder sobre outros poderes e sobre outros subjugados. Periodicamente ocorrem Alianças e Blocos hegemonizados por potência-guia, que duram um ciclo médio de 70 anos. No momento se vê a aurora de uns países e o crepúsculo de outros e as mesmas referências podem ser feitas à geopolítica de cada época, na ordem cronológica de países e civilizações antigas e seus poderes nacionais e regionais da China, Egito, Acádia, Assíria, Babilônia, Hindu, Hitita, Pérsia, Grécia, Cartago, Roma, Asteca, Maia, Inca, Cuxita. Houve também uma grande prática de geopolítica nas grandes disputas globais pelos Califados, Cruzadas, Otomanos, Conquista, Colonialismo, Neocolonialismo, guerras europeias, Guerras Mundiais, Guerra Fria e a guerra contra o terror, bem como a espionagem e interferência cibernética corporativa, governamental e privada na atualidade [Cap. 34].

## 5. GEOPOLÍTICA E PODERIO MILITAR

A ordem geopolítica global estabelecida com o legado colonialista e com os acertos do final da Segunda Guerra Mundial é mantida pela força militar e pelo equilíbrio nuclear; essa, por sua vez, depende da robustez da economia e da capacidade de arrecadação tributária do país.

A relação entre economia, poderio militar e influência geopolítica de países-guias fica evidente quando se olha o mapa onde eles têm presença militar com tropas e estrutura e na maioria dos casos com bases para eventuais operações na região.

O Reino Unido é o caso mais conspícuo, uma vez que tem tropas em mais de 40 países e perto de 150 bases militares das quais 60 são de sua própria administração e outras 69 em conjunto com outros países.

A maioria desses países têm estreita cooperação comercial, diplomática e militar entre eles e geralmente estão afinados em crises internacionais; um segundo grupo composto pela China, Irã, Rússia e Turquia tem sua própria agenda, podendo convenientemente colaborar ou se distanciar do primeiro grupo, dependendo do cenário e do tipo de crise a ser resolvida e de seus objetivos.

Capacidade econômica, lobistas nacionais, relações econômicas internacionais, objetivos da política internacional, cenários para o controle, utilização da teoria dos jogos permitem também que a capacidade militar do país seja um instrumento efetivo de geopolítica e de geoestratégia nas suas relações internacionais.

Sobre todo esse emaranhado econômico, militar e geopolítico internacional, que uma herança dos últimos 200 anos, após a Batalha de Waterloo em 1815, que se contempla. É sobre esse que se contempla o atual crepúsculo e aurora.

*Presença militar*

| País | Onde tem base militar |
|---|---|
| **Alemanha** | EUA, França |
| **Arábia Saudita** | Barein, Djibuti, Eritreia, Iêmen |
| **Singapura** | Austrália, Brunei, EUA, Taiwan |
| **Australia** | Emirados Árabes Unidos, Malásia |
| **Canadá** | Alemanha, Jamaica, Kuwait, Senegal |
| **China** | Djibuti, Mianmar, Sri Lanka (porto), Tajiquistão |
| **Emirados Árabes Unidos** | Iêmen, Líbia, Somalilândia |
| **EUA** | Alemanha, Arábia Saudita, Aruba, Ascensão, Austrália, Bahamas, Barein, Bélgica, Bósnia-Herzegovina, Bulgária, Camarões, Catar, Chipre, Singapura, Coreia do Sul, Cuba, Curaçao, Djibuti, Emirados Árabes Unidos, Equador, Espanha, Estônia, Filipinas, Grécia, Groenlândia, Holanda, Honduras, Hungria, Ilha Britânica no Oceano Índico, Iraque, Islândia, Israel, Itália, Japão, Jordânia, Kosovo, Kuwait, Níger, Noruega, Omã, Polônia, Portugal, Quênia, Reino Unido, Romênia, Seicheles, Síria, Tailândia, Tunísia, Turquia |
| **França** | Chade, Iraque, Jordânia, Líbano, Mali, Níger, Síria<br>Territórios franceses: Amesterdã, Crozet, Guadalupe, Guiana Francesa, Kerguelen, Maiote, Marquesas, Martinica, Nova Caledônia, Polinésia Francesa, Reunião, São Bartolomeu, São Martinho, São Paulo, São Pedro e Miquelão, Sociedade, Terra Adélia, Wallis e Futuna |
| **Grécia** | Chipre |
| **Holanda** | Aruba, Curaçao, EUA<br>Territórios holandeses: Aruba, Bonaire, Curaçao, Saba, Santo Eustáquio, São Martinho |
| **Índia** | Butão, Singapura, Irã, Madagascar, Maurício, Omã, Seicheles, Tajiquistão |
| **Irã** | Síria |

| Israel | Eritreia, Síria |
|---|---|
| **Itália** | Djibuti, EUA, Kuwait e Líbia |
| **Japão** | Djibuti |
| **Paquistão** | Arábia Saudita |
| **Reino Unido** | Alemanha, Ascenção, Barein, Belize, Brunei, Canadá, Catar, Chipre, Singapura, Emirados Árabes Unidos, Estônia, EUA, Iraque, Nepal, Noruega, Omã, Quênia |
| | Presença de tropas britânicas: Antártica, Arábia Saudita, Austrália, Barein, Chagos, Chipre, Djibuti, EAU, Estônia, EUA, Ilha de Jérsia, Lituânia, Malawi, Mali, Nigéria, Nova Zelândia, Omã, Quênia, Somália, República Tcheca, Serra Leoa.<br>Territórios Britânicos: Acrotíri e Decelia, Angilla, Bermudas, Gibraltar, Ilhas Cayman, Ilhas Malvinas, Ilhas Geórgia do Sul e Sandwich e Gouch, Ilhas Pitcairn, Ilhas Turcas e Caicos, Ilhas Virgens Britânicas, Montserrat, Santa Helena e Tristão da Cunha e Ascensão, Território Antártico Britânico, Território Britânico do Oceano Índico |
| **Rússia** | Armênia, Belo Rússia, Cazaquistão, Círculo Ártico, Eritreia, Geórgia, Madagascar, Moçambique, Moldova, Quirguistão, República Centro Africana, Síria, Sudão, Tajiquistão, Ucrânia. |
| **Taiwan** | EUA |
| **Turquia** | Afeganistão, Albânia, Azerbaijão, Bósnia-Herzegovina, Catar, Chipre, Kosovo, Líbia, Somália, Síria, Sudão |

Parkinson (1977; índice) analisa o surgimento dos grandes negócios, antes mesmo da Segunda Guerra Mundial, nas áreas do aço, agricultura, armamentos, automóveis, aviação, bancos, borracha, comércio, eletricidade, ferrovias, finanças, fotografia, petróleo, química, rádio, seguros, serviços postais, telefone, telégrafo e transporte notadamente na Inglaterra, EUA, Europa e Ásia. O crescimento do poderio econômico dos países detentores das grandes companhias nestas áreas, também lhes vai propiciar o poderio naval e militar e o poderio militar lhes assegura mais poder geopolítico e o poder geopolítico mais prosperidade econômica.

Olhando bem e com a devida atenção, percebe-se que a maioria deles saem vencedores na Primeira e na Segunda Guerra Mundial. Interessante notar também que em 1999, das dez maiores sociedades transnacionais por faturamento, quatro eram automobilísticas (GM, Ford, Daimler-Chrysler, Toyota) e duas eram petrolíferas (Exxon Mobil e Shell), sobrando a Wal-Mart para o setor de distribuição, a GE para a eletricidade, a NT&T para telecomunicações e a AXA para seguros [Steitenfus, 2004, p.130]; e aqui estão, curiosamente, Alemanha, EUA, França, Inglaterra, Japão.

É curioso também perceber que os países que hospedam os gigantes econômicos, descritos acima por Parkinson, deterão um protagonismo e enorme poder econômico e militar durante as duas Guerras Mundiais e durante a Guerra Fria, bem como nas guerras do Golfo e agora na guerra ao terror e no realinhamento geopolítico no crepúsculo e aurora. Economia, geografia, geologia, geopolítica e poderio militar geralmente se entrelaçam.[14]

A pujança econômica de um país lhe propicia recursos para construir e manter uma marinha mercante e uma marinha de guerra robustas. Isso combinado com as forças armadas do país, a estrutura de suas empresas e bancos, mais o corpo diplomático bem treinado e comprometido com o plano estratégico e com os objetivos internacionais de seu país, facilita o exercício geopolítico desse mesmo país sobre outro país ou região da Terra. A partir daí todo esse círculo se autoalimenta, dando ao país uma posição de controle e colocando os demais numa posição de oportunidades dependentes e por vezes até de reféns ou de vítimas do jogo.

---

[14] Há uma tese sobre Saddam Hussein (Iraque): ele desejava organizar uma gigante petrolífera puramente árabe *vis-à-vis* ás Sete Irmãs da época, motivo pelo qual o seu poder político (ditatorial) doméstico transformou-se num problema geopolítico regional e global causando a sua própria destruição pela força militar. As Sete Irmãs eram a Anglo-Persian Oil Company (atual British Petroleum), Chevron (Standard Oil da California), Esso (Standard Oil de Nova Jérsia), Gulf Oil, Mobil (Standard Oil de Nova Iorque), Shell, Texaco. Após fusões, essas empresas agora se resumem na British Petroleum, ExxonMobil, ChevronTexaco, Shell.

O poder militar de um país depende do tamanho do exército, contingente de forças terrestres, força aérea, frota naval, geografia, recursos naturais, logística e o uso inteligente e estratégico de tudo isso integrado aos objetivos das relações econômicas e diplomáticas com os outros países da Terra. Em primeiro lugar o país precisa de uma economia robusta, com capacidade suficiente de arrecadação tributária, para financiar todas as demandas do setor público e ainda manter esse poderio militar no âmbito nacional e internacional.

Para Jackson & Sorensen [2018; p.295] "o poder é, em última instância, a capacidade militar, sustentada por recursos econômicos e outros".

A era vitoriana permitiu que a geografia, a economia, a história, a política, as relações internacionais e os avanços científicos e tecnológicos convergissem para alimentar a geopolítica.[15] Nada nessa proporção teria sido possível antes. Entre 1900 e 1914, quando a aeronáutica ainda não existia, ficou evidente a relação entre geopolítica e a capacidade dos exércitos e das marinhas de guerra e os interesses econômicos e políticos globais de empresas de países mais desenvolvidos. Todos os setores de siderurgia, metalurgia e indústria serão parceiros do aparato de *hardware* militar de algumas nações-guias para atender ao seus objetivos geopolíticos. O caso da Alemanha, da Rússia, dos EUA e do Japão no início do século 20 talvez sejam os mais perceptíveis, sendo que a Inglaterra a França, a Áustria-Hungria e os otomanos já tinham complexos industriais e estaleiros integrados à defesa. O neocolonialismo, organizado a partir da Conferência de Berlim (1884-1885), faz a política nacional, o comércio internacional, as relações internacionais, a geopolítica e o poderio militar caminharem na mesma direção, um fortalecendo o outro [Caps. 3, 4, 5].

---

[15] Pode-se falar de grandes períodos diferenciados da geopolítica dos últimos 200 anos, que configuraram também os sistemas de segurança e de defesa dos países e de alianças :
1815-1848 pós-guerras napoleônicas;
1870-1900 industrialização, militarização e neocolonialismo;
1900-1922 militarização da geopolítica e da economia internacional;
1917-1945 tricotomia capitalismo-comunismo-fascismo e surgimento das moedas fortes;
1945-1991 dicotomia capitalismo-comunismo pela Guerra Fria;
1991-2001 hegemonia americana;
2001- presente multipolaridade, o pluralismo e mudanças econômicas e geopolíticas.

O poder militar de países dominantes é utilizado não somente para segurança e defesa nacional, mas também para enquadrar um cenário geopolítico global, que seja economicamente oportuno para a suas empresas nacionais, em exportação, importação e investimento direto estrangeiro.

É notória a rivalidade do poderio militar entre a França e o Reino Unido para a sua defesa nacional e o controle político de esferas de influência na Terra. Depois de quase um milênio de rivalidades chegaram à *Entente Cordiale,* em 1904, para ampliar a coexistência pacífica, que já existia desde a Batalha de Waterloo em 1815. Essa *Entente* se sustenta desde então, levando inclusive a alianças na Primeira e Segunda Guerra Mundial e ocasionalmente em ações conjuntas na OTAN em crises internacionais da atualidade como nos casos da Sérvia (1990s), Kosovo (1991) e Líbia (2011).

## 5.1 Poderio Militar, Petróleo e Gás

A importância do petróleo para o poderio militar e vice-versa pode ser ilustrada na batalha de Stalingrado (1942-1943), chamada a maior de todos os tempos. À época acreditava-se que quem controlasse Baku, ganharia a guerra. Parte dessa estratégia geopolítica foi a invasão do Irã, que era neutro, em 1941, pelas tropas da União Soviética junto com as tropas do Reino Unido, para a abertura do corredor persa para suprimento para o Norte, a partir da foz do rio Volga no mar Cáspio, e para estancar um possível acesso das tropas alemãs aos campos de petróleo do Azerbaijão, Cáucaso e mar Cáspio. A batalha de Stalingrado teve a função de enxotar os alemães que bloqueariam o corredor e passagem para o Cáucaso. Na mesma tática, enquanto a União Soviética manteve parte das forças de Hitler ocupadas no fronte Leste, os aliados foram avançando do Oeste para a Europa central e do Leste.

Entre 1941 a 1945 o Reino Unido e os Estados Unidos providenciaram à União Soviética mais da metade do alumínio, mais da metade dos combustíveis para a aviação e mais de 4/5 do cobre [Beaumont,

1980; p.207]. A ajuda total dada entre 1941 a 1945 pelos Estados Unidos à China, França, Inglaterra, União Soviética e outros seria equivalente aos gastos anuais do Pentágono de hoje, um pouco mais de meio trilhão de dólares. Tão importante quanto essa ajuda durante a guerra foram o Plano Marshall e o Plano Colombo após a guerra para, inversamente, ajudar a reconstrução da Europa e do Japão e promover a sua prosperidade econômica, antes que ficasse tarde demais ante o novo poderio militar soviético.

É na passagem do século 19 para o século 20 que o petróleo ganha importância econômica, militar e geopolítica. Por um lado, a nascente indústria automobilística e por outro lado a substituição do carvão pelo óleo na propulsão nas máquinas da marinha mercante e da marinha de guerra farão dessa *commodity* o sangue da geopolítica. Duas linhagens de frota naval se desenvolvem: por um lado a Alemanha e a Rússia por suas posições geográficas, mesmo que não tivessem vocação natural para poderio marítimo e no outro espectro o Reino Unido, os Estados Unidos e França que já tinham vocação e tradição marítima e naval. O Japão entra no jogo nas guerras contra a China (1894-1895) e contra a Rússia (1904-1905);[16] aqui está a divisão entre o *heartland* e ilha-mundo das quais fala Halford John Mackinder [Cap. 6]. Portugal, Espanha e Holanda também haviam tido os seus ciclos de supremacia das ondas dos mares, do século 16 ao 18, mas 100 anos atrás já não tinham mais importância econômica determinante na Terra e não conseguiriam embarcar militarmente *vis-à-vis* esses outros grandes gigantes. No período pós vitoriano soma-se economia + colonialismo + militarismo + geopolítica como nunca na história.[17]

---

[16] Desde a Reforma Meiji o Japão já vinha organizando a sua marinha de guerra nos moldes britânicos e o seu exército nos moldes franceses; a China também já vinha construindo sua marinha desde a década de 1880.

[17] O Brasil é detentor de uma grande costa marítima mas não tem vocação para o mar quando se refere a estaleiros, engenharia naval, marinha mercante e marinha de guerra; não sabe utilizar o seu potencial marítimo e aquático e fica à mercê dos desafios geográficos das montanhas que separam as terras produtivas e fábricas dos portos, fato esse que leva grandes empreiteiras e construtoras, que manipulam a política, a buscar contratos para construir e manter rodovias, assim como montadoras de caminhões a terem um *lobby* mais forte do que o setor de transporte ferroviário e marítimo Cap. 2].

Todo o Oriente Médio vai levar ainda as três primeiras décadas do século 20 para estar reorganizado, em diversos países, em relação ao suprimento do petróleo para as marinhas, as indústrias e o setor automobilístico das economias-líderes. Tudo se ajusta de forma mais agressiva na década de 1930 e na de 1940 e leva a outro arranjo, tardio mas acertado, com a fundação e independência do Estado de Israel em 1948, que não termina por aí e acaba por determinar a geopolítica que seguirá no Oriente Médio até os dias de hoje.

O petróleo e o gás passam a ser quase sinônimo de geopolítica e de poderio militar desde a criação da Arábia Saudita em 1932. Manifesta-se novamente com a grande mudança que está tomando forma atualmente na geopolítica global, com o crepúsculo dos EUA no Oriente Médio e na Europa, considerando a sua possível retirada da 5ª e 6ª. Frotas Navais do Golfo Pérsico e do Mediterrâneo respectivamente. Mais uma vez é reflexo do mercado do petróleo e gás [parte V].

Há uma trindade formada entre petróleo, geopolítica e poderio militar; a economia une os três elos e irá comandar a geopolítica para os próximos 100 anos a partir de 1922 quando os impérios otomano e alemão se desfazem. O Tratado de Versalhes proíbe a Alemanha de ter empresas de exploração e refino de petróleo; o país passa a dedicar-se à produção de veículos e maquinários e também da química fina; curiosamente por esse motivo, desde então, a influência geopolítica da Alemanha no Oriente Médio é quase nula sob o aspecto militar, não obstante e talvez por isso mesmo, as tentativas de aproximação do kaiser Guilherme II, antes da Primeira Guerra Mundial, com os Otomanos para controlar o Oriente Médio e cortar a passagem geográfica da Inglaterra para o seu maior gerador de riqueza, a Índia. É possível levantar a hipótese de que uma das intenções dos nazistas era forçar uma participação alemã no mundo do petróleo, após derrotar o comunismo soviético, como esperavam os EUA, França e Inglaterra, e daí os alemães teriam poder de barganha junto ao ocidente sobre o Cáucaso num acerto pós-guerra:

1. Derrotar o comunismo;
2. Tomar a Rússia;
3. Exigir participação entre os gigantes do petróleo para sair da Rússia.

Porém, ante a derrota de um regime condenável e após a sua divisão e o Bloqueio de Berlim em 1948 - 1949, a importância estratégica e geopolítica da Alemanha é assegurada pela parceria comercial e diplomática, construtiva e forte, com os EUA, com a construção da União Europeia, com a sua reunificação em 1990 e a ponte entre Europa e Rússia.

Na contemporaneidade, a Alemanha exerce uma intermediação com a Rússia e torna-se o fiel da balança com poder geopolítico enorme dentro da Europa, representando um reforço à sua capacidade agregadora e de liderança devido à exportação do gás natural da Rússia para os solos da Europa e também como a economia-chefe da União Europeia e boa liderança no governo federal [item 33.2].

Ressalta-se que, no caso do petróleo e gás, após a Segunda Guerra Mundial muitos países desenvolvidos e em desenvolvimento criam monopólios estatais para a exploração, refino e comercialização; parcerias foram criadas entre empresas petrolíferas estrangeiras e estatais também, como a Petrobrás do Brasil, a Petronas da Malásia e a Statoil (agora Equinor) da Noruega.[18]

## 5.2 Armas de Guerra

Desde a introdução da pólvora para a matança humana na Europa na batalha de Crécy em 1346, houve um ritmo lento na evolução em armas e táticas de guerra; foi após a Guerra Civil Americana (1861-1865), da Conferência de Berlim (1884-1885), das guerras entre Japão e China [1894-1895], entre Japão e Rússia (1904-1905) e mais apropriadamente na Primeira Guerra Mundial, quando a tecnologia armamentista deu

[18] Se os grandes produtores de petróleo tivessem seguido o exemplo da Noruega, em utilizar o setor petrolífero como alimentador da democracia econômica e da social-democracia, não precisariam gastar tantos bilhões de dólares em armas e defesa. Teriam mais sossego econômico, social e político em casa e menos inimigos no exterior.

um salto exponencial.[19] Os maiores avanços do conhecimento da física, da química, da mecânica, da matemática e da metalurgia passaram a ser empregados junto com logísticas de produção, estoque, abastecimento, transporte e táticas estratégicas de batalha; uniformes coloridos com as cores fortes da bandeira nacional foram substituídos por camuflagem para não serem facilmente identificados pelo outro lado.

> "Os cem anos depois de 1900 foram, sem dúvida, os mais sangrentos da história moderna, muito mais violentos, tanto em termos relativos quanto em termos absolutos, que qualquer era anterior" [Ferguson; 2015, p.762].

O uso de aviões, máquinas navais, bombas, mísseis, submarinos, porta-aviões mudou tudo nos últimos 80 anos. A defesa e a segurança nacional se transformam numa verdadeira indústria em parceria entre setor privado e público, envolvendo política fiscal e setores da economia. Em alguns países isso se torna mesmo num elemento indispensável e até essencial do crescimento econômico em alguns setores e regiões, motivo pelo qual um grande *lobby* também se desenvolve em favor de conflito permanente entre países, que conta também, por vezes, com o apoio popular devido geração de empregos e oportunidades de carreira militar. Se fosse comparado o orçamento anual para fins militares com aquele da ajuda externa e os respectivos efeitos multiplicadores de cada um nas relações internacionais, talvez as estratégias de gastos seriam invertidas.

A edição de "Armas de Guerra" [São Paulo: Abril, 2010, 20 vv.] descreve os tipos de armas utilizados desde o final do século 19:

- **Armas aéreas de guerra**: aeronaves de ataque, bombardeiros, caça, reconhecimento, transporte, treinamento, biplanos, triplanos, hidroaviões e drones.
- **Armas marítimas**: navios de guerra, corvetas, couraçados, cruzadores, destróieres, fragatas, porta-aviões, submarinos.
- **Armas terrestres**: artilharia, armas portáteis, tanques, veículos militares.

---

[19] A pólvora, juntamente com o compasso, o papel e a xilogravura é uma das quatro grandes invenções da China antiga.

Cada tipo de arma tem seu poder destrutivo de acordo com o objetivo estratégico a ser alcançado no momento, na batalha ou na dissuasão sobre o oponente. Surpresa, rapidez e superioridade sempre servem como intimidação.

As armas aéreas, além do combate, também são utilizadas para reconhecimento, escolta de navios e submarinos e voos de intimidação; os aviões de guerra têm armas anexadas em seu corpo geralmente nas asas e nariz e outros são lançadores de bombas, foguetes, mísseis e torpedos. As armas antiaéreas podem ser portáteis, anexadas nas asas, rebocadas, estáticas, de autopropulsão, antiaérea naval de fogo de alto ângulo. Na artilharia são utilizadas armas de campanha, especializada (antiaérea, antitanque, assalto, canhão, costeira, nuclear, sem recuo, alto calibre), obuseiro, foguetes, morteiros, de transporte embutida (antiaérea de autopropulsão, aérea e de paraquedistas, antiaérea, ferroviária, naval, tanque). Lança-chamas podem ser portáteis ou estáticos.

De porte individual há toda uma série de rifles e armas de fogo (apoio no ombro, assalto, atirador, batalha, *bullpup*, carabina, defesa pessoal, fuzil de precisão, rifles e pistola semiautomáticas, tiro múltiplo, pistola, revólver, carabina, espingarda, rifle de ferrolho, submetralhadora, metralhadora, rifle sem recuo, rifle com recuo retardado, lançador de granada, lançador de foguete, arma de golpe frontal). Canhão sem recuo, as armas flexíveis, defensivas e alguns tipos de arma branca ainda continuam em uso.

Para lançamento há toda uma série de explosivos contra construções, pontes e tanques, granadas como torpedos contra frota naval e submarina, que podem ser de lançamento naval e aéreo. Para lançamento de maior distância a partir de silos, navios e aviões existem mísseis, foguetes, ogivas de mísseis, projéteis nucleares e torpedos. As bombas mais devastadoras e em massa são a atômica, hidrogênio, nêutron, nuclear; armas químicas de destruição em massa são proibidas por convenção internacional.

## 5.3 Poderio Naval e Nuclear

Navios e todo tipo de embarcação naval de guerra, submarinos, porta-aviões, drones e força aérea atuam em conjunto[20]. O arsenal de armas nucleares nos dias de hoje tem capacidade para derreter a Terra diversas vezes.

A parte V desta obra traz algumas conjecturas sobre o crepúsculo e a aurora geopolítica de alguns países na atualidade e para os próximos 50 anos. Nessa movimentação de placas tectônicas, a capacidade naval e nuclear se desenvolvem e se fortalecem necessariamente, sendo inclusive indispensáveis no novo grande jogo.

Durante a Segunda Guerra Mundial, o poder aéreo e o poder naval tornam-se parceiros diretos por meio de porta aviões e aviões lançadores de torpedos e de reconhecimento.

**Alfred Thayer Mahan** [Cap. 6] foi pioneiro ao propor o poder naval como instrumento de política internacional e de comércio internacional.

**Friedrich Ratzel** argumenta sobre a importância de uma marinha forte, a ser financiada pela tributação sobre o próprio comércio internacional e que daria à Alemanha mais poder global do que o exército.

**Alexander Prokofiev de Seversky** propõe o poder aéreo.

**Halford John Mackinder** analisa o poder marítimo e o poder terrestre.

No crepúsculo e aurora geopolítica, que contemplamos atualmente, é possível especular sobre uma aproximação entre as frotas navais da Austrália, EUA, Índia, Japão e Reino Unido, para contrabalancear a China em seus objetivos comerciais e marítimos, sendo possível até mesmo um eventual bloqueio naval [Cap. 30].

---

[20] Sugestões para leitura:
TILL, Geofrey. Seapower: a guide for the twenty-first century. Abingdon: Routledge, 2018.
LAMBERT, Andrew. Seapower states, Yale: Yale University Press, 2019.
STAVRIDIS, Admiral James. The history and geopolitics of the world's oceans. Penguin, 2018.

Em agosto de 2021 foi anunciada a parceria entre os EUA e Reino Unido com a Austrália, a fim de receber tecnologia para equipar a propulsão de seus submarinos com energia nuclear. Possivelmente se verá também uma cooperação naval americano-britânica desde o Atlântico Norte ao Atlântico Sul, bem como uma cooperação aérea entre a Índia e a França. [Caps. 29 e 32]

A criação de uma identidade marítima é necessária para um país ser um grande influenciador no poder marítimo e naval. Como se presencia, o poder naval da China em 2021 pela primeira vez é maior do que o dos EUA. A China já conta com estrutura logística para abastecer navios militares em qualquer mar (*site* poder naval, Alexandre Galante); isso lhe propicia barganhas econômicas para atingir objetivos em partes do globo, como já o fizeram no decorrer da História, desde as grandes descobertas em ordem cronológica: Portugal, Espanha, Holanda, França, Reino Unido e EUA. Esse fato tem atiçado uma convocação pelo presidente Joe Biden em junho de 2021 junto à OTAN para, nas suas palavras, fazer frente às ameaças da China à segurança internacional.

Na prática, o que está em jogo é a concorrência econômica internacional acirrada entre empresas americanas e chinesas, uma guerra fria tecnológica. Pode-se afirmar que a China em 2021 está seguindo o caminho que os próprios EUA seguiram a partir de 1921, quando saíram da sombra de uma economia emergente para tornarem-se potência econômica, militar e geopolítica regional e global.

Dentro da disputa entre *seapower* e *heartland,* as instalações de ogivas nucleares em pontos estratégicos do globo também criam uma força "invisível" de deterrência, mas efetiva para o equilíbrio pela intimidação do aniquilamento mútuo.

A corrida nuclear determinou o curso da Guerra Fria e a sua própria deterrência e impossibilidade de seu uso. A União Soviética, de Brezhnev, pregava a coexistência pacífica, mas trabalhava arduamente para aumentar a sua capacidade militar geral e de armas nucleares. Ogivas nucleares podem ser carregadas dentro de um míssil balístico intercontinental. Essas ogivas podem ser estacionadas em pontos estratégicos e altamente seguros, como também serem carregadas por forças navais e aéreas.

As marinhas de guerra mais poderosas do mundo na atualidade são, por ordem, os Estados Unidos da América, Rússia, China, Japão, Reino Unido, França, Índia, Coreia do Sul, Itália, Taiwan. Quase na mesma linha os exércitos mais potentes são os EUA, Rússia, China, Japão, Índia, França, Coreia do Sul, Itália, Reino Unido, Turquia. As Forças de Defesa de Israel destacam-se pela sua capacidade de logística, rapidez e eficácia para a defesa do país em qualquer hora, qualquer lugar sob qualquer ataque.

Tecnologia da informação de alto nível é utilizada no seu monitoramento, detecção e disparo. De acordo com o Stockholm International Peace Research Institute [SIPRI, 2018] em 2018 a Rússia, nuclear desde 1949, tinha 6.850 armas nucleares e 1600 ogivas implantadas; os EUA, nuclear desde 1945, tinham 6.450 e 1.750 ogivas implantadas; a França, nuclear desde 1960, tinha 300 armas e 280 ogivas implantadas; a China, nuclear desde 1964, tinha 280 armas; o Reino Unido, nuclear desde 1952, tinha 215 armas e 120 ogivas implantadas; o Paquistão, nuclear desde 1998, tinha 150 armas; a Índia, nuclear desde 1974, tinha 140; Israel tinha 80 armas; a Coreia no Norte, nuclear desde 2006, tinha 20 armas.

Não há conhecimento de que a China, Coreia do Norte, Índia, Israel, Paquistão tenham ogivas implantadas.

É sabido que as forças armadas e o poderio militar de potências guias são utilizados não somente para a sua defesa nacional, mas também como instrumentos de geopolítica global. Infelizmente os gastos militares só crescem frente ao crepúsculo e aurora geopolítica da atualidade. Mesmo assim, é possível se vislumbrar uma grande guerra entre eles para os próximos 50 anos?

Paira no ar uma ansiedade silenciosa pela Humanidade: se o mundo teria superado a necessidade de uma grande guerra futura entre as nações. COHEN, Rafael & HAN, Eugeniu & ROADES, Asley [relatório *Geopolitical trends and the future of warfare*, Rand Corporation] fazem uma projeção [table S.1- *Summary of Findings*] e trabalham cenários sobre quem, como, onde, quando e porque podem ocorrer futuras lutas e batalhas. Para tanto fazem referência aos EUA, China, Europa, mundo Islâmico e Rússia. Os autores se perguntam se uma Ásia, em reavaliação e reposicionamento, seria em algumas regiões um barril de pólvora ao estilo do século 19.

Na visão desses autores a China em ascensão e seus vizinhos imediatos apontam para cenários de disputas, mas com improvável guerra sobre as Ilhas Senkaku, Mar do Sul da China e Taiwan, que seriam impulsionadas por pressões internas e necessidade da expansão. Os EUA continuarão em polarização crescente nas relações internacionais e contenção com operações especiais e poderio aéreo, mas não em guerra convencional envolvendo o exército impulsionado pelo excesso de confiança no poderio militar ao mesmo tempo com desconfiança sobre outros instrumentos de poder nacional. Estariam os EUA sofrendo uma desaceleração econômica com desilusão e isolamento? Uma Europa em convulsão, principalmente na França e Polônia, e menos na Alemanhã e Reino Unido, fazendo frente à Rússia e suas agressões no Leste Europeu, enfrentando o terrorismo. Tudo seguiria naquilo que já está em curso: disputas políticas internas, migração, ameaça russa e terrorismo; a Europa continuaria dividida e desestabilizada com um olhar mais para si do que para o seu relacionamento com o mundo.

O mundo Islâmico continuaria em turbulência e com grupos terroristas, Estados instáveis, rivalidade entre Irã e Israel, conflitos já em curso impulsionados por contraterrorismo e armadilhas de alianças. A projeção de Cohen, Han e Roades é a de que em alguns casos, quando um regime autoritário colapsa, a unidade do país fica instável frente a conflitos étnicos. A Rússia, por sua vez, dentro de sua percepção de insegurança e desejo de maior esfera de influência, deverá usar estratégias já conhecidas com seus vizinhos imediatos, numa mescla de respostas revanchistas a interferências externas que podem ter certo efeito sobre a Ásia e Oriente Médio.

## 6. AUTORES E TEMAS

Os gigantes e criadores de escola de pensamento em Geopolítica são Alfred Thayer Mahan, Friedrich Ratzel, Halford John Mackinder, Karl Haushofer, Nicholas John Spykman e Rudholf Kjellén. Os capítulos 10 ao 14 na sequência tratam das escolas de pensamento em relações internacionais (construtivista, liberal, marxista, realista, pluralista), apresentando alguns autores e fatos históricos dos últimos 100 anos desde o fim da Primeira Guerra Mundial. Os autores mais significativos de geopolítica e respectivos temas mais marcantes são os seguintes, em ordem alfabética:

**ALFRED THAYER MAHAN** (1840-1914, americano) advoga pelo poder naval de uma nação como instrumento para promover o comércio internacional e controlar a política mundial. Seus conceitos foram bastante utilizados para o surgimento dos EUA como poder naval após a Primeira e a Segunda Guerra Mundial.

> "O impacto das suas ideias no pensamento político estratégico da época foi grande, dentro e fora dos EUA. O poder militar, especialmente naval, era visto como uma peça de competição económica e industrial entre as grandes potências. A garantia de acesso às matérias-primas e aos mercados. Na Alemanha, o kaiser Wilhelm II determinou que as suas obras fossem leitura obrigatória para os oficiais da marinha imperial" [Fernandes; 2019, p.154].

Parece que a Alemanha e o Japão haviam levado a sério essa importância da marinha de guerra na primeira década do século 20 assim como a China e o Japão na atualidade estão cientes de que, sem uma esquadra naval respeitável, o jogo geopolítico é mais fraco. Porém, na atualidade a postura é diferente, não é bélica, mas estratégica para fins comerciais e de segurança. Para os anos vindouros é possível que ocorra uma aproximação entre as frotas navais da Austrália, EUA, Índia e Japão para contrabalancear a China em seus objetivos comerciais e marítimos; possivelmente também se verá uma cooperação naval americano-britânica desde o Atlântico Norte ao Atlântico Sul [Cap. 29].

**ALEXANDER PROKOFIEV DE SEVERSKY** (1894-1974, georgiano-americano) analisa o poder aéreo de uma nação e ele próprio desenha e fabrica aeronaves.[21] Suas contribuições farão dos EUA uma força militar formidável a partir da formação do Pentágono e o Comando Aéreo Estratégico Americano foi criado sob suas teorias.[22]

É pioneiro da estratégia militar por bombardeio aéreo, que depois da Segunda Guerra Mundial tornou-se prática em conflitos. Nessa tática, primeiro os aviões de guerra destroem a logística de abastecimento do adversário: alimentos, armas, barracas, baterias antiaéreas, centros de comunicação e controle, depósitos, dormitórios, equipamentos, fábricas, depósitos de munições; aeroportos, esconderijos, estradas, ferrovias, navios, pontes, portos, rodovias, submarinos, tanques, trincheiras e torres do adversário. Uma vez destruída ou diminuída essa estrutura de *hardware*, então envolvem as forças armadas terrestres para a batalha final. De fato, enquanto um exército, quando confrontado por relevo, rios e clima fica exposto às posições de tocaia do inimigo, a força aérea não encontra nada disso, a não ser baterias antiaéreas e caças inimigos querendo abatê-la. Assim as asas precedem as botas e as botas, tanques e metralhadoras asseguram o controle final.[23]

---

[21] Sugestão de filme de Walt Disney: Victory by air power.
Sugestão de leitura: LIBBEY, James K.. Seversky and the quest for air power; MEILINGER, Philips S. The path to heaven – the evolution of air power theory.

[22] Drones já estão substituindo aviões, mas em breve a tecnologia cibernética será capaz de travar o motor de um avião de combate e caça aéreo no ar como também de drones, dando ponto final à centenária estratégia. E daí? O que irá substituí-los? Ou a guerra terá sido declarada obsoleta?

[23] O Afeganistão é o melhor exemplo de que nenhum poder estrangeiro tenha conseguido dominá-lo pela força terrestre. Mesmo com armas de menor tecnologia, os guerreiros afegãos são donos das suas montanhas, desertos, vales e desfiladeiros e, por conseguinte, da sua história desde as intrusões britânicas nos anos 1830. Outro caso o Azerbaijão que utilizou de maneira

De início houve resistência do exército e da marinha dos Aliados contra a utilização da força aérea e essa só foi superada nas batalhas da Noruega em 1940, de Dunquerque em 1940, da Inglaterra em 1940 e da ilha de Creta em 1941. Nessas batalhas decisivas ficou demonstrado o quanto Seversky estava certo sobre o poder militar aéreo. Os aliados entenderam que o poder militar aéreo era eficaz não só para o ataque, mas também para observação e para escoltar navios cargueiros e combatentes.[24]

Outros exemplos de uso e eficácia do poder aéreo são vistos na invasão nazista à Polônia (1939) e à União Soviética (1941) e na guerra do Pacífico (1941-1945); depois na guerra do Vietnã (1965-1975), primeira guerra do Golfo (1990), bombardeamento da OTAN contra a Sérvia (1999) e no Kosovo (1999), invasão americana ao Iraque (2003) e nos bombardeios da França e Reino Unido contra a Líbia (2011).

A bomba de alto poder destrutivo também se desenvolve junto com o poder aéreo e naval, culminado na bomba atômica, de hidrogênio e de nêutrons; os mísseis juntamente com a aeronáutica também se desenvolvem a partir da V1 e V2, numa tentativa de substituir até o próprio avião no poder devastador aéreo quando a bomba se autoguia. Em 1947 a força aérea se tornou a terceira força armada americana com porta aviões e bases militares em pontos estratégicos da Terra.

**CARL SCHMITT** (1888-1985, filósofo político alemão) analisa a geopolítica e o poder por terra e por mar. De fato, se olharmos para outros momentos da História, toda a geopolítica da Conquista das Américas e da Partição da África e das ocupações seletivas na Ásia, pelo colonialismo e pelo neocolonialismo, têm tido orientação conjunta entre exército e marinha de cada colonizador. O poder militar deu poder comercial e os dois juntos se tornam um exercício imbatível de geopolítica.

decisiva a força aérea e drones moderníssimos de fabricação israelense contra as forças ainda terrestres da Armênia em 2020 sobre Nagorno-Karabah.

[24] A invasão da Normandia foi um grande feito do poder aéreo onde os alemães não tiveram como resistir: foram utilizados 8000 aviões, com mais 5000 de prontidão se preciso fosse.

Uma crítica que se faz a Schmitt é que ele parece não se preocupar muito com os fundamentos legais das estratégias de guerra e por ter feito apologia à ditadura.

**CLAUDE RAFFESTIN** (1936-, geógrafo suíço) traz o conceito de territorialidade e na sua geografia do poder aproxima-se do conceito de poder local e poder micro bem como de liberdade individual.

**ERNST CHRISTIAN KAPP** (1808-1896, geógrafo e filósofo alemão) trata da antropogeografia, biogeografia e geografia cultural e vê a água como um fator determinante e estruturante [parte IV]. Para tal analisa a relação entre mar e terra, entre cultura e história e geografia, distinguindo três culturas geográficas e políticas: potâmica-oriental, talassia clássica e oceânico-germânica.

**FRANZ BOAS** (1858-1942, antropólogo alemão) retrata o conceito de relativismo cultural e do preconceito racial; contrasta raça e cultura, raça e linguagem. Também traz o debate sobre a legislação de transporte marítimo e *Soft Power*. Discorda do determinismo geográfico e se concentra na diversidade cultural que, segundo ele, tem origem na própria cultura e não na geografia.

**FRIEDRICH RATZEL** (1844-1904, geógrafo alemão) traz os conceitos de antropogeografia, determinismo geográfico e geografia do poder. Na sua intepretação as condições naturais do local acabam por moldar o ser humano, mas esse pode adaptar-se para maximizar o seu bem-estar para além do aspecto puramente biológico.

Ele também trata o Estado como um organismo vivo, e o próprio Estado se molda de acordo com o determinismos da geografia física local; o Estado será forte quando existam também condições naturais que fazem mais forte o próprio povo que esse Estado representa. É atribuído a ele a paternidade de **geopolítica como conceito e disciplina**, muito embora o termo tenha sido proposto pelo pensador sueco Rudolf Kjellen. Seus conceitos foram amplamente utilizados pelo Estado forte alemão em busca da industrialização, de mercados em concorrência com outros poderes industriais e navais no início de século 20 e depois no ressurgimento da Alemanha nas décadas de 1930 e 1940. Também era de sua percepção a importância de uma marinha forte, a ser financiada pela tributação sobre o próprio comércio internacional e que daria à Alemanha mais poder global do que o exército. Lembrando que na época de Ratzel a força a aérea ainda não existia.[25]

Também é de Ratzel a ideia do espaço e da conquista do espaço, como assertividade de poder. O espaço seria o local de convivência do povo alemão, mas um bom Estado que propícia essa boa convivência pode também expandir o seu poder para levar esse bem-estar a outros espaços. Essa intepretação não deve, no entanto, justificar o imperialismo ou supremacia, e se foi utilizada o foi por usurpação.

No seu conceito antropogeográfico argumenta sobre os fatores naturais que levam as características peculiares de cada povo, sem ter sugerido uso viciado do conceito. Ao que parece o seu conceito de adaptabilidade do ser humano ao ambiente natural, que também lhe permite o desenvolvimento econômico e social, foi deturpado para explicar e tentar justificar a superioridade de alguns países ou culturas sobre outras.

**Halford John Mackinder** (1861-1947, geógrafo inglês) analisa o poder marítimo (marinha) e o poder terrestre (exército). Tem também o crédito de tornar a geografia uma disciplina acadêmica autônoma no Reino Unido e por cunhar os termos *manpower* e *heartland*.[26] O autor divide o mundo em áreas geográficas de poder:

[25] Como visto, essa ideia do poder naval vai ser mais ampliada por Mahan, mais tarde nos EUA.

[26] Foi professor de Geografia na Escola de Economia de Londres na década de 1920, onde me graduei em Economia na década de 1990.

- A zona central (*heartland*) é composta pela Alemanha Oriental, Rússia e Sibéria;
- A Eurásia é a *World Island*;
- A faixa periférica (*rimland*) é composta pela China, Europa Ocidental, Índia e Oriente Médio;
- As ilhas circunstantes formadas pela África, Grã Bretanha, Indonésia e Japão;
- As ilhas transoceânicas formadas pela América e a Austrália.

Na sua percepção, quem controla a zona central e a Eurásia consegue controlar a faixa periférica para então controlar as ilhas circunstantes e transoceânicas. Mackinder propõe um equilíbrio de forças para impedir que um Estado poderoso pudesse dominar a zona central, *pivot* área [Bobbio,1995, p.544-545]. Será que durante a Segunda Guerra Mundial entendeu-se que esse Estado poderoso seria a Alemanha e durante a Guerra Fria entendeu-se que esse Estado viria a ser a União Soviética? E na guerra na Ucrânia as atenções voltam para a Rússia.

Interessante que o pacto do Eixo entre a Alemanha e o Japão visava o controle de toda a Rússia em primeiro lugar, ou seja o *heartland*. Argumenta-se que os nazistas teriam desenvolvido a sua estratégia de espremer a União Soviética em parceria com o Japão justamente para conseguir um feito colossal (conquistar a *heartland*). Não está claro se ideologicamente os EUA, França e Reino Unido não teriam se oposto a essas intenções porque esperavam que os nazistas livrariam o mundo do comunismo e depois disso o ocidente saberia como lidar com Hitler. Os ingleses percebendo a impossibilidade de isso vir a acontecer no cenário pós-guerra, passam a ajudar os soviéticos durante a Segunda Guerra Mundial com alimentos, armas e munições para depois dividir o mundo da mesma forma [item 5.1]. Ao polarizar o mundo "democrático" contra a "cortina de ferro", os vencedores da Segunda Guerra Mundial manipulam toda a geopolítica global entre

1945-1991. E a Guerra Fria, que é quente, mata milhões em guerras no país dos outros.[27]

Interessante que durante a Segunda Guerra Mundial o Reino Unido e os EUA ajudam a União Soviética, mas na Guerra Fria os EUA, a Europa e o Reino Unido atuam contra as agendas globais de Moscou. Interessante notar também que a zona central e a Eurásia vai ser parte do bloco soviético após 1945.

Pode-se também argumentar que com o final da Segunda Guerra Mundial, os EUA vendo não ser possível conquistar a *heartland*, teriam feito uma aliança com a União Soviética, falsamente de oposição, e convencido os aliados de que fosse um inimigo comum a se lutar contra, para fatiar o globo todo em esferas de influência e assim manipular seus aliados a favor de seus próprios objetivos geopolíticos, tornando-se uma potência guia.[28]

Nessa intepretação, o *heartland* (União Soviética) e a ilha transoceânica (EUA) se antagonizam, manipulam toda a geopolítica global entre 1945 a 1991 com seus respectivos aliados e satélites e ambos se tornam imperialistas; os dois passam a ter capacidade respeitável de submarinos e o Pentágono une o poder naval (*sea power*) com o exército (*land power*) e a aeronáutica (*air power*), não só no sistema de defesa nacional em seu território, mas também em suas bases militares e em seus porta-aviões nos mares do globo. É a primeira vez que as três forças militares de uma nação circulam o globo e em esferas de influência sob um comando unificado de combate, para atingir objetivos geopolíticos pontuais e globais.

---

[27] "O objetivo primordial de Churchill não era o de matar todos os alemães, assim como não era o de salvar todos os judeus, ou libertar os franceses e poloneses. Era simplesmente o de alcançar a vitória final a um custo tolerável para o povo britânico" além de preservar o império britânico e evitar a futura ameaça soviética [FERGUSON; 2015, p.617].

[28] Seria a pretensa disputa americana com a China nos dias de hoje uma reedição da estratégia? Seria a Nova Rota de Seda uma reedição da estratégia pela própria China, mas não para conquistar no sentido da soberania, mas como estratégia de expansão econômica e assim alinhar colaboração de países estratégicos sem utilizar o aparato militar, mas de dependência econômica?

**Johan Rudolf Kjellén** (1864-1922, sueco) **criou o termo geopolítica** e suas análises influenciaram toda a geopolítica alemã e Karl Haushofer. No seu estudo sobre o Estado conclui que a relação entre o Estado e o seu território é estabelecida pela geografia quando analisada pela geopolítica.

**Karl Ernst Haushofer** (1869-1946, alemão) responsável pela cartografia geopolítica alemã no entre guerras; especialista no Japão e expoente do pensamento político-geográfico e da geografia militar, como também proponente do contrapeso ao poder global britânico, por meio de acordos que poderiam envolver a Alemanha, a União Soviética e o Japão. É dito que algumas de suas ideias foram usurpadas para a estratégia geopolítica expansionista nazista.

**Nicholas John Spykman** (1893-1943, holandês) é creditado por sugerir a estratégia de contenção utilizada pelos EUA após 1945: subverter o ciclo proposto por Mackinder e assim intervir no ciclo e garantir a sua própria segurança e a do mundo. Para isso o guia ideológico da *Pax Americana* na Guerra Fria será a "defesa da liberdade" contra o comunismo. Como argumentado no Cap. 8, a deterrência (freio por dissuasão pela ameaça do aniquilamento mútuo) e a distensão (reaproximação por afrouxamento e concessão) são elásticos para a estabilidade em relações internacionais e resultam na coexistência pacífica.

A doutrina de contenção adotada pela administração Harry Truman (1945-1953) e seguida por outros presidentes dos EUA será influenciada por Dean Gooderham Acheson (1893-1971). Mas essa contenção não via a União Soviética como uma ameaça militar, apenas ideológica e política, muito embora a ameaça militar era exagerada para cooptar países aliados inseguros mundo afora a fazer um alinhamento geopolítico global pró- americano, bem como atender lobistas da indústria de armas.

Dentro da disputa entre *seapower* e *heartland,* as instalações de ogivas nucleares em pontos estratégicos do globo também criam uma força "invisível" de deterrência, mas efetiva para o equilíbrio pela intimidação da possibilidade do aniquilamento mútuo.

**ALEKSANDER DUGIN** (1962-, russo e da Universidade Estatal de Moscou) em evidência no momento, trata da geopolítica no mundo multipolar e do novo protagonismo de uma Rússia maior que influencie as esferas da Ásia, Oriente Médio e do Leste Europeu. Proponente da quarta teoria política, uma ideologia que possa substituir o liberalismo, o comunismo e o fascismo e onde a multipolaridade de cada povo lhe permite seguir a sua identidade cultural em oposição ao imperialismo nivelador dos EUA. Posiciona-se como um crítico do que ele chama de globalismo e contra o Fórum Econômico Mundial e contra o reposicionamento geopolítico oportunista dos EUA. Segundo ele a Rússia contemporânea tem um papel essencial para se posicionar contra tudo isso. Tem encontrado vozes solitárias nos EUA, França, Rússia e Turquia e em alguns políticos populistas.

Há ainda **outros autores** respeitáveis do **pensamento geopolítico**, alguns atuais, como Alexandros Stogiannos, Edward Haller Carr, Gilulio Sinibaldi, Henry Alfred Kissinger, Immanuel Wallerstein, Karl Ritter, Klaus Dodds, Richard O'Brian, Samuel Huttington, Sandro Piarmatei, Vladimir Vernadskidj, Winston Lord, Zbigniev Brzezinski. Sobre a geopolítica do Brasil, Golbery do Couto e Silva e a Escola Superior de Guerra têm algumas publicações, muito embora um tanto obsoletas e sobre a segurança nacional. O Itamaraty e as forças armadas são dois órgãos do setor público que também se interessam por geopolítica.

Não é só no mundo acadêmico, diplomático e militar que existem especialistas em relações internacionais e geopolítica. Jackson & Sorensen [2018, p.373-377] listam alguns especialistas atuais em política externa e relações internacionais no mundo das comunicações nos EUA: Benjamin Barber, Ivo Daalder, Fareed Zakaria, Jonathan Schell, Michael Hirsh, Robert Kaplan, Samantha Power, Thomas Friedman.

As principais instituições e centros de especialistas (*think tanks*) em relações internacionais nos EUA, sugeridas por Jackson & Sorensen [2018, p.376-377] são o *The Carnegie Endowment, Council on Foreign Relations, American Enterprise Institute, Brookings Institute, Rand Corporation,* Instituto Cato*, Heritage Foundation,* Centro de Estudos Estratégicos Internacionais, *George C. Marshall European Center for Security Studies.*

Em outros países os autores destacam o Instituto de Política Externa da Turquia, Instituto Francês de Relações Internacionais, Conselho Alemão de Relações Exteriores, Instituto Holandês de Relações Internacionais, Fundação Cícero para a Integração Europeia (Holanda), Instituto Internacional de Pesquisa e Paz de Estocolmo, *Royal Institute of International Affairs (Chatham House* – Reino Unido), Instituto Internacional de Assuntos Estratégicos (Reino Unido), Instituto Alemão para Assuntos Internacionais e Segurança, Instituto Japonês de Estudos de Política Internacional, Instituto Dinamarquês de Relações Internacionais, Instituto Indiano de Estudos da Paz e do Conflito. Em Israel o Centro Moshe Dayan para os Estudos do Oriente Médio e da África da Universidade de Tel Aviv é uma referência acadêmica respeitada.

O Instituto Rio Branco, ligado ao Itamaraty, prepara os nossos diplomatas e embaixadores. Ainda falta às universidades do Brasil oferecerem mais cursos de graduação em relações internacionais, ciência política e governo. Onde existem cursos de direito, economia, filosofia e história já há quase todos os professores disponíveis para todas as disciplinas.

II
GEOPOLÍTICA E
RELAÇÕES
INTERNACIONAIS

# 7. GEOPOLÍTICA E RELAÇÕES INTERNACIONAIS

A relação internacional de um país com outros países é cheia de complexidades, desafios e até ameaças. Em momentos que menos se espera os líderes são desafiados a dar respostas imediatas. Por isso mesmo existe muita inteligência, conhecimento, preparação, profissionais, especialistas e logística para se atingir os objetivos de cada ação ou reação.

As escolas de relações internacionais construtivista, liberal, marxista, realista e pluralista [Caps. 10 a 14] tratam das diferentes ênfases e estratégias utilizadas pelo governante do dia na sua agenda externa.

Países competem em interesses estratégicos, normas e valores diferentes e seus relacionamentos são complexos e consequenciais; pode haver divergências, mas valores e interesses podem ser conciliados. Estados são mais influentes, resilientes e robustos quando seus representantes têm legalidade e legitimidade na lei e na democracia para serem aceitos e apoiados pela comunidade internacional. Acima de tudo quando agem dentro das leis internacionais e cumprem suas palavras e acordos.

A relação de um país com o outro, sobre questões internas e externas, pode ser de coexistência pacífica, confronto, conflito, cooperação, crise, neutralidade, normalidade, parceria. A deterrência, *détente*, dissuasão, distensão, *entente* e persuasão são estratégias sobre outro país, para atingir objetivos principais e intermediários nas suas relações internacionais em um momento ou outro.

> "Persuasão, tentativas de exercitar influência com a ajuda de argumentação é tradicionalmente o instrumento diplomático favorito e, portanto, um feito típico das relações internacionais" [Stenelo; 1980, p.74].
>
> "Persuasão e coerção – e não somente objetivando a mudar atitudes ou comportamento de oponentes" [Elgstörm; 1992, p.16].

Quatro estratégias podem resumir a direção geral das relações internacionais de um país: Deterrência, impedir o uso da força por ambos os lados, sob a ameaça do aniquilamento mútuo; Distenção, redução de tensões; *Détente*, relaxamento de tensões; *Entente*, acordo e entendimento.

## 7.1 Diplomacia

Diplomacia é a condução das relações internacionais por meio da negociação e do entendimento. Envolve embaixadores, emissários e embaixadas. Edmund Burke (teórico político irlandês, 1729-1797) usou o termo diplomacia em 1796 referindo-se ao diploma como entendido na Idade Média, ou seja, um conjunto de leis, editais e privilégios concedidos; as mensagens enviadas e os mensageiros que as entregavam e em alguns casos as liam em voz alta em uma praça pública da cidade antes de afixar em lugar visível. [29] A Grécia antiga garantia a inviolabilidade dos mensageiros de outros governos e nessa tradição até hoje, mesmo quando países estão em conflito e as palavras e suas boas intenções são substituídas pela pólvora, os diplomatas ainda têm a livre-passagem e imunidade legal garantidas.

Steitenfus [2004; p.102-104] descreve o diplomata como o agente estatal da política externa e a diplomacia a serviço do Estado e do governo, conforme a definição de Oxford:

> "diplomacia como a condução das relações internacionais através da negociação; a maneira como essas relações são resolvidas pelos embaixadores enviados; a atividade ou a arte do diplomata".

A Convenção de Viena sobre o Direito dos Tratados (1969) define as categorias de diplomatas: embaixador, enviado especial, ministro-residente e encarregado de negócios. Diplomatas recebem um bom

[29] A palavra evangelho, entendida como mensagem ou anúncio, utilizada pelos cristãos até hoje, originou-se da palavra grega euangélion boas notícias (eu = boa, ángelos = mensageiro) que depois derivou a palavra latina evangelium que era a leitura feita em voz alta em praça pública em Roma ou provavelmente também no Senado sobre os feitos do Império Romano em outras terras: tratado assinado, aliança formada, revolta contida, conquista militar, conquista de terras, achado de matéria prima, abertura comercial. Raramente iria conter as boas-vindas que outros povos teriam dado aos soldados romanos.

treino e são seres simpáticos com a incumbência de fazer amigos e administrar negociações, diferenças e conflitos entre países; sua boa imagem pessoal também representa seus países e os devidos planos estratégicos, objetivos e oportunidades. Reconhecendo tamanha responsabilidade que diplomatas congregam em suas carreiras, pode-se emprestar aqui uma frase atribuída a William Penn Adair Rogers (1879-1935) de que "a pessoa nunca tem uma segunda chance para causar a primeira impressão". É certo que diplomatas acabam por ser formatados pela ótica das escolas de pensamento e dos autores que leem em relações internacionais: construtivista, liberal, marxista, realista e pluralista [Caps. 10-15].

As relações internacionais estão se tornando cada vez mais complexas, mais complicadas, mais contraditórias, mais desafiadoras e mais imprevisíveis. Isso demanda postura de estadista pelos chefes de governo e de Estado. Quando as escolas de pensamento em relações internacionais se definiram não haviam tantos países nem tantos temas internacionais. Hoje a observação cuidadosa da arena internacional não se restringe meramente ao relacionamento entre governos. Nesse campo, estão incluídos: o relacionamento entre empresas, ONGs, religiões, bem como o papel de organizações supranacionais, a influência dos meios de comunicação nacionais e globais, a interpretação dos fatos, com especialistas em tempo real, como os mais visíveis CNN, BBC, DW, NHK, CCTV, Al Jazeera e as redes sociais. O poder da imagem e do choque nas telas, por vezes, redireciona a ação dos governantes em crises internacionais ante o custo eleitoral que isso possa trazer. Há tantos desafios que aparecem e outros que ainda não foram resolvidos como disputa de fronteiras, uso do alto mar, uso da vazão dos rios vizinhos, países sem saída para o mar, países frágeis e geopolítica social, temas tratados na parte III e IV mais à frente nesta obra.

A imprensa nacional, geralmente controlada por afluentes e influentes com seus próprios interesses, na maioria das vezes faz valer as intepretações das ações internacionais de seus próprios governantes, jogando com as cartas do nacionalismo e da xenofobia frente à população [Cap. 4]. Vale aqui uma referência aos poderes econômico, ideológico e político descritos por Norberto Bobbio, as fontes do poder (personalidade, propriedade, organização) e os instrumentos do poder (condigno compensatório, condicionado) de John Kenneth Galbraith,[30] [Cap. 4; Della Justina, 2021, Cap. 7].

## 7.2 Estudos de Relações Internacionais

Aos analistas, estudiosos, elaboradores e praticantes de geopolítica, bem como aos agentes que estão na ponta, nos locais de atuação, recomenda-se uma noção bem profunda também dos grandes tópicos de relações internacionais: análise da política exterior, cenário, conflito e crise, controle, espionagem e informação, estabilidade e instabilidade, estratégia, estrutura da sociedade internacional, ética da guerra, instituições internacionais, instrumentos, jogo, teoria dos jogos, nacionalismo, objetivos, plano estratégico, política das relações econômicas internacionais e teoria política internacional.

Nos estudos de geopolítica há a necessidade em entender a **estrutura da sociedade internacional**: a sua natureza e evolução, a soberania dos povos em sua independência e a busca de seus sistemas internos, para gerar o maior bem-estar entre a sua própria população; o interesse nacional, envolvendo objetivos principais e intermediários do país, dos governantes, de empresários e de grupos de interesse [Cap. 4].

É preciso sempre ter em mente que o **nacionalismo** pode ser apelativo para grupos sociais diferentes do país; quando um país envia ajuda externa para outro país, por exemplo, pode haver politização das ações e às vezes, não obstante a boa intenção em ajudar, pode se criar situações internas de conflitos, anulando as ações intencionadas, inclusive gerar uma ojeriza de parte da população contra o doador externo; nessa situação ao invés de fazer amigos, se faz inimigos [parte III]. O nacionalismo exacerbado leva à xenofobia, à ofensa verbal por ególatras, a manifestações de ruas assustadoras e, por vezes, ao racismo e à violência.

[30] Visitar a obra: Della Justina, Masimo. Brasil – poder no município. Curitiba: CRV, 2021.

Devem ser levados em consideração também os **instrumentos de políticas de Estado**, diplomacia, lei internacional, moralidade e opções de segurança: balanço de poder, segurança coletiva, guerra, o papel das Nações Unidas e seus órgãos; o controle pela força e o controle da força;[31] a relevância de atores que não são parte do Estado, mas representativos, interessados e indispensáveis na solução de problemas de ordem local e, às vezes, internacional.

Para ter uma boa noção da **teoria política internacional é** preciso uma leitura de **Nicolau Maquiavel** (1469-1527), **Thomas Hobbes** (1588-1679) e **Hugo Grócio** (1583-1645) e se familiarizar com o sistema moderno de Estados soberanos. Entra aí o bom entendimento do processo político da comunidade internacional, o pensamento clássico e contemporâneo no seu caráter e funcionamento.

Meios de pressão e formas de relacionamentos políticos entre Estados são outros pontos de interesse, da mesma forma que o espectro dinâmico de um país, como a projeção externa de valores políticos, a busca de liderança e movimentos revolucionários.

É preciso também entender a guerra como um mecanismo para assegurar a estabilidade e quais agências e estratégias podem provocar a mudança direta que se almeja.

Para se ter uma boa noção da **ética da guerra** é preciso conhecer os primórdios da tradição ética: o direito de um país ou grupo ir à guerra; as condições que governam esse direito; o desafio pacifista e o desafio realista do direito à guerra.

---

[31] Normalmente em cada tempo a comunidade internacional se depara com dois ou três Estados párias e seus líderes renegados para lidar.

O controle político e economia de forças como substitutos da ética. O desenvolvimento das regras da guerra (Genebra e Haia) e a base dessas regras: inocência *versus* culpa, humanidade *versus* necessidade; discriminação, proporção à força mínima. Guerra de guerrilha, a ética da deterrência nuclear, a justificativa do comércio de armas, terrorismo, poderio militar; economia e geopolítica sincronizadas e o debate econômico sobre o custo de oportunidade dos gastos em armamentos, *versus* investimentos para superar a pobreza absoluta[32] [Caps. 17 e 18].

A **análise de política exterior** tem foco nos Estados e meios de condução dos principais atores nos sistemas internacionais, em relação de um para com outro.

As várias influências internas e externas em decisões de política exterior [Cap. 4]; a importância da burocracia, dos sistemas políticos dos países, o seu nível de desenvolvimento econômico e ritmos de crescimento e os grupos que são apoiados pela política externa, ou nela influenciam; os problemas que surgem na formulação dos objetivos e a escolha dos instrumentos políticos para garantir esses objetivos; aspectos psicológicos na formulação da política externa; os efeitos do transnacionalismo em relações estrangeiras.

É preciso entender bem os elementos das **instituições internacionais,** assim como a teoria e a prática da experiência das instituições internacionais: aspectos teóricos e empíricos do trabalho de instituições internacionais e o papel de organizações internacionais; integração e interdependência; regimes; o impacto das organizações internacionais na prática da diplomacia entre Estados; a manutenção da segurança e

[32] Em certos cantos da terra, quanto mais pobre e ignorante é a população, mas lindo e oneroso é o terno do presidente, mais impecáveis são os uniformes militares, mais brilhantes as medalhas dos generais com suas caras quadradas cheias de poder e de fidelidade ao regime e mais impressionantes são os desfiles das forças armadas com seus brinquedos de guerra no dia da independência do país. Sem dizer ainda que tudo isso serve para intimidar a própria população e menos para defender a nação contra algum aventureiro vizinho do outro lado da fronteira. Claro que todo esse aparato serve para proteger indivíduos e grupos dos Parasitas do Poder Permanente do país na sua fome por riqueza e na sua ojeriza à democracia, bem como pode ser utilizado eventualmente para um militar golpear outro com as mesmas armas.

da paz internacional; o gerenciamento das relações econômicas internacionais; a promoção de padrões para Estados e indivíduos.

O desenvolvimento de procedimentos dentro das instituições internacionais tais como os métodos de trabalho entre os secretariados internacionais, assembleias, órgãos e conselhos intergovenamentais [Cap. 15].

**Aspectos estratégicos** de relações internacionais podem ser vistos nos marcos históricos como a Revolução Francesa, no pensamento e na prática política desde Waterloo em 1815, no contexto cultural dos conflitos internacionais entre Estados e intra-estadual e no papel da guerra.

Isso resulta em consequências econômicas, políticas e sociais do uso da força, principalmente após 1945, mescladas com a ascensão das ideologias da guerra; a discussão da guerra entre os grandes filósofos do século 19: Hegel, Marx, Nietzsche e Darwinismo Social; a guerra moderna, conceitos de guerra e paz, ética moderna da guerra; guerras pós 1989; a violência praticada por assassinatos por serviços secretos, golpes de Estado, guerrilhas, grupos paramilitares, milícias, mercenários, narcotráfico, poderes paralelos ao Estado e terrorismo; métodos islâmicos e chineses de guerra; a ameaça da proliferação nuclear e implicações do poder militar nos padrões da atualidade.

## 7.3 Objetivos das Relações Internacionais

Conforme visto no capítulo 4, a política nacional e grupos afluentes e influentes nacionais acabam por ditar a política externa de um país.

> "O interesse nacional encontra-se no âmago da política externa dos Estados e, por conseguinte, no centro das relações internacionais. É ele quem orienta as tomadas de posições do Chefe de Estado, as iniciativas diplomáticas, os acordos comerciais, a constituição de blocos econômicos, os votos nas instâncias multilaterais, as concessões de favores e a obtenção de vantagens entre os Estado" [Steitenfus; 2004, p.85].

Segundo Thackrah, [1987; p.250], existem **cinco objetivos principais** em relações internacionais:

1. A jurisdição, administração e controle do território nacional e sobre os cidadãos;
2. A promoção do interesse econômico;
3. A provisão da segurança nacional;
4. A proteção do prestígio nacional;
5. O desenvolvimento de poder.

## 7.4 Geopolítica como Instrumento de Política Internacional

A geopolítica pode ser utilizada como instrumento de política internacional por meio da ajuda externa, cooperação, confronto, pressão econômica, sanções econômicas, poderio militar, *Hard Power*, *Soft Power* e *Smart Power*. Comércio exterior, crises econômicas, disputas de fronteiras e falta de acesso ao mar oferecem oportunidades para a agenda internacional e assertividade geopolítica aos países-guias bem como aos países necessitados.

A relação de um país com o outro, sobre questões internas ou externas, pode ser de cooperação, neutralidade ou de confronto. Os recursos de *détente*, deterrência, dissuasão, distensão e persuasão são amplamente utilizadas em um momento ou outro e, dependendo do cenário de cooperação, *entente*, normalidade, parceria, confronto, conflito ou crise.

Thackrah, [1987; p.265], classifica a relação entre Estados conforme questões a serem tratadas: colonialismo, comércio, cooperação técnica, controle de armas nucleares, segurança internacional. Há tantos outros tópicos muito sensíveis e utilizados, como respeito à democracia, direitos humanos, respeito e inclusão de minorias, meio ambiente e, na maioria das vezes, protecionismo econômico [parte III].

Ainda segundo Thackrah, [1987; p.245], a geopolítica pode ser utilizada como política internacional por um país-guia ou dominante, no cenário internacional. Isso de fato fica visível nos momentos em que a aplicação da política internacional exige o uso da força.

Para o bom relacionamento com outro país é importante saber como aquele povo e o seu governo pensam; a Antropologia como disciplina pode ser complementar à Geopolítica.

Para o bom estudo de geopolítica se faz necessário um bom entendimento do país analisado, a sua antropologia, costumes, crenças, cultura, diversão, esportes, esquisitices, festividades, história, ideologia, língua, literatura, ojerizas, passatempo, política, religião, sensibilidades, tradições e até a culinária e a maneira das pessoas se vestirem [item 1.1]. Esses são elementos essenciais na cooperação ou no confronto internacional. Não é possível se relacionar bem com alguns países, sem antes fazer um esforço genuíno para entender o seu jeito de ser.[33]

Muito embora se possa discordar de algumas ações e fatos do governante do dia, sempre se recomenda entender o passado histórico de um país; aquilo que a população e seus governantes fizeram em marcos específicos da sua história fazia sentido para eles, em cada época, mesmo quando estavam equivocados e vieram a reconhecer isso anos mais tarde. Ás vezes o reconhecimento desses erros só vem com a pressão internacional e é levado em conta, não por princípio, mas por conveniência para o país não amargar perdas econômicas no comércio exterior.[34]

Por sua vez, o país que está em dificuldade de relacionamento com um país mais robusto e autossuficiente terá que entender as suas motivações, desde pressão eleitoral, até os objetivos estratégicos de longo prazo.

---

[33] O primeiro agrado que um diplomata ou visitante pode fazer é pelo menos dizer bom dia, boa tarde e muito obrigado no idioma local do país que o recebe; apreciar a alimentação, dança, expressões, literatura, música.

[34] Pode-se citar aqui a controvérsia sobre o tratamento dado aos armênios nos últimos dias do Império Otomano que continua a ser questionado por alguns países, mesmo que essa cobrança possa ser uma estratégia para barganhar ganhos econômicos por parte de alguns. Em abril de 2021, pela primeira vez na história o presidente Joe Biden dos EUA, reconheceu o caráter de genocídio daquelas dias trágicos.

Para entender em que ponto as relações internacionais se tornam política internacional, Thackrah, [1987; p.248], aconselha a **distinção entre objetivos e ações** em relações internacionais. Segundo o mesmo autor o desenho da política externa reflete a política nacional e os objetivos do governo do dia de cada país, onde alguns atores ou um único ator, às vezes é dominante. Os objetivos podem ser culturais, econômicos, geográficos, ideológicos, políticos, militares.

As relações internacionais e a política internacional do país podem estar, por sua vez, bem alinhadas com a política nacional, não só de governo do dia, mas da política de Estado, dentro do planejamento estratégico de país; é recomendável que isso siga uma coerência dentro de curto, médio e de longo prazo. A eficácia de ambas dependerá do poder de barganha de diplomatas, negociadores e lobistas do país atuando nos diferentes países [Cap. 9].[35] Nesse sentido vale lembrar do conselho de Henry Kissinger: quem tem a direção certa, chega aonde quer; quem não tem a direção acertada, qualquer direção que tomar o levará a lugar nenhum. Portanto, deve também haver continuidade; a mudança de direção, por cada governante em cada mandato, pode levar o país a lugar nenhum e até deixá-lo isolado e sem voz na comunidade internacional.

A visita do chefe de governo e do chefe de Estado ao outro país reforça todo esse trabalho de base, muitas vezes culminando na assinatura de ações de cooperação. Conta muito aqui a pompa do cerimonial, da encenação, do protocolo, do jantar, da entrevista conjunta para a imprensa, do passeio em ambiente simbólico do país, como um centro de pesquisa, complexo desportivo ou cultural, escola, fiorde, grupo étnico, hospital, laboratório, empresa, jardim, montanha, monumento, museu, parque, praça, praia, prédio histórico, reserva natural, universidade. Isso pode ser transformado em poder de comunicação e de relações públicas para reforçar a boa imagem do país no exterior,

[35] Isso envolve um bom acervo de informação por parte do Ministério das Relações Exteriores e das embaixadas sobre o potencial econômico de cada município do país e que de preferência saiba que os diferentes prefeitos e govenadores também executem as suas administrações dentro dos objetivos de longo prazo de país aí traçados.

e não somente para fins eleitorais imediatos dentro do próprio país; é preciso que os legisladores e tomadores de decisão pensem o país, e não somente agendas próprias, na maioria das vezes eleitoreiras e imediatas: os partidos de oposição podem exercer mais grandeza ao reconhecerem boas ações de seu governante e o governante pode evitar a busca da glória somente para si, o tempo todo, sem considerar aquilo que é de interesse da população do país. O relacionamento harmonioso entre alguns países também serve de inspiração para todas as nações fazerem o mesmo.

## 8. CONFLITOS E CRISES

As relações internacionais entre países devem ser sempre mais construtivas e não simplesmente menos conflitantes. Conflitos entre países às vezes são puras diferenças culturais, e não agendas estratégicas antagônicas que visam deliberadamente o confronto.

Crises podem ser também de ordem política interna, humanitária e econômica. Como visto nas páginas anteriores, é normal ocorrer oscilações diárias nas Bolsas de Valores majoritárias e em algumas aplicações que elevam ou despencam os índices e, numa média de cada sete anos, há momentos de grandes perdas nas aplicações e que podem desencadear uma crise, a partir de um país com contágio sobre outras economias. O início da crise pode ser de ordem cambial, financeira, fiscal, bancária e até econômica generalizada. Nesses casos a ação preemptiva ou curativa de governos das economias gigantes e seus devidos tesouros nacionais pode ser uma oportunidade de assertividade geopolítica.

Por outro lado, a tentativa de mudança do jogo geopolítico entre nações, às vezes pode evoluir de conflito à crise e, a partir daí, para o confronto e até ação militar. Isso exige preparação dentro de cenários previamente desenhados e o subsequente esforço de resolução dos desentendimentos.

Thackrah, [1987; p.266], aponta certas atitudes e predisposições tipicamente psicológicas que circundam conflitos ou crises.

1. Suspeita;
2. Escalação da questão em disputa;
3. Hostilidade;
4. Falta de confiança;
5. Nacionalismo.

> "nos estágios iniciais do conflito ou crise é possível que ocorram protestos, rejeições, negações, acusações, demandas, alertas, ameaças e ações simbólicas enquanto negociações formais são mais prováveis nos estágios de entendimento do conflito ou crise" Thackrah [1987; p.266].

Geralmente os meios de comunicação e manifestações de rua ante a disputas internacionais são manipulados para gerar imagens, no país e mundo afora, em favor da narrativa dos governantes do dia.

É preciso ter muito cuidado com a pressa de imputação ou acusação, com fundamento ou sem fundamento, que o governo de um país faz contra o outro. Sem informação fundamentada, é possível cair no descrédito não só com o oponente, mas ante toda a comunidade internacional.

O conflito pode envolver a disputa diplomática, a perturbação da paz, a violência orquestrada e, por vezes, até a guerra.

> "As partes procuram atingir certos objetivos, tais como adquirir mais territórios ou mais segurança sobre territórios já controlados, segurança, acesso a mercados, crescimento populacional, prestígio, alianças, revolução mundial ou derrubada de governos hostis, mudanças em procedimentos da ONU, e muitas outras coisas" [Thackrah; 1987, p.265).
>
> Se o conflito não é resolvido, ele pode se intensificar e se transformar em crise. "As características da crise são ações-surpresa, não antecipadas pelo oponente; percepção de grande ameaça; percepção de tempo limitado para tomar uma decisão ou resposta e percepção das consequências desastrosas da falta de ação" [Thackrah; 1987, p.265].

Quando tudo falha, ou até intencionalmente não se quer resolver, o uso da força e da ação militar pode ser utilizada como cartada final para desenrolar um conflito ou crise.

Às vezes a espada, o canhão, a pólvora, o tanque, o avião, o navio, o míssil, o submarino e a bomba são utilizadas para desatar um nó górdio. Isso dependerá muito também da opinião pública e do teatro político interno do país que tomará a ação, da reação da comunidade internacional e da posição dos possíveis aliados do país a ser atacado.

De igual importância é a preocupação eleitoral doméstica e a intepretação da imprensa nacional e internacional.

Thackrah, [1987; p.265-266], também identifica sete tipos maiores de objetivos de Estado que podem ser entendidos como as fontes de tantos conflitos ocorridos entre tantos países no século 20:

- Conflitos territoriais limitados;
- Formação de um governo;
- Tentativas de assegurar direitos territoriais ou privilégios de outro Estado para garantir a segurança;
- Honra nacional por meio de ameaça ou ação militar em represália ou vingança contra a ação de outro Estado;
- Imperialismo ilimitado, na busca da destruição da independência de outro país por motivos de comércio, ideologia e segurança;
- Guerra de libertação ou revolucionária;
- Unificação de um país dividido.

Nessa linhagem, geopolítica pode se tornar sinônimo de imperialismo estratégico, como ficou demonstrado historicamente pelas guerras napoleônicas, colonialistas, nazistas e revolucionárias de libertação na América Latina no início do século 19 e na África e Ásia na segunda metade do século 20.

Não existe vazio geopolítico no planeta; quando um poder é enxotado ou se retira de uma região e de um país, outro oportunista externo logo se instala.

No tema sobre os poderes internacionais, há um tópico muito delicado dentro da ordem legal internacional que é a verificação internacional, o desarmamento e o controle de armas.

A verificação de desarmamento biológico, químico e de destruição em massa sempre é um procedimento que pode exigir intrusão, rigor, transparência e evasão. É delicado e exige uma interação entre ciência, diplomacia, lei, política e organização internacional nos diferentes padrões da verificação e conformidade.

Nesses acordos de controle de armas é preciso que fique bem definido quem tem o direito de fazer, a quem é atribuído essa tarefa com independência e imparcialidade, como fazer, como entrar no país que está em estado de caos ou de exceção, que muitas vezes justifica regimes de força que não desejam a presença de indivíduos e de organizações internacionais em seus solos.

Populistas e ditadores são exímios em jogar a população contra qualquer sugestão ou *inspector* que venha de fora do país. Os casos mais recentes foram o do Iraque, Líbia, Síria e Zimbábue.

## 8.1 Ação e Reação para Assegurar o Controle

Além de um plano estratégico de país para o longo prazo, que inclua também objetivos principais e intermediários bem definidos e estratégias para atingi-los, é recomendável ao país ter também cenários para reação a surpresas que ameacem a sua segurança e a sua posição geopolítica no globo [item 9.1].

Há um ditado russo que diz que "sempre se deseja o melhor cenário, mas é bom estar preparado para o pior cenário". Nas relações internacionais as coisas podem partir para o não desejado, porém esperado. Por isso é bom o governo nacional não ser pego de surpresa e por isso agir da forma mais racional e efetiva possível.

Outro ditado russo diz "quem está com medo de lobos não entra na floresta". Assim também, em relações internacionais, é melhor encarar os conflitos à luz do dia e olho no olho, ao invés de se embrenhar em mais armadilhas e tocaias preparadas pelo oponente.

O conflito e a crise entre dois países podem envolver uma ou mais das seguintes formas de ações, simultâneas ou separadas:

> "As formas de ações podem incluir notas de protesto, negações ou acusações, chamar os embaixadores para consulta, retirar o embaixador da capital do país com conflito, ameaça de sérias consequências se certas ações não cessem por parte do oponente, ameaça de boicote ou embargo econômico limitado ou total, denúncia oficial do oponente, aplicação de embargo ou boicote econômico limitado ou total, quebra formal de relações diplomáticas, bloqueio formal. Uso limitado e exemplar da força e de represália, guerra que varia de acordo com a natureza dos objetivos, nível de força e escopo geográfico" [Thackrah; 1987, p.266-267].

O uso exemplar da força foi utilizado no bombardeamento de Dresden pelas tropas aliadas no final da Segunda Guerra Mundial, o lançamento das bombas sobre Hiroshima e Nagasaki, os bombardeios incessantes dos EUA na Guerra do Vietnã (1965-1975) e do Laos (1963-1974), como também da Rússia sobre a Chechênia e regiões rebeldes do Cáucaso (1990s)[36] e Ucrânia, em 2022.

Thackrah, [idem], afirma ainda que o conflito ou a crise podem ser resolvidos por meio de algum compromisso oficial,

[36] A execução violenta de Patrice Émery Lumumba [Congo, 1961], Nicolae Ceausescu [Romênia, 1989], Mohammad Najibulah Ahmadzai [Afeganistão, 1992], Saddam Hussein [Iraque, 2006 ], Muammar al-Gaddafi [Líbia, 2011] por seus oponentes dentro do país, muito embora nem todas orquestradas por poderes externos, também sinalizaram para todos os países da Terra que líderes renegados ante alguns países da comunidade internacional podem encontrar o seu dia de juízo final com uso exemplar da força e da forca.

conseguido após longa negociação e mediação, ou pode ser solucionado por meio da conquista – virtualmente sem diplomacia, a não ser a redação dos termos de rendição numa capitulação incondicional e a sequente cerimônia de assinatura do armistício.

Os seis resultados possíveis da solução de um conflito ou crise internacional podem ser listados como:

1. Comprometimento entre ambos.
2. Evasão ou retirada voluntária.
3. Conquista violenta.
4. Submissão forçada ou deterrência efetiva.
5. Recompensa.
6. Acertos passivos aceitos pelo lado subjugado.

Segundo Thackrah, [1987, p.267], quando há incompatibilidade de objetivos, valores, interesses ou posição desejada, uma das possibilidades é a retirada de exigências ou o fim de atividades conflitivas por uma das partes.

Lembrando, mais uma vez, que a ação de relação internacional se dá por meio da colaboração, neutralidade ou confronto; o objetivo pode ser deterrência, dissuasão, distensão, persuasão. A reação do outro lado colocará o país que primeiro agiu numa situação de controle, de refém ou de vítima. Utilizando as opções dos cenários já ensaiados, a estratégia do iniciante da ação deve ser de controle sempre, refém às vezes, quando não há outra opção, mas nunca cair vítima da própria ação ou da ação adversária ou da reação adversária.

A ameaça, a chantagem e a cooptação podem ser estratégias para forçar a colaboração de um país com os objetivos de outro; quando não funciona pode haver confronto, daí é tudo ou nada, mas neste caso o outro país pode debandar justamente para o país do oponente que iniciou o jogo justamente para influenciá-lo.

Aqui a segurança cibernética e a espionagem são importantes para estancar acesso à informação, ou implantação de desinformação que gera confusão e incerteza na ação. Os serviços de informação e de espionagem são cruciais para montar a peça do xadrez adversário e montar estratégias de defesa para cada cenário e para manter-se sempre no controle [item 9.2.1] e [Cap. 34].

## 9. PLANO ESTRATÉGICO E TEORIA DOS JOGOS

As relações internacionais são como um jogo que envolve afronta, ameaça, cartada, cooperação, confronto, dica, dissimulação, engano, estratégia, guerra, indicativo, intenções declaradas e não declaradas, neutralidade, objetivos, obstáculos, oportunidades, resistência, sanções, sinalização, suspeita e até traição. Não é necessariamente um jogo de domínio, mas de ganha-ganha ou pelo menos de empate, para minimizar reações prejudiciais a partir de um cenário já complicado, que às vezes demanda o desatar do nó górdio.

A partir de certo ponto de suspeita haverá reação pelo oponente, ou até por quem pode ter sido parceiro até então; daí já pode tomar rumo como se fosse outro jogo completamente diferente, pois será outro cenário, onde terceiros podem entrar ou sair de cena e as opções disponíveis serão utilizadas por um dos lados, muito provavelmente aumentando o grau de força e de violência.[37]

Ao falar da teoria dos jogos aplicada às relações internacionais, Thackrah, [1987, p.262], diz que essa "representa uma abordagem matemática rigorosa para prover conceitos e métodos para tomar decisões de forma razoável e numa variedade de situações humanas". O autor classifica o jogo em duas categorias: chance e estratégia. Para as análises nesta obra será utilizado somente o conceito de estratégia, ficando entendido que em geopolítica dispensa-se a chance ou a surpresa, pois isso seria sinal de despreparo pelo país ao lidar com outros países ou com situações bem específicas. Governantes e diplomatas não podem mostrar-se surpresos com surpresas, ou seja, diante desses tipos de situação; não se recomenda aos líderes do país de-

[37] O livro Estratégia e conflito de Thomas Crombie Schelling [1921-2016] é uma das referências da teoria dos jogos e barganha em relações internacionais.

monstrar despreparo e agir ao acaso perante o seu povo nem perante outros povos, pois nesse caso já deixariam o país bem distante do controle, passando para uma condição de refém, caindo facilmente para a condição de vítima do jogo, além de provavelmente custar as próximas eleições ao governante do dia e adjetivos não muitos convidativos em suas biografias.

Dentro da probabilidade existe uma máxima que diz que, se é possível algo inesperado ocorrer, então é provável que de fato ocorra. Portanto, alguma informação com fundamento deve sempre estar presente nas ações e reações aos eventos que envolvem conflito e/ou crise entre países, a não ser que o país em questão queira ser apanhado de surpresa para cair em situação de refém ou de vítima, sem mecanismos legais, diplomáticos, políticos, econômicos, militares e de outra natureza para retomar e garantir a situação de controle. É de extrema importância que o chefe de governo e o chefe de Estado, o presidente, o primeiro-ministro, o monarca e o ministro de relações exteriores, o embaixador no país conflitivo estejam bem cercados com especialistas profundamente capacitados em geopolítica [Caps. 1 a 6]. Se assim não for, cairá na armadilha do ardiloso, como esse bem o quer. Nessa situação, para se defender terá que fazer concessões, buscar parcerias e tudo com um custo. Terá que fazer concessões valiosas a seu oponente e a seus aliados e mesmo que não some perdas, o seu oponente somará ganhos; dramaticamente poderia também ser forçado a renunciar a objetivos estratégicos como se fossem intermediários e comprometer o plano estratégico do país para o futuro.

Ainda para Thackrah, [1987; p.263], a racionalidade pode tornar previsíveis tanto o objetivo quanto o controle:

- A identificação de objetivos com indicativos numéricos de medida e em ordem de preferência cardinal e ordinal;
- O controle sobre todas as variáveis que determinam o alcance do objetivo.

Sob o ponto de vista desta obra que você lê, mesmo que não controle todas as variáveis, o país deve ter pelo menos uma boa lista das variáveis e conhecer as características da maioria dessas variáveis, senão de todas. Só por saber que elas existem, a sua natureza, a possível surpresa e os seus efeitos já é um grande passo para a definição da estratégia da resposta mais racional possível sem, desavisadamente, entrar no jogo do oponente.

Às vezes, aquilo que parece um **objetivo intermediário,** para quem reage, é um objetivo principal para o oponente que forçou a reação. Às vezes, aquele que parece ser um **objetivo principal** para o país, pode ser um objetivo intermediário para o oponente que, ao assegurar exatamente esse objetivo, terá dado um passo importante na estratégia já definida e não revelada para então atingir um objetivo principal.

Às vezes, o oponente está fazendo um jogo por tabela para favorecer um aliado não declarado: seja para aborrecer um aliado daquele que é cutucado, ou seja, para mudar a boa relação entre eles. Sem o devido conhecimento das variáveis que devem ser listadas antecipadamente, ao reagir ao jogo do oponente, um país poderá estar ofendendo um aliado seu, sem o saber, e depois será tarde para explicar e consertar.

Se o país já foi colocado na situação de vítima quando o provável, mas inesperado evento ocorreu, como irá aceitar, fazer todos entenderem que essa é a situação e como vai sair da situação de vítima para a situação de refém? O que irá fazer e quanto tempo levará para chegar à situação de controle? Uma vez no controle, como irá lidar com quem o colocou na situação de vítima?

## 9.1 Plano Estratégico e Cenários para Reação às Surpresas

Dentro do plano estratégico de país, de curto, médio e longo prazo, e dentro das prioridades e dos objetivos do relacionamento internacional do governo do dia, é recomendável se dar resposta imediata a eventos inesperados. A exemplo do que já existe na prática de comitê de crise em corporações privadas, tudo deve estar em sincronização com os cenários para 5, 20 e até 50 anos pela frente, pois países agem e reagem dentro de sinalizações contínuas para a mesma direção.

Ante eventos esperados ou inesperados no relacionamento internacional, um governo nacional deve dar resposta imediata, geralmente por meio do Ministério das Relações Exteriores, Embaixada, porta-voz, entrevista coletiva para a imprensa pelo próprio chefe de governo e, dependendo da gravidade, na ONU. É conveniente também ter especialistas preparados e treinados regularmente para dar respostas.

O país deve ter:

| | | | | |
|---|---|---|---|---|
| *Cenário 1* | Opção A B C | Estratégia | Reação esperada | Contrarreação |
| *Cenário 2* | Opção D E F | Estratégia | Reação esperada | Contrarreação |
| *Cenário 3* | Opção G H I | Estratégia | Reação esperada | Contrarreação |

É preciso levar em consideração o tempo da resposta. Muita demora ou muita pressa podem ser prejudiciais no jogo geopolítico, principalmente repostas pesponteadas. Há ação no curtíssimo prazo, quase em tempo real, quando a resposta não pode passar de 6, 12, 24, 36, 48 horas após o evento. Em qualquer tempo que se considere a segurança cibernética, serviços de informação, relatórios de serviço secreto, espionagem e contraespionagem são importantes.

Também é preciso ter muito claro – com os devidos alinhamentos nacionais e internacionais de relações públicas e de comunicação e busca de apoio político interno — que ações práticas seguirão as palavras; algumas palavras podem ser anunciadas para se obter credibilidade e apoio da população, da oposição e dos meios de comunicação; outras podem ficar em suspense para o fator surpresa e, ao ficarem em suspense, evitam resposta calculada do causador do evento e criam receio, incerteza e confusão e, de preferência, pânico na mente daquele que é o causador. O jogo é fazer o outro lado parar para pensar antes de agir; sinalização e dissimulação são estratégias importantes a esta altura. Nesse caso talvez a mensagem maior deva estar nas entrelinhas, e não no pronunciado. E o grande objetivo aqui é ganhar tempo.

Para evitar gafes, deverá ser feito treino regular e simulação com todos os agentes envolvidos para a eventual situação real.

Deve se ter organização suficiente na ação para definir rápido:

- O que será falado?
- Quem irá falar?
- Como irá falar?
- Para quem irá falar?
- Quem responderá às perguntas de jornalistas ou enviados do outro governo?
- A que altura e com que cerimônia e protocolo o chefe do governo nacional será envolvido?

Mais do que tudo, é necessário ter muito bem definido qual será o cerimonial e o protocolo para a mensagem: a imagem que pretende impingir e o impacto que deverá causar. Estratégias de comunicação e de relações públicas podem ser muito bem utilizadas no seu mais alto grau de profissionalismo.

Durante as repostas deve-se ter a grandeza e a delicadeza de dar espaço e crédito para especialistas e técnicos; não é o chefe de governo quem tem que aparecer sempre, mas o governo como um todo, pois o crédito virá lá na frente de qualquer forma, para o próprio chefe de governo.

É preciso ter em mãos material muito bem elaborado a ser distribuído, material escrito, publicação nos meios de comunicação e nas redes sociais. Nos comunicados e nas reações é recomendável evitar contradições, sinais de indecisão e informações confusas. Ter os recursos de pessoas, de *hardware* e *software* para apoiar a decisão do anúncio. Deixar pronto, não usar já, mas deixar claro que está lá, pronto para o uso. Isso vai desde o convite para o diálogo, sanções econômicas, deslocamento de um porta-aviões, ao lançamento de mísseis ou ação militar.

A credibilidade do governante ante o seu povo e ante a comunidade internacional é determinante e imprescindível. É importante evitar que algo mencionado venha contradizer o anunciado, pois isso desacredita e torna difícil a implantação da medida anunciada, senão a sua própria ineficácia. Antes de envolver qualquer parceiro nacional ou internacional, exercer a delicadeza e a grandeza de confirmar, com eles, se eles têm qualquer ligação com o evento causado, ou se a resposta pretendida lhe causará alguns desconforto e atrito.

O serviço diplomático e o poderio militar devem estar sincronizados na direção e no objetivo que se almeja na reposta. Os oposicionistas ao governo nacional devem exercer a grandeza suficiente em duas maneiras: colocarem o país acima de suas ambições e agendas pessoais e partidárias, porém não hesitar em denunciar respostas, posturas e ações equivocadas e criminosas por parte de seu governo contra o seu próprio povo ou contra outros povos; neste caso o Parlamento, o Congresso Nacional, a Imprensa e os meios de comunicação são indispensáveis.

É recomendável combinar, ou pelo menos informar, antecipadamente, a decisão tomada e a ação a ser iniciada com algum aliado internacional, país ou organização; também comunicar aos membros do governo, aos líderes da oposição, da imprensa nacional e aos especialistas respeitados, pedindo-lhes sigilo; porém se representantes estrangeiros e a Imprensa internacional procurarem esses agentes, eles terão boas respostas para dar em favor do país. Por isso, deve-se tomar a melhor decisão possível.[38] Lembrando que se a resposta for bem costurada, qualquer vazamento de informação que venha a escapar servirá como dissuasão ao confrontador e causador da crise.

Já para ações concretas para o médio prazo, considerar de 18 a 60 meses como tempo necessário para que a ação faça parte de toda a estrutura de governo, plano de país, orçamento anual e diversas instâncias de governo e corpo diplomático. Nesse período médio, buscar

[38] Os meios de comunicação são verdadeiras instituições em países democráticos. A credibilidade pode ser assegurada, se a propriedade desses meios estiver fora do controle de grupos políticos. Caso contrário, para embaraçar o governo do dia e maximizar eleitoralmente, podem fazer um desserviço ao país. Os canais internacionais de comunicação de alcance global são excelente meio para que os comunicados diplomáticos fiquem conhecidos em todos os cantos da Terra.

aliados, dissociar possíveis aliados do confrontador, canalizar ajuda externa ou alguma barganha comercial que poderá ser uma cartada decisiva na hora que se necessita.

No terceiro espaço de tempo, para o longo prazo, considerar de 60 meses a 120 meses como tempo necessário para levar em consideração tudo o que foi dito e feito no tempo de 18 a 60 meses, mas agora incluir formação de alianças e parcerias na arena internacional. Costurar e assinar acordos, tratados, treinos militares em conjunto, partição de ganhos na parceria, dando suficiente credibilidade para que os parceiros acreditem na parceria. Envolve ainda a infraestrutura física do país como área de segurança, portos, aeroportos, ferrovias, rodovias, conversão das fábricas para o aparato de guerra, se necessário com suprimento de alimentos, centros de saúde e hospitais. Envolve elementos do plano estratégico de país de longo prazo para obter suficiente credibilidade de empresários, para que na hora certa a colaboração possa vir.

Num quarto espaço de tempo, considerar de 120 a 240 meses como parte integral do plano estratégico de país para o longuíssimo prazo, para ações bem pausadas, mas bem consolidadas. Num quinto tipo de tempo, considerar de 240 a 600 meses para cenários de grandes tendências para o que irá acontecer nos próximos 20 a 50 anos.

Desta forma o país em questão poderá tentar assegurar o controle sempre, administrar um cenário de refém ao qual é forçado temporariamente e voltar para o controle, mas nunca cair vítima nas suas relações internacionais.

## 9.2 Jogos de Estratégias em Geopolítica

Dentro da teoria dos jogos existem os jogos de estratégias. Aí, pode haver diversos participantes e nem todos conseguem ganhar ao mesmo tempo; às vezes, quando o ganho de uns é equivalente à perda de outros há uma **soma zero** no jogo geral do cenário internacional. Nessa dinâmica e num contexto de relações internacionais o cenário pode mudar para alguns países, mas a situação global geral não muda; a posição de conforto dos grandes expoentes não muda, eles ajustam as peças menores do xadrez a seu favor e por vezes perdem intencionalmente, porque ao ceder ao oponente, também agigantado, estão barganhando esferas de influência em outras regiões, outras situações, outros cenários, outras oportunidades, outros objetivos.

Esses objetivos podem ser estratégicos ou intermediários de curto prazo, para assegurar objetivos principais no longo prazo. O primeiro encontro entre o presidente dos EUA Joe Biden e o presidente da Rússia Vladimir Putin em junho de 2021 parece ter sido dentro dessa estratégia.

Quando diversos participantes (*players*) são envolvidos, pode haver formação de coalisão de forças em cada um dos dois lados que se opõem. A construção dessa coalisão pode levar certo tempo, porém quanto mais bem definido é o plano estratégico do país participante, tanto mais fácil será assegurarem alguns objetivos por meio dessa coalisão. Assim quando a proposta, ou a imposição para participar de uma coalisão parte de um país dominante, então essa pode ser exatamente uma oportunidade já esperada para os países menores assegurarem os seus objetivos. Caso contrário, será necessário sacrificar objetivos essenciais que serão assegurados por meio da cooperação de outro aliado ou com alguns aliados da coalizão oponente.

Recomenda-se aos países terem plano estratégico de longo prazo e cenários de possíveis jogos de estratégias para serem aplicados quando são engalfinhados em conflitos e crises por seus próprios parceiros que os "convidam" a participar da coalisão. Qual seria a surpresa de um chefe de governo ao receber um convite desses, quando se ouve o seguinte do outro lado do telefone: "você só pode dizer sim ao meu pedido"; qual seria a escolha caso não tenha um plano estratégico de país e desconheça as variáveis envolvidas nesse jogo?

Thackrah, [1987; p.264], apresenta a probabilidade como elemento importante no jogo de estratégia para obter a opção ótima da estratégia. Pela sua própria natureza o jogo, a estratégia, as relações internacionais e uma coalisão se respaldam muito na probabilidade, e não na certeza.[39]

### 9.2.1 Espionagem

A espionagem, o serviço secreto, os serviços de informação e de segurança cibernética geralmente têm um papel determinante na identificação das variáveis do jogo internacional, das estratégias delineadas, dos possíveis cenários e objetivos principais e intermediários dos jogadores. Faz pouca diferença se todos sabem de tudo no final das contas; as estratégias de ataque ou de defesa de cada um são diferentes.

Também é importante ter em mente que, numa coalisão internacional, chegado a um ponto dos eventos, cada participante será deixado por sua conta e risco para os passos seguintes; quando assegurado o objetivo principal, o jogador dominante é tentado a ignorar ou desprezar a presença de alguns membros da aliança. Isso pode ser visto como traição por alguns participantes, mas é bom lembrar que os membros de uma coalisão de um poder dominante são apenas peças-chaves e úteis na estratégia para atingir os objetivos intermediários e para criar um cenário que, em última instância, leva aos objetivos principais do poder dominante. O país desprevenido e despreparado poderá ter perdas substanciais quando, na participação, pode aborrecer um parceiro, ou parceiros de um parceiro, e assim ainda aborrecer mais países, acabando por não ganhar nada com a sua participação, porque o jogador principal o desprezou quando esse participante pensava colher alguma benesse. Quando envolve envio de tropas para algum conflito externo, às vezes os únicos retornos para o país são de corpos de soldados mortos. Os mandatários de países confortam as famílias com honrarias, funerais e cemitérios de prestígio para as tropas militares, tratando-os como bons filhos da pátria que morreram por uma causa, mas no seu si-

[39] Para rever a probabilidade dentro da Matemática, revisite Andrey Andreyevich Markov, Arthur P. Dempster, Andrey Nikolaevich Kolmogorov, Blaise Pascal, Christiaan Huygens, Galileu Galilei, Gerônimo Cardano, Glenn Shafer, Gottfried Wilhelm Leibniz (probabilidade e simulação), Jakob Bernoulli, Pierre Fermat, Pierre Simon de Laplace, Thomas Bayes.

lêncio esses mandatários sabem que não ganharam nada e, pior ainda, sabem que líderes de outros países estão pensando neles como fracassados. Outros governantes, ainda, temem o julgamento imediato dos eleitores e o futuro da História.

Claro que alguns países nanicos participam de coalisão internacional também para marcar presença no cenário internacional, acumular capital político e se fazerem de indispensáveis. Em certos casos o único ganho é de imagem, como intencionado.

É muito importante ter noção disso, para que no momento de um convite, ou de intimidação irrecusável para participar de uma coalisão internacional, o país saiba dizer não de maneira justificada perante o jogador principal e seus aliados e, se disser sim, que saiba fazer bom uso da oportunidade para alcançar algum objetivo de suas estratégias; que a posição firme seja politicamente assegurada domesticamente. Nos casos de sistema parlamentarista de governo, a oposição pode questionar os motivos da aliança externa do governo do dia e pode contar com algum empurrão da opinião pública nacional e internacional, ou do próprio jogador principal para derrubar o governo que já andava cambaleando.

No caso do sistema presidencialista, o governante deve ter consciência de que a sua posição, favorável ou contrária ao convite à coalisão, pode custar o bem-estar imediato ou futuro de parte dos habitantes, ou até as próximas eleições.[40] Dessa maneira, quanto mais consolidados são os partidos políticos e os meios de comunicação, quanto mais refinados os acadêmicos de um país, quanto mais fundamentado for o plano estratégico de país e quanto mais realistas forem os cenários e respostas aos cenários tanto mais o convite a uma coalisão será debatido e tanto mais acertada poderá ser a decisão de participar ou não. Uma ampla discussão é até conveniente ao governante do dia, pois menos peso recairá sobre os seus próprios ombros ou sobre a sua imagem histórica. Também se uma decisão é tomada em nome da população é importante que essa esteja evolvida em cada passo da resposta.

[40] No primeiro trimestre de 2021 ficou demonstrado que estratégias equívocas de relações internacionais do governo federal do Brasil com a China e com a Índia causaram apreensões desnecessárias com relação à vacina contra Covid-19.

Não é segredo nenhum que, em alguns casos, o poder-guia de uma coalizão internacional com uso da força militar prefere países menos democráticos aos mais democráticos; a decisão do governante é mais rápida, unilateral e, se algo der errado, o ditador que aderiu à coalizão não deve explicação para ninguém. Neste caso, no entanto, o poder dominante também pode mais facilmente ignorar e defenestrar esse tipo líder e, às vezes não hesitará em jogar a população contra o regime autoritário que usou.

Um elemento crucial do jogo de estratégia é que as regras do jogo estejam claras e que sejam obedecidas por todos os participantes da coalizão. A participação também deve ser voluntária, caso seja forçada não há garantias de que algum participante não venha a trair a coalizão ou dificultá-la, senão criar condições de empate, ou até colocar o poder dominante em situação desconfortável ou em posição de refém.

Critérios devem ser estabelecidos e assim será possível prever o comportamento de alguns participantes. Alguns potenciais parceiros podem ficar com um pé atrás bem na hora da necessidade da colaboração, levando a cenários mais dramáticos para populações em situações frágeis, causadas por conflitos e disputas [Cap. 19].

A informação secreta compartilhada para a segurança nacional e internacional exige parcerias. Um bom exemplo é o Tratado de Segurança entre o Reino Unido e os EUA, firmado em 1946 (UK-USA) que deu origem à Aliança dos Cinco Olhos (Five Eyes), entre a Austrália, Canadá, EUA, Nova Zelândia e Reino Unido.

Essa é uma aliança de inteligência no mundo, com monitoramento e informação assim distribuída: a Austrália monitora o Sul e o Leste da Ásia; o Canadá monitora a China e a Rússia; os EUA monitoram a África, Caribe, China, Oriente Médio e a Rússia; a Nova Zelândia monitora o Sudoeste da Ásia; o Reino Unido monitora a Europa, Hong Kong, Oriente Médio e Rússia. A OTAN também recebe essas informações.

Numa parceria mais ampla os Nove Olhos incluem os Cinco Olhos, mais a Dinamarca, França, Holanda e Noruega. Já os Catorze Olhos envolvem a Alemanha, Bélgica, Espanha, Itália e Suécia. Em 2018 a Coreia do Sul, França e Japão foram adicionados aos Cinco Olhos num esforço comum para captar sinais de ameaças por parte da China, Coreia do Norte e Rússia especificamente.

### 9.2.2 Estabilidade

Outro aspecto da coalizão internacional é saber que poderá não haver estabilidade nos arranjos, pelo menos não por muito tempo. Poderá haver ganhos para alguns na coalizão e perdas para outros; logo, na arena internacional, uma disputa entre duas coalizões, muito provavelmente será um jogo de soma zero. O jogador principal na coalizão deve ter em mente também que os participantes esperam, muito embora não declaradamente, uma recompensa igual na participação, de forma que se algum participante se sentir preterido, usado, desprezado ou enganado, poderá reagir de maneira a descreditar as conquistas obtidas pela coalizão, dando assim razão ao oponente ou, no mínimo, não dando razão a ninguém pela disputa. A perda aí é de credibilidade para esse evento e certo ceticismo e relutância, para o próximo evento, quando a soma de forças será buscada.

Assim é difícil encontrar a melhor coalizão e chegar à melhor solução ao mesmo tempo; o conflito pode apenas mudar de lado, de região, de tamanho e de importância através do tempo.

Um poder-guia e dominante entre os países, não importa o seu tamanho econômico, diplomático e militar, poderá perder a sua credibilidade depois de duas ou três ciladas internacionais. Além de ser desbancado por outros com mais credibilidade, poderá entrar num ciclo de decadência, abandono e desprezo por outras nações, de maneira a ser totalmente dispensável na direção certa do seu declínio depois de 50 ou 100 anos [Cap. 26].

Por isso, a geopolítica tem os seus crepúsculos e auroras, mudando a importância de país e de região com o tempo. Se olharmos bem e com a devida atenção, veremos que esses foram exatamente os **casos dos antigos poderes** nacionais e regionais da China, Egito, Acádia, Assíria, Babilônia, Hindu, Hitita, Pérsia, Grécia, Cartago, Roma, Asteca,

Maia, Inca, Cuxita e do caso das grandes disputas globais pelas Cruzadas, Otomanos, Colonialismo, Neocolonialismo, guerras europeias, Guerras Mundiais, Guerra Fria. Cada período tinha e sua estrutura militar e a devida ideologia para se justificar [Cap. 5] e cada qual se deparou com a sua aurora, o seu meio-dia e o seu crepúsculo seguido da noite escura e fria da História.

A dinâmica da geopolítica, no espaço geográfico e no tempo, pode ser entendida por meio do acervo de conhecimento e prática de relações internacionais, dividido entre cinco escolas distintas de pensamento: construtivismo, liberalismo, marxismo, realismo e pluralismo [Caps. 10 a 14].

A maior diferença entre elas está nos objetivos das relações internacionais, tendo num grupo os Anglo-Americanos que procuram resolver problemas e noutro os Marxistas que procuram analisar as estruturas da instabilidade nacional e internacional e criar condições para a transformação social.

A ótica dessas cinco escolas de pensamento formata a mente dos assessores, analistas, diplomatas, embaixadores, emissários, especialistas, negociadores, ministros de relações exteriores, chefes de governo e chefes de Estado, dependendo das universidades e centros onde eles obtêm a sua formação. Compreender o pensamento de cada escola ajuda também a entender como os países se relacionam uns com os outros, bem como a conjuntura global e o jogo geopolítico. Também será possível inferir o jeito de cada governo nacional durante o seu mandato na sua lida com os países da Terra [Cap. 4].

# 10. ESCOLA CONSTRUTIVISTA

Para Jackson & Sorensen, [2018; p.296], quatro tipos de ideias permeiam o construtivismo como escola ampla e que aqui, na nossa análise, podem ser aplicadas às relações internacionais e à geopolítica:

1. Ideologias que são crenças comuns e doutrinas de um grupo, classe, cultura ou Estado como, por exemplo, ética protestante, liberalismo, marxismo, fascismo.
2. Crenças normativas sobre o que é certo, errado e injusto; aqui entram os direitos humanos, desenvolvimento econômico e oportunidades [Caps. 16, 17, 18].
3. Crenças causais sobre causa e efeito, meios e fins que estão relacionadas a estratégias e objetivos; uso da força ou outros meios [Caps. 5, 8, 9].
4. Ideias programáticas relacionadas a políticas públicas e o modo como resolver problemas; estratégias e programas nas relações internacionais [Caps. 4, 7, 8, 9].

Essa escola de pensamento é favorável a ações mútuas e **construtivas** entre países na busca do equilíbrio interno e externo, mesmo que esses países sejam muito diferentes um do outro. Assim, as relações internacionais são uma herança paulatinamente construída, que uma geração deixa para a outra, com vistas ao bom relacionamento entre os países. A interação entre países e suas devidas agendas, bem como objetivos e ações, não são o resultado de vontades humanas, nem de indivíduos e nem de países individualizados, mas de parcerias internacionais que se completam [parte III]. Para tanto, se enaltece a importância do papel das organizações internacionais como a Cruz Vermelha, a Unesco, Organização Internacional do Trabalho, Organização Mundial da Saúde, Organização Mundial do Comércio. Exemplos recorrentes têm sido o Comissariado para Refugiados na solução de crises de deslocamento em massa em regiões de conflito e guerra [Caps. 18 e 19].

Aqui também há espaço para o papel do Fundo Monetário Internacional em socorrer um país que se depare com crise, no balanço de pagamentos de suas contas externas, bem como a cooperação internacional frente a um dilema comum. Pode ser também a ação coordenada, perante uma crise financeira ou econômica internacional, e a busca de soluções e ações conjuntas e coordenadas como na Pandemia da Covid-19 atualmente.

A postura construtivista tem semelhança com o institucionalismo e com o pluralismo e, nesta linhagem, muitos países exercem ações de política externa e o esforço para o desenvolvimento econômico, em parceria com o Banco Mundial, um órgão da ONU que financia e dá apoio técnico em projetos de desenvolvimento e ajuda a sanar necessidades básicas de países em desenvolvimento; nas suas estruturas, junto com órgãos governamentais, são feitos estudos, financiamento e execução de projetos de desenvolvimento, às vezes também em parceria com ajuda externa de alguns países, para suprir necessidades básicas em agricultura, água, alimentos, comunicação e redes sociais, energia, educação, escola, frentes de trabalho, geração de emprego e renda, internet com energia alternativa, saúde, moradia, saneamento, transporte e treino profissional. O Banco Mundial entra com o financiamento e algum país pode prover os profissionais, apoio técnico bem como o fornecimento de materiais e equipamentos. Exemplos disso podem ser a doação de uma turbina para uma usina hidroelétrica, de cabeamento para transmissão de energia, maquinário na construção de uma hidroelétrica; máquinas de terraplenagem ou asfaltamento para um projeto de estrada, ferrovia, hidrovia; financiamento para a construção de um porto ou envio de engenheiros, especialistas e técnicos.

É possível incluir o Plano Marshall (1948-1952) e o Plano Colombo [1950] dentro da linha da escola Construtivista, bem como a ajuda externa dos países desenvolvidos a países em desenvolvimento, dentro da agenda social internacional [Caps. 17 e 18]. Grandes exemplos dessa colaboração nos anos 1960 e 1970 foram o Programa de Necessidades Básicas do Banco Mundial e a Aliança Para o Progresso da Administração Kennedy[41].

---

[41] No Brasil o Clube 4-S (saber, sentir, saúde, servir) era parte de programas de extensão rural como a Acaresc em Santa Catarina e a Acarpa no Paraná nas áreas rurais entre as décadas de 1950 a 1980; envolvia orientação de técnicas agrícolas e erosão do solo para agricultores por meio de rádios e a utilização das estruturas de escolas e igrejas em áreas rurais para a promoção de esportes (futebol de salão, pingue pongue, vôlei), atividades com a juventude e formação para a liderança. Essa formação de lideranças também mantinha os jovens longe da leitura de Karl Marx.

| PLANOS ECONÔMICOS | |
|---|---|
| | **Plano Marshall** – ajuda para procurar recuperação dos países da Europa Ocidental (EUA). |
| | **Plano Colombo** – apoio econômico para o Sul e Sudeste asiático (EUA). |
| | **COMECON** – conselho para assistência econômica do leste europeu (URSS). |

Alguns acadêmicos e especialistas destacam-se nessa escola de pensamento, em algumas universidades, como proponentes ou como críticos da estratégia.

**Nicholas Onuf**, (1941-), da Universidade Internacional de Flórida, aponta a linguagem e cultura como cruciais para o domínio de uma nação sobre a outra, principalmente sobre ex-colônias. Nota-se, por exemplo, que a França é muito zelosa em apoiar o bom aprendizado de seu idioma em países africanos; o Reino Unido faz questão de enviar livros escolares didáticos de seu currículo escolar para ex-colônias; a Alemanha faz questão de financiar geração de energia solar e apoiar a indústria do turismo na Namíbia. É preciso entender também que essas são atitudes genuínas de ajuda externa, quando um país partilha o que há de melhor em ajuda externa. Onuf também analisa o mito da superioridade de algumas nações sobre outras.

**Alexander Wendt**, (1958-), da Universidade de Minnesota, trata da anarquia entre Estados, da militarização e da corrida armamentista no Terceiro Mundo.[42] Também afirma que a interação entre Estados pode levar alguns destes a uma atitude de egoísmo.

[42] Esse também é um assunto da área acadêmica de desenvolvimento econômico onde se argumenta que divisas externas e poupança nacional gastas em armas e defesa não são investidas em infraestrutura, educação, saúde e previdência do país, retardando assim o desenvolvimento econômico e negando o bem-estar econômico à população desses países que, apesar de terem abundância de recursos naturais, exportam-nos para desperdiçar as divisas externas.

"Uma comunidade de segurança é uma estrutura social diferente, composta de ideias compartilhadas em que os Estados devem confiar uns nos outros para resolverem disputas, sem o recurso à guerra" [Jackson & Sorensen; 2018, p.294].

Outros acadêmicos atuais de renome são:

**MARTHA FINAMORE**, (1959-), da Universidade George Washington, para quem as "identidades e interesses são definidos pelas normas de comportamento incorporadas à sociedade internacional" [Jackson & Sorensen; 2018, p.319], trabalha o papel da cultura e normas na política internacional e também com o conceito de que as organizações internacionais são agentes sociais bem intencionados que moldam interesses do Estado.

**KATHRYN, SIKKINK**, (1955-), da Harvard Kennedy School, analisa instituições e normas internacionais e redes transnacionais de defesa dos direitos humanos.

**OLE WAEVER**, (1960-), da Universidade de Copenhagen, trata de segurança, resolução de conflitos e desarmamento.

**BARRY GORDON BUZAN**, (1946-), também da Escola de Copenhagen e da Escola de Economia de Londres, trata da teoria de complexidade da segurança regional.

**ELIZABETH KIER**, da Universidade de Washington, trata da relação civil-militar, segurança internacional e relações entre EUA e Europa.

**JEFFREY W. LEGRO**, (1960-), da Universidade da Virgínia, especialista em segurança internacional e no papel moderador da Alemanha, da China, EUA, Japão e Rússia.

**Peter Joaquim Katzenstein**, (1945-), da Universidade Cornell, trata da importância dos valores regionais como cultura, identidade, religião;[43] também afirma que "a constituição interna do Estado afeta o seu comportamento externo" [Jackson & Sorensen; 2018, p.319].

Para **Ted Hopf**, (1959-), da Universidade Nacional da Singapura, "as identidades dos principais responsáveis pela tomada de decisões ajudam muito a explicar a política externa" [Jackson & Sorensen, idem].

A escola Construtivista é boa para analisar a pequena política externa e em tempos de paz, assim como a escola Realista é boa para analisar a grande política externa de um país com o outro e em tempos de conflito. Explica mais o relacionamento bilateral entre países do que grandes disputas internacionais. A maioria dos construtivistas não recomenda o uso da força na solução e conflitos e há mais *détente* do que deterrência nos seus pensamentos.

## 11. ESCOLA LIBERAL

Para essa escola de pensamento em relações internacionais, com base no **Iluminismo**, o objetivo maior das relações internacionais é a **observação das leis internacionais, para forçar governantes a jogarem pelas leis e pelas regras** para que a paz entre as nações seja assegurada. Nessa interpretação, a eficácia da diplomacia se dá por meio da cooperação e da negociação política e pelo bom funcionamento das organizações. Exemplo a ser mencionado é a Liga da Nações que mais tarde originou a Organização das Nações Unidas.

A cooperação internacional demanda uma atitude cosmopolita, e não de supremacia de poder político de alguns países sobre os outros. Também defende que a maioria dos países procura assegurar objetivos principais e não os objetivos intermediários; esses últimos são apresentados para serem negociados e "renunciados"

[43] Na estratégia de ajuda utilizada pela Alemanha e países escandinavos, por vezes igrejas são utilizadas para a coleta em campanhas antes da Páscoa ou do Natal e os fundos são administrados por igreja no país que recebe e ajuda, como nos envolvimentos da Adveniat e Missio.

estrategicamente, para agradar os parceiros internacionais ou amainar oponentes. É possível que alguns países definam alguns objetivos intermediários, sem de fato terem a intenção de alcançá-los, mas só como poder de barganha.

A cooperação propicia benefícios mútuos e se dá por meio do plano estratégico de país e da interdependência facilitada por protocolos de intenção de amizade entre os povos, acordos acadêmicos culturais e comerciais. As ações são praticadas e facilitadas também por meio de ONGs, organizações, políticas e de alianças. Por isso é de extrema importância saber como o governo do outro país pensa, qual o plano estratégico do outro país e jogar dentro dessas expectativas. Demanda um bom entendimento de como a política nacional afeta as relações internacionais [Cap. 4].

A teoria dos jogos é amplamente utilizada para antecipar colaboração ou reação entre Estados soberanos; o Estado dominante "manipula" o Estado mais fraco para que colabore.[44] Mesmo assim há uma situação de ganha-ganha e o Estado que está em posição dominante evita que o outro Estado parceiro caia em situações de refém ou de vítima de um terceiro Estado. Prestígio, dissuasão e temor por tabela funcionam como estratégia para orientar o comportamento de outro país.

O posicionamento da escola liberal é muito eficaz para a cooperação internacional, no comércio, na ajuda internacional, no socorro emergencial a países frágeis, na geopolítica social e disputa de fronteiras [parte III]. Também o é para temas da geopolítica da água: aquíferos, rios e lagos compartilhados, uso dos mares e dos seus recursos, passagens marítimas estratégicas, países sem saída para o mar e a economia marítima [parte IV].

Um caso ilustrativos é a discussão já de longa data, mas bem acentuada neste momento, sobre o fluxo das águas do rio Nilo com a construção da Hidroelétrica Renascença, da Etiópia, que está exigindo uma grande negociação do país com o Sudão e o Egito. Outro foco está nos

[44] Exemplos: indução dos EUA para a construção da coalizão para invadir o Iraque em 2003; de forma semelhante a construção da coalizão no Kuait; a Rússia, sistematicamente sobre a Bielo Rússia.

rios Tigre e Eufrates envolvendo a Turquia, Síria e Iraque. Um terceiro caso é a vazão do rio Jordão, ligada na sua cabeceira às colinas de Golã, e sua reclamação por Israel e Síria; além de envolver a agricultura ao norte de Israel e a utilização de suas águas e as do mar Morto para irrigação por Israel e a Jordânia [Cap. 22].

Nas Américas as disputas de fronteiras entre Bolívia e Chile, Equador e Peru, Belize e Guatemala, Guianas e Venezuela, têm sido amaciadas com protocolos internacionais ao estilo liberal. No Cáucaso e na África também ainda existem inúmeros casos de disputa de fronteira, cujas negociações seguem a escola liberal e, em alguns casos, a escola realista. Vale ressaltar que as disputas de fronteira podem ser utilizadas por alguns países como instrumento geopolítico na tentativa de assegurar ganhos econômicos [Cap. 20]. Por isso, às vezes, um país envia tropas para a fronteira, à espera silenciosa de que algum país gigante ou a ONU o ajude em outras necessidades ou objetivos internacionais que, em si, nada têm com a disputa de fronteira.

Alguns acadêmicos atuais de renome dentro da Escola do Liberalismo em relações internacionais são:

**Stephen Krasner**, (1942), especialista em hegemonia e pós-hegemonia na Universidade de Stanford e também tido como neorrealista; defende a atuação de nações desenvolvidas e da comunidade internacional, na ajuda a Estados frágeis para a construção da nação da democracia e da economia dos mesmos.

**Charles P. Kindleberger**, (1910-2003), especialista em estabilidade hegemônica e crises financeiras.

**Joseph Samuel Nye Jr.**, (1937-), também da escola pluralista e especialista em interdependência complexa, exercício do poder brando e inteligente com outros Estados; é dito que esse ex-decano da *Harvard Kennedy School of Government* está entre os dez mais influentes analistas estratégicos da atualidade.

## 12. ESCOLA MARXISTA

Com base nas análises de **KARL MARX** (1818-1883), nas deliberações das Internacionais Comunistas e na leitura de **VLADIMIR ILYICH ULIANOV LÊNIN** (1870-1924), a intepretação marxista rejeita a ideia de colaboração nas relações internacionais por ser demasiado romântica e irreal; sob outra ótica se respalda numa visão econômica e de luta de classes e é antiliberal e antirrealista.

Na análise de Lênin, apresentada no início do século 20, a causa da instabilidade internacional era a globalização capitalista e a busca pelo monopólio econômico e político. Empresas buscam mercados e isso exige ação, numa escala crescente, por representantes comerciais, negociadores, embaixadores, chefes de governo, chefes de Estado, generais e, se preciso for, até a guerra. Ele previu que o emaranhado diplomático, econômico e político internacional não se sustentaria e alertou que monopólios industriais e financeiros levariam a uma guerra global; isso de fato se concretizou em 1914 indo até 1918. Muito dessa posição encontra-se na análise sobre materialismo histórico.[45]

**LEÃO TROTSKY**, (1879-1940), trabalha a teoria do desenvolvimento desigual e combinado; ele afirma que quanto mais atrasado é um país, mais evoluída é a parte mais desenvolvida de sua economia, como de fato se verifica em alguns países com o agronegócio e o sistema de bancos.

**ROSA LUXEMBURGO**, (1871-1919), também faz referência ao colonialismo e imperialismo nas suas análises da acumulação de capital.

Na Escola Marxista a desigualdade, a injustiça e a exploração econômica criam a instabilidade, não só nacional como internacional também. A elite nacional compactua com a elite externa para contro-

[45] Sugestão de leitura sobre o materialismo histórico e a obra LENIN, Vladmir Ilyivich Ulianov. Imperialismo, o último estágio do capitalismo.

lar e explorar o seu próprio povo [Cap. 4]. Essa é uma visão forte dentro da Al Qaeda e de grupos jihadistas atuais, assim como o foi no auge da Teologia da Libertação na América Latina nos anos 1970 e 1980. Naqueles dias a leitura da bíblia e da doutrina social da igreja católica se juntou aos escritos de Marx e de Lênin às ações de alguns revolucionários, guerrilheiros e intelectuais; hoje, alguns juntam a leitura do Corão e de documentos da tradição islâmica aos escritos de Marx e de Lênin e orientam a intepretação e ações, em alguns casos de militantes islâmicos, em sua maioria, sunitas.[46]

As teorias imperialistas de Lênin e de Rosa Luxemburgo influenciam a teoria da dependência e do subdesenvolvimento de **André Gunder Frank** (1929-2005), acerca da América Latina. A teoria dependentista origina-se a partir da relação entre geopolítica, relações internacionais e econômicas e vai ter um embate acadêmico e político com a teoria desenvolvimentista. A proposta do comércio Sul-Sul e o Movimento Não-Alinhado também terão seu embrião neste pensamento. Uma geração toda é influenciada na sua formação acadêmica, não só em faculdades de Relações Internacionais, mas também em faculdades de Ciências Econômicas, Ciências Sociais, Filosofia, Geografia, História, Jornalismo, Letras, Pedagogia e Política em muitas universidades da América Latina e outras partes do mundo recém-independente após a Segunda Guerra Mundial. Mais um motivo para a disciplina de geopolítica, geralmente escrita e ensinada por militares, ser olhada com desdém e desconfiança por muitos, mundo afora.

[46] Os grandes intelectuais islâmicos e não marxistas, na área econômica, legal, política e social desde o fim do império Otomano em 1922 são: Afghani, Abduh, Rida, Banna, Qutb, Maududi.

## 12.1 Geopolítica Soviética (1917-1991)

A geopolítica soviética foi uma forma especial e pragmática da escola marxista de relações internacionais que incorporava um plano revolucionário global, a partir da construção do socialismo na União Soviética. As internacionais socialistas desde Marx, não obstante divergências internas, deram subsídio para isso.

A geopolítica soviética, que vigorou de 1917 até 1991, foi amplamente exercida por meio da geopolítica cubana na América Latina, na África e em outros países em desenvolvimento, à época, chamados de países do Terceiro Mundo, alguns ainda sob o domínio europeu e buscando a sua independência.[47]

Angola, El Salvador, Etiópia, Iêmen, Moçambique e Nicarágua serão os palcos de disputa da Guerra Fria com o envolvimento direto de Cuba e indireto da União Soviética e dos EUA, esse sob ações típicas da escola realista [Cap. 13].

Outros focos de conflito, mas sem a presença dos cubanos, foram o Afeganistão, Camboja, Coreia, Laos e Vietnã. Ao se acusar as incursões soviéticas como mera exportação marxista-leninista, muitas vezes passou despercebido que, em todos os casos, eram ações geopolíticas ocidentais para o controle estratégico dos grandes fluxos dos mares e do comércio internacional, como o Canal do Panamá, o Canal Suez e o mar Vermelho no Chifre da África e, por extensão, o Mediterrâneo, o estreito de Gibraltar, a costa oriental e ocidental da África; também envolvia o encontro dos mares Atlântico e Índico na costa Sul da África, bem como do Atlântico e do Pacífico no cone Sul das Américas [Cap. 24]. Um conjunto de ondas visíveis do mar com ondas invisíveis das Bolsas de Valores.

Os casos da Angola, Zimbábue, Moçambique e Namíbia, entre 1962 a 1990 envolviam a geopolítica do ouro, visando, por parte dos poderes ocidentais, a proteção ao sistema Bretton Woods, de taxas de câmbio atreladas ao dólar, também ligados ao comércio internacional.

---

[47] Sugestão de leitura: CARR, Edward Hallet – A history of soviet Russia, 14 volumes.

O medo do ocidente era que, caso a União Soviética controlasse a Angola, Moçambique e Zimbábue e, a partir daí, podendo espremer a África do Sul e com o controle do cone Sul Africano, controlaria o preço internacional do ouro, possibilitando assim a destruição do sistema de taxas de câmbio fixas, contra o dólar dos países membros do Fundo Monetário Internacional, uma vez que o valor do dólar americano era atrelado à oscilação do balanço de pagamentos dos EUA e do preço do ouro como commodity. O sistema Bretton Woods também envolvia a conversão de dólar em ouro. Ironicamente foi o cancelamento unilateral da conversão do dólar em ouro e a sequente desvalorização unilateral do dólar pelo presidente americano Richard Nixon, em 1971, que destruiu o sistema, levando às taxas de câmbio flutuantes nos países membros do FMI a partir de 1973. Isso faz a narrativa acima ser questionada no referente ao ouro, porém, como jogo geopolítico, a Guerra Sul-Africana na Fronteira (1966-1990) tem aí os seus fundamentos, bem como as guerras de independência e depois de 1975, as guerras civis de Angola e de Moçambique e guerras de independência do Zimbábue e da Namíbia.

O capitalismo ocidental e o socialismo soviético foram ambos manchados pela realidade bruta da geopolítica global entre 1945 e 1991; foi um embate entre as escolas construtivistas, liberal, realista, por um lado, e a escola marxista, por outro.

## 12.2 Geopolítica Cubana [1962-1991]

Ian Roxborough, [1986, Cap. 9], classifica a Revolução Cubana de 1959 como mais uma revolução de elites e burguesa. Nessa interpretação poderia se qualificar as tentativas revolucionárias de Fidel Alejandro Castro Ruz entre 1959 e 1962, dentro dos ditames do Iluminismo e do Liberalismo na busca de independência plena dos EUA com apimentadas de legalismo democrático; a partir de 1962, a crise dos mísseis força Cuba a pedir abrigo junto à União Soviética e cair nos seus braços, seguindo, então, o caminho marxista-leninista, na sua política nacional e internacional.

A revolução castrista cubana, de início, não era soviética e nem necessariamente comunista. Foi o embargo econômico e o desprezo dos EUA e do mundo a Cuba e o seu desespero, aliado ao oportunismo soviético que as tornaram mutuamente úteis no jogo geopolítico global. E para os EUA tanto melhor, pois teriam o pretexto para o confronto contra os soviéticos, e não somente contra Cuba, mas para um alinhamento forçado sobre todo o continente americano, excluindo o Canadá.

Cuba passa a ser peça chave na geopolítica global e atua na guerra de independência da Angola e Namíbia com a missão de "libertar os irmãos africanos do colonialismo e dos vestígios da escravidão" (relato que ouvi de um taxista em Havana). É na geopolítica cubana que as escolas realista (EUA) e marxista (União Soviética) se contrastam na intepretação e na criação dos fatos, em objetivos e táticas mundo afora [item 13.2]. Outras diferenças neste enfrentamento de poder em terras alheias, no tabuleiro do jogo da Guerra Fria, serão as realidades econômicas e políticas dos dois gigantes e a sua capacidade bélica, diplomática e logística. Ao mesmo tempo em que os dois blocos antagônicos oferecem oportunidades para países extremamente pobres e subdesenvolvidos adquirirem poupança, recursos e *expertise*, das quais não dispunham para se industrializar, por outro lado, os tornam dependentes das estratégias dos gigantes com quem se aliam. Não raro, essa sobrevivência exigia que esses países acabassem se tornando meros clientes para compra de armas e munições americanas ou soviéticas, na medida em que continuavam a ser exportadores de matéria-prima, sem dar muitos passos em direção ao desenvolvimento econômico, político e social. Isso pode ser classificado como um novo colonialismo. A maior parte de seus agendamentos é em torno de armamento e desarmamento [Cap. 4 e 5].[48]

Nesse ambiente bipolarizado, qualquer país aliado dos EUA ou da União Soviética nos anos 1960 e 1970, na África, América Latina, Ásia ou Europa, precisava de um homem forte para manter o país fiel a

---

[48] Sugestão de leitura: NKRUMAH, Kwame. Neocolonialismo, o último estágio do imperialismo.

quem o subjugou. A estrutura política interna, não democrática, de partido único e de repressão a opositores era igualmente útil nos dois casos para os apoiados pelos EUA e pela União Soviética, respectivamente.

Como se pode ver, as relações internacionais afetam a política interna e vice-versa [Caps. 4 e 7].[49]

Depois de controvérsias de meio século, muitos ainda se perguntam se algum dia houve o que se pode chamar de geopolítica cubana, ou se isso era geopolítica soviética por meio de Cuba; como um inocente útil Cuba precisava de armas e de escudo para manter a sua independência e segurança contra os EUA e assim trocava açúcar, laranjas, limões e tabaco por armas e petróleo com a União Soviética. O cenário mudou drasticamente com a dissolução da União Soviética.

## 12.3 Geopolítica Marxista-Maoísta (1949-1979)

A geopolítica Marxista-Maoísta chinesa esteve ligada ao Sul da Ásia no Camboja, Laos e Vietnã e menos à África e à América Latina. Não havia intenção de exportar a revolução, mas de tentar um modelo interno para a China em primeiro lugar; contudo as guerras por tabela entre as potências se tornam dramáticas, ante a política de contenção do ocidente (EUA e França) devido ao temor do efeito dominó, onde a queda do Vietnã em mãos comunistas poderia se alastrar para outros países da Ásia.

A China, a partir da revolução de 1949, passa a executar um plano revolucionário nacional para desenvolver o país como prioridade e, quando o modelo se mostrasse efetivo, exportar-se-ia a revolução, mas, enquanto isso, se faria parceria econômica e política com quem

---

[49] Em muitos países ainda hoje é útil aos donos das diversas formas de poder do país polarizarem as eleições entre direita e esquerda, e não dentro da democracia funcional multipartidária. A intenção, sempre renovada em eventos marcantes, é bloquear a construção de uma social-democracia nos estilo luterano-europeia e israelense. Na fachada de pretensa `anarquia política e econômica, grupos organizados prosperam e serviçais folclóricos da políticas são eleitos ou colocados no poder à força.

quer que fosse na esfera internacional.[50] O lema era primeiro a China e depois o mundo, se for o caso, um pouco diferente de hoje onde o plano estratégico de país continua primeiro a China, mas com o mundo e no mundo. Chega atualmente em um ponto em que a China precisa do mundo e os EUA, que para continuarem no mundo, precisam da China [parte V].

A **URSS** e a **China** tinham tanto uma parceria quanto perceptível rivalidade[51]. Ambos tentaram implantar as ideias de Marx e de Lênin em sociedade agrária e semifeudal, mas com metodologias, objetivos e ritmos diferentes. A visita de Nixon aos dois gigantes comunistas em 1972 explora isso, mas também tenta assegurar que os EUA e o ocidente possam lidar com os dois gigantes comunistas, sem atiçar um contra o outro, e com o fortalecimento das relações internacionais entre os povos, o progresso econômico, a paz e a segurança para todos.

Partindo da agricultura, do extrativismo (mineral, madeireiro, pesqueiro) e da exportação de *comodities*, uma das condições macroeconômicas para um país se industrializar é utilizar a acumulação da poupança nacional advinda daí e transformar o capital financeiro em capital físico [item 17.3]. Por sua própria história de interferências externas desde meados do século 19 até meados do século 20, a China não tinha esse acúmulo e terá que emprestar do excesso de poupança em outros países; já na década de 1970, os financistas americanos tinham dinheiro sobrando para emprestar para a China, junto com transferência tecnológica.[52]

---

[50] O Partido Comunista da China talvez seja mais uma reciclagem do Estado centralizado de longa tradição da China do que um aparato marxista como foi na União Soviética, onde aliás, o partido também seguia ditames autoritários da tradição da Rússia czarista.

[51] O soviéticos deram apoio militar e de armamentos às tropas de Mao Tse Tung; depois da Revolução Chinesa os chineses pagavam de volta com alimentos, comendo as folhas externas e enferrujadas de verduras e hortaliças para enviar o miolo bom para a União Soviética; hoje´, a China, com grande acúmulo de divisas externas compra ouro da Rússia (relato do professor de economia no curso que fiz na Universidade de Zhe Jiang em 1999).

[52] Entre o final do século 19 e início do século 20 a Alemanha, EUA, França, Itália, Japão, Portugal, Reino Unido e Rússia repartiram alguns pontos estratégicos e esferas de influência e controlaram portos da China para suas próprias logísticas de comércio internacional.

Hoje, as agências de ajuda internacional de países industrializados cumprem parcialmente esse papel, fornecendo capital financeiro e até físico para países com pobreza extrema [Caps. 17 e 18]. Na época da Guerra Fria os EUA e europeus fazem o mesmo para conter os soviéticos que ajudam países em desenvolvimento aliados seus; no caso da China, porém, foram empréstimo e transferência tecnológica, combinados com abertura econômica, para a China poder exportar parte de sua produção. Hoje, a China é credora do governo federal dos EUA, com compra de títulos públicos, e o seu regime político e sistema econômico mais se parecem com o de Pinochet no Chile [1973-1990] de que com marxismo-leninismo-maoísmo. Logo, não há embate entre as escolas construtivista, liberal, realista e pluralista contra a marxista chinesa, mas cooperação, neutralidade e divisão de esferas de influência no globo, para alcançar os objetivos comerciais de ambos.[53]

Dois grandes visionários e arquitetos, meio século atrás, são **RICHARD MILHOUS NIXON** (1913-1994) e **HENRY ALFRED KISSINGER** (1923-) que iniciam a parceria com a visita à China em 1972. Em 1979 a China adota mudanças econômicas e acomoda a sua estratégia de país a uma abertura com o mundo, principalmente para atrair capital financeiro para suprir a sua escassa poupança nacional, bem como para transferência de tecnologia; o esforço chinês leva a uma China agigantada economicamente e 40 anos depois coincide com o evento do Covid-19, em 2019-2022, e grandes oportunidades de aquisição de empresas em outros países. Desde Richard Nixon, todos os presidentes americanos se engajam com a China exceto **TRUMP** (2017-2021). Espera-se que a administração de **JOSEPH ROBINETTE BIDEN JUNIOR** (2021-) signifique uma postura mais construtiva por parte do EUA com a China.

[53] Basta saber como será a relação dos EUA com a China a partir de 2021 quando o poderio naval chinês superou o dos EUA; Taiwan pode ser utilizada como foco de tensão.

Desde a revolução de 1949, **MAO TSE TUNG**, (1893-1976), a China trata os EUA como uma ameaça e depois desconfia da própria União Soviética. Numa mescla entre marxismo e princípios budistas de coexistência pacífica, a China não irá antagonizar militar e frontalmente o ocidente, em nenhum território fora de sua própria soberania nacional. No entanto, sem deixar muito claros os seus objetivos para além da geopolítica regional, apoiará diplomaticamente e até com ajuda externa alguns eventos no Camboja, Laos e Vietnã, entre meados de 1960 até os inícios da década de 1980; a partir de então a aproximação com esses é mais de ordem comercial e estratégica da China para a própria região e menos por interferência na política interna ou externa desses três países.

## 12.3.1 CAMBOJA

Os experimentos políticos, durante a Guerra Fria, na Ásia, ficaram manchados por disputas e atrocidades, o que serviu como combustível ideológico na disputa entre marxistas e realistas. Assim como no Laos e Vietnã, os experimentos marxistas do Camboja se diferenciam entre leninismo e maoísmo, bem como os regimes têm representado mais disputas internas e interferência da geopolítica regional e internacional, do que aplicação de princípios de Marx e Lênin.

Por 40 anos desde a abdicação do príncipe Sihanouk, em 1955, passando pelo regime do Kmer Vermelho entre 1975 e 1979 até os acordos no início dos anos 1990, o Camboja é palco turbulento no jogo de xadrez da Guerra Fria, como também da travada entre os gigantes comunistas, China e União Soviética.

A complicada guerra civil entre 1968 e 1975 teve apoio dos Viet congues, China, Cuba, União Soviética, Tchecoslováquia, Romênia, Coreia do Norte, contra a monarquia apoiada pelos EUA e aliados regionais como a Indonésia, Malásia, Filipinas, Tailândia, Taiwan, Vietnã do Sul, bem como pela Austrália, Canadá e Reino Unido. Em 1975 o Kmer Vermelho toma o poder e governa até 1979; com uma política de ruralização e destruição da classe média, que leva a um genocídio em torno de dois milhões de pessoas, o regime foge totalmente a qualquer uma das escolas de pensamento de relações internacionais e das forças geopolíticas externas. Contudo, a disputa política e militar entre o Camboja e o Vietnã entre 1977 e 1989 também reflete interesses geopolíticos externos.

Na atualidade, disputas ideológicas, de agendas externas e de fronteira (perto do templo Preah Vihear) com a Tailândia, mantêm uma tensão permanente entre os dois países.

Ressalta-se um papel continuado da China no Camboja. Durante a luta do Vietnã pela independência, a China pede ao Camboja que facilite o trânsito de suprimentos para os Vietcongues ao mesmo tempo em que pede que se permita à comunidade chinesa no Camboja se aliar ao Partido Comunista Chinês.

O príncipe Sinahouk achou por bem se aliar à China e abandonar o ocidente em 1965, contudo ocorre um golpe de Estado em 1970 e Sinahouk aprende que interesses de um país aliado podem ser permanentes, as amizades entre líderes, nem sempre.

Entre 1975 e 1979, com Khmer Vermelho no poder, a China mostra-se neutra, mas continua suprindo armas e apoio diplomático ao Camboja e ao Vietnã. Em 1991 há um acordo de paz e em 1993 a monarquia é restabelecida com Sinahouk rei.

Ao estar sincronizada à geopolítica chinesa, hoje o Camboja abriga a base naval chinesa em Ream (com projeto de cidade futurística num investimento de U$16 bi), numa agenda regional que confronta a Tailândia e o Vietnã.

### 12.3.2 Laos

Não tendo saída para o mar, o país é estratégico entre Camboja, China, Tailândia e Vietnã; palco de guerras por tabela da geopolítica global por quase 50 anos, que representaram disputas entre realistas e marxistas, mas também entre os próprios marxistas, soviéticos e maoístas.

Em 1953 a China maoísta estabelece relações diplomáticas com Laos, mas em 1962 esse país apoia Taiwan e rompe com Pequim. Voltam a aliar-se em 1975. Entre altos e baixos e num gesto de aproximação, as relações com a China são plenamente restabelecidas em 1989, ao mesmo tempo em que sinaliza um distanciamento com o regime soviético. A China, por sua vez, estabelece laços comerciais e de ajuda externa em infraestrutura de transportes para o Laos, com o devido cuidado para não afrontar a Tailândia nem o Vietnã.

Por entendimento internacional um país neutro, mesmo assim entre 1963 e 1974 o Laos foi o país mais bombardeado na história da humanidade, com mais bombas sobre suas terras do que toda a Segunda Guerra Mundial, passando de dois milhões de toneladas. Aviões americanos AC-130 e B-52 ficaram famosos, com uma média de sete incursões por hora e o país perde 10% de sua população.

Atualmente o relacionamento econômico com a China é forte, incluindo grande parte da dívida pública externa. Após os anos dramáticos, somente em 2016 um presidente americano visitou o Laos.

### 12.3.3 Vietnã

A guerra anticolonialista do Vietnã tornou-se um dos conflitos mais emblemáticos da Guerra Fria. Os EUA, na sua política agressiva de contenção, tinham apreensão de um efeito dominó na Ásia provocada por uma possível vitória comunista no Vietnã.

Entre 1954, com a divisão do país entre Norte e Sul, e até 1975 a China, a União Soviética e o Vietnã têm uma agenda contra a França e os EUA. Dada a sua posição geográfica como o golfo de Tonkin, as águas territoriais, ilhas de Sprately, ilhas de Paracel (Xisha para os chineses), arquipélago de Hoang, as ilhas Tail Dragão Branco e os depósitos de petróleo e gás, os eventos pós-colonialistas no Vietnã não poderiam ficar fora do interesse de Pequim. Para o regime de Pequim, o jogo de xadrez com o Vietnã é um pouco difícil: entre não fazer nada e perder muito na influência regional, ou fazer pouco e não ganhar quase nada para si e perder muito em imagem com o resto do mundo.

Entre 1964 e 1969 a China envia três centenas de milhares de tropas e se envolve diretamente na luta contra os EUA em território vietnamita; contudo não há muito entrosamento, dada a suspeita vietnamita sobre as futuras intenções da China, bem como da União Soviética; a própria disputa sino-soviética também respinga entre as lideranças vietnamitas que precisam do apoio tático de ambos, mas sem desejarem ser meros satélites no futuro.

A China lhes é essencial, com apoio estratégico de suprimentos, armas e treino militar ao Vietcongue, na sua luta contra os poderes externos e depois contra o Vietnã do Sul, até a conquista total e reunificação vietnamita sob um regime comunista. A China é o primeiro país a reconhecer o regime de Vitecongue em 1973, quando se tornam aliados, mas, nem por isso, sem rusgas. Tanto que, em 1978, a China adentra parte do território vietnamita como uma sinalização contra a intrusão do governo do Vietnã no Camboja, mas essa é uma incursão curta no território, rápida no tempo, cuidadosa na agenda internacional, e "educativa" para o Vietnã.

Entre 1979 e 1990, de fato, haverá um conflito sino-vietnamita, como um respingo da guerra entre Vietnã e Camboja, quando a China alia-se ao Camboja. A União Soviética apoia o Vietnã e a China apoia o Camboja, numa disputa geopolítica regional entre Moscou e Pequim, em mais um exemplo de geopolítica por tabela entre poderes dominantes. A resistência vietnamita contra a China também se dá por causa da aproximação sino-americana, após a visita de Nixon, devido aos maus-tratos à minoria chinesa Hoa e também por causa da invasão vietnamita ao Camboja; em reposta a tudo isso, a China manifesta-se militarmente com uma breve invasão ao Vietnã, em 1978. O Vietnã volta-se totalmente para a União Soviética para fins comerciais e militares no final da década de 1970.

Desde 1990, com a dissolução da União Soviética e a saída do Vietnã do Camboja, há uma reaproximação com a China, tendo sido resolvidas as disputas no golfo de Tonkin e com o apoio mútuo para a entrada na Organização Mundial do Comércio. Atualmente há avanços para acertos comerciais e sobre disputas territoriais marítimas. O Vietnã exporta alimentos, café, carvão e petróleo bruto para a China; importa fertilizantes e produtos industrializados (automóveis, farmacêuticos, maquinários e petróleo refinado). Os dois países estão investindo na ligação rodoviária, ferroviária e portuária e em zonas econômicas.

Está pendente a disputa territorial das Ilhas Spratley e disputas marítimas [Cap. 20]; com o interesse de empresas ocidentais em petróleo e gás, isso deve fazer parte da geopolítica regional e global para os anos vindouros. Disputas marítimas para a exploração de pesca e petróleo continuam com a frequente "guerra da pesca" entre barcos vietnamitas e chineses. Ao mesmo tempo, o Vietnã é visto como um grande potencial econômico e estratégico da China.

Interessante notar que os eventos dramáticos e a imagem histórica que ficou dos anos conturbados no Camboja, Laos e Vietnã estão mais associados ao realismo e brutalidade americana, na sua política externa, do que ao cuidado astuto e apoio tático sem envolvimento direto da escola maoísta chinesa.

## 13. ESCOLA REALISTA

A escola realista de relações internacionais tem uma abordagem da natureza conflituosa das relações internacionais. Dá prioridade para segurança nacional e solução de discordâncias, conflitos e crises, numa linha mais dura por meio da guerra, se preciso for. A ética está subordinada à razão do Estado, na ideia da força e da sobrevivência do Estado.

Segundo Saldanha [2009; p.182-184], as principais características do realismo são:

1. O egoísmo individual presente no Estado e nas relações internacionais do governo do dia;
2. A anarquia, dada a ausência de um governo mundial;
3. A luta pelo poder representada pelas forças e garantia de segurança.

"a maioria dos realistas contemporâneos segue uma análise científica social das estruturas e do processo da política mundial, mas tende a ignorar normas e valores" [Jackson & Sorensen; 2018, p.103].

Jackson e Sorensen [2018; p.111], resumem os valores básicos de três realistas clássicos: Tucídides, Maquiavel e Hobbes.

**Tucídides** (460 aC – 400 aC), trata do destino político, necessidade, segurança e sobrevivência política, nas suas análises sobre conflitos e guerras. Por isso Tucídides enfatiza o limite das escolhas e as restrições no campo de manobra, disponíveis para os estadistas na conduta da política externa.

**Nicolau Maquiavel** (1469-1527), trata da agilidade política, oportunidade e segurança, sobrevivência política e virtude cívica. De acordo com os ensinamentos políticos de Maquiavel (1984:66), "o poder (o leão) e a esperteza (a raposa) são os dois meios essenciais para a conduta da política externa" [Jackson e Sorensen; 2018, p.110]. É dito que a escola realista encontra fundamento no pensamento de Nicolau Maquiavel e serve para explicar o nascimento do Estado moderno e os interesses do governante sobre indivíduos e na relação com outros governantes. O foco deve estar nos objetivos a serem alcançados e a utilização de qualquer meio necessário. Cabe ao governante do dia analisar e cumprir o que deve ser cumprido, deixando o julgamento para quem não tem outro poder de influência, a não ser o de falar.

**Tomás Hobbes** (1588-1679), trata da disposição política, dilema de segurança, sobrevivência política, paz e felicidade; afirma que para evitar uma guerra de todos contra todos é necessária a função do Estado como um ente forte, que regula a coexistência entre indivíduos e disciplina as relações entre indivíduos e deste Estado com outros Estados.

A escola realista defende o pragmatismo nas relações entre países, com pitadas de liberalismo e construtivismo quando conveniente e necessário. A estratégia maior de alguns países dominantes é forçar um alinhamento internacional ao seu plano estratégico, que assegure os seus próprios objetivos principais e intermediários.

O pragmatismo e a *realpolitik* são guias mais importantes do que doutrinas, uma vez que a política internacional é baseada em interesses e conflitos. Aqui circula bem a ideia de que o ataque é a melhor defesa e de que é estratégico conquistar, usar e manter o poder de um país sobre o outro. Essas posturas servem para explicar e para prever eventos internacionais.

Parte-se do princípio de que a estrutura do Estado é anárquica e que as relações internacionais entre Estados se dão entre Estados mais organizados e menos organizados. Como não há ator acima do Estado em relações internacionais, então o interesse do Estado precisa ser assegurado sempre. Nessa estratégia joga-se com a dicotomia, a polarização, a ideologia do inimigo comum, da ameaça do "outro" e da ameaça externa. Essa demagogia é repetida em partidos políticos e candidatos a eleições bem como por oficiais eleitos. Essas justificativas servem aos propósitos dos fornecedores nacionais privados da indústria da defesa que, não obstante sabendo que o outro lado da fronteira, ou o inimigo externo à distância não é tão potente. Mesmo assim a sua capacidade militar é exagerada para justificar, junto à opinião pública, as garfadas desses fornecedores privados junto ao prato farto do orçamento público, como nos casos mais conspícuos da Arábia Saudita, EUA, França, Índia e Rússia.

Os países dominantes também se oferecem para proteger os países sem muitos recursos para defesa, senão mesmo para criar situação de dependência e de refém aos mesmos. Conceitos Iluministas de liberdade, indivíduo, independência, religião, pátria e povo serão contrastados com aqueles de ditadura, ateísmo, comunismo e inimigos da pátria. Ironicamente as interpretações de Lênin ganham comprovação no caso em que elites nacionais em países não democráticos se alinham à geopolítica dos dominantes para justificar as suas ditaduras. Nesse caso, ao exportar matérias-primas e importar produtos industrializados e armas, a participação do país no comércio exterior não atende aos quatro *Es* da economia internacional: eficiência, eficácia, equidade e estabilidade [Cap. 3] e perpetua a condição do país em ser grande exportador, mas pobre com intoleráveis níveis de ignorância, analfabetismo, doença, pobreza, miséria e dor entre a população. Aqui se perde o conceito de economia como bem-estar e de que a melhor avaliação de um sistema econômico é na hora da refeição dos indivíduos e famílias.

O jogo da Guerra Fria (1948-1991) e os eventos nos diversos cantos do mundo neste período seguem essa estratégia representada, entre duas forças militares adversárias, o Pacto de Varsóvia e a Organização do Tratado Atlântico Norte. A geopolítica se transforma em instrumento de relações internacionais e as relações internacionais são impostas pela força. Pode-se dividir as ações da escola realista em grandes períodos:

- Independência e pós-independência na África e Ásia (1947-1990);
- Segurança da Europa e deterrência nuclear na Guerra Fria;
- Hegemonia geopolítica americana entre 1991 e 2001;
- Geopolítica global multipolar a partir de 2001.

As ações e reações da escola realista frente às ações e reações da escola marxista têm recheios da escola construtivista, da escola liberal e até da pluralista. Em específico, a ajuda internacional, a promoção do comércio internacional e a geopolítica social levam em conta também muitos aspectos do fracasso da cooperação e da complicação interna de países frágeis.

Como já visto, o termo geopolítica ficou no limbo desde o final da Segunda Guerra Mundial, mas Henry Alfred Kissinger, como realista, traz de volta o conceito e a prática de geopolítica desde último quarto do século 20 até agora. Além de sua participação nas negociações de paz no Oriente Médio, a partir dos estragos no relacionamento internacional na região, provocados pela Guerra dos Seis Dias, em 1967 e principalmente pela Guerra de Yom Kippur em 1973, a sua estratégia junto com Nixon é a de como rivalizar com a União Soviética, mas manter, ao mesmo tempo, a abertura ao diálogo e se aproximar da China, sem antagonizar demais o bloco soviético e nem perder a confiança dos aliados no Ocidente.

A escola realista irá marcar a relação entre países desenvolvidos, entre desenvolvidos com aqueles em desenvolvimento, entre o bloco capitalista e comunista, entre metrópoles coloniais e ex-colônias, nos processos de independência na África e na Ásia após a Segunda Guerra Mundial e no período pós-independência.

Aos novos independentes, a sua bandeira, o seu hino nacional, os seus parlamentos, as suas forças armadas, as suas embaixadas, os seus gastos públicos, mas sem corte umbilical econômico. O comércio internacional segue dentro do legado do colonialismo e do neocolonialismo e da brutalidade da Guerra Fria.

Para **Hans Joachim Morgenthau**, (1904-1980), muito influente no século 20, o poder do Estado pode promover segurança [Jackson e Sorenson; 2018, p.112], e no que se refere à política internacional o Estado procura assegurar o interesse nacional e a balança de poder [Jackson e Sorenson; 2018, p.115, p.104].

**Thomas Crombie Schelling**, (1921-2016, livro: Estratégia e conflito), é uma das referências da escola realista, da teoria dos jogos e da barganha em relações internacionais.

**Kenneth Neal Waltz**, (924-2013), é fundador do neorrealismo, combinando relações internacionais, política e psicologia individual. Coerção, intimidação e deterrência também entram na sua análise.

**EDWARD HALLET CARR**, (1892-1982, britânico especialista na União Soviética), é crítico do utopismo idealista e analisa o período 1919-1939.

## 13.1 BRUTALIDADE DA FORÇA VERSUS NÃO ALINHAMENTO

Enquanto o processo de independência foi construtivo, na maioria das colônias e protetorados, a partir do final dos anos 1950s, esse não foi o caso para aqueles países que tentaram um caminho alternativo para o desenvolvimento econômico político e social pós-independência da África e da Ásia. Nesse período há uma agenda deliberada, principalmente pela geopolítica dos EUA, para a destruição de todo e qualquer sistema econômico, político e social alternativo ao capitalismo Ocidental na África, América Latina e Ásia, que se aproximasse da social-democracia europeia e escandinava.

A justificativa que se dará é que essas regiões estariam caindo nas garras do comunismo; uma polarização simplista forçada, que polui a política em muitos países até hoje. Para esse efeito haverá um dominó de conflitos também no Camboja, Coreia, Laos, Vietnã e Sudoeste Asiático. A mesma justificativa se deu em relação às ditaduras na América Latina na segunda metade do século 20. Por esses eventos históricos o realismo é visto como bruto, se comparado ao construtivismo, ao liberalismo e ao pluralismo. Daí a repulsa de muitos à posição, vista como arrogante, dos EUA, que parecem contradizer o histórico da sua própria fundação como Estado independente e o seu papel de propagar democracia no mundo.

Nas estratégias típicas da escola realista, têm ocorrido embates na Assembleia Geral da ONU, como o episódio icônico do sapato de Khrushchov. Há também uma relação entre os países desenvolvidos, por vezes conflituosa, principalmente entre poderes nucleares e o Conselho de Segurança. Parte disso são a deterrência nuclear e a *détente* e, em particular, os esforços de entendimento para evitar a guerra entre a OTAN e o Pacto de Varsóvia.

Com relação à Iugoslávia e aos países não alinhados, **Josip Broz Tito** (1892-1980), estava mais para pragmatismo do que para o confronto com o realismo. Por isso mesmo, suas ações continham elementos de todas as escolas de pensamento de relações internacionais. Ao não ser alinhado de Moscou nem de Washington pretendia não afrontar ninguém e manter boas relações internacionais com todos os países e seus regimes político-econômicos, muito embora com diferenças. Como ele não era satélite de Moscou, agradava ao Ocidente que, por vezes, o invocava, tolerava e apoiava para fazer ciúmes aos soviéticos; os soviéticos, por vezes, também o utilizavam contra o Ocidente, quando achavam conveniente.

O Movimento Não Alinhado se caracterizou por seguir um caminho independente em relações internacionais longe das disputas entres países dominantes.

Tinham como princípios os direitos humanos, a neutralidade em matérias internas de outros países, busca de solução pacífica dos conflitos, evitando, ao mesmo tempo, ameaças, agressões e uso da força. Uma série de líderes não alinhados sofrerá golpe de Estado na década de 1960, incluindo o Brasil, Gana e Indonésia.

## 13.2 Deterrência Nuclear Versus Détente

O poderio militar contemporâneo garante a liderança global e influência geopolítica de alguns países com armas nucleares, além da sua capacidade naval, do exército e da aeronáutica [Cap. 5]. Isso lhes permite as estratégias de deterrência, detenção, *détente*, persuasão, dissuasão, distensão, *entente* para quem e quando é conveniente.

No jogo estratégico, a deterrência é a equivalência de forças que leva ao equilíbrio, na medida em que o inimigo em potencial é dissuadido a se aventurar a qualquer ataque contra o igual armado, pois estaria enfrentando a ameaça da destruição mútua.

A teoria e a prática da deterrência está dentro da escola realista. A estratégia não exige necessariamente a guerra, mas a dissuasão pela força demonstrada. Esse é o motivo pelo qual alguns poderes nucleares gostam de exibir armas em desfiles militares, em paradas da independência, comemoração de alguma data histórica, comemoração de vitória ou lembrança de derrota militar. Tanques, lançadores de mísseis, aviões caça e todos os tipos de arma de guerra são exibidos para o mundo como uma mensagem de deterrência, para ninguém tentar interferir em assuntos internos, ou em suas esferas de influência no globo.

No período da Guerra Fria, há toda uma geopolítica também entre os países desenvolvidos e anticomunistas. As relações de cooperação e concorrência entre os países mais desenvolvidos vão ser direcionados para a garantia da segurança na Europa, EUA, Canadá, Israel, Japão, Austrália, Nova Zelândia e Oceania, bem como a detenção da expansão soviética em qualquer canto da Terra. Enquanto a detenção envolve guerras diretas e por tabela, a deterrência nuclear garante a segurança internacional, ante a ameaça da aniquilação mútua entre os potenciais beligerantes. A deterrência em relações internacionais vem sendo praticada desde o fim das guerras napoleônicas e os grandes conflitos até provaram que uma força maior pode superar uma força indesejável, como foram os casos da Primeira e da Segunda Guerra Mundial. Essas guerras, contudo, não evitaram a brutalidade nem terminaram as guerras, como líderes haviam prometido aos soldados e aos civis.

O degelo da Administração soviética de **Nikita Serguêievitch Khrushchov,** (1953-1964), foi uma oportunidade de *détente* (relaxamento de tensões), *entente* (acordo) e distensão entre o Pacto de Varsóvia e a OTAN; abriu portas, mais tarde, para conversas sobre o arsenal nuclear e a assinatura do tratado de limitação de armas estratégicas (SALT) entre a administração **Jimmy Carter** (1977-1981) e a Administração **Leonid Brezhnev** (1964-1982); na mesma linha a *Glasnost* da administração **Michail Gorbachev** (1986-1991) abriu as portas para a administração **Ronald Reagan** (1981-1989) e com administração **George Herbert Walker Bush** (1989-1993).

Hoje, há um arsenal nuclear capaz de derreter a Terra diversas vezes e não se sabe muito sobre o desmonte de ogivas nucleares, conforme prometido em tratados e negociações.

A Índia, com testes em 1974 e declarando-se um Estado nuclear no final da década de 1990, e o Paquistão, a partir de 1998, têm sido foco de atenção da prática realista contemporânea. Krishnaswamy Subrahmanyam (1929-2011), grande estrategista, considerado o decano das relações internacionais da Índia e pai do atual ministro das relações exteriores Subrahmanyam Jaishankar, foi proponente nesta linha; favorecendo o não alinhamento da Índia também foi defensor da deterrência nuclear do país. Alguns líderes sunitas do Oriente Médio pretendem ver o Paquistão nuclear como escudo de suas causas, o que nem sempre funciona.[54]

**Thomas Shelling** foi proponente da coerção, intimidação e deterrência. **Sbigniev Kazimierz Bzrezinski**, o implacável assessor de diversos presidentes americanos desde **John Kennedy** a **Barak Obama**, propõe atacar os inimigos dos EUA onde esses se encontrem. Destaca-se ainda **Charles Kindleberger**, especialista em estabilidade hegemônica e **Frank C. Zagare** da Universidade de Bufallo, EUA, que tem combinado teoria dos jogos, diplomacia e segurança para analisar escalação, conflitos limitados e deterrência.

A proliferação nuclear, contudo, e a ameaça de qualquer país ter a sua bomba, bem como o tráfico internacional de urânio enriquecido, têm levado à conclusão de que as armas nucleares representam mais um perigo desnecessário do que um equilíbrio para os dias de hoje. No presente século, essa estratégia já passa por um revisionismo pelos antigos defensores como **William James Perry** (1927-), **Henry Alfred Kissinger** e **Samuel Augustus Nunn Jr**.

[54] Quando a Arábia Saudita pediu recentemente para o Paquistão enviar tropas para lutar contra os seus desafetos no Iêmen, talvez estaria dentro desta perspectiva. O primeiro-ministro paquistanês, astutamente, levou o pedido para a votação no Parlamento que recusou sob o medo de causar conflito entre sunitas e xiitas no seu próprio solo.

O próprio **Robert Strange McNamara** (1916-2009) gastou os seus anos finais fazendo campanha contra as armas nucleares, assim como **George Pratt Schultz** (1920-2021).[55]

Alguns eventos marcaram o enfrentamento entre o Marxismo e o Realismo no tabuleiro do jogo da Guerra Fria (1948-1991) na América Latina, África e Ásia. Para bem entender, faz-se aqui uma revisão de algumas de suas práticas nos últimos 70 anos.

## 13.3 Enfrentamento Geopolítico entre Realistas e Marxistas

As disputas entre Marxistas e Realistas vão, desde o meio acadêmico às manipulações das relações internacionais pelo corpo diplomático e serviços secretos, aos campos de batalha.

Presentes na geopolítica desde o final da Segunda Guerra Mundial, neste século já estão dando espaço à Escola Pluralista que mantém elementos das escolas Construtivista e Liberal.

Em contraste com o colonialismo clássico, entendido como o período mercantilista da economia internacional, que vai desde Conquista das Américas, no século 16, até o comércio triangular com a África, pelos quatro séculos seguintes, o novo colonialismo é entendido como o período desde a Partição da África, pelo Congresso de Berlim em 1885, e as esferas de influência estrangeira na Ásia, até os processos de independência iniciados com a Índia em 1957.

Já o conceito de neocolonialismo, criado por **Jean-Paul Sartre** (1905-1980), em meados do século 20, indica uma subserviência dos países em desenvolvimento em relação a alguns países desenvolvidos, mesmo após as independências. Nessa intepretação, os únicos elementos do novo colonialismo ausentes aí são o controle militar, tributário e administrativo, direto ou indireto, dos mestres coloniais, mas as práticas do colonialismo continuam presentes na economia, cultura, ideologia, com o agravamento do endividamento e depen-

[55] Tive o privilégio de conhecer e conversar com Robert McNamara em meados de 1990 por ocasião de uma palestra dele na London School of Economics.

dência financeira. Isso força o país em desenvolvimento a continuar a ser um exportador de matérias-primas a fim de pagar empréstimos internacionais, obtidos para a manutenção e ampliação de sua infraestrutura física, necessária ao seu desenvolvimento econômico. **Kwame Nkrumah,** (1909-1972), populariza o termo na sua análise da África independente e **Noam Chomsky** (1928-) o amplia mais tarde e para a atualidade.

O domínio geopolítico no neocolonialismo advém tanto do poder de Estados quanto de empresas privadas e pode incluir apoio a ditaduras e ao terrorismo de Estado.[56]

A teoria dependentista, o movimento não alinhado e alguns movimentos guerrilheiros e de militância islâmica, também se sustentam nas interpretações da análise teórica do neocolonialismo. Amplia-se a percepção de que a integração da economia global à economia da China, na atualidade, possa estar dando sinais de nova colonização, talvez novíssima.

Em oposição à análise neocolonialista, há a defesa do imperialismo benevolente, a teoria crítica das relações internacionais e a teoria do desenvolvimento econômico.

A tensão geopolítica contínua, para o controle em esferas de influência globais entre os EUA e a União Soviética, foi marcada por alguns eventos dramáticos que quase levaram a uma guerra mundial. Como não havia batalha direta entre as forças da OTAN e do Pacto de Varsóvia e as guerras por tabela eram lutadas em territórios dos outros, chame-se a essa guerra de fria, porque tem diversos momentos distintos marcados pela:

---

[56] As misturas de ajuda externa com assistência militar direta podem ter envolvido as ditaduras dos últimos 70 anos na Argentina (Vilela), Chad (Habré), Chile (Pinochet), Coreia do Sul (Park), Cuba (Batista), Espanha (Franco), Etiópia (Zenawi), Filipinas (Marcos), Grécia (Papadopoulos), Guatemala (Montt), Indonésia (Suharto), Irã (Pahlevi), Paquistão (ul-Haq e Musharraf), Paraguai (Stroessner), Portugal (Salazar e Caetano), Somália (Senhores da guerra), Uganda (Idi Amin e Museveni), Vietnã (Diem). Tantas outras ditaduras podem ser enumeradas como alinhamento geopolítico ocidental ou soviético no mesmo período.

- Doutrina Truman (1947-1953) marcada pela contenção contínua e acirrada da expansão soviética, incluindo o Plano Marshall para a Europa, Plano Colombo para a Ásia, assistência econômica, militar e política às nações fora do controle soviético, mas que poderiam ser elos frágeis; especificamente para manter o controle americano e evitar o controle comunista na Grécia, Irã e Turquia e evitar o acesso soviético ao mar Negro pelos estreitos turcos; também envolve a guerra civil na China com eventual vitória de Mao Tse Tung em 1949.
- A escalação e crise permanente marcadas pela Guerra da Coreia (1950- 1953), a crise dos mísseis cubanos (1962) e a crise de Suez (1956);
- Confrontação e *détente* (1962-1979) período em que ocorre a guerra do Vietnã, a visita de Nixon à China e à União Soviética; a Guerra dos Seis Dias (1967) e a guerra de Yom Kippur (1973) em Israel; o apoio soviético à causa palestina e as tentativas de Nasser de unir o mundo árabe e com inclinação soviética; também ocorrem os golpes de Estado pró-EUA sendo os mais dramáticos no Brasil, Gana e Indonésia;
- Nova Guerra Fria (1979-1985), com a invasão do Afeganistão, pelos soviéticos em 1979, e com a corrida armamentista da Iniciativa Estratégica de Defesa do governo Reagan (1981-1989), somada à intensa pressão diplomática, econômica e militar dos EUA sobre a União Soviética, para forçar a aceleração de sua estagnação econômica e eventual colapso.
- Transição (1985-1991), com o limite de armas nucleares e estratégicas e a retirada das tropas e do apoio soviético à Europa Oriental, América Latina e África; com o fim da União Soviética, a independência de suas repúblicas e países satélites e as suas transições para a política multipartidária e economia de mercado.

### 13.3.1 Europa

Nas primeiras duas décadas após a segunda Guerra Mundial, a Europa é palco do temor e do medo. O primeiro enfrentamento ocorreu na tentativa de os soviéticos forçarem as tropas Ocidentais se retirarem para, então, controlar Berlim; entre 1948 e 1949 ocorre o Bloqueio de Berlim ocidental pela União Soviética, considerado uma crise que quase foge ao controle entre realistas e marxistas. Suprimentos de alimentos e combustíveis, ao lado ocidental, foram garantidos por uma ponte aérea pelos EUA e Reino Unido, apoiados também pela África do Sul, Austrália, Canadá, França e Nova Zelândia.

O segundo enfrentamento ocorreu quando, para evitar reformas que fugiriam ao controle soviético em 1956, as forças da Hungria e as tropas soviéticas suprimiram o levante popular.

O terceiro foi em 1968, por meio da Operação Danúbio quando a União Soviética, auxiliada por Bulgária, Hungria e Polônia, invadiu a Tchecoslováquia com uma tropa de meio milhão de militares para evitar reformas propostas pela Primavera de Praga. A Albânia e a Romênia se recusam a participar. Foram sinais de divisão no bloco soviético, bem como entre marxistas ocidentais que eram simpatizantes do regime comunista. A própria Albânia se retira do Pacto de Varsóvia e, em decorrência, governantes ocidentais criaram mais ânimo para enfrentar os marxistas, mundo afora.

O quarto é do reinado do imperador do Vaticano, **João Paulo II** (1978-2005) que apoia o movimento Solidariedade na Polônia. Suas posições políticas serão utilizadas habilmente no jogo geopolítico internacional, principalmente as contestações contra a União Soviética na Europa Oriental e na América Latina. A Rádio Liberdade,[57] então estacionada na Espanha, serve como propaganda dos EUA e do modo de vida do Ocidente, em ondas curtas, nos territórios da União Soviética; em

[57] Supervisionada pela Agência Global de Mídia do governo federal dos EUA e agora estacionada na República Tcheca para divulgar notícias, informações e análise dos países para a Ásia Central, o Cáucaso, Leste Europeu e Oriente Médio escapando do filtro pelos governantes dessas regiões.

contrapartida a Rádio Progresso de Moscou tem alcance em todos os metros quadrados da Terra para dar a versão soviética dos fatos. A Deutsche Welle da Alemanha e a BBC do Reino Unido também têm longo alcance mundial, mas se dedicam mais aos noticiários dos fatos e debates que ao proselitismo ideológico.

A presença de tropas americanas e soviéticas, suas bases militares e armas nucleares em solo europeu são alvos contínuos de protestos de rua e de políticos influentes na Europa e consomem muitas horas dos encontros internacionais bilaterais ou multilaterais entre líderes.

## 13.3.2 África

A África foi grande palco do embate geopolítico internacional entre realistas e marxistas conforme atesta **Visentini,** [2012; p.179] no seu balanço das revoluções africanas:

> "Mais do que representar apenas uma contrarrevolução em escala internacional (o que já seria muito), tratou-se de uma escalada que pode ser considerada quase uma Terceira Guerra Mundial. Havia enfrentamentos estratégicos intensos e diretamente apoiados pelas superpotências na América Central e Caribe, África Meridional, Chifre Africano, Afeganistão (com o "Arco das Crises", de Brzezinski) e Indochina. O surgimento de regimes aliados da URSS nessas regiões alterou o equilíbrio de poder mundial, que até então vigorava, porque as novas revoluções, além de numerosas, tinham um efeito sistêmico em seu entorno e, subitamente, a África tornou-se um espaço estratégico e para lá convergiram grandes recursos militares."

Um grande enfrentamento se dá entre a geopolítica realista e a geopolítica cubana na África, entre 1975 e 1994. A contrarrevolução promovida pelo Ocidente em Angola e Moçambique, após as suas independências de Portugal, de 1975 até 2002, foi o mais conspícuo exemplo da estratégia dos realistas em não permitir qualquer sistema alternativo de economia, política e sociedade, que não fosse aquele do ocidente capitalista antissoviético. Agências de ajuda internacional transferiam poupança para a formação de capital físico em países em desenvolvimento, entre outros objetivos, também para conter os soviéticos que faziam o mesmo [Cap. 17]. Quando se tratava de conflito armado, era muito sensível a União Soviética enviar suas tropas para solos estrangeiros em alguma esfera de influência, então o fazia por tabela, contando com algum "satélite" seu.

Essa obra parte da tese de que as incursões de Cuba na África não foram exercícios isolados de humanismo, ou de exportação de um modelo socialista latino-americano para a África, como muitos dos cubanos combatentes acreditavam, senão também um *imbróglio* natural do tabuleiro da Guerra Fria para atender objetivos globais da União Soviética.

A **Etiópia** tem grande importância estratégica na Guerra Fria. Desde os tempos antigos, o país sempre foi crucial para controlar o Chifre da África e, nos últimos 50 anos, por extensão, tornou-se peça-chave na geopolítica global que envolve também o estreito de Bab el-Mandeb, a passagem marítima do mar Vermelho e do canal de Suez, o estreito de Gibraltar, o mar Mediterrâneo, o mar Negro e as passagens de Bósforos e de Dardanelos. Não sabendo quanto tempo o comunismo internacional sobreviveria, arquitetou-se, nos gabinetes ocidentais, uma guerra civil na Etiópia (1974-1991) com o propósito específico de desmembrar a Eritreia, tirando assim a influência soviética da costa marítima da Etiópia e por extensão o controle da passagem do mar Vermelho em favor dos aliados do Ocidente para fins comerciais e militares.

Havia mais apelo étnico, cultural e histórico para galvanizar forças pela independência da Eritreia do que convicção ideológicas contra o comunismo de Adis Abeba. A exemplo do que já ocorrera com o Djibuti, a separação da Eritreia era crucial para o jogo geopolítico regional. Israel, no silêncio e à distância, dava um certo conforto, também silencioso, à Etiópia. Sabia-se que em situações mais dramáticas, além da parceria comercial e os laços étnico-religiosos, Israel poderia dar algum tipo de apoio, como de fato ocorreu com a Operação Salomão, em 1991, que levou mais de 14000 pessoas para Israel em dois dias. Isso tudo não era escrito, não era falado, a menos que esteja nos arquivos confidenciais que, mais dia menos dia, venham à tona para os historiadores.

Há aí o múltiplo papel de uma guerra civil orquestrada por interferência externa e interna: destruir a economia da Etiópia e promover a independência da Eritreia; enquanto isso, drenar recursos públicos para a guerra que faltassem na infraestrutura, perturbar o bom andamento do sistema de transporte e travar a economia como um todo. Ao manter grande parte da população na miséria, induzir a uma oposição ao regime, que terminaria o experimento comunista e garantiria um apoio populacional inicial crucial para a transição. Tanto em um eventual golpe de Estado maquinado pelo Ocidente ou, igualmente conveniente, eleição e mudança de regime, uma vez que a guerra civil terminaria. Transições de regime podem ser caóticas e ineficazes: desde que se destrua o gosto popular pelo que havia antes, cria-se um cenário para implantar para o futuro o que de fato se quer. O esforço também exige a unificação de grupos guerrilheiro sob o comando de um único exército nacional. Ao mesmo tempo orquestra-se a independência da Eritreia para atender ao propósito geopolítico mais imediato.

Com envolvimento manipulativo das diferenças entre regiões e etnias no jogo, não causa surpresa a instabilidade atual da Etiópia e da Eritreia e seus conflitos com a região do Tigré e a volta à fome.

A instabilidade política de décadas do Iêmen e a guerra civil atual também se devem muito a esse jogo geopolítico global, para o qual a região tem importância estratégica.

O **Zimbábue** também teve importância estratégica na Guerra Fria. A guerra da Rodésia, ou a guerra de Independência do Zimbabwe, ou a Segunda Chimurenga (1967-1979), no idioma Shona, foi crucial para a geopolítica do ouro no cone Sul da África. A Rodésia do Sul, com apoio da África do Sul, proclamou unilateralmente a independência do Reino Unido em 1965 e na sequência houve uma guerra de libertação até 1980.[58] Durante a guerra da independência a Rodésia do Sul tornou-se um ponto geográfico estratégico para a África do Sul e para toda a região. O jogo fez parte do tabuleiro da Guerra Fria e mais propriamente da geopolítica do ouro.[59]

Para evitar uma presença soviética na costa oriental da África, em 1964 cria-se a República Unida da **Tanzânia** a partir da união de Tanganica com Zanzibar. Para evitar uma presença soviética na África Ocidental, ocorre um golpe de Estado em Gana (1966) e líderes fiéis ao Ocidente serão mantidos no poder por décadas na Costa do Marfim, Gâmbia e Senegal.

O Norte da África também será governada por autocratas. Na mesma geopolítica dos poderes Ocidentais, líderes autoritários foram instalados com regimes de partido único com estrutura leninista; alguns serviçais e homens fortes estiveram inclusive na folha de pagamento de governantes do Ocidente e foram mantidos na África nas décadas de 1960, 1970 e 1980, com alguns casos ilustrativos. Mobutu Sese Seko será o serviçal na República Democrática do Congo por ele rebatizada de Zaire; Idi Amin Dada será o serviçal na Uganda; Jean-Bedel Bokassa na República Centro-Africana; Felix Houphouët-Boigny na Costa do Marfim; Joseph Arthur Ankrah em Gana com o golpe contra Kwame Nkrumah; o rei Hassan II no Marrocos; Osni Mubarak no Egito após o assassinato de Anuar Sadat; Jaafar Muhammad Nimeiry no Sudão; Daniel Arap Moi no Quênia; Hastings Kamuzu Banda no Malawi; Argélia e Tunísia com inúmeros presidentes. A Nigéria, apesar de inúmeros golpes de Estado, mais por disputas internas do que por interferência política externa, mesmo assim se mantém alinhada ao Ocidente o tempo todo na Guerra Fria contra qualquer possível presença pró-soviética entre

[58] A primeira Chimurenga foi entre 1896-1900 contra britânicos e Sul-Africanos.

[59] O sistema monetário desenhado em Bretton Woods durante a Segunda Guerra Mundial teve o objetivo maior de criar uma estabilidade monetária e cambial entre os participantes do comércio internacional na esfera capitalista. Uma amarga lição havia sido aprendida durante o período entreguerras de que a falta de ação coordenada das autoridades monetárias e Banco Centrais dos países haviam causado um caos nas taxas de câmbio, juros, inflação e balanço de pagamentos nos países. Agora era precisa evitar que os mesmos erros ocorressem.

os partidos políticos. Caso especial é a Botsuana, uma democracia desde a independência, que nunca sofreu golpe de Estado e manteve-se silenciosamente alinhada, e a África do Sul com o seu regime de *apartheid* alinhando a vizinhança.

### 13.3.3 Ásia e Oriente Médio

Na Ásia o Paquistão segue o alinhamento anticomunista de sucessivos generais e governos eleitos; na Tailândia com inúmeros golpes de Estado; Lee Kuan Yew na Singapura, Mahathir Mohamed na Malásia; Ferdinand Marcos nas Filipinas; Hadji Mohamed Suharto na Indonésia: O Nepal tem uma fiel monarquia até a sua abolição; Sultão Hassanal Bolkiah no Brunei; Mianmar (antiga Birmânia) é um caso especial em que militares-gângsteres e exportadores de heroína são também anticomunistas; o próprio Dalai Lama, apoiado pela Índia, é utilizado como garoto-propaganda internacional contra a China, contra o comunismo e contra a anexação do Tibet. Já para os territórios do Camboja, Laos e Vietnã, que agora se reconstroem, imperou a violência e a tragédia de guerras perpetradas por forças antagônicas da Guerra Fria [Cap. 12].

No Oriente Médio e Norte da África o alinhamento antissoviético é garantido então pelos autocratas monárquicos e republicanos do petróleo com o apoio principalmente dos Estados Unidos, França e Reino Unido. As figuras mais conhecidas são a de Saddam Hussein, no Iraque; Mohammad Reza Pahvlevi, no Irã; os reis da Arábia Saudita e os ocidentalizados Líbano e Turquia; os presidentes da Argélia e da Tunísia apoiados pela França e os presidentes do Egito apoiados pelos EUA, Reino Unido e França.

### 13.3.4 América Latina

Na América Latina, quase todos os países serão governados num momento ou noutro, entre 1950 e 1980, por militares autointitulados anticomunistas mas todos de cunho peronista.

A triangulação EUA-Irã-Nicarágua do caso Contra é um dos altos momentos do enfrentamento entre a escola realista e marxista em relações internacionais. A Nicarágua e El Salvador tornam-se indispensáveis ao tabuleiro geopolítico nas décadas de 1970 e 1980. Países da América Central também são estratégicos, pois ficam próximos ao canal do Panamá que é passagem crucial entre o Pacífico e o Atlântico para o fluxo do comércio internacional e de grandes petroleiros e graneleiros e eventual esforço de guerra em escala global. Sendo que geograficamente fica no istmo e pode facilitar a disseminação de regimes políticos na América Central e Caribe, aliados ou antagônicos aos EUA, tornou-se um epicentro da geopolítica global da Guerra Fria; ante qualquer cochilo do Pentágono, esses países poderiam oferecer pontos estratégicos para bases aéreas, navais ou terrestres à União Soviética para facilitar a sua agenda geopolítica global.[60]

Em muitos casos, quando um país está numa posição geográfico-estratégica indispensável para a comunidade internacional, uma família se apossa, ou já teria se apossado antes, do país inteiro e se oferece para colaborar. É um erro grosseiro aos parceiros externos, pois esses autocratas depois deverão ser removidos de qualquer forma, mas não sem resistência, violência, tragédia e muito sangue derramado pela população local.

Para entender um pouco a contradição dos falsos iluministas e falsos liberais, mas que estão ao mesmo tempo associados a criminosos e milícias e se oferecem como serviçais para causas externas, a Nicarágua, de Somoza, é um caso exemplar. Havia na Nicarágua, desde a década de 1930, um regime típico latino-americano de família e de

---

[60] Está em aberta a discussão se no início dos anos 1970 a União Soviética teria ainda uma agenda de exportação revolucionária do seu modelo para o mundo ou se estava apenas tentando sobreviver. Quer dizer, talvez estivesse mais interessada em exportar armas e importar produtos naturais tropicais! Interferências para a alinhamento com objetivos estratégicos do Pentágono e da Casa Branca também foram marcadas pela invasão de Granada pelos marines em 1983 e por ajustes políticos no Suriname [1980s]. O Panamá, que cai nas mãos de um general serviçal, mas que se julga esperto demais para enganar os americanos e também terá que ser alinhado pela força militar, embora neste caso não tinha havido embate realista-marxista, mas entre "liberais" e anticomunistas.

gângsteres, que criou todas as condições favoráveis para uma infiltração soviética numa guerra armada contra o regime.

A família Somoza controlava grande parte das áreas produtivas agrícolas da Nicarágua e administrava o país como gângsteres. Dada a conivência por alguns e a intimidação sentida por outros, não havia resistência ao regime pelas "regras do jogo" da democracia. Em consequência, abrem-se portas para a rebelião armada e o oportunismo soviético que culmina com a vitória da revolução sandinista em 1979. A exemplo de Cuba, no novo regime a bússola original estava mais orientada para a Escandinávia, para a França revolucionária e para George Washington revolucionário, do que para Moscou. O próprio Pentágono preferia um alinhamento sectário bilateral para justificar suas ações contrarrevolucionárias na região de maneiras diretas e indiretas, conhecidas e não conhecidas, humanas e desumanas para realinhar o país à sua geopolítica.

Para o Pentágono, isso não seria um cenário aceitável e, na Guerra Contra (1979- 1990), o confronto armado que se instala na Nicarágua, após a revolução sandinista de 1979, dará munição para a intervenção externa direta ou indireta americana na região, pelo envio de armas por meio de Honduras e Panamá. Além do que, um controle soviético na região tornaria os países em peças de negociação e barganha de influência com os soviéticos em outras áreas do planeta. Para não avançar na América Central, a União Soviética não era perturbada em outras terras; igualmente para baixar os ânimos na guerra contrarrevolucionária na América Central, os EUA teriam que barganhar concessões em outras regiões como, por exemplo, diminuir sua resistência ao apoio dos soviéticos aos governos marxistas e não dramatizar tanto com o abastecimento americano aos rebeldes antigovernamentais na Angola, Moçambique e Etiópia.

As negociatas e barganhas serviam até para amenizar ameaças soviéticas à Europa, ou amaciar o humor dos líderes soviéticos (Leonid Brejnev principalmente), para sentar-se à mesa na *Détente* dos anos 1970 e negociar o Tratado Estratégico de Limite de Armas (SALT), ou mesmo para concordar em sair numa foto junto para o mundo saber que estavam se entendendo e isso fortaleceria as suas imagens para o seus respectivos públicos e eleitores internos. Em cena: Johnson, Nixon, Ford, Carter, Reagan e Brejnev: ganhos de imagem, ou a ilusão de seu grau de importância em saber lidar com o mundo. Tudo teatro, tudo encenação, tudo negociação, tudo oportunidade, tudo barganha, tudo protocolo.

E os que estão morrendo levando a sério a guerra na Nicarágua e na África? Bom, paciência, "é bom que um morra para outros terem vida", efeito multiplicador da guerra, a guerra é estúpida, alguns poderiam simplesmente dizer. Guerras civis às vezes são guerras do mundo dentro de um único país.

Há uma certa contradição incompreendida por leigos em geopolítica quanto a algumas ações das forças armadas americanas: internamente visam a defender o país contra agressões externas, mas nunca agir contra a sua própria população.[61] Então, por que a utilização contra a população em outros países? É o aspecto da força do jogo geopolítico, mas o código de honra dita que bons soldados não se voltam contra as pessoas indefesas, senão somente no combate de igual para igual com outro soldado e ainda quando a guerra invoca alguma justificativa ética válida. Outra contradição aparente está nas ações tramadas pela CIA e agentes secretos, que culminam no assassinato de cidadãos de outros países em qualquer parte do globo ou a sua prisão na base de Guantánamo (que pertence ao território cubano).

As inúmeras ditaduras e golpes de Estado na América Latina foram igualmente úteis no jogo da Guerra Fria, num enfretamento ideológico entre direita e esquerda, que pesteia o debate político na região até hoje para a conveniência dos mesmos Parasitas do Poder Permanente

[61] Como bem declarou o comandante das forças armadas americanas em decorrência do episódio da foto na igreja São João pelo então presidente Donald Trump em maio de 2020 e como declarou o estado maior das forças armadas americanas no dia do atentado terrorista-anarquista-trumpista ao Capitólio em 6 de janeiro de 2021: "Os direitos de liberdade de expressão e de reunião não dão a alguém o direito de recorrer a violência, sedição e insurreição".

(PPP). Para efeito de política e economia, pouca diferença faz se um governante latino-americano se intitula de direita ou de esquerda: todos se enrolam na bandeira nacional, num falso nacionalismo, onde a mão visível do presidente da República e do setor público contra a mão invisível do mercado tem mais semelhança com Juan Domingo Peron e com Charles de Gaulle do que com Adam Smith, Friedrich August von Hayek, Karl Marx ou Vladmir Lênin. Sabendo disso, os mestres da geopolítica global sabem que podem contar com seus parceiros ou fiéis serviçais.

Em contraste com a brutalidade da Guerra Fria, na atualidade a China integra silenciosamente muitos países à sua economia por meio de sua agenda estratégica, sincronizando negócios, investimento direto estrangeiro, exportações, importações e ajuda internacional e *Smart Power*.

## 14. ESCOLA PLURALISTA

As relações internacionais do governo do dia de um país, independentemente de linhagem partidária, não são exclusivamente guiadas por uma ou outra Escola vista acima, mas dentro de um ecletismo pragmático. A Escola Marxista perde relevância nos dias de hoje e uma quinta perspectiva chamada Pluralismo ganha campo entre teóricos e diplomatas. Segundo Saldanha [2009; p.330] uma das características do pluralismo é:

> "diversidade de problemáticas, tais como meio ambiente, direitos humanos, conflito, desenvolvimento, devido a uma diversidade de atores e instrumentos de participação e responsabilidade".
>
> Outra característica é a "globalização de fatores como a economia, a cultura, o consumo e as finanças" [2009, p.331].

A estratégia pluralista parece ser mais apropriada ante os desafios da geopolítica social, crise climática, crise financeira, migração em massa, socorro a desastres naturais, nova realidade geopolítica e cooperação econômica internacional [Caps. 17, 18, 19].

A atual polarização ideológica dentro de alguns países e que se reflete também na sua política internacional e nas suas relações econômicas internacionais são nada menos do que uma recaída ao passado para a escola realista, ainda por cima usando a fachada da ameaça marxista como justificativa pelos truculentos [Cap. 34].

O aprendizado com a brutalidade de duas guerras mundiais e de guerras civis, revoluções e ditaduras fazem convergir para o bom senso e o entendimento dentro dos países e entre países.

A normalidade das relações internacionais se dá dentro das estratégias construtivistas, liberais e pluralistas, mas os conflitos são mais aparentes onde há uma preponderância de estratégias da escola realista. Erroneamente muitos pensam que o mundo é turbulento e está ficando cada vez pior, o que não é verdade porque a colaboração silenciosa e eficaz acontece todos os dias entre os países em todos os cantos da Terra.

Os maiores expoentes do Pluralismo em relações internacionais, cujas vozes têm sido ouvidas pela Casa Branca e por outras sedes de governos nacionais no presente século, têm sido Keohane e Nye.

**ROBERT KEOHANE** (1941-), da Universidade de Princeton e Stanford, defende que a cooperação é mais importante do que a desconfiança, a competição, o acirramento, o acotovelamento e o conflito entre Estados soberanos. Junto com Nye desenvolve a teoria da interdependência complexa entre as nações.

**JOSEPH SAMUEL NYE JR.** (1937), da Universidade de Harvard, trata da interdependência complexa em relações internacionais. Uma das suas noções pioneiras é o *Soft Power*, o poder leve exercido fora das estruturas militares e de pressão, por meio daquilo que aproxima os países como a cultura, turismo, universidades; também traz o conceito de *Smart Power*, o poder inteligente utilizado de forma construtiva entre as nações, para eficazmente resolver desafios de ordem econômica, política, social, ambiental, saúde, educação com os quais um país esteja se deparando num dado momento.

> "Portanto, o *Soft Power* é o uso de 'atração e persuasão, em vez de coerção e força, em política externa. Elas advêm da atratividade da cultura, dos ideais políticos e das políticas de um país" [Stuenkel; 2018, p.109].

Grandes desafios nacionais e internacionais da atualidade, que envolvem a cooperação internacional, podem se encaixar dentro dessa perspectiva, a saber: ajuda externa, acesso a portos por países sem litoral, agenda climática, agricultura, irrigação, produção de alimentos, alto mar, Antárctica, disputa do Círculo Ártico, crescimento econômico sustentado e sustentável, crise financeira internacional, competitividade econômica internacional, democracia, desarmamento, desastre natural, desemprego, direitos humanos, doenças contagiosas, pandemia, epidemia, vacina, economia marítima, economia verde, energia verde, estratégias regionais e globais da China, fim da guerra e da violência, geopolítica social, migrações, multiculturalismo, países frágeis, pesquisa e desenvolvimento científico e tecnológico, revolução 4.0, segurança internacional (contrabando, crime cibernético, crime organizado, pirataria, terrorismo, tráfico).

Como os tópicos da cooperação internacional na sequência podem demonstrar, esse parece ser o cenário da atualidade. E é por aí que caminha o crepúsculo e a aurora da geopolítica global dentro, ainda, da herança da história da humanidade dos últimos 100 anos, mas numa paulatina substituição para um mundo mais harmônico, mais cooperativo e mais desenvolvido economicamente para enaltecer cada ser humano caminhante sobre a Terra.

# III

# GEOPOLÍTICA E COOPERAÇÃO INTERNACIONAL

O bom relacionamento entre o governante de um país com aquele de outro país é também um bom relacionamento entre os dois povos que eles representam. Cooperação, confronto, *détente*, deterrência, dissuasão, distensão, *entente*, neutralidade e persuasão são opções de relacionamento entre países. A chantagem, dissimulação e intimidação quase nunca estão ausentes.

Segundo Trackrah, [1987; p.249], quando se trata de persuasão no comércio exterior, governantes podem utilizar ameaças econômicas, sanções, recompensa ou punição, para propósitos políticos, como é o caso quando prometem baixar tarifas de importação, em recompensa a outro país pela permissão para a instalação de uma base militar em seu território.[62]

A Terra ficou acostumada com o fim do colonialismo na África e na Ásia, com o fim do totalitarismo na Europa e com a redemocratização em muitos países. Ao mesmo tempo, a promoção dos direitos humanos pela Organização das Nações Unidas e seus órgãos têm ajudado a diminuir o grau de violência entre países e dentro de países. O Banco Mundial assume uma posição de financiar projetos de desenvolvimento, em economias com certo atraso no relógio industrial; o FMI tem a função de manter a estabilidade monetária entre os países membros e o bom fluxo do comércio internacional entre as nações, em parceria com as regras em favor do livre-comércio definidas pelo Acordo Geral de Tarifas e Comércio (GATT entre 1944 e 1994), que se transformou na Organização Mundial do Comércio a partir de 1995. No mesmo período entre 1948-1991 o Pacto de Varsóvia e a OTAN mantêm o equilíbrio da Guerra Fria que, na prática, foi muito quente e com muitas mortes em territórios alheios no tabuleiro do jogo.

No atual momento, a urgência de cooperação está na administração da Pandemia ´Covid-19´ e no pós-guerra na Ucrânia. Na área de segurança, há esforços por parte da comunidade internacional,

---

[62] O porto de Tartus na Síria abriga russos e o porto de Djibuti abriga americanos, chineses, espanhóis, franceses, italianos e japoneses.

para frear a proliferação de armas biológicas, nucleares, químicas e radiológicas, bem como para combater o terrorismo e os ataques cibernéticos contra empresas e governos. Na agenda social internacional, os países estão dando maior prioridade à mudança climática, redução de pobreza, acesso à saúde e educação, oportunidades de formação de renda, moradia, resolução de conflitos e riscos de saúde.

## 15. ONU E SEUS ÓRGÃOS

Após tantos conflitos que marcaram a história humana, depois da batalha de Waterloo, em 1815, seguida da brutalidade nos 100 anos seguintes, e a tragédia da Segunda Guerra Mundial, que geraram uma fadiga de violência sistemática promovida por governantes contra o seu próprio povo e contra outros povos,[63] a Organização das Nações Unidas é estruturada para promover a paz e o desenvolvimento econômico em cada país, além de funcionar como um fusível para absorver tensões entre países e regiões, a fim de evitar a guerra e resolver a guerra onde essa ocorre.

Os temas de pauta e de ação da Assembleia Geral geralmente são de direitos humanos, desenvolvimento econômico e social, meio ambiente, ajuda humanitária em calamidades, resolução de conflitos armados e desafios pontuais de comum interesse da comunidade internacional. A Assembleia Geral é o órgão máximo e soberano da Organização das Nações Unidas, seguido do Secretariado e do Conselho de Segurança e outros órgãos:

[63] Numa referência a Thomas Hobbes "o homem é lobo para o próprio homem".

## ÓRGÃOS DAS NAÇÕES UNIDAS

Agência Internacional para Energia Atômica

Agência para Refugiados

Alto Comissariado para os Direitos Humanos

Alto Comissariado para Refugiados

Banco Mundial

Comissão Econômica e Social para a Ásia Ocidental

Comissão Econômica e Social para a Ásia e o Pacífico

Comissão Econômica para a África

Comissão Econômica para a Europa

Comissão Econômica para a América Latina

Conferência sobre o Comércio e Desenvolvimento

Conselho de Tutela

Conselho Econômico e Social

Convenção de Combate à Desertificação

Convenção sobre a Biodiversidade

Convenção sobre Mudança Climática

Departamento de Assuntos Econômicos e Sociais

Entidade para a Igualdade Racial

Escritório para a Redução de Riscos e Desastres

Gênero e Empoderamento Feminino

Habitat

Fundo Internacional de Desenvolvimento Agrícola

Fundo Monetário Internacional

Instituto para Treino e Pesquisa

Organização Internacional do Trabalho

Organização Internacional para a Migração

| |
|---|
| Organização Marítima Internacional |
| Organização Mundial da Saúde |
| Organização Mundial do Comércio |
| Organização para Agricultura e Alimentação |
| Organização para a Educação, Ciência e Cultura (UNESCO) |
| Organização para o Desenvolvimento Industrial |
| Programa Ambiental das Nações Unidas |
| Programa Mundial de Alimentos |
| Programa para o Desenvolvimento |
| Setor de Normalização das Comunicações |
| Tribunal Internacional de Justiça |
| UNICEF |
| Universidade das Nações Unidas |

Fonte: ONU

Tem o Fundo para a Infância, Programa Para o Meio Ambiente, Programa para o desenvolvimento, Conferência sobre o Comércio e Desenvolvimento. As forças multinacionais de manutenção da paz atuam em zonas de conflitos.

Conforme visto no capítulo 3, o Banco Mundial, o Fundo Monetário Internacional, a Organização Mundial do Comércio e o Programa das Nações Unidas para o Desenvolvimento, estão mais focados no desenvolvimento e crescimento econômico e no equilíbrio das economias e da economia internacional. Em sintonia com esses órgãos econômicos da ONU, atua o Banco Internacional de Pagamentos que faz a supervisão bancária e do sistema financeiro internacional em parceria com 55 bancos centrais afiliados do mundo; o Comitê de Basileia, o Comitê do Sistema Financeiro Internacional e o Comitê dos Mercados estão abrigados dentro do Banco Internacional de Pagamentos.

O papel do FMI é prover empréstimos em moedas fortes para países em eminência de calote de compromissos internacionais e assim assegurar o bom fluxo comercial e financeiro entre os países, pois, dependendo do caso, os problemas internos desse país devedor podem respingar em outros países e prejudicar a economia internacional. Uma vez que toda a economia internacional está sincronizada, há um efeito contagiante e está em jogo a produção agrícola e industrial, a exportação e alguns empregos em outros países também. O país devedor, auxiliado com empréstimos e consultoria pelo FMI, se compromete a fazer ajustes econômicos estruturais para reverter as causas da crise no balanço de pagamentos, em primeiro lugar. Lembrando que não há empréstimos para crises fiscais, pois cada país é responsável por seu desempenho fiscal; aqui não há tampouco generosidade: o país só é socorrido para não perturbar ainda mais a economia internacional. Em princípio pode utilizar os seus direitos especiais de saque no FMI, mas na insuficiência desses, alguns países emprestam a esse país parte de suas reservas que não estão utilizando.

Os países membros da ONU podem canalizar a sua cooperação internacional em parceria e por meio dos órgãos da ONU [Caps. 17, 18, 19].

O Tribunal Penal Internacional foi criado em 1998, pela ONU, com 120 países em Haia para julgar massacres e genocídios e instalado em 2002 para julgar casos da antiga Iugoslávia [James & Mendes; 2011, p.641], mas os EUA não aderiram.

Ao argumentar sobre a estratégia internacional para o desenvolvimento [Cretella Neto; 2007, p.441] afirma:

> "no século XXI, procura a ONU, com seus órgãos e agências especializadas, formular estratégias de desenvolvimento com bases mais concretas e realistas, que levam em conta a nova configuração geopolítica mundial, após a queda do Muro de Berlim e as novas assimetrias político-econômicas. Levam-se em conta, mais do que nunca, as políticas relativas aos Direitos Humanos, que pretendem assegurar o respeito à dignidade e ao valor da pessoa humana, entendendo-se, agora, que se passa a encarar

o Direito ao Desenvolvimento como um dos Direitos Fundamentais, vinculado, ademais, ao Direito Ambiental."

Os programas de restruturação econômica, para os casos de socorro a dívidas soberanas, são apoiados pelo FMI e pelo Clube de Paris que é composto pela Austrália, Áustria, Bélgica, Brasil, Canadá, Coreia do Sul, Dinamarca, Espanha, EUA, Finlândia, França, Holanda, Irlanda, Israel, Itália, Japão, Noruega, Reino Unido, Rússia, Suécia e Suíça.

Em parceria, há o Clube de Paris e a as agências de ajuda externa dos países desenvolvidos [Cap. 17]. A estrutura e funcionamento do balanço de pagamentos de cada país, sistemas de taxas de câmbio, a solvência e liquidez das dívidas públicas e dívidas externas, afetam a busca internacional de crédito e, por conseguinte, as taxas de juros, as taxas de câmbio, as taxas de retorno e a taxa de risco dos países. Outra interação são os preços das *commodities* bem como de produtos industrializados na Bolsa de valores, uma vez que há um fluxo de moedas fortes entre títulos e ações. No geral, quase tudo ainda funciona dentro do legado colonialista.

## 16. LIVRE-COMÉRCIO VERSUS PROTECIONISMO

A cooperação mais natural e mais efetiva entre os países é o comércio internacional. Quando, porém, todos querem produzir os mesmos produtos e ofertar os mesmos serviços ao mesmo tempo, fica difícil para algumas empresas manterem a competitividade em preço e qualidade. Com a integração com a economia internacional, fica difícil grudar a cor da bandeira do país à marca de um produto; o consumidor usualmente não tem interesse na cor da bandeira que vem no produto que chega à sua mão e à sua mesa nem, tampouco, de quem é o patrimônio da fábrica e dos transportes. Portanto, o longo debate sobre o patrimônio (privado x público, nacional x estrangeiro, desde o Manifesto Comunista de 1848) não faz mais sentido no mundo multipolar e globalizado de hoje. Tarifas, protecionismo e xenofobia são apenas estratégias eleitorais de populistas que transformam empresários incompetentes em sobreviventes temporários e pessoas insatisfeitas em eleitores.

Os ciclos de negócios da economia internacional acabam por dar o tom psicológico aos políticos demagogos e populistas para maximizarem os seus votos com propostas protecionistas. O conhecimento da psique do eleitorado, das apreensões do empresário e da percepção de formadores de opinião nos meios acadêmicos, meios de comunicação e redes sociais, para transformá-los em voto, é a especialidade dos prometedores de milagre ante a globalização irreversível e acelerada. Para entender por que alguns indivíduos barulhentos têm sido eleitos, mesmo em algumas economias de peso na esfera global, é preciso olhar com uma lupa sobre o novo estatismo que já é um ingrediente determinante do comércio internacional, para longe das tradicionais teorias e práticas dos livros e textos em cursos universitários [Caps. 3, 4 e 34].

Krugman & Obstfeld [1999; p.211] apontam que políticas protecionistas sempre beneficiam os produtores e prejudicam os consumidores. Então sugerem muita inteligência para minimizar os efeitos negativos sobre o bem-estar econômico geral, causados pela prática de tarifa, subsídio à exportação, cota de importação e restrição voluntária à exportação. Essas práticas todas vão afetar o excedente do produtor, o excedente do consumidor e as receitas do governante, que podem ser quantificados em termos monetários, se comparados com o valor do PIB anual. A política comercial será praticada pelo governante do dia em benefício dos grupos de interesse que detêm o maior *lobby* sobre o executivo e o legislativo federal, bem como na esfera municipal e estadual onde as empresas estão instaladas. Por mais pioneiras e competitivas que possam ter sido as empresas de economias avançadas em seus produtos e serviços, o desafio das economias emergentes é uma realidade; o avanço tecnológico dos industrializados de longa data é tão desafiante quanto aos novos entrantes no jogo econômico internacional. Como já argumentado, o novo estatismo praticado por alguns países, cria campeões econômicos nacionais e internacionais fora das regras do mercado puro e das ciências econômicas e da administração [Caps. 3 e 4].[64]

---

[64] Além do que fica difícil presenciar progresso na democracia política que acompanhe do desenvolvimento e crescimento econômico. Os países de novo estatismo a própria democracia política é por vezes mínima, adiada ou suspensa.

Na aurora de uma nova economia política global, os ditames clássicos da teoria e prática do comércio internacional estão sendo colocados em teste, na medida em que novas *global players* com economias agigantadas estão se tornando dominadoras, muitas delas respaldadas no novo estatismo, e não nas regras do capitalismo puro. A grande diferença é que há nestes países a intervenção de governantes para promover gigantes econômicos nacionais. A mão visível do governo substitui a mão invisível do mercado, apesar desses governantes e seus empresários veneradores se declararem liberais e utilizarem a retórica antissocialista e anticomunista, não passam de serviçais gaullistas e peronistas reciclados.

A participação do governo no novo estatismo se dá naquilo que se chama de economia mista, com setores nacionais agigantados e campeões que geralmente envolvem os setores aéreo, agronegócio, alimentício, automobilístico, bancário, bebida, comunicação, construção, defesa, educação, estaleiro, gás, navegação, petrolífero, organização religiosa (educação e saúde), petroquímico, saúde e transporte. A mão visível do governo age também na regulamentação no fluxo de capital externo, comércio exterior, investimento nacional, política trabalhista e salários, taxa de câmbio e política ambiental.

Para buscar legitimação dos eleitores e a adesão social às suas agendas protecionistas, políticos populistas têm se apresentado com retórica agressiva, num esforço para desacreditar os seus oponentes, prevenir dissidentes, promover o nacionalismo, valores nacionais, xenofobia, ataques contra a imprensa, tentativas de controle da mesma e uso de religião para angariar votos. Aqui reside uma confusão entre direita, que se apresenta falsamente como liberal, e o gaullismo e peronismo que servem tanto para quem se apresenta como de direita quanto de esquerda [Cap. 34].

Se a economia internacional funcionou dentro do legado colonialista desde 1945, será que funcionará dentro da nova geopolítica do gás e do petróleo e do novo estatismo a partir de agora, por algum tempo pelo menos? Alguns trombeteiam o fim da era do petróleo em favor da energia eólica e solar; seria isso também o fim de todos os problemas geopolíticos criados em torno do petróleo? [Cap. 26]. Seria o fechamento dos últimos 100 anos? Será mesmo? Que atividade econômica afinal, não tem nenhuma ligação com petróleo e gás?

A economia marítima e seus multiplicadores, as passagens por canais, estreitos e faixas marítimas, os portos, a logística dos países sem saída para o mar estão todos sincronizados com o comércio internacional.

## 16.1 Acordos Comerciais Internacionais

O processo de integração econômica entre os países segue etapas de aprofundamento: zona de livre-comércio, união aduaneira, união comercial, mercado comum, união monetária, união econômica e monetária, união militar e união política [Steitenfus; 2004, p.206]. Até hoje nenhum tipo de cooperação chegou ao último estágio e a União Europeia está na União Monetária.

O crescente grau de integração econômica entre os países vai desde um simples consulado, uma embaixada, até um tratado comercial bilateral ou de livre-comércio.

Em alguns casos, até tropas de um país parceiro patrulham as ruas, para garantir a segurança e a estabilidade política (nem sempre democrática) em outro país.[65] Obviamente o envio de tropas para outro país será na mesma proporção de algum ganho comercial ou estratégico, caso contrário o governante do dia estaria chamuscando a sua imagem internacional por pouca coisa.

Steitenfus, [2004; p.209-211], também apresenta três tipos de cooperação e integração econômica: alargamento, aprofundamento e aceleração.

Para o mesmo autor, no Mercosul, a integração econômica entre países é lenta e difícil devido a alguns entraves:

[65] A França e a Rússia têm feito isso inúmeras vezes neste século.

- Escassez de complementariedade econômica e instabilidade político institucional;
- Conflitos de vizinhança latentes e elevada média de proteção tarifária;
- Programas públicos de apoio à substituição das importações e oscilação da vontade política;
- Ausência de embasamento técnico, definição de objetivos inalcançáveis e elevado índice de corrupção;
- Altas taxas de desemprego e imensas desigualdades sociais e regionais;
- Índices alarmantes de violência social e desrespeito aos direitos humanos fundamentais;
- Apego ao formalismo conceitual do princípio de soberania estatal.

Existem alguns acordos comerciais preferenciais como a convenção de Lomé, Comunidade das Nações. Existem tratados bilaterais, multilaterais e sistema preferencial de comércio internacional. O mais aberto é o tratado de livre-comércio.

Os tratados comerciais detalham a livre mobilidade dos fatores de produção entre os países, desde o capital ao trabalho, aplicação financeira, investimento na produção, exportação e importação de produtos, maquinários e insumos. Por ordem de facilidade de liberação vem produtos, depois o capital financeiro, depois o capital físico, a propriedade por estrangeiros e, só por último, o livre-movimento do fator trabalho e de áreas de serviços, principalmente prestados por profissionais liberais. O Brasil ainda tem um entrave para diplomados em universidades do exterior.

Outro aspecto é a harmonização tributária. É muito difícil dois ou mais países sincronizarem os seus sistemas de tributação por mais profunda que seja a relação comercial. Isso vai desde os tributos sobre a produção e circulação de produtos e serviços até tributos sobre a renda.

Tanto é que a União Europeia, até hoje, só conseguiu fazer a integração monetária, e não a fiscal, uma vez que algumas regiões são mais competitivas e outras menos competitivas, em termos de incidência tributária sobre os custos da produção e circulação de produtos e serviços. Isso torna-se impossível dada a liberdade política dos países membros; os países têm governos de diferentes ideologias políticas e diferentes orientações pragmáticas sobre e economia e comércio internacional. Por isso, a sugestão de alguns é de que uma verdadeira integração exigiria também a organização de uma cooperação supranacional, uma federação de Estados para decidir matérias fiscais, assim como estratégias comuns de defesa e de relacionamento diplomático com os outros países do mundo fora do bloco.

A exemplo da União Europeia, a introdução de uma moeda única em um bloco econômico exige um tempo para a convergência econômica entre as economias filiadas. Isso envolve as taxas de inflação e de juros, a variação cambial e o percentual do PIB utilizado no financiamento do déficit fiscal anual. A política monetária deve seguir na mesma direção e, quando todos os países estão preparados, a autoridade monetária passa a ser única também; a sincronização da política fiscal, entretanto, é mais difícil e exige mudanças estruturais na economia real.

Ao longo dos anos, desde 1941 o Brasil tem imposto proteção tarifária e a Lei dos Similares [nº2973/1956] e da industrialização por substituição de importações de bens de consumo. Em meados dos anos 1970, embarcou num novo protecionismo, principalmente em bens de capital e intermediários como o aço, alumínio, combustíveis, ferramentas, fertilizantes e maquinários, com o Plano Nacional de Desenvolvimento II. Tudo isso com forte presença do setor público num dirigismo econômico. Somente no início dos anos 1990 a economia brasileira se abre um pouco mais para produtos e investimento direto estrangeiro, mas ainda continua uma das mais fechadas do mundo.

O Mercosul com a ALADI tem preferência tarifária regional entre países e acordo de sementes da ALADI. O Brasil se beneficia com os acordos comerciais do Mercosul com o Egito (2010), Índia (2009), Israel (2007), União Aduaneira da África Austral, (2016 – África do Sul, Botsuana, Eswatini, Lesoto), e chegou a um acordo com a União Europeia para um exercício comercial compreensivo em 2020.

Há um acordo para uma área de livre-comércio entre Mercosul e Chile, em 1996, Mercosul e Bolívia, em 1996, Mercosul e México, na área automotiva, em 2019, Mercosul e Peru, em 2005, Mercosul Colômbia, Equador e Venezuela, em 2005, Mercosul e Colômbia, em 2017, Mercosul e Cuba, em 2007, Brasil e México, em 2002, Brasil e Venezuela, em 2012, Brasil e Paraguai, em 2020, Brasil e Guiana e Brasil e Suriname.

## 16.2 Blocos Econômicos Regionais

Há uma ampla literatura a respeito de blocos econômicos e integração econômica. Pode-se dizer que os impérios alexandrino, chinês, mongol e romano, foram grandes blocos econômicos em suas épocas. Com diferentes idiomas, costumes e leis, mas com tentativa de moeda comum, sendo uma predominante junto com moedas regionais próprias. Sabidamente esses blocos nem sempre foram criados de maneira elegante, pela persuasão para uma integração voluntária de terras vizinhas ou distantes; muitas vezes o foi pela força militar do poder central e invasor.

> "A expressão macroparcerias internacionais pode ser empregada para indicar diferentes modelos de iniciativas e de integração econômica articuladas em várias regiões do mundo e em todos os continentes" [Rossetti; 2016, p.408].

Organizados legal e institucionalmente dentro das fronteiras geográficas e tradição histórica, áreas comerciais preferenciais e blocos econômicos comerciais visam promover o crescimento econômico regional e alimentam a economia global. Nesse sentido, seguem aqui os 12 blocos regionais de maior relevância e que também exercem importância geopolítica regional e global.

A **Área Econômica Europeia** engloba 27 países da União Europeia e tem Islândia, Noruega e Liechtenstein como parceiros no Mercado Comum. A área do Acordo Econômico Europeu (*European Economic*

*Area Agreement – EEAA*) está legalmente em efeito de um mercado comum, desde 1994, e garante a liberdade de circulação de capital, pessoas, produtos e serviços. Os membros da União Europeia têm política comum sobre aduanas, agricultura, comércio exterior, harmonização tributária, justiça, pesca, política externa e segurança. A sua união econômica e monetária é composta por Alemanha, Áustria, Bélgica, Bulgária, Chipre, Croácia, Dinamarca, Espanha, Eslováquia, Eslovênia, Estônia, Finlândia, França, Grécia, Holanda, Hungria, Irlanda, Itália, Letônia, Lituânia, Luxemburgo, Malta, Polônia, Portugal, República Tcheca, Romênia e Suécia. A Islândia, a Noruega e o Liechtenstein têm acesso ao mercado comum sem precisarem cumprir as políticas comuns; a Suíça não é parte, mas tem acordos bilaterais com países da União Europeia [*Institute for Cultural Relations Policy* (2012) por Andras Lorincz – institute@culturalrelations.org; www.ICRP Budapest, acesso 29 abril 2021, 09h30].

O Tratado de Roma de 1956 iniciou com o acesso comum ao carvão e ao aço, fundamentais para a produção industrial na Alemanha, Bélgica, França, Holanda, Itália e Luxemburgo e culminou na União Europeia 50 anos depois. Esses dois recursos já haviam causado a guerra Franco-Prussiana bem como a Primeira e a Segunda Guerra Mundial, então não haveria razões econômicas para mais uma guerra desastrosa na Europa. Concluiu-se que é possível haver progresso, comércio compartilhado e estabilidade política interna e continental.

A União Monetária Europeia atende a uma população próxima de 450 milhões. A moeda única proposta pelo economista canadense Robert Alexander Mundell (1932-2021) entre parceiros comerciais visa diminuir custos com transação comercial e cambial e a união aduaneira e a facilitar o fluxo de transporte e os preços de produtos entre os países membros. A convergência entre taxas de câmbio, inflação, juros e do déficit orçamentário anual permitiu a união monetária com reflexos para a competitividade econômica para os países membros e dando oportunidade para cada país organizar a sua infraestrutura econômica e a sua política fiscal para uma competitividade europeia e global.

Uma maior integração fiscal, entretanto, é mais difícil dados os diferentes níveis de desenvolvimento regionais, diferentes ritmos de crescimento, diferentes sistemas tributários e todos esses mescladas com diferenças de governos e de partidos de coalizão nacional em cada ponto no tempo.

O **Acordo de Livre-Comércio da América do Norte,** em efeito legal desde 1994, garante ivestimentos, proteção a direitos de propriedade intelectual e a eliminação de barreiras comerciais (cotas e tarifas). Inclui também a liberação na área de aviação, comunicação e marítima e tem guias para a cooperação ambiental e trabalhista [www.ICRP Budapest, 29 abril 2021, 09h30]. Tem um mercado para 490 milhões de habitantes, portanto a NAFTA e a União Europeia somam um bilhão de pessoas que, acrescentados os três bilhões da APEC, representam a metade da população da Terra. O crescimento econômico que ocorre aí cria efeitos multiplicadores positivos para o restante da humanidade, ou pelo mesmo deveriam fazê-lo.

A **Cooperação Econômica Ásia-Pacífico** é um fórum em efeito legal desde 1989, e com objetivos de promover o crescimento econômico e acelerar a integração econômica regional. Com quase três bilhões de habitantes, é formado pelos países banhados pelo Pacífico: Austrália, Brunei Durassalam, Canadá, Chile, China, Singapura, Coreia do Sul, EUA, Filipinas, Hong Kong, Indonésia, Japão, Malásia, México, Nova Zelândia, Papua Nova Guiné, Peru, Rússia, Tailândia, Taiwan e Vietnã. Em 2018 contava com e 60% do PIB global e 48% do comércio global [www.ICRP Budapest, 29 abril 2021, 09h30].

A **Comunidade Econômica da Associação das Nações do Sudoeste Asiático**[66] está se tornando uma região extremamente estratégica para o fluxo do comércio internacional e para a geopolítica regional e

[66] O Timor Leste ainda não é membro.

global. Do seu comércio exterior, 25% se dão entre os países membros e os parceiros externos mais importantes são a China, Coreia do Sul, EUA, Japão e União Europeia. O Sudoeste Asiático tem mais de 25 mil ilhas e população próxima à dos EUA e da União Europeia, somadas. A integração entre Brunei, Camboja, Singapura, Filipinas, Indonésia, Laos, Malásia, Mianmar, Tailândia e Vietnã, não é tão natural e tem sido um tanto difícil. Ao contrário, arranjos bilaterais com a China são mais fáceis. A cooperação multilateral econômica, militar e política entre Brunei, Singapura, Filipinas, Indonésia, Malásia e favorece capacidade naval maior. A associação não tem nem poderio naval individualizado nem como bloco, mas tem bem equipados o exército e a força aérea. Nessa região "a terra divide e o mar une", diz o ditado asiático. O rio Mekong não é navegável por barcos grandes, mas é crucial para irrigação. Esses países são de importância estratégica com diversos portos, estreitos e passagens marítimas para a navegação internacional no contexto da aurora geopolítica [parte V] da China, Índia, Irã, Israel, Turquia e Rússia:

## Membros da Comunidade Econômica da Associação das Nações do Sudoeste Asiático

- **Brunei** tem reservas de petróleo conhecidas para somente duas décadas futuras e tem pouco investimento direto estrangeiro a não ser da China.
- **Camboja,** está se voltando para investimento externo e comércio com a China e não tem muita simpatia pelo Ocidente.
- **Singapura,** para além do volume que movimenta, esse porto tem importância geopolítica perto do estreito de Malaca e tem bom poder militar, principalmente marítimo e aéreo, em parceria estratégica com os EUA para contrabalancear a China. Tem importantes relações econômicas regionais e globais, mas é miúda ante as disputas geopolíticas e marítimas na região.
- **Filipinas** tem mais de sete mil ilhas e está entre os caminhos da Ásia e do Ocidente. Tem aliança com a China para facilitar a

navegação na região, mas tenta o balanço comercial e estratégico entre EUA e China.

- **Indonésia** tem mais de 17 mil ilhas e os estratégicos **Estreitos de Carimata e de Macaçar.** O país deve se destacar como uma das maiores economias nos próximos 25 anos, mas está muito ocupado para manter a unidade política. Tem mais de 15 mil quilômetros de costa para patrulhar, é neutra com a vizinhança, tem perto de 10 grupos separatistas e a maior população islâmica num único país.
- **Laos** com florestas e montanhas, tem baixa população, necessita investimento para infraestrutura. Lutando contra rebeldes e se aproxima comercialmente da China, com investimento em ferrovias e rodovias, e se distancia do Ocidente.
- **Malásia** faz parte da geopolítica do hidrocarboneto, aliada com os EUA e é estratégica contra a China que está investindo em regiões menos assistidas pelo governo federal da Malásia e até em regiões secessionistas.
- **Mianmar** é geograficamente importante para a geopolítica da China; tem dificuldades com a democracia e com a unificação política interna, problemas étnicos e religiosos; isolada há décadas, sua integração se agrava com o novo golpe de Estado em 2021. Tem cooperação com China em ferrovias, portos e oleodutos, permitindo à China reduzida passagem no estreito de Malaca.
- **Tailândia** aliada anticomunista na Ásia, durante a Guerra Fria, e sempre com governantes tentando garantir estabilidade ou sendo destituídos pela força militar, agora é preferida pela China.
- **Vietnã,** a cordilheira anamita faz a divisão entre Saigon e Hanói e, historicamente, vietnamitas serviam como uma zona tampão amortecedora regional contra o Laos e o Camboja; com investimento direto estrangeiro em gás natural e petróleo, está confrontando a China na disputa dos mares e tem se aproximado dos EUA, Índia, Japão e Rússia para ajuda externa.

O **Mercado Comum da África Oriental e Austral,** em efeito desde 1994, é uma cooperação no uso de seus recursos naturais e humanos para o desenvolvimento econômico regional e para o comércio global. Também tem o objetivo geopolítico de promover a paz e a segurança regional. Desde 2009 está se tornando uma área de livre-comércio com união aduaneira. Tem meio bilhão de habitantes (Brasil e EUA combinados) e envolve o Burundi, Comoros, Djibuti, Egito, Eritreia, Eswatini, Etiópia, Líbia, Madagascar, Malawi, Maurício, Quênia, República Democrática do Congo, Ruanda, Seicheles, Somália, Sudão, Tunísia, Uganda, Zâmbia.

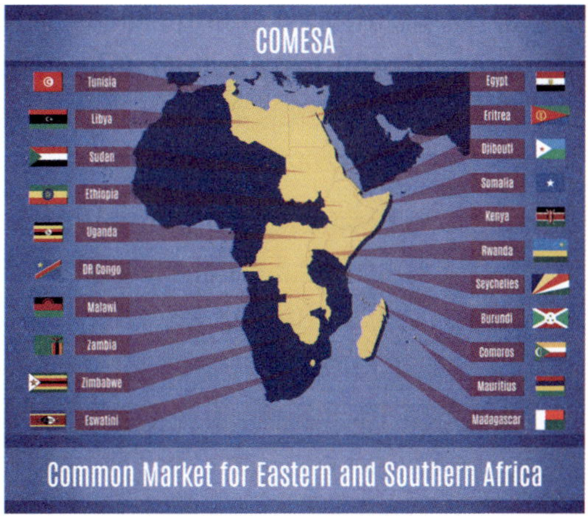


O **Mercado Comum do Sul,** em efeito legal desde 1991 e com união tarifária, tem como objetivo acelerar o desenvolvimento sustentável com base na justiça social, superação da pobreza e proteção ambiental. Formado pela Argentina, Brasil, Paraguai e Uruguai, tem a adesão da Bolívia (2015) e Venezuela (2006) e como membros-associados e tratamento comercial preferencial o Chile, Colômbia, Equador, Guiana, Peru e Suriname. Representa 70% do PIB da América do Sul e os parceiros externos mais importantes são China, Coreia do Sul, EUA, Japão e União Europeia.

A **Comunidade do Desenvolvimento da África Austral,** com raízes desde 1992, tem como objetivo promover a integração, no esforço para o desenvolvimento econômico com crescimento sustentável e equidade. A área de livre-comércio, sem tarifas foi estabelecida em 2008 entre a África do Sul, Angola, Botsuana, Cômoros, Eswatini, Lesoto, Madagascar, Malawi, Maurício, Moçambique, Namíbia, República Democrática do Congo, Seicheles, Tanzânia e Zâmbia. A União Europeia e a APEC têm sido os seus maiores parceiros comerciais. Desde o início, Dinamarca, Noruega e Suécia têm sido parceiras na construção da infraestrutura rodoviária, ferroviária e de comunicações.

A **Associação de Livre-Comércio para a América Latina (ALADI),** desde 1981 como área comercial e tarifária preferencial, a fim de competir melhor na economia global, está em direção a um mercado comum entre a Argentina, Bolívia, Brasil, Chile, Colômbia, Cuba, Equador, México, Panamá, Paraguai, Peru, Uruguai e Venezuela. Tem uma população equivalente às do Brasil e EUA somadas.

A **Associação da Orla do Oceano Índico,** desde 1997 funciona como um fórum de cooperação para a proteção e segurança marítima, facilitar investimento, economia marítima (azul), gerenciamento da pesca e gerenciamento de desastres naturais, cooperação acadêmica, científica e tecnológica, intercâmbio cultural e em turismo e empoderamento da mulher. Inclui a África do Sul, Austrália, Bangladesh, Singapura, Comoros, Emirados Árabes Unidos, Iêmen, Índia, Indonésia, Irã, Madagascar, Malásia, Maldivas, Maurício, Moçambique, Omã, Quênia, Seicheles, Somália, Sri Lanka, Tailândia e Tanzânia; alguns países são considerados parceiros em diálogo: Alemanha, China, Coreia, Egito, EUA, França, Itália, Japão, Reino Unido e Turquia.

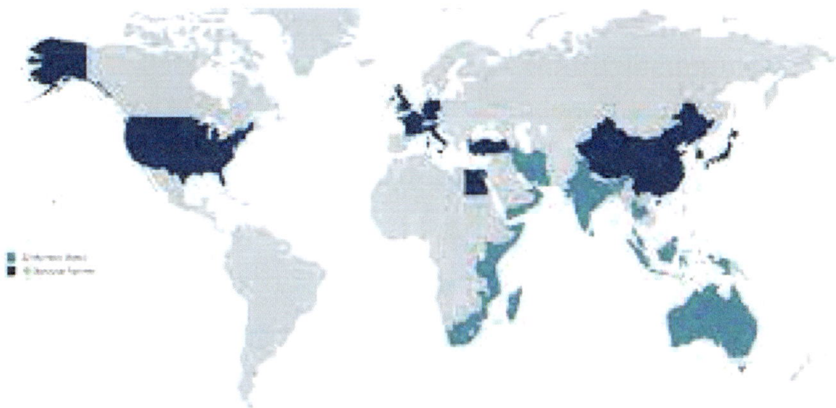

A **Associação do Sul da Ásia para Cooperação Regional (SAARC)** iniciada em 1985 visando à cooperação em cultura, desenvolvimento rural e agricultura, desastres naturais, educação, energia, meio ambiente, recursos humanos, segurança, superação da pobreza absoluta, tecnologia, transporte e turismo. Envolve o Afeganistão (2007), Bangladesh, Butão, Índia, Maldivas, Nepal, Paquistão, Sri Lanka. Com vistas à autossuficiência econômica, agora já tem tratamento comercial preferencial em direção ao livre-comércio.

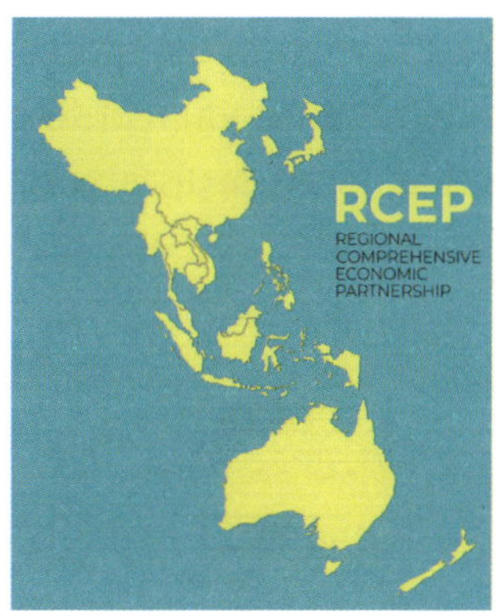


A **Parceria Regional Econômica Abrangente**, assinada em 2020, é um tratado de livre-comércio envolvendo 15 países: Austrália, China, Coreia do Sul, Japão, Nova Zelândia e os membros da Associação de Nações do Sudoeste Asiático (Brunei, Camboja, Singapura, Filipinas, Indonésia, Laos, Malásia, Mianmar, Tailândia Vietnã). A Índia participou das negociações, mas pressionada por *lobbies* de fazendeiros e industriais nacionais, não aderiu com assinatura.

A **Cooperação Econômica Regional da Ásia Central (CAREC)**, existente desde 1997, com o apoio do Banco de Desenvolvimento Asiático engloba o Afeganistão, Azerbaijão, Cazaquistão, China, Geórgia, Mongólia, Paquistão, Quirguistão, Tadjiquistão Turcomenistão e Uzbequistão. Diversos pontos logísticos de infraestrutura, rodovias, ferrovias e indústriais estão sendo construídos em parceria com a Nova Rota da Seda e com ligações ao Cáucaso, Cáspio e Sul da Ásia. A maioria dos países membros são detentores de reservas de petróleo e gás.

## 17. AJUDA INTERNACIONAL ENTRE PAÍSES

Há dois tipos de ajuda internacional: a ajuda emergencial e a ajuda para o desenvolvimento. A primeira geralmente é assistencial e humanitária, de socorro a situações de extremo sofrimento causado por desastres naturais (ciclone, deslizamento, erupção vulcânica, estiagem, furacão, geada, granizo e incêndio florestal, inundação, nevasca, praga, queda de meteorito, sismo, tempestade, terremotos, tornado, tsunami, tufão, ventania), conflito étnico, violência e guerra que levam ao desalojamento, deslocamento e migração. Essa ajuda é dada em espécies, bem como com deslocamento de equipes de socorro, equipes de busca e resgate, água potável, alimentos, barracas, camas, chuveiros, banheiros químicos, vestuário, equipamentos, medicamentos, médicos, enfermeiros, geradores de energia e empresas de construção.

Segundo Gallup [2017; p.54]

> "define-se desastre natural o evento natural cujo impacto em termos de prejuízos, número de desabrigados, mortes e destrui ção de bens provoca sérios percalços econômicos e sociais".

E Gallup et al. [2017; p.55] destacam que na América Latina:

> "A aguda vulnerabilidade da região aos desastres naturais é o resultado da combinação dos fatores geográficos e socioeconômicos. Os

> riscos relacionados aos eventos naturais são uma função da magnitude do fenômeno físico, da frequência da sua ocorrência e do grau de vulnerabilidade da população. Todos os três elementos são fundamentais para explicar por que a América Latina sofreu e continua a sofrer de maneira significativa com os desastres naturais".

A segunda forma de ajuda é em doação de dinheiro ou financiamento de projetos de infraestrutura.

Sabido é que no Brasil, como em países em desenvolvimento, é muito raro se falar de uma antropologia da economia; a cooperação e a ajuda humanitária e econômica internacional podem ser entendidas neste conceito.

O objetivo mais imediato da ajuda emergencial é melhorar condições econômicas, humanitárias e sociais devido a desastre natural, epidemia, pobreza estrutural e flutuações econômicas. A ajuda internacional não assistencial nem emergencial geralmente atende à produção de alimentos, construção de infraestrutura física, geração de energia, projetos de geração de renda, moradia, educação, saúde, controle de poluição, preservação de solo e meio ambiente.

> "As condições de vida em países em desenvolvimento geralmente são caracterizadas por baixo crescimento do PIB *per capita*, alta taxa de desemprego, forte desigualdade de renda, pobre acesso aos alimentos para a população e baixos níveis de educação e saúde" [IMF; 2019, p.10].

O objetivo mais imediato da ajuda internacional é acudir desastres, resgates, refugiados e, no médio prazo, promover o desenvolvimento e o crescimento econômico e integrar o país beneficiado à economia internacional. Muito se tem escrito sobre os motivos do baixo desenvolvimento em alguns países e possivelmente os diagnósticos estão todos corretos, mas fato é que a cada dia, quando o sol nasce, mais de um bilhão de seres humanos ainda passam fome, têm saúde precária, estão fora das escolas e dos empregos, não têm renda e poucos chegam aos 50 anos de idade, sem mencionar que cada dia de sua existência é um suplício.

Às vezes, o governo do dia de um país em desenvolvimento está fazendo as coisas certas, mas pode ser que uma das empresas do país doador esteja agindo de maneira não recomendável em termos econômicos, ambientais ou trabalhistas e daí fica delicado para os dois governos, o que doa e o que recebe. O que um governo de país rico pode fazer é não enviar a ajuda para um governante autoritário e criminoso que sabidamente está no poder colocado por uma empresa do próprio país doador. Os setores de gás, madeira, mineração, pecuária e petróleo nacionais ou estrangeiros são os mais comuns nesses casos.

Providenciar crédito em forma de empréstimo, por vezes é também mais efetivo do que simplesmente distribuir ajuda financeira gratuita.

Na cooperação internacional, a diplomacia, os negócios, a conciliação e a regulamentação comercial internacional, ajuda externa e a agenda social, tudo está interligado. Todos procuram jogar pelas regras e obviamente essa é também uma parte importante da geopolítica. Na tradição das escolas de relações internacionais a cooperação também se constitui em *Soft Power* e *aid for trade,* onde o objetivo é fazer amigos e não intimidar como no caso de *Hard Power*. Conhecemos a história econômica dos países, mas, apesar do mesmo sol brilhar todos os dias sobre todos os metros quadrados da Terra, sobre cada habitante, há uma diferença enorme no bem-estar econômico de cada indivíduo em cada metro quadrado da Terra.

## 17.1 Condições Estruturais e Geográficas

Gostaria de iniciar esse tópico sobre a importância da ajuda externa de países ricos a países em desenvolvimento emprestando as palavras de Gallup [2007, p.139]:

> "A geografia pode ser em grande medida imutável, mas seu impacto sobre a economia e a sociedade não é. Políticas de desenvolvimento tecnológico corretas podem superar muitos obstáculos geográficos e ajudar a explorar as vantagens da geografia".

Gallup et al. [2007] também perguntam até que ponto a geografia é destino que atrapalha ou favorece o desenvolvimento e o bem-estar econômico e social de um país:

> "A localização e o clima e solo de fato fazem a diferença" (p.15) e "os mais significativos canais de influência da geografia são a produtividade da terra, a presença de doenças endêmicas, a ocorrência de desastres naturais, a localização desses países e de suas populações com relação ao litoral e a concentração da população em áreas urbana" (p.18).

Jeffrey Sachs afirma que:

> "Se os cientistas sociais passassem mais tempo observando mapas, eles se lembrariam da força que os padrões geográficos exercem no desenvolvimento econômico" [Gallup; 2007, p.15].

A geografia pode influenciar, mas não determinar o desenvolvimento de um país, mas é preciso olhar para frente e ver o que pode ser feito [Gallup; 2007, Cap. 19]; logo é preciso conhecer bem a história e as condições gerais específicas de cada país e suas regiões, pois isso vai dar guias para não colocar a ajuda externa direto em fatores estruturais imutáveis, que em nada vão contribuir para o desenvolvimento.

> "Embora muitas das condições geográficas como o clima e a localização, não possam ser alteradas, podemos controlar sua influência ou canalizá-la para os objetivos do desenvolvimento econômico e social" [Gallup; 2007, p.22].

A ajuda externa pode ser determinante à própria sobrevivência de um país. Se deixados a sós, alguns países jamais sairão do atoleiro da dívida externa, da dívida pública e da pobreza econômica.

> "Uma das maiores dificuldades para a superação das precárias condições econômicas e sociais dos países pobres é a instalação de um círculo vicioso do atraso" [Rossetti, 2016, p.408].

A ajuda internacional não pretende mudar as estruturas internas de poder, nem de relações de classes de um país. Por essa razão pode até ser acusada de assistencialista ou conivente com o baixo nível de democracia econômica e política do país beneficiado. Mudanças estruturais em um país exigiriam mutação radical, que dificilmente ocorre por mera troca de governo ou por eleições, mas por golpe de Estado, revolução ou guerra civil, que não são de interesse da ajuda internacional, pelo contrário, a ajuda vem para superar os estragos causados por essas disputas e pela violência. A ajuda quase sempre vem acompanhada pela promoção dos direitos humanos, desde o direito à alimentação e à saúde até o conjunto maior de necessidades básicas. Sempre que possível, o doador lembra o beneficiado para fortalecer as instituições e os direitos humanos que vão justamente dar igualdade de oportunidade a todos. Alguns criticam os países desenvolvidos por tirarem proveito de situações instáveis de países em desenvolvimento, somente para assegurar os seus próprios interesses econômicos, principalmente a importação de matérias-primas, ao menor custo. Tudo tem um pouco de verdade, mas a pergunta que se faz é: não seria pior para alguns países ficar sem o mínimo de ajuda? Por outro lado também é preciso que um país, ao se beneficiar, deve procurar se transformar, e não ser mero recipiente e mendicante. A ajuda internacional dever ser inteligente e os recursos recebidos devem ser aplicados localmente de maneira inteligente. É mais efetivo e prazeroso ajudar a quem quer se ajudar [Gallup, 2017; p.22].

> "A geografia influencia o desenvolvimento econômico e social por meio de quatro canais básicos: produtividade da terra, condições de saúde, frequência e intensidade dos desastres naturais e acesso aos mercados".

A sugestão aqui é que a ajuda internacional seja canalizada por esses canais, para aumentar a produtividade da terra, por intervenções técnicas de irrigação, correção de solos, plantio e colheita; estruturar sistemas de transporte, armazenamento de alimentos e canais de comércio; aumentar a produtividade do fator trabalho, pela promoção das condições de saúde, como diminuição de contaminação de doenças provocadas pela água (chicungunya, diarreia, malária, tifo, zika), doenças infecciosas como tuberculose, HIV/AIDS, insetos, prevenção de erosão da terra, catástrofes produzidas por humanos e emergências em desastres naturais, infraestrutura e educação.

O Banco Mundial sempre deixou claro que o objetivo último do desenvolvimento é eliminar a pobreza. Os três objetivos do desenvolvimento [Todaro; 1994, p.18-19] são:

> "1. Aumentar a disponibilidade e ampliar a distribuição de produtos que sustentam a vida;
> 2. aumentar o padrão de vida;
> 3. expandir o leque de escolhas econômicas e sociais."

A estrutura das economias em desenvolvimento tem sete pilares críticos:

> "1. O tamanho do país (área geográfica, população e renda);
> 2. seu passado histórico e colonial;
> 3. a disponibilidade dos recursos físicos e humanos;
> 4. a importância relativa do seu setor público e privado;
> 5. a natureza de sua estrutura industrial;
> 6. o grau de dependência econômica externa de suas forças políticas;
> 7. a distribuição do poder e as estruturas políticas e institucionais do país" [Todaro; 1994, p.31].

A ajuda externa deve levar isso em consideração e, mais ainda, canalizar os recursos onde é mais **eficaz e efetivo**. Muitos autores também aconselham uma coordenação entre governo e outras instituições, do nosso ponto de vista aqui, entre governos e doadores internacionais. É preciso lembrar que a ajuda internacional foi amplamente utilizada durante a Guerra Fria como viés ideológico e como instrumento de geopolítica global para conter a influência soviética em países frágeis e países não alinhados. Certos governos do ocidente davam ajuda econômica internacional ao mesmo tempo em que criavam condições para a substituição de líderes que estavam construindo sistemas econômicos alternativos, como foram os casos de Goulart, do Brasil, Nkrumah, de Gana, Sukarno, da Indonésia, eventualmente apeados do poder por golpe de Estado. Poderiam ter sido os casos do Egito e Índia, mas Nasser e Nehru morrem durante seus mandatos.

A ajuda internacional está intimamente ligada à geopolítica social [Cap. 18] e grande parte do auxílio vai para a área da educação que é a escada social para as pessoas saírem da pobreza absoluta e da ignorância. Gould [1993; p.95] alerta que toda a provisão social em saúde, educação, água, saneamento e eletricidade, em países em desenvolvimento, se depara com alguns desafios, às vezes excludentes e substitutivos entre si: geográficos, onde as pessoas residem, mas também de equidade, ou seja, maximizar o acesso e a eficiência e minimizar os custos. Atingir um ou dois desses desafios, ou os três ao mesmo tempo, requer recursos financeiros que os governantes locais dificilmente vão ter em suficiência. É aí que entra a ajuda internacional em dinheiro, equipamentos, materiais, recursos humanos e treino.

## 17.2 Formas de Ajuda para o Desenvolvimento

A ajuda internacional se dá nas áreas acadêmica, água, alimentícia, ambiental, cultural, educacional, emergencial, esportiva, força de paz, formação de renda, medicamentos, pesca, pesquisa, projetos de desenvolvimento, saúde.[67] Pode ser também na forma de assistência técnica e com o envio de profissionais, ou pagamento de salários locais de profissionais, administradores, agrônomos, assistentes sociais, contadores, enfermeiros, engenheiros, médicos, professores, psicólogos, técnicos de TI, construção civil e infraestrutura (geralmente em aeroportos, centros de treinamento profissional, escolas, estradas, ferrovias, hidroelétricas, hospitais, pontes, portos, postos de saúde), projetos agrícolas, de irrigação e produção e estocagem de alimentos, projetos de geração local de renda, combate de pragas.

A ajuda externa, doada por um país rico a um país menos rico, pode ser em espécie ou financeira e ter as formas de doação unilateral, em-

[67] http://www.itamaraty.gov.br/pt-BR/cerimonial

préstimos financeiros para projetos específicos de infraestrutura e desenvolvimento (educação, energia elétrica, transporte, comunicações). Cerca de 25% da ajuda internacional tem a forma de doação e o restante são empréstimos financeiros com taxas de juros amigáveis e com um período de carência e de maturidade generoso ao país tomador dos empréstimos. As fontes geralmente são oficiais e não de bancos privados.

Ressalte-se que a identidade ideológica, entre os partidos que formam o governo do dia, também facilita ou dificulta a cooperação internacional. Por vezes, o governante sucessor não dá um salto dali para frente e gasta tempo e energia falando mal do antecessor, numa interpretação ideológica equivocada e sem perceber a importância da ajuda externa para todo do comércio internacional.

Alguns países canalizam a sua ajuda internacional com terceiros, na linha de seus grandes parceiros comerciais, e assim criam um fluxo positivo no comércio exterior; outros o fazem onde há vácuos, ou seja, onde ninguém o faz. Alguns ajudam países "esquecidos" e insignificantes para o seu comércio internacional. Isso pode ocorrer por razões humanitárias e até pragmáticas: pode ser que um esquecido seja parceiro comercial de outro parceiro comercial do país ajudante. É um tipo de *aid for trade* por tabela, ou seja, o bom desempenho de um parceiro comercial absorve as exportações de outro ou obtém ganhos de imagem e de crédito.

É interessante o governante anunciar à comunidade internacional, mas sempre deve informar também para a sua população interna o destino, os objetivos e as quantias da ajuda internacional e sempre incluir a participação daqueles que serão os beneficiados dos projetos e programas de ação, desde a concepção à implantação e avaliação da efetividade dos projetos. Aqui há que se atentar contra a vigilância partidária e a politização por alguns oportunistas.

Os pontos delicados e desafiadores da ajuda externa envolvem a acomodação no orçamento anual dos governos doadores: como o legislativo vota para autorizar os gastos pelo governo do dia, mas não só por isso, há que se deixar sempre claro o próprio propósito da ajuda externa:

1. Para que países, regiões e setores?
2. Direcionar ajuda para quais áreas?
3. Quais serão as prioridades?
4. Como a ajuda será sincronizada com o comércio exterior do país doador e receptor?
5. Como será orçado?
6. Quanto desembolsar e quando desembolsar?
7. Como será canalizado, por meio de quais ministérios?
8. Como será recebida pelo beneficiado, por qual ministério, agência?
9. Como será a prestação de contas e a avaliação da efetividade?
10. Que garantias serão dadas pelo receptor sobre empréstimos?
11. Como serão selecionadas as empresas que fornecerão equipamentos ou materiais ao país ajudado, como será o transporte e quem pagará os custos?
12. Como utilizar a ajuda para que países frágeis não acabem fracassando e respingando seus problemas em outros países?

Às vezes, se faz necessário o controle militar, ou dos boinas azuis da ONU, ou a ajuda de terceiros, para estabilizar uma situação caótica em um país [Cap. 18]. E nem tudo na ajuda externa se resume ao econômico; há muito que depende do esforço dentro de cada país:

> "Qualquer análise realística de problemas de desenvolvimento necessita a suplementação de variáveis estritamente econômicas, tais como: rendas, preço e taxas de poupança, com igual relevância de fatores institucionais não econômicos, incluindo a natureza do acesso a terra; a influência de estratificações sociais e de classes; a estrutura do crédito, educação e sistemas de saúde; a organização e motivação das burocracias governamentais; a máquina da administração pública; a natureza de atitudes populares com relação ao trabalho, laser e auto-melhoria; e os valores, papéis e atitudes das elites econômicas e políticas" [Todaro; 1994, p.19-20].

Um ponto importante na ajuda internacional é a logística portuária e de aeroporto, no trâmite de liberação de *containers* e cargas, e o transporte até o destino final das espécies enviadas pelo país doador. É preciso ficar tudo claro: quem paga o que e de quem é a responsabilidade operacional-logística, pois em certos casos as doações ficam presas em portos e alfândegas porque não foi definido quem paga os custos operacionais, de liberação e o transporte da carga e, não raro, há busca de proveito e corrupção por alguns funcionários. Tudo isso pode significar que a carga fique presa no porto levando ao vencimento de prazo de alimentos e medicamentos, por exemplo.

## 17.3 Suplemento à Poupança Nacional e Capital Físico

Uma das igualdades econômicas keynesianas é que a poupança nacional agregada do ano seja suficiente para atender a demanda por investimentos no ano seguinte. No processo de desenvolvimento econômico de um país, é normal acumular capital financeiro a partir da extração e da agricultura, da madeira, minério, pesca e outros recursos naturais, para daí ter recursos financeiros para a construção da infraestrutura física que permite a industrialização e o setor de serviços. Para alguns países isso pode levar séculos e outros estão numa armadilha de nunca conseguir apesar de serem fornecedores importantes de alguma matéria-prima para a economia global. Assim o capital financeiro se transforma em capital físico, alimentando o desenvolvimento e o crescimento econômico sustentado e sustentável.

> "Assim a 'insuficiência de capital' permite uma estratégia para o crescimento e desenvolvimento que se tornam uma racional e (em termos da política da Guerra Fria) um instrumento oportunista para justificar massivas transferências de capital e assistência técnica das nações desenvolvidas para as menos desenvolvidas. Foi um plano Marshall tudo de novo, mas desta vez às nações subdesenvolvidas do Terceiro Mundo" (Todaro; 1994, p.73).

Para Todaro, [1994; p.13], sistemas econômicos devem ser vistos como sistema social geral:

> "Por sistema social entendemos a relação interdependente entre os chamados fatores econômicos e não econômicos. Os últimos incluem atitudes sobre a vida, trabalho e autoridade; burocracia pública e privada e estruturas administrativas; padrões de parentesco e de religião; tradições culturais; sistemas de acesso a terra; autoridade e integridade das agências governamentais; o grau da participação popular nas decisões e atividades de desenvolvimento; a flexibilidade ou rigidez das classes econômicas e sociais".

Para Todaro, [1994; p.13], a economia e os sistemas sociais devem ir além do puramente econômico, no esforço de desenvolvimento:

> "Aumento na produção nacional, melhoria na qualidade de vida, e a difusão das oportunidades de emprego para todos são todos uma função tanto quanto valores, incentivos, atitudes e crenças, estrutura institucional e de poder tanto da sociedade nacional quanto global uma vez que eles são resultado direto da manipulação de variáveis econômicas estratégicas tais como poupança, investimento, preços de produtos e de fatores e da taxa de câmbio".

Ainda para Todaro, [1994; p.17],

> "o aumento na renda *per capita*, eliminação da pobreza absoluta, maiores oportunidades de emprego, e diminuição de desigualdades econômicas, portanto constituem necessárias, mas não suficientes condições para o desenvolvimento".

Os países recipientes de ajuda externa se deparam com dois problemas econômicos estruturais de ordem financeira:

1. insuficiência de poupança nacional acumulada ano a ano, para investir na infraestrutura física que alimenta o desenvolvimento e o crescimento econômico;
2. insuficiência de moedas estrangeiras fortes (dólar, euro, iene, libra esterlina), para honrar suas obrigações externas, como importações e dívidas.

Por isso, às vezes a ajuda, a doação, ou empréstimos de divisas externas para o país são direcionadas para honrar os seus compromissos externos, principalmente a importação de algum insumo importante na produção (insumos para fertilizantes que afetarão a produção e preço de alimentos), equipamentos industriais, maquinários (para construção de estradas, fábricas, marcenaria), mobília escolar, material e equipamento hospitalar, biblioteca, laboratório, porto, ponte, turbina de geração de energia, gerador de energia a combustível, computadores para a estatística dos serviços governamentais e senso. Alguns países têm até dificuldade de pagar o aluguel de suas embaixadas nas grandes capitais do mundo, o que às vezes é pago pelo próprio país hóspede ou por outro país. Algumas embaixadas até disponibilizam algumas salas para representações de países muito pobres trabalharem ali, sem pagar aluguel, como já foi o caso de São Tomé e Príncipe na embaixada do Brasil em Londres.

Novamente, é preciso haver poupança para que essa se transforme em capital físico construído pelo setor privado. De acordo com Rossetti, [2016; p.104], conforme mencionado no capítulo 3, a formação do estoque de capital físico de um país se resume em:

## TIPOLOGIAS E CATEGORIAS DE CAPITAL FÍSICO DE UM PAÍS;

- **Infraestrutura econômica:** energia (geração, transmissão, distribuição); telecomunicações; transportes (ferrovias, rodovias, aeroportos, portos, hidrovia); saneamento básico e água potável;
- **Infraestrutura social:** cultura, educação, esporte, lazer, saneamento, saúde, segurança;
- **Construções e edificações:** comércio, fábricas, residências, setor público;
- **Equipamentos e transporte:** locomotivas e vagões, embarcações, aeronaves, caminhões, ônibus utilitários;

- **Máquinas, equipamentos, instrumentos, ferramentas** para a agricultura, construção, extração, serviços privados e públicos, transformação;
- **Agro capital:** animais para o trabalho e reprodução, currais e cercas, culturas permanentes, ferramentas, implementos e equipamento; instalações rurais; irrigação, plantéis, silos para armazenagem, galpões e moradia.

Fonte: Rossetti; 2016. p.104

A ajuda internacional e a cooperação internacional podem ser canalizadas de forma inteligente e prioritária a um desses setores para gerar o efeito multiplicador econômico [Caps. 3 e 25].

A teoria e a prática econômica ensinam que cada país tem necessidade de uma taxa própria de crescimento, não necessariamente uma taxa média comparativa anual, mas dadas as necessidades imediatas e para cada ano de cada país. Quaisquer países necessitam de uma taxa anual de crescimento que seja suficiente para cobrir:

- Gastos com consumo por famílias, empresas e o setor público;
- Pagamento de importações;
- Pagamento de juros e de parcelas de dívidas por indivíduos, famílias, empresas e setor público. Isso envolve dívidas nacionais e internacionais;
- Formação de uma poupança anual capaz de atender no ano seguinte a depreciação acumulada do capital físico e financiar a formação de capital novo, líquido;
- Crescimento populacional e a melhoria no padrão de vida dos indivíduos do país;
- Gastos em pesquisa e desenvolvimento para a melhoria e descoberta de produtos e serviços que aumentem a prosperidade microeconômica dos residentes do país; envolve todo o sistema de educação formal de ensino e pesquisa, em todos os níveis (fundamental, médio e universitário) e de treino profissional.

Para atender a esses critérios de crescimento, tudo vai depender do estoque de capital físico do qual o país já dispõe e da qualidade dos 12 pilares da competitividade, medidos pelo Fórum Econômico Mundial, que servem para o país decidir melhor onde aplicar a ajuda internacional, quais são mais urgentes e quais são mais eficazes no crescimento. Outra variável importante vai ser o desempenho macroeconômico trimestral: PIB, emprego, inflação e balanço de pagamentos [Cap. 3].

É inteligente aos países desenvolvidos canalizarem, aos países em dificuldades, alguns desses itens: além de melhorar as condições do comércio internacional do país em desenvolvimento, também o ajudará a prosperar mais, de maneira que possa importar produtos, serviços e finanças dos países que o ajudam, afetando positivamente também o desempenho macroeconômico do país generoso. É a generosidade com oportunidade, com pitadas de inteligência e bom relacionamento internacional, feita pelos comerciantes, diplomatas, negociadores e políticos.

Para melhor entendimento do apelo pela ajuda internacional, segue um comparativo dos 12 pilares da competitividade entre a Zâmbia (grande recipiente de ajuda britânica), o Reino Unido e o Brasil um país de renda média, que também ainda recebe ajuda externa principalmente da Alemanha, EUA, Inglaterra, Itália, Japão, bem pontual e direcionada mais a projetos de comunidades excluídas e à área educacional e cultural:

## ÍNDICE DE COMPETITIVIDADE GLOBAL
## COMPARATIVO DO BRASIL, ZÂMBIA E REINO UNIDO

| 12 Pilares da Competitividade do Fórum Econômico Mundial | **Posição da Zâmbia no relatório de 2019** (Brasil) [Reino Unido] |
|---|---|
| Posição geral da Zâmbia 120 entre os 141 países | 120 (71) [9] |
| | Interpretação: há 119 países mais competitivos do que a Zâmbia, 70 mais competitivos que o Brasil e oito- mais competitivos que o Reino Unido |
| Instituições | 112 (99) [11] |
| Infraestrutura | 124 (78) [11] |
| Adoção de Tecnologia de Informação e Comunicação | 117 (67) [31] |
| Estabilidade Macroeconômica | 126 (115) [1] |
| Saúde | 126 (75) [33] |
| Habilidades | 115 (96) [11] |
| Mercado de Produtos | 111 (124) [21] |
| Mercado de Trabalho | 125 (105) [9] |
| Sistema Financeiro | 121 (55) [7] |
| Tamanho do Mercado | 92 (10) [8] |
| Dinamismo nos de Negócios | 90 (67) [9] |
| Capacidade de Inovação | 115 (40) [8] |

*Fonte*: SCHWAB, Klaus (editor). ***The Global Competitiveness Report* 2019**. Geneva: *World Economic Forum*, www.weforum.org/gcr, consultado em 14/03/2020 as 14h30.

Na tabela completa [item 3.4] é possível ver onde a ajuda externa pode ser aplicada de maneira mais urgente e mais inteligente para criar um efeito macroeconômico positivo no país beneficiado e aliviar os desafios sociais[68].

---

[68] O pagamento de dívidas ou perdão de dívidas de um país para com um doador internacional também é uma estratégia. Aí recomenda-se que o país beneficiado seja forçado a aplicar o equivalente perdoado nas áreas sociais: saúde e educação da população, caso contrário o dinheiro poderá parar em uma conta bancária da Suíça de um gestor incompetente, sagaz e esperto para iludir o seu próprio povo e o contribuinte generoso do país doador.

A ajuda externa pode estar conectada à economia marítima do país [Cap. 25] e ser aplicada na pavimentação de uma estrada ou na manutenção de uma ferrovia, diminuindo, assim, os custos com transporte; também pode ampliar a capacidade de um porto e diminuir o custo de *roll on – roll off*, melhorando, em consequência, a competitividade exportadora do país. O efeito é positivo, mesmo que se trate de uma *commodity* ou matéria-prima, caso contrário chegará ao porto e aeroporto do país importador a um maior preço, afetando assim o seu crescimento econômico. A ajuda, às vezes, é para o curtíssimo prazo, como o escoamento da safra; pode ser de longuíssimo prazo, como a construção de uma ferrovia e universidade que irão afetar positivamente o crescimento do país. A geração de energia elétrica também é de extrema importância para a economia.

Como atestado na prática, boas políticas econômicas no Leste da Ásia, em sintonia com as recomendações do Banco Mundial, têm permitido crescimento rápido e sustentável, ao mesmo tempo em que reduziu a pobreza e as desigualdades econômicas, incentivou o setor agrícola, resultando em altas taxas de poupança e de investimento, crescimento na produtividade, criação e melhoria do capital humano. Singapura, Coreia do Sul, Hong Kong, Indonésia, Japão, Malásia, Tailândia e Taiwan têm demonstrado que é possível combinar estabilidade macroeconômica e crescimento, quando há base institucional para o crescimento e onde se observa o princípio de participação nas decisões e na partilha do crescimento econômico; assim como devam estar presentes a liberdade do mercado, a abertura da economia para o mundo, a flexibilidade no trabalho e alocação livre dos fatores de produção [*World Bank – The east asian miracle, 1993*].

## 17.4 Ajuda Externa e Balanço de Pagamentos

O sistema de contas do balanço de pagamentos é o registro sistemático de todas as atividades econômicas e financeiras de um país com os outros países no período de um ano. A entrada de divisas externas ajuda a cumprir as obrigações financeiras internacionais e a estabilização monetária nacional.

Quando um país recebe divisas externas, por suas exportações ou investimento direto estrangeiro, a parte líquida dos dólares, libras, euros e ienes, fica no Banco Central e outra parte é disponibilizada para transação cambial no sistema bancário nacional; outra parte, ainda, pode ser convertida em moeda nacional e colocada em circulação. Isso estabiliza a taxa de câmbio, a taxa de juros e a taxa de inflação. Também permite ganhos reais de renda com o poder aquisitivo bem como ambiente mais favorável para investimentos privados e consumo no crediário. Ambos alimentam o crescimento econômico, levando prefeitos, governadores e presidente a arrecadarem mais tributos para cumprirem as suas obrigações constitucionais e seus planos de governo, junto à população que precisa do setor púbico.

A abertura da economia, então, alimenta o crescimento econômico nacional e é preciso que o bom desempenho do balanço de pagamentos crie outras oportunidades de formação de renda na economia real, em forma de aluguel, juro, lucro e salário.

Conforme já argumentado [Cap. 3], a participação de um país na economia internacional deve promover os quatro Es de acordo com Peter Kenen, [1998; p.16]:

- **Eficiência**, ou seja, a diminuição do desperdício no processo de produção, transporte, estocagem, consumo de produtos.
- **Eficácia**, ou seja, a obtenção do melhor resultado econômico para cada R$1,00 investido entre duas ou mais opções;
- **Equidade**, ou seja, o filtro dos frutos do crescimento econômico direta e indiretamente para todos, na tentativa de superar a pobreza absoluta por meio de ganhos com aluguel, juro, lucro e salário por quem tiver interesse e necessidade .
- **Estabilidade** no balanço de pagamentos, taxa de câmbio, taxa de juros, taxa de inflação, emprego e finanças públicas.

Cada país tem que ter a disponibilidade suficiente e confortável de crédito em moeda externa para cumprir as suas obrigações presentes e futuras. Ocorre que, na maioria dos casos, além desses quatro Es ficarem para escanteio, ainda há insuficiência de divisas externas para o país cumprir em dia as obrigações já contraídas com a comunidade internacional no passado. Na escassez de divisas externas o país depende de empréstimos ou da ajuda internacional com doações de moeda forte.

Destaca-se a influência da ajuda externa no balanço de pagamentos aos países mais pobres e seriamente endividados. De acordo com o modelo Mundell-Fleming [Froyen; 2001, p.581] o equilíbrio do balanço dos pagamentos internacionais de um país é dado pela relação entre as seguintes variáveis:

$$dBP = 0 = X(Y^*, \Theta) - M(Y, \Theta) +- F(r, r^*)$$

Onde dBP é a mudança no estoque das reservas cambiais do país durante um trimestre e ano (em dólar, euro, libra esterlina ou iene), X é o valor das exportações, M é valor das importações, F é o valor do fluxo internacional de capitais; Y* é o desempenho da economia internacional, Y é o desempenho da economia nacional, Θ a taxa real de câmbio do país, r taxa real de juros do país, r* taxa real de juros nas grandes praças financeiras do mundo: Nova York, Londres, Frankfurt, Tóquio, Hong Kong, Paris e Zurique. Os valores monetários são registrados em dólares americanos.

O balanço de pagamentos é dependente das exportações, importações e do fluxo internacional de capital; essas três variáveis, por sua vez, são dependentes do desempenho da economia nacional e internacional, dos juros nacionais e internacionais e da taxa de câmbio e do risco país. Por sua vez a própria taxa de risco é influenciada pelo desempenho do balanço de pagamentos e do desempenho geral trimestral da economia verificados no PIB, emprego, inflação e balanço de pagamentos.

Os índices trimestrais e anuais como BP, X, M, F são medidos como estoques monetários; Y*, Y, Θ, r, r* são medidos como taxas de variação percentual.

O fluxo de capital, que não depende de exportações e importações na balança comercial, se divide em diferentes contas que podem ser alimentadas pela ajuda externa: a conta de capital autônomo inclui o investimento direto estrangeiros, reinvestimento, empréstimos, financiamentos, amortizações, capital de curtíssimo e curto prazo até 30, 60, 90 e 180 dias; a ajuda internacional pode alimentar qualquer um desses itens, inclusive reinvestimento, quando o país ajudante faz um reinvestimento por meio de agências oficiais [item 17.6].

O fluxo internacional de capital, que é o elemento F na fórmula do equilíbrio do BP acima, pode ter diversos tipos: oficial e não oficial, transferências unilaterais, serviços de capital (ganhos de juros sobre o capital financeiro e lucro sobre investimentos na produção de empresas nacionais operando em outros países).

Capital não oficial de longo prazo pode ser levantado na comunidade financeira internacional na forma de empréstimos ou investimentos; empréstimos de bancos, intercompanhias internacionais, financiamento como crédito comercial, projetos de desenvolvimento financiados pelo Banco Mundial e outras fontes. Já os investimentos podem ser diretos por ações ou controle ou portfólio, isso é, compra de ações, bônus e títulos governamentais. Por vezes pode haver apoio moral e de credibilidade, quando o governante, primeiro-ministro, presidente, monarca do país desenvolvido recomenda a um banco privado que pode confiar no país tomador de empréstimo. É muito raro, mas pode acontecer, no caso de o país estar saindo de uma guerra, ou de um desastre natural, ou depois de uma crise econômica grave, ou troca de governo, por eleições ou pela violência.

Outra forma do país captar reservas estrangeiras é por meio das transferências internacionais que podem ser doações, repatriações, ajuda estrangeira e remessa de cidadãos formando renda em outros países.

A atração de investimento direto estrangeiro é crucial para o desenvolvimento econômico e para o crescimento sustentado e sustentável de um país. O risco-país é um indicativo da confiança dos investidores externos, em um país, sobre garantias do retorno daquilo que é investido, mais os ganhos esperados dentro do prazo e das condições acordadas. A cooperação multilateral se dá por financiamentos do

Banco Mundial para projetos de desenvolvimento em agricultura, educação, energia, saúde, transportes; a Agência Multilateral de Garantia de Investimento (MIGA) dá apoio para financiamentos privados para países com risco político e insuficiência de crédito [Cap. 16].

## 17.5 Efetividade da Ajuda Externa

O grande objetivo da ajuda internacional, pelos países mais desenvolvidos, é promover o desenvolvimento econômico e o bem-estar econômico e social de cada indivíduo em países em desenvolvimento. É recomendável que exista avaliação e diferentes mecanismos de fiscalização e prestação de contas da ajuda externa. É salutar avaliar periodicamente a eficácia e a efetividade dos projetos financiados pela ajuda internacional. A ajuda geralmente está atrelada ao comércio internacional nos termos de *aid for trade*. De certa forma, a ajuda internacional ainda segue muito o cordão umbilical do colonialismo e dos respingos da Guerra Fria, onde países concentram mais esforços em domínios econômicos e políticos históricos. Assim, é comum que o Reino Unido distribua mais ajuda para os países da Comunidade das Nações, a França para suas ex-colônias na África e a Espanha para a América Latina.

> "Uma vez que ajudar governantes a reduzir a pobreza é o objetivo final do Banco Mundial e de benfeitores internacionais, é absolutamente imperativo que o impacto das estratégias e as intervenções devam ser medidas para determinar o quão efetivas elas são" [World Bank; 1996, p.31].

No caso de desastre natural,

> "o impacto econômico também depende das condições macroeconômicas existentes antes do desastre, do grau de diversificação da economia, do tamanho dos mercados financeiros e de seguros" bem como a reconstrução [Gallup; 2017, p.60].

É indispensável a prestação de contas com relatórios escritos, bem como visitas do doador ao projeto de desenvolvimento, incluindo conversas independentes com os que devem ser beneficiados nas iniciativas. É preciso que, antes de desembolsar e se comprometer, o doador exija um estudo prévio que contemple também a participação da comunidade em todas as etapas das ações, as justificativas, os objetivos e métodos de avaliação da eficácia do projeto.

Também se aconselha a não desembolsar financeiramente toda a ajuda externa de uma só vez, mas sim paulatinamente, com base justamente nessa avaliação das diversas etapas do projeto e sua execução. A participação comunitária é determinante, pois em casos em que o governo decide "o que é bom para você" o objetivo pode ser meramente eleitoreiro e acabar não tendo adesão da população que seria beneficiada, justamente porque o governante teme que eles possam mostrar desinteresse e pedir outras coisas que no entendimento deles seriam mais urgentes.

Logo, aconselha-se a participação dos beneficiados na elaboração do projeto, na execução e na avaliação. Muito embora a ajuda seja enviada pelos canais devidos das estruturas do setor público, o doador deve ter acesso direto aos beneficiados, sem interferência política local ou nacional, em todas essas etapas. Tempo houve em que, não obstante a boa intenção, o bom planejamento e o bom financiamento, projetos admiráveis foram usados para "manter ditadores no poder", como o foram alguns casos de projetos de desenvolvimento financiados e apoiados até pelo Banco Mundial. Nesse caso, a dinâmica da Guerra Fria contaminou um pouco os critérios de escolha de projetos e o zelo de transparência. Em outros casos não se prestou muita atenção à manipulação eleitoreira da implantação da ajuda.[69]

O acesso à educação, o envolvimento de mulheres nos programas de desenvolvimento e de assistência, informação e insumos à agricultura, o acesso da produção aos mercados e a garantia dos direitos de

---

[69] Ditadores e populistas são exímios bajuladores e oferecidos serviçais para enxotar desafetos políticos em caçadas que agradem também o doador internacional. Ao fingirem-se de liberais e pró-mercado, podem estar a serviço de monopólios e oligopólios nacionais à la Charles Gaulle e Juan Domingo Peron.

propriedade são sempre recomendáveis e essenciais para a efetividade da ajuda externa.

Ainda muito importante, na ajuda externa, é o mapeamento e o gerenciamento de riscos naturais e de ação humana e o investimento em infraestrutura, que favorecem o escoamento nacional e internacional da produção, principalmente agrícola. "O acesso aos principais mercados mundiais é fundamental para o desenvolvimento econômico" [Gallup et al.; 2017, p.61]. Os autores alertam ainda que os custos do transporte marítimo são determinantes aqui.

É preciso ter estatística e metodologias para avaliar o impacto da ajuda internacional e da abertura comercial no crescimento econômico e na redução da pobreza e desigualdade de renda; registrar com credibilidade o efeito de programas específicos de assistência, empréstimos e de recursos aplicados na formação de renda, educação e saúde.

Não se pode esquecer que, por vezes, o crescimento desigual e programas de restruturação econômica acabam indo contra esforços de anos que governantes fazem, assistidos e financiados pela ajuda internacional. Aqui há que se considerar o impacto de programas de reestruturação econômica, negociação de dívida pública ou de dívida externa, combate à inflação, esforços para promover o equilíbrio fiscal, equilíbrio do balanço de pagamentos e da taxa de câmbio. Em todos os casos acima, é necessário mapear os impactos identificando, não somente os mais frágeis e vulneráveis, mas também os que geram multiplicadores: mulheres, mães, crianças, meninas, agricultores, professores de ensino fundamental, profissionais de enfermagem, postos de atendimento de saúde, pequenos comerciantes nos bairros e vilas.

Para priorizar a sua ajuda internacional um país leva em consideração questões estruturais do país beneficiado: a agenda social (alimentos, doenças, educação, fome, meio ambiente, migração, moradia, pobreza, renda, saúde, urbanização), acesso à água potável e saneamento básico, incidência de desastres naturais, grau de fragilidade, conflito de fronteiras, acesso a rios navegáveis, acesso ao mar e portos, política econômica e até a qualidade da governabilidade, corrupção e transparência [Cap. 18]. Não se recomenda generosidade misturada com ingenuidade e não adianta ensinar a pescar onde o próprio rio já secou.[70]

A **eficiência** econômica diz respeito ao menor desperdício e a **eficácia** econômica, ao melhor efeito multiplicador positivo, verificado sobre a população alvo, para cada dólar aplicado em ajuda internacional; a **efetividade** se refere ao bem-estar do indivíduo ao acesso ao produto e serviço, ou seja, quão alimentado, quão sadio e quão escolarizado o indivíduo passa a estar. Efetivamente a ajuda externa deve chegar à mesa da família. Não basta ser sério e prestar contas com relatórios bem escritos; mesmo que esses sejam necessários e verdadeiros há que se esforçar para se obter o melhor resultado para a população local, atendendo às intenções do doador.

Ao tratar do investimento direto estrangeiro e ajuda internacional em regiões com limitações geográficas e em desenvolvimento Gallup et al. [2017; p.141] notam que:

> "Projetos de infraestrutura menos ambiciosos que se baseiam nas forças locais, em vez de começar novos setores a partir do zero, têm probabilidade de êxito maior".

A ajuda externa pode servir como um catalizador às boas estratégias de desenvolvimento e de superação da pobreza absoluta já em curso no país. Basicamente a política comercial, macroeconômica e políticas definidas adequadas devem gerar renda e levar a uma integração mais efetiva à economia internacional. Gallup et al. [2017; p.142] sugerem que:

[70] Algumas situações são tão dramáticas e com entraves estruturais tão enraizados que o único benefício possível à população local é o sorriso do agente internacional, a visita a um moribundo embaixo de um pé de manga ou uma jogada de futebol com crianças com uma bola feita de plásticos num terreiro empoeirado como tenho presenciado na África. Compartilho aqui a minha experiência no trabalho voluntário entre 1988 a 1991 em Kitwe, na Zâmbia.

> "Embora a abordagem voltada para as necessidade básicas deva guiar as decisões de investimento em infraestrutura, no que diz respeito às áreas geograficamente desfavorecidas, a evidência apresentada no Capítulo 1 sugere que o acesso aos mercados internacionais deve ser o principal critério para investir em estradas, portos, ferrovias e aeroportos".

A ajuda internacional pode ser canalizada para alguns propósitos, sempre na direção da infraestrutura, que leva ao desenvolvimento do país e das regiões, e no alívio imediato de situação críticas:

- Água (canalização, dessalinização, encanamento, irrigação, poços, purificação, transposição);
- Agricultura e produção de alimentos: irrigação, produção, transporte, processamento, estocagem, silagem, conservação, comercialização;
- Fechar gargalos internos de transporte da produção agrícola e industrial para o mercado nacional e internacional: porto, aeroporto, ferrovia, rodovia, porto fluvial, estocagem e conservação. Isso pode ser complementado pelo governo, através da liberalização comercial sem protecionismo. Fazer uma coisa sem fazer a outra é contraprodutivo; liberar mercado sem infraestrutura, ou ter infraestrutura e não liberar o mercado, passar a ser mutuamente ineficaz.
- Educação em todos os níveis, com prioridade ao nível fundamental;
- Saneamento básico;
- Geração de energia elétrica, solar, eólica;
- Infraestrutura de transporte: aerovia, ferrovia, fluvial, hidrovia, marítima, rodovia;
- Desenvolvimento do potencial de turismo;

- Projetos de desenvolvimento em regiões geográficas adversas e historicamente desfavorecidas, mas com potencial geográfico para a produção;
- Fixação das pessoas em áreas rurais e amenizar os efeitos adversos da migração;
- Urbanização de favelas;
- Preservação ambiental;
- Prevenção e controle de doenças;
- Superação dos efeitos de calamidades;
- Socorro às vítimas de desastres naturais e suas consequências, como deslocamento, epidemias, fome etc.;
- Manutenção de serviços governamentais básicos;
- Construção ou melhoria de estradas vicinais básicas;
- Telecomunicações;
- Orientação em saúde para gestantes, mães e crianças;
- Aplicação de vacinas sub-5 recomendadas pela Organização Mundial da Saúde;
- Formação de professores, enfermeiros, contadores, administradores (privados e públicos), profissionais técnicos, operadores;
- Provisão de necessidades básicas: alimentação, educação, moradia, saneamento, saúde [Cap. 18].

A ajuda internacional geralmente está ligada a projetos de desenvolvimento para a construção da infraestrutura, mas, em muitos casos, o apelo para a ajuda humanitária imediata é significativo, como alimentos, medicamentos, tendas e barracas e até material escolar ou equipamento para hospitais.

Por sua vez a política macroeconômica e comercial, a tributação e a infraestrutura do beneficiado devem caminhar na mesma direção. É salutar haver sincronia entre políticas macroeconômicas, ajuda externa e atração de investimento direto estrangeiro: "A recuperação de custos de infraestrutura só é possível se ele atrair um bom número de empresas" [Gallup; 2017, p.141] Essas empresas podem ser nacionais ou estrangeiras. Aqui se entende que um país doador geralmente direciona a ajuda a um país mais pobre, também na intenção de abrir portas para as empresas do seu próprio país investiram lá. O montante, que o contribuinte pagou de tributos e que foi doado, volta em forma de ganhos de aluguel, lucro, juro e salário, com a alimentação da economia nacional devido à parceria econômica com o país ajudado; repõe-se o que foi gasto com a ajuda externa além de melhorar as condições do balanço de pagamento dos dois países.

Gallup et al. [2017; p.142] também alertam que, ao mesmo tempo em que se prestar socorro, é preciso também tentar reverter os efeitos dos desastres naturais: "o governo deve, igualmente, concentrar-se nos esforços para a restauração do acesso aos mercados, após a ocorrência de catástrofes, reconstruindo a infraestrutura básica". A ajuda externa pode ser canalizada nos dois momentos, no socorro aos desastres naturais e na sequência. Às vezes o mesmo país benfeitor atua nessas duas frentes, outras vezes outro país complementa o esforço do primeiro; novamente, é preciso haver muita inteligência e sincronização, coisas que o país receptor necessariamente terá que ter, com organização e habilidade de fazer.

## 17.6 Agências de Países para a Cooperação Internacional

A ajuda internacional não deixa de ser um exercício de *Soft Power* e de *Smart Power*. Cada país pode colaborar com o que tem para oferecer e não precisa ser país rico, basta perceber a eficácia da cooperação e ajuda internacional, para fazer amigos e ampliar boas oportunidades, principalmente de comércio exterior. Oportunidades de cooperação existem desde a agricultura, água, alfabetização, educação, irrigação, pesca, pesquisa, saúde, urbanismo, vacinação e até na cultura e na música. Aqui as propostas se enquadram por meio de apoio governamental, mas também no mundo privado e de consultorias.

A **Agência Brasileira de Cooperação**, criada em 1987, ligada ao Itamaraty e orientando-se por sua política externa, concentra-se em assistência humanitária com envio de alimentos, fármacos, medicamentos, profissionais técnicos. Até 2016 doava bolsas de estudo para indivíduos dos países da África e da América Latina virem estudar no Brasil e depois regressarem para servir aos seus países no setor privado e público. Outras possibilidades são algumas soluções urbanas, já experimentadas em algumas cidades brasileiras, que poderiam ser contratadas pela Agência Brasileira de Cooperação, para ajudar na solução de problemas de transporte de trabalhadores, bem como da classe média em seus veículos mundo afora. É uma questão de inteligência para ganho de imagem: qualquer trabalhador em Jacarta, Manila ou Johanesburgo, indo para o trabalho num sistema de transporte público poderia se lembrar do Brasil com carinho, sabendo que o bom fluxo de transporte foi uma colaboração do governo brasileiro. O mesmo vale para filhos da classe média dirigindo seus veículos a caminho da faculdade ou do trabalho, nesses países nos seus sistemas viários. Nos países mais pobres onde vivem, Embaixadas do Brasil podem financiar times de futebol para crianças, grupos de capoeira para jovens, música popular e dança para adultos e idosos, projetos culturais e esportivos junto a escolas e divulgar a nossa literatura e culinária nos meios de comunicação e redes sociais, no idioma local.

A **Agência Internacional de Desenvolvimento do Canadá** prioriza pequenos projetos, desenvolvimento sustentável, direitos humanos, conservação da terra e erosão, produção de alimentos e controle de pragas e pestes na agricultura. Regularmente também envia alimentos para a África, em particular, farinha de trigo.

A **Associação Chinesa de Desenvolvimento no Exterior** serve como uma ponte entre o governo e empreendimentos, faz investimento direto estrangeiro em países parceiros como também constrói e doa centros de convenções, escolas, estradas, ferrovias, portos, hospitais e templos budistas e até doação de equipamento militar em alguns casos. Também dá apoio em planejamento governamental e de negócios.

A **Agência Dinamarquesa de Desenvolvimento Internacional** tem um orçamento anual equivalente a 0.7% do PIB anual e foca em desenvolvimento econômico e ajuda humanitária, financiamento de empreendimentos de pequeno e médio porte, exportações, direitos humanos, democracia e economia verde.

A **Agência Internacional dos EUA para o Desenvolvimento** direciona assistência humanitária para desastres e emergências (alimentos, equipamentos, medicamentos, equipes de socorro), mas também para desenvolvimento econômico e redução de pobreza, redução de doenças contagiosas, produção de alimentos e controle de pragas, orientação nutricional, controle populacional. Visa também fortalecer valores democráticos, almejando autonomia financeira e empoderamento dos assistidos. Também faz intermediação para redução de conflitos e reconstrução pós-guerra em países em conflito. Em outros casos foca em epidemia, pandemia, crime internacional e segurança; já foi mais ativa em saúde educação e em economias em transição do comunismo para economias de mercado. Historicamente tem ido desde o alinhamento político até a reconstrução e desenvolvimento dependendo do cenário do país que recebe a ajuda desenvolvimento.

Nos últimos anos a USAid tem concentrado grande parte da ajuda internacional no retângulo geográfico envolvendo o Afeganistão, Paquistão, Jordânia, Israel, Iêmen, Quênia, Tanzânia, Uganda, Etiópia, Egito, Nigéria e Ucrânia. Esses são países em posição estratégica, mas também com instabilidade interna e regional. A Colômbia tem dedicado especial atenção à educação, água e solução de conflitos e há parceria com o Brasil em programas agrícolas e controle de pestes na África e América Central, bem como em iniciativas sobre HIV/AIDS na África. No Brasil também auxilia na conservação ambiental e biodiversidade, e na proteção aos direitos de propriedade.

A USAid foi criada em três de novembro de 1961 evoluindo como instrumentos parcial de política externa com o presidente Kennedy [1961-1963] à promotora do desenvolvimento e autossuficiência dos países beneficiados com o presidente Joe Biden (2021-).

> "Não há como escapar de nossas obrigações: nossas obrigações morais como líder sábio e bom vizinho numa comunidade interdependente das nações livres – nossas obrigações econômicas como povo mais rico num mundo de muitas pessoas pobres, como uma nação que já não depende dos empréstimos do exterior que uma vez nos ajudaram a desenvolver nossa própria economia – e nossas obrigações políticas como o maior contraponto aos adversários da liberdade." – presidente John Kennedy, 8 junho, 1962 [fonte: https://www.usaid.gov/who-we-are/usaid-history, acesso 04 março, 2021 às 11h].

> "Quando investimos em desenvolvimento econômico dos países, nós criamos mercados para nossos produtos e reduzimos a probabilidade de instabilidade, violência e migração em massa." – presidente Joe Biden, março de 2021 (fonte: https://www.usaid.gov/who-we-are/usaid-history, acesso 04 março, 2021 às 11h].

Jeffrey Sachs sugere aos EUA maximizar os gastos na pesquisa e na defesa, para resolver doenças comuns na África [item 18.3].

> "Uma marca registrada da doutrina de segurança nacional dos Estados Unidos é que a segurança do país repousa sobre os pilares da defesa, da diplomacia e do desenvolvimento, mas para compreender melhor a verdadeira natureza da política, convém verificar onde o dinheiro é gasto" [Sachs; 2017, p.337].

A **Finlândia (FINNIDA),** com auxílio do Ministério do Comércio Internacional e Desenvolvimento se concentra em países menos desenvolvidos, menos importantes no comércio internacional e 'esque-

FORMIN.FINLAND.FI
MINISTRY FOR FOREIGN AFFAIRS OF FINLAND

cidos': Afeganistão, Eritreia, Etiópia, Mianmar, Moçambique, Nepal, Norte da África, Oriente Médio, Quênia, Quirguistão, Somália, Tajiquistão, Tanzânia, Ucrânia, Vietnã.

AGENCE FRANÇAISE DE DÉVELOPPEMENT

A **Agência Francesa de Desenvolvimento** atua na África, América Latina, Oriente Médio e Oceania concentrando 70% da ajuda na produção, infraestrutura urbana, desenvolvimento urbano e energia. O restante é aplicado por ordem prioritária em educação e saúde, água e saneamento, biodiversidade e recursos naturais, agricultura e segurança alimentar e outras iniciativas que promovam a melhoria nas condições de vida em ambientes de extrema pobreza.

A **Agência Alemã de Cooperação Internacional** prioriza o treino vocacional e apoia projetos em educação e saúde básicas, segurança alimentar, superação de conflitos e reconstrução pós-guerra. Ultimamente tem redirecionado recursos para campanhas sobre a proteção da biodiversidade, clima e oceanos. Todos os projetos são alinhados com o princípio de desenvolvimento sustentável e para receber ajuda o país a ser beneficiado passa pelo escrutínio sobre corrupção, desrespeito aos direitos humanos e nível de qualidade de governança.

giz
Deutsche Gesellschaft für Internationale Zusammenarbeit (GIZ) GmbH

MASHAV
Israel's Agency for International Development Cooperation
Ministry of Foreign Affairs

A **Agência de Cooperação Internacional para o Desenvolvimento de Israel,** atualmente providencia ajuda a quase 150 países com projetos de desenvolvimento, irrigação, cirurgia cardíaca infantil, prevenção de doenças e doação de alimentos. A especialidade do país é em resgate e socorro em áreas de desastres naturais ou humanos, com especialistas e equipamentos em buscas, ajuda médica e hospital móvel, tendo inclusive uma unidade permanente para atendimento em qualquer hora em qualquer lugar da Terra. Historicamente o país tem prestado socorro em áreas de ataques terroristas e recebido refugiados em seu solo. Algumas ONGs israelenses também são muito ativas na ajuda externa.

A Agência Italiana para Cooperação ao Desenvolvimento foca na África em agricultura e nutrição, crise humanitária, infraestrutura, refugiados e saúde. A Itália atua por meio da comunidade da diáspora, centros culturais, escolas e igrejas e nem sempre envia a sua ajuda por meio de governos. A estratégia tende a ser muito eficiente e eficaz, pois vai direto para os beneficiados e em pequena escala.

A Agência de Cooperação Internacional do Japão oferece assistência oficial para o desenvolvimento, mas também ajuda multilateral, bilateral e cooperação técnica, principalmente em projetos relacionados à água. Empréstimos e doações são direcionados para projetos agrícolas, água, ambientais, desastres naturais, esgoto, irrigação, mudança climática, pesca, projetos de energia eólica e saneamento. A ajuda direta está focada em apoio em desastres naturais, epidemias de doenças infecciosas (ebola, tifo), o envio de profissionais da área de saúde e voluntários para controle de AIDS em prefeituras. A doação de veículos para a coleta de lixo é bem conhecida. A canalização de fornecimento de água por meio de escolas é muito eficaz, pois ao acesso é para toda a população na vizinhança 24 horas por dia [Cap. 21].

A Agência Para a Cooperação em Desenvolvimento da Noruega (desde 1968) concentra a sua ajuda em projetos já existentes de inciativa local no país receptor bem como em ONGS.

O Programa de Assistência Técnica do Paquistão (PTAP) prioriza programas educacionais e de Tecnologia da Informação, bem como sistema de crédito por correios e instrução militar.

O Fundo Saudita Para o Desenvolvimento disponibiliza pequenos empréstimos para países em desenvolvimento, em projetos de água e grandes empréstimos para infraestrutura em agricultura, água e saneamento, educação, energia, saúde e transporte. O apoio em desastres naturais (terremotos e cheias) geralmente se dá em parceria com a Liga Árabe e a ONU. Também canaliza investimentos sauditas em outros países. O fundo tem um memorando de entendimento com o BNDES desde 2019, para atrair investimentos em parcerias público-privadas no Brasil, em comunicação, energia renovável, infraestrutura urbana e transporte [site BNDES 30 junho 2019, acesso 08 março 2021, 9h15].

aecid
Agencia Española de Cooperación Internacional para el Desarrollo

A **Agência Espanhola de Cooperação Internacional e Desenvolvimento** mira alívio de pobreza e desenvolvimento sustentável e tem se concentrado nos objetivos do milênio junto com a ONU; elabora e divulga estudos para o desenvolvimento e promove relações culturais e cientificas com outros países, agindo por meio de centros culturais e de formação.

A **Agência de Cooperação Internacional e Desenvolvimento da Suécia** financia projetos de direitos humanos, em especial aos direitos da mulher, igualdade de oportunidades em gênero e de diversidade sexual.

Sida
SWEDISH INTERNATIONAL DEVELOPMENT COOPERATION AGENCY

> "A Suécia tem consistentemente, mas claramente na segunda metade dos 1980s, colocado forte ênfase na questão dos direitos humanos em relação aos recebedores de ajuda externa." "... sem um passado colonial, sem qualquer interesse estratégico militar e frequentemente também com pouco interesse econômico nos seus países receptores, não parece que os processos de negociação com um receptor de ajuda são típicos" [Elgström; 1992, p.159-161].

A **Agência Turca de Cooperação e Coordenação** direciona ajuda externa à sua vizinhança. A Palestina, Somália e as Filipinas têm sido os maiores recipientes recentemente.

TİKA

O **Departamento para o Desenvolvimento Internacional do Reino Unido** financia pequenos projetos de geração de renda em países membros da Comunidade das Nações. Essas parcerias geralmente estão ligadas ao Ministério de Relações Exteriores ou do Desenvolvimento, Indústria e Comércio Exterior. Grande parte da ajuda externa é canalizada para a superação de desafios que se encontram dentro da chamada agenda social dos países em desenvolvimento. Com representação em 178 países, o Reino Unido está disponibilizando recursos para que 40 milhões adicionais de meninas possam estar matriculadas em escola até 2025 [Global Britain; doc. 2021].

Ao reforçarem a boa imagem dos países, os trabalhos dessas agências também abrem portas para a parceria comercial entre os povos e a paz mundial. Ressalta-se que em países onde organizações de fé administram escolas e hospitais, há também envio de ajuda que é arrecadada por meio de igrejas e mesquitas no país de origem.

## 18. A AGENDA SOCIAL INTERNACIONAL

A ajuda internacional é estritamente ligada ao comércio exterior dos benfeitores, mas também à geopolítica social em países em desenvolvimento: pobreza e pouco acesso à renda e aos alimentos, desnutrição e fome, saúde, educação, moradia, urbanização, meio ambiente e migração.

O esforço conjunto para o desenvolvimento econômico é feito também em sincronização das agências externas de ajuda com organismos da ONU e outras organizações, bem dentro da tradição das escolas de pensamento construtivista, liberal e principalmente pluralista em relações internacionais. É preciso esforço conjunto, e na mesma direção, entre doadores internacionais e o país beneficiado para superar a pobreza absoluta, criar mais oportunidades de renda em forma de aluguel, juro, lucro e salário; ampliar o acesso à água potável, alimentos, educação, saúde e previdência; estancar a migração, preservar o solo e o meio ambiente; diminuir todos os tipos de tráficos (animais, armas, drogas, humanos), patologias sociais, corrupção, lavagem de dinheiro e atração de grupos políticos violentos e o terrorismo. Tudo isso tem como guia geral os direitos humanos e os objetivos do milênio, na direção da construção do Estado de bem-estar social baseado na prosperidade e partilha.

Grande parte do mundo se urbanizou, mas somente no sentido geográfico e sem se beneficiar da urbanidade e o que é pior, em cidades e periferias com ampla pobreza existem doenças, miséria e dores que não existiam no convívio rural. Às vezes se desaprende o princípio básico da economia: o bem-estar de cada indivíduo. Por isso, em meio a tanto progresso científico, econômico, industrial e comercial, ter pessoas pobres da Terra é uma aberração do próprio sistema e contra a pessoa, contra os propósitos da natureza.

"A tarefa primária do desenvolvimento é eliminar a pobreza" [World Bank, 1993]. A agenda social internacional está ligada às metas de desenvolvimento do milênio como as relaciona Sachs [2008; p.383]: biodiversidade, causas da pobreza, desertificação, mudança climática, população, desenvolvimento sustentável, ao qual se pode, aqui, adicionar o crescimento sustentado. Nessa abordagem chama-se a atenção para um uso mais eficiente, eficaz e efetivo dos recursos financeiros da ajuda internacional para superar as causas estruturais da pobreza econômica.

**Jeffrey Sachs** [2008; p.370-372] propõe uma nova arquitetura financeira para o desenvolvimento sustentável e a criação de fundos globais para a luta contra a AIDS e tuberculose, a malária e outras doenças, meio ambiente, população das Nações Unidas, infraestrutura, educação, desenvolvimento comunitário e revolução verde africana. De fato, doenças antigas são "esquecidas" das prioridades de pesquisa e financiamento para a sua superação.

Além da ajuda humanitária e imediata para resgate e socorro em desastres naturais, epidemias, conflito e guerra, a ajuda internacional é atribuída em projetos de longo prazo que transformam condições estruturais dos países em necessidade [Cap. 17].

Conforme visto acima, existem algumas consequências e, às vezes, até causas da fragilidade de alguns países, como o tráfico internacional e a corrupção, que merecem atenção mais cuidadosa e efetiva na cooperação internacional. Ao conjunto daquilo que se denomina geopolítica social, o acesso aos alimentos, educação, moradia, renda e saúde são as principais, tão importante é o desafio do crescimento econômico sustentado e sustentável e a superação da pobreza absoluta.[71] Há tantas doenças crônicas e doenças que já deviam ter sido extirpadas da face da Terra, mas que continuam a atormentar milhões de pessoas em muitos metros quadrados da Terra. A ajuda mais urgente, às vezes, está na provisão de necessidades básicas, envio de medicamentos e socorro às vítimas de desastres naturais, mas é muito efetivo trabalhar com governantes locais, por meio de estruturas já existentes e das políticas já definidas e orçamentos nacionais, estaduais e municipais já aprovados. Caminhando na mesma direção evita-se sobreposição e desperdício de recursos e esforços. Obviamente há que se avaliar a idoneidade e a capacidade genuína de governança local, para não alimentar incompetência e corrupção, com posterior desgaste ao benfeitor e pouco resultado para a população alvo.

Assim como na área da saúde, o setor de educação também se depara com dificuldades para financiar custos operacionais, custos variáveis e gastos recorrentes. Encontrar boas empreiteiras para construir excelente hospital, unidade de saúde e escola e cortar a fita no dia da inauguração em países em desenvolvimento nunca foi um problema. O custo fixo é financiado, ou pela tributação, ou por doações, ou empréstimos internacionais. O grande desafio está nas fontes de financiamento e mesmo no interesse diário para bancar os custos recorrentes em manutenção, depreciação, reposição de materiais básicos e mesmo o pagamento dos salários dos profissionais. Por mais que esses possam ser estipulados e antecipados com bons coeficientes, em fórmulas matemáticas e embasamento na literatura de ciências da administração, contábeis e econômicas, os custos operacionais e recorrentes problemas estão nas finanças e no tempo certo do gasto.

Temas de apelo social têm sido contaminados e prejudicados por debates ideológicos e pela má vontade, onde, no tribalismo político local ou nacional, um acusa o outro e a maioria dos agendamentos fica parada. Mais recentemente, o fim da dicotomia direita-esquerda, capitalismo-comunismo, nação-globalização, ditadura-democracia, têm gerado expectativas para um mundo sem violência e de maior

[71] Países sem saída para o mar têm um desafio ainda maior.

respeito aos direitos humanos. Tristemente, também, têm sido substituídas pelo populismo odiento e alguns cantos da Terra. Mas parece que os desencantos político e social têm causado uma lenta e enorme mudança de percepção existencial entre os seres humanos. Segue a argumentação sobre esforços conjuntos para ampliar o acesso à renda, alimentos, educação, saúde, moradia e superação de desafios ambientais e de migração e urbanização em países em desenvolvimento.

## 18.1 Pobreza e Acesso à Renda

O item 3.5 faz referência a casos em que o país é um grande exportador, mas grande parte da população é pobre; a renda nem sempre flui para o benefício geral da população e a arrecadação tributária advinda das exportações nem sempre é bem aplicada. Em casos dramáticos, como o Brasil e a Venezuela, o país é exportador de alimentos e um percentual da população passa fome sistemática; a Costa do Marfim e Gana exportam cacau, mas a população não come chocolates.

Um percentual considerável dos seres humanos e com sofrimento intolerável da fome diária não tem oportunidades de formação de renda como aluguel, juro, lucro e salário, por meio do sistema de mercado, em muitas economias em desenvolvimento. Além do pouco acesso às necessidades básicas, as estruturas públicas para oferecer educação, saúde e previdência são precárias. No esforço para ampliar o acesso a esses serviços, geralmente há uma parceria tripartite entre governo local, Banco Mundial e agência internacional de ajuda. O Banco Mundial trabalha bem próximo do governo federal, estadual e municipal, com iniciativas para ampliar o acesso à educação, superar a pobreza absoluta, planejar e executar políticas públicas de redistribuição de renda e riqueza e promover a melhoria da nutrição e das condições de saúde. Junto com capital humano e educacional, caminha a construção de infraestrutura, principalmente em suprimento de água tratada e saneamento básico. Cada dólar gasto aí não será necessário depois, em unidades de saúde nos municípios, para extrair parasitas do corpo das pessoas.

Economistas utilizam algumas medidas quantitativas do acesso à renda, formada em um ano, na economia do país. O percentual da renda que uma pessoa e família gastam com alimentos é indicativo da situação de renda e de conforto material. Alguns conceitos e métodos de ciências econômicas auxiliam na análise e formulação de soluções na formação de renda: Lei de Engel, Curva de Lorenz, IDH, Coeficiente de Gini, Curva de Laffer.

A **Lei de Engel** é uma lei econômica empírica do consumo desenvolvida pelo estatístico Ernest Engel (1821-1896), que afirma que a proporção da renda mensal que uma nação gasta em alimentos é um bom índice de seu bem-estar: quanto menor a proporção dos gastos da renda mensal com alimentos, mais elevado é o bem-estar da nação [Pearce; 1989, p.126], mas, mesmo que mais que 40% da renda mensal de alguns são destinadas ao consumo de alimentos, o que já é uma indicativo de pobreza, outros tantos têm insuficiência de renda até mesmo para adquirir alimentos básicos. Aí é o caso da pobreza absoluta, miséria e fome. A falta de oportunidades de formação de renda e concentração brutal de renda geram consequências sociais devastadores para pessoa e o seu entorno [item 18.2].

A **Curva de Lorenz** tenta medir a desigualdade social ao mostrar a distribuição de renda de uma população. O **Coeficiente Gení**, proposto pelo economista italiano Corado Gini, (1884-1965), mede o grau de concentração de renda na sociedade que vai de zero (0) que é a melhor distribuição, até um (1) que é a pior distribuição. A concentração de renda e riqueza define as classes econômicas e sociais, colocando indivíduos e famílias em situações de riqueza, pobreza relativa e pobreza absoluta, podendo manter verdadeiras castas que são uma aberração humana para os dias atuais.

Com base nos estudos sobre a pobreza e a fome, elaborados pelo economista indiano Amartya Sen (1933-), foi criado o **Índice de Desenvolvimento Humano (IDH)** que é uma estimativa do bem-estar econômico de uma sociedade, ou seja, o acesso que cada habitante tem a cada unidade monetária do PIB, em forma de educação, saúde, informação, lazer, teatro, longevidade etc. Não é tamanho do PIB anual, nem o volume de exportações que significa riqueza para um país, mas sim o quanto de cada unidade monetária criada chega ao bolso de cada cidadão do país.

Segundo o relatório do Programa das Nações Unidas para o Desenvolvimento de 2020, em 2019 o Brasil tinha um IDH de 0.765. Os cinco melhores índices eram: Noruega 0.957, Irlanda 0.955, Suíça 0.955, Hong Kong 0.949 e Islândia 0.949; e os cinco piores eram: Burundi 0.433, Sudão do Sul 0.433, Chade 0.398, República Centro Africana 0.397, Níger 0.394 [*Human Development Report*, UNDP, 2020, acesso: http://hdr.undp.org/en/content/latest-human-development-index-ranking, 06.06.2021, 19h].

É por isso que a ajuda externa pode ser um bom mecanismo para melhorar o IDH, mas deve ser acompanhada também por um esforço interno para uma melhora estrutural e diminuição das causas do problema da renda. O problema estrutural da renda vai automaticamente desembocar no problema estrutural da alimentação, educação, moradia, saúde, previdência, deslocamento e migração.

Há basicamente quatro iniciativas, todas complementares e integradas, que podem ser praticadas por qualquer governante federal, estadual, ou municipal, na superação da pobreza absoluta:

1. Bandas progressivas de imposto sobre a renda, para financiar o acesso social à educação, moradia, saúde, previdência e infraestrutura;
2. Investimento em educação, para acomodar a todos em idade escolar;
3. Políticas econômicas, monetária e fiscal, sincronizadas como políticas definidas e inteligentes: agrícola, comercial, industrial, formação de capital, que sejam acertadas para promover o crescimento;
4. Políticas redistributivas, para garantir as necessidades básicas de indivíduos e famílias em pobreza absoluta, em necessidade especial física.

A **Curva de Laffer,** desenvolvida pelo economista americano Arthur Betz Laffer (1940-), dá indicativos para um sistema tributário que seja eficiente e eficaz. O que falta em países em desenvolvimento é migrar da tributação geral e indireta sobre o consumo e serviços para bandas de imposto de renda progressivas e equitativas, porém há empecilhos estruturais e políticos, pois os rentistas e os controladores nacionais da economia, geralmente também exercem influência sobre os governantes. Isso, quando não são eles próprios os governantes que podem ser denominados os Parasitas do Poder Permanente. Esse é um desafio muito difícil de ser superado, pois não há mecanismos legais e práticos que a comunidade internacional possa utilizar por meio da ajuda externa para o desenvolvimento, a fim de melhorar isso.

Os abastados se enrolam na bandeira nacional e se protegem contra as obrigações sociais constitucionais, ganhando eleições ou sob a proteção de fardados, que eles mesmos colocam no poder, para pagarem pouco imposto de renda.

O modelo econômico, político, social, cultural e mental de cada país, por vezes é um emaranhado que dificulta avanços sociais.

A desigualdade econômica, dentro de um país, segue uma tendência global em que, de acordo com a ONU, 1% da população detém grande parte da renda e mais de 80% da renda mundial vai para o quinto mais rico, sobrando em torno 1.5% para o quinto mais pobre.

Não obstante situações já adversas e de pobreza absoluta, em muitos países onde pessoas vulneráveis nunca se beneficiam do crescimento econômico, quando há a necessidade de implantação de algum programa de ajuste econômico, esse esforço dos governantes piora ainda mais as condições para os mais pobres, num impacto social perverso [item 17.5].

[Nelson, Joan M., *The politics of economic adjustment.* In Evans, Peter. New Jersey, Princeton, 1992; p.221], chama a atenção sobre os custos de programas de reestruturação econômica que são jogados nas costas dos mais pobres.

> "Essas ambiguidades têm destacado a acrimônia dentro das nações que estão se ajustando economicamente, entre elas e os doadores externos e entre as organizações internacionais e agências privadas preocupadas com desenvolvimento".

O mesmo autor, [1992; p.223], lembra que durante programas de ajuste econômico, inciativas de alívio têm sido implantadas até com ajuda financeira externa, para aliviar os mais pobres e vulneráveis.

Avaliações do Banco Mundial e de conferências internacionais [World Bank; 1996, p.29] sugerem que empréstimos internacionais direcionados a projetos de assistência devam envolver a participação dos beneficiados, principalmente mulheres e mães, levando em consideração:

1. Questões específicas de gênero;
2. Colaboração do governo com o benfeitor para dar acesso pleno à educação fundamental;
3. Centrar na educação de meninas;
4. Institucionalizar a participação de grupos de mulheres e mães;
5. Estabelecer microcrédito aos mais vulneráveis;
6. Criar um fundo de liderança para representações femininas, para que possam participar das decisões;
7. Apoiar o país beneficiado na coleta de estatísticas com a devida credibilidade sobre questões de gênero.

A educação, o crescimento econômico, a abertura comercial, a política agrícola, estradas para o escoamento da produção, acesso à saúde preventiva e curativa, frentes de trabalho, programas populares de moradia e programas de assistência imediata, são estratégias de redução da pobreza, mas é preciso que os frutos do progresso econômico filtrem para as camadas mais vulneráveis também.

## 18.2 Alimentos, Desnutrição e Fome

A fome sistemática é um crime contra a humanidade, porquanto há alimentos em abundância e até em desperdício, mas há alguma falha estrutural para os mesmos não chegarem à mesa de algumas pessoas. Enquanto um único ser humano passar fome de maneira sistemática, o nosso sistema econômico continua inferior aos das abelhas, cupins e formigas. Por isso, o primeiro objetivo de um sistema econômico é garantir a segurança alimentar na mesa de todos, em cada metro quadrado da Terra, no nosso caso em cada município.

A Economia é entendida como bem-estar, e não mero como acúmulo de riqueza. Mesmo o aumento de riqueza, quando ninguém é por isso mesmo excluído do básico, deve ser acompanhado da prática da prosperidade e da partilha. A efetividade de um sistema econômico é medida na hora da refeição, aquela meia dúzia de alimentos que chega à mesa de um indivíduo e de uma família, a partir de toda a parafernália do comércio intranacional, de um sistema econômico, político e social de um município, região e país. Se algo falhar aí, é porque deve haver algo fundamentalmente errado no setor de alimentos e/ou na formação de renda (aluguel, juro, lucro, salário), para os indivíduos, e na economia como um todo. Ao se chegar a esse cenário, se o alimento não chega à mesa, então o sistema econômico, político e social, nem mesmo o conceito e definição de país vai adiantar para muita coisa.

O alimento e toda a sua cadeia de produção, transporte, estocagem, comercialização e compra, até chegar à mesa do consumidor final, é o item mais importante das necessidades básicas de um país, o mais apelativo para a ajuda internacional e também o canal mais efetivo. Deveria ser sempre considerado um item de segurança nacional e internacional e, mesmo, estratégico e geopolítico. Ao mesmo tempo, o desperdício de alimentos nos lares, empresas, organizações públicas e restaurantes chega a ser escandaloso.

As pessoas de classe abastada e da classe média poderiam entender, com mais ânimo, o efeito multiplicador positivo do fluxo circular da renda, no comércio do município alimentado por programas redistributivos, como em economias de bem-estar social da Europa.

A combinação do pouco acesso à renda e aos alimentos vai afetar diretamente a saúde e longevidade das pessoas, assim como a produtividade econômica. Também pode trazer problemas de ordem social, como crime, dependência química, tráfico e consumo de drogas, indústria do sexo e violência. Todas essas patologias sociais impõem mais gastos governamentais que poderiam ser investidos em educação e saúde.

As questões de nutrição e de políticas de produção de alimentos estão relacionadas. Educação nutricional e técnicas de cultivo, prevenção e comercialização de alimentos podem ser ingredientes do currículo escolar. Estruturas, já existentes e funcionais, de escolas, de saúde, de organizações religiosas e de representação da sociedade civil organizada, podem ser utilizadas para debates, treinos e até vacinação infantil. O que é importante notar é que existem inúmeras oportunidades de compartilhar as tarefas onde a ajuda internacional fica com uma parte do esforço, geralmente a financeira, e o governo, nas diferentes esferas municipal, estadual e federal, fica com a parte operacional. É um trabalho complementar e integrado na mesma direção e que deve resultar em políticas públicas e de Estado, e não partidárias e de uma única gestão.

É quase trágico perceber que economias agrárias e de produção primária, ainda não industrializadas, sequer conseguem gerar divisas externas, pela exportação de produção agrícola e de alimentos e, em muitos casos, nem sequer garantir alimentos para a sua própria população no mercado interno. Algumas dessas economias até dependem da doação externa de alimentos. Segundo Steitenfus, [2004; p.225], no ano de 2000, dentre os 15 maiores exportadores de produção agrícola, somente a Argentina, o Brasil, a China e a Tailândia eram de economias emergentes ou em desenvolvimento; todos os outros eram economias industrializadas e desenvolvidas, na ordem de importância: EUA, França, Canadá, Holanda, Alemanha, Bélgica, Espanha, Reino Unido, Austrália, Itália e Dinamarca. Todos esses, fora a Bélgica, são generosos em sua ajuda externa e a sua maioria envia alimentos ou dinheiro, para a compra de alimentos em países com pobreza absoluta.

As economias frágeis [Cap.19] e sem capacidade de suprir a demanda interna por alimentos, geralmente têm também instabilidade político-institucional, falta de liderança e baixa vontade política, elevada corrupção, descumprimento de acordos, normas e contratos e sistema judicial frouxo. Isso, somado aos problemas estruturais de ordem econômica, acaba por elevar o risco-país e enxotar o investimento direto estrangeiro, adiando ainda mais o desenvolvimento.

Deve-se reconhecer, contudo, que a ajuda externa a economias em desenvolvimento, combinada com a revolução verde a partir da década de 1970 e envolvendo a aplicação de engenharia genética em sementes híbridas, tem livrado a África, a América Latina e a Ásia das terríveis previsões do economista inglês Thomas Malthus (1766-1834). Tem ocorrido grande aumento na produtividade por hectare no cultivo do arroz, cevada, milho, soja, trigo, frutas, legumes e verduras. A engenharia genética alimentou a Revolução Verde e o vale do rio Mekong foi um grande experimento. A preservação e a longevidade dos produtos perecíveis da terra, após a sua colheita, têm sido prolongadas com uso da nanotecnologia e o valor agregado aumentado, bem como uma diminuição de desperdício, perdas e gastos no comércio deles. Melhorias nos sistemas de estocagem, distribuição e de transportes também têm causado um efeito multiplicador positivo em todo o setor alimentício, da agricultura e da pecuária, agregando valor no lado da oferta dos produtos e melhorando o acesso e a qualidade nutricional no lado do consumo. Não fosse isso, a tragédia da fome teria sido ainda maior.[72]

A ajuda externa para o desenvolvimento é muito eficaz na agricultura com projetos de irrigação, fertilizantes, maquinários e implementos, plantio, estocagem da produção, transporte, equipamentos, plantadeiras, colheitadeiras, materiais para correção de solo e da

[72] O vale do rio Mekong foi um grande laboratório da engenharia genética aplicada ao cultivo de alimentos com transferência tecnológicas da revolução verde a partir da década de 1950.

acidez, instruções por agrônomos e técnicos agrícolas. A não ser em cenários urgentes e extremos, de desastre natural e de desespero e fome, não é apropriado enviar alimentos a países pobres, pois acaba por tirar o emprego local e a oportunidade de renda aos agricultores locais e aos comerciantes, bem como a coleta de tributos pelo setor público sobre essas transações. Industrializar o país é função da mão invisível do mercado, mais do que da mão visível do governante local e do benfeitor externo. Isso é possível ante a poupança formada na prosperidade da agricultura. Fato é que, mesmo que recebam ajuda externa, alguns países seguem na contramão e não se esforçam para obter ganhos na integração ao mercado internacional, naquilo que produzem e nem conseguem agregar valor econômico a essa produção. O protecionismo nem sempre ajuda, uma vez que pode distorcer os preços e, portanto, afetar os ganhos dos agricultores e industrialistas e causar efeitos adversos no país.

Livingstone e Ord, [1988; p.86-96], ao analisarem a oferta e a demanda na agricultura da África oriental (Etiópia, Maurício, Malawi, Quênia, Sudão, Tanzânia, Uganda e Zâmbia), afirmam que um dos grandes problemas da agricultura é a instabilidade dos preços, que é maior do que em preços de produtos industriais. Há cinco causas desta instabilidade, segundo eles:

1. Fatores naturais afetam o suprimento: clima, doenças, pestes, além de divergências entre planejamento e produção real interferem na colheita, o que acaba por ditar o preço num mercado com curva inelástica;
2. A elasticidade de oferta no curto prazo é baixa, pois, uma vez feito o plantio, é difícil mudar a produtividade da área plantada. Com exceção do algodão que permite mais colheitas no ano, caso o preço suba, e do milho, com mais plantios no ano, não há como aumentar o suprimento de alimentos no curto prazo. Há também o período de espera entre safras, que mantém o preço alto, e a espera (gestação) para o início da colheita, como o café e a borracha e a engorda de animais para carne;

3. A demanda por alimentos é inelástica com relação aos preços e não há substitutos próximos para o consumidor escolher; adicionalmente, há flutuações do lado da oferta;
4. A infraestrutura e a capacidade de estocagem geralmente são pobres, principalmente para produtos perecíveis como carne, frutas, hortaliças, leite, pesca e verdura, portanto, em muitos lugares, não há estoque regulador para a entressafra a fim de manter o preço constante;
5. A baixa demanda de produtos agrícolas, como produtos intermediários para a produção industrial, mantém baixos os preços de alguns produtos.

Como se pode ver a dinâmica da produção e dos preços agrícolas é uma questão estrutural do setor agrícola e dependem de cada região, não havendo muito o que a ajuda externa possa fazer para gerar impacto positivo.

Os mesmos autores [Livingstone e Ord; 1988, p.89] sugerem ação governamental para estabilizar os preços, mas por vezes, ao tentar estabilizar preços, acabam também prejudicando a renda dos produtores, levando à resistência destes às iniciativas governamentais.

Outras iniciativas são o estoque regulador por parte do governo e fundos de estabilização para um repasse de preço mínimo, quando os preços caem abaixo de uma média esperada. Incentivos à diversificação de cultivos e ao arrendamento de terra, ao invés de comprar a mesma (com a possibilidade de pagar o arrendamento com parte da produção), para diminuir os custos fixos pelo produtor, a pressão de seus compromissos com credores e a sua apreensão com a instabilidade de preços.[73] Em certos países em desenvolvimento, ainda

---

[73] Produtividade e agregação de valor à produção que forma a renda são mais importantes do que ser o proprietário do meio de produção. Aqui está uma das falhas estruturais de reforma agrária: propiciar a posse da terra e deixar o agricultor abandonado para a produção, definição do preço, transporte e comercialização; neste caso, no final do ciclo a renda não se realiza e a pobreza absoluta continua a ponto de alguns venderam a terra.

há abundância de terras comuns ou públicas, que também podem ser cultivadas mediante concessão temporária. Em algumas regiões de extrema concentração privada de terras não utilizadas, a reforma agrária também é uma opção e o Banco Mundial pode ser parceiro no financiamento da compensação de terras desapropriadas e da aquisição da terra para a agricultura familiar.[74] Cooperativas agrícolas funcionam apenas quando se tornam bem integradas à cadeia de suprimento e se tornam comerciais e grandes, mediante boa gestão empresarial; não funcionam para a agricultura familiar e de pequena escala.

Vale lembrar que, além da instabilidade de preços, a estratificação rural perversa torna difícil haver melhorias de renda e escape da pobreza absoluta para pequenos agricultores. Isso quer dizer que mesmo que o problemas do aceso a terra, da produção e de preços se resolvam, a superação da pobreza nem sempre será automática; terá que se promover, em primeiro lugar, a agricultura familiar.

Sempre é preciso tratar as condições estruturais e necessárias, completando-as com as condições conjunturais e suficientes, ao mesmo tempo.

## 18.3 Saúde e Doenças

A Pandemia 2019-2022 tem demonstrado a importância da saúde para os indivíduos e para as economias em cada metro quadrado da Terra; a prevenção, tanto quanto o tratamento, pode estar intimamente ligada à economia e ao bem-estar da população, mas a saúde das pessoas é reflexo das condições estruturais e conjunturais de uma região e de um país. Também ficou evidente que a maioria dos indivíduos, famílias, empresas e governos não têm um orçamento contingente para as surpresas adversas que podem aparecer durante o ano.

A escassez de alimentos e a desnutrição afetam diretamente a saúde de milhões de pessoas, em economias em desenvolvimento. Os

[74] A posse de terra na África tropical é diferente daquela de outros continentes: a distribuição é mais igualitária, não há uma classe de senhores de terras e ainda há terras comunais [Livingstone & Ord; 1988, p 115].

desafios de saúde de países em desenvolvimento e países frágeis, principalmente epidemias e pandemias, são uma questão de segurança nacional e internacional. A ajuda externa e a agenda comercial dos países mais desenvolvidos podem estar muito bem alinhadas à geopolítica social e à cooperação internacional.[75]

> "A malária é responsável por mais de um bilhão de episódios clínicos por ano e causa entre um a três milhões de mortes. Ela impede o desenvolvimento econômico africano e o seu controle foi declarado como uma prioridade do governo Bush" [Sachs; 2008, p.338].[76]

> "Um dia de despesas do Pentágono proporcionaria recursos suficientes para fornecer mosquiteiros antimaláricos para todos os locais de dormida na África durante cinco anos" [Sachs; 2008, p.339].

Isso significa que U$1.5 bi gastos em um único dia em defesa americana poderiam ser destinados para a compra de 300 milhões de mosquiteiros na África toda para cinco anos. Neste caso, a própria política de segurança e defesa dos EUA pode estar alinhada efetivamente à ajuda externa americana para a área de saúde. Num ciclo completo, cuidar da saúde, da educação, do acesso aos alimentos e do desenvolvimento, em países mais pobres e frágeis, faz amigos e abafa o terrorismo e milícias violentas em favelas e vilas.

Jamison et al. [1993; p.10] classificam os maiores casos de doenças em países em desenvolvimento nas seguintes categorias:

Doenças infecciosas: dengue, diarreia, febre amarela, hanseníase, helmintíase, malária, poliomielite, respiratória aguda, sarampo, tétano, tuberculose.

Doenças ligadas à reprodução e desnutrição: desnutrição em proteína e energia, excesso de fertilidade, hepatite B, maternal e perinatal.

---

[75] É possível que alguns países (China, EUA, Reino Unido, Rússia) procurarão um maior alinhamento geopolítico no médio e longo prazo com países em desenvolvimento jogando com a geopolítica da vacina: doar vacinas em troca de fidelidade comercial e política. Assim como outros países poderão canalizar mais ajuda externa para a área de saúde na mesma estratégica.

[76] Governo Bush 2001-2009.

Problemas emergentes: bucal, câncer, cardiovascular, catarata, diabetes, doenças sexuais transmissíveis, esquizofrenia e bipolaridade, infecção por HIV, lesão, doenças respiratórias crônicas.

Há ainda desafios de conjuntivite, deficiência física, deficiência de aprendizagem devido à fome, dependência química (alcoolismo, maconha, haxixe, cola, crack), desnutrição, dieta desequilibrada, epidemias (cólera, ebola, tifo), estupro, esquistossomose, fome, gangrena, gravidez precoce, leptospirose, mortalidade infantil e materna, parasitas (bicho-de-pé, carrapato, escabiose, piolho, pulga, verme), violência doméstica.

A ajuda internacional pode ser direcionada para casos seletivos e urgentes de doenças citadas acima e ainda nas seguintes formas:

**Doação financeira** para a construção de unidades de atendimentos e para reposição de capital depreciado e manutenção periódica;

**Doação material:** medicamentos, laboratório ou de materiais de laboratório; instrumentos e equipamento laboratorial e para hemodiálise, ambulâncias, autoclaves, lavanderias, desinfecção/esterilização, aparelhagem, seringas, vacinas, cadeira de rodas, maca, material curativo hospitalar, leitos, oxigênio.

**Pagamento de pessoal:** salários, ou incremento nos salários de profissionais na linha de frente em atendimento em unidades de saúde nos bairros e vilas rurais.

**Envio de profissionais** remunerados pelo país benfeitor.

**Treino** ou pagamento de treino de reciclagem e atualização de profissionais da saúde em todos os níveis.

**Parceria na avaliação** dos custos, desperdícios, eficácia (melhor atendimento), efetividade (melhor saúde), e práticas gerenciais.

**Parceria com laboratórios** internacionais para barateamento de medicamentos a serem utilizados e transferência de tecnologia;[77] par-

---

[77] Enquanto o governo federal do Brasil (FHC, ministro José Serra, 1998-2002) fez parceria com laboratórios para facilitar o acesso por meio dos genéricos a África do Sul (governo Thabo Mbeki, 1999- 2008) foi no sentido contrário travando guerra com laboratórios internacionais.

ceria com universidades, em pesquisa e desenvolvimento de medicamentos, com laboratórios farmacêuticos.

**Bolsas de estudo** podem ser disponibilizadas, tanto para o corpo médico-hospitalar e enfermagem quanto para técnicos de aparelhagem e área administrativa. Orientação e educação em saúde para modificar o comportamento da população local, incluindo doação de material impresso a ser usado na divulgação e treino.

Na sua análise sobre as prioridades no controle de doenças em países em desenvolvimento [Jamison et al.; 1993, summary] enumeram as consequências das doenças para o sistema de saúde:

- O peso total das doenças em dias parados, deficiências, mortes prematuras;
- O aumento na demanda por serviços de saúde;
- Maior demanda por profissionais qualificados em saúde;
- Aumento nos gastos com saúde;
- Maior complexidade na prevenção, diagnóstico e atendimento.

Para atender tudo isso, o debate orçamentário e a exclusão sempre estarão na pauta política e a partidarização piora ainda mais os desafios.

Os grandes dilemas e desafios de prevenção e de provisão em saúde em um país em desenvolvimento estão em torno de:

1. Administração;
2. Financiamento;
3. Acesso;
4. Efetividade dos serviços.

O recurso humano é tão crucial quanto o financeiro, o estrutural e o de medicamentos. A efetividade é avaliar quão sadia cada pessoa passa a ser nesse país beneficiado pela ajuda externa na área de saúde, a partir da atenção que recebe do setor privado ou público.

Assim como alimentos, educação, renda, moradia, meio ambiente, deslocamento e migração e desastres naturais, a saúde também é um elemento essencial da geopolítica social. Doenças infecciosas, surtos, epidemias e pandemias são questões emergenciais a até mesmo de segurança nacional e internacional, portanto elementos indispensáveis na colaboração, ou no fracasso da cooperação entre países. Prevenção, atendimento, financiamento para aquisição de medicamentos, parceria com laboratórios internacionais, repasse de tecnologia de produção de medicamentos e equipamentos e doação financeira podem ser parte da cooperação internacional.

### 18.3.1 Economia Política da Saúde

É preciso ter em mente que existe uma economia política da saúde, onde problemas podem se transformar em oportunidades. A lida inteligente, com a preservação da saúde e com o tratamento da doença, pode ser ingrediente de crescimento econômico local. No estudo de Ciências Econômicas existe uma disciplina chamada Economia da Saúde,[78] [Glied & Smith; 2013, p.89], que olha a saúde como elemento econômico essencial, não só por que é uma preocupação humanitária e de equilíbrio social, mas também porque a boa saúde influencia na produtividade econômica de cada indivíduo e, por consequência, no próprio PIB. Essa disciplina também sugere como tornar o setor da saúde num motor de crescimento e desenvolvimento econômico, onde esforço da prevenção e do tratamento de saúde se transformem em atividades econômicas rentáveis, ou pelo menos viáveis economicamente. Todo o *status* socioeconômico de uma região ou país depende da saúde.

Vacinas infantis sub-5 (catapora, caxumba, coqueluche, difteria, poliomielite, rubéola, sarampo, tétano, tuberculose, varicela), em mui-

---

[78] Sugestão de leitura:
FOLLAND, GOODMAN, STANO The economics of health and health care: Upper Saddle River: Editor 2007.
GLIED, Sherry & SMITH, Peter C The Oxford handbook of health economics. Oxford: Oxford University Press, 2013.

tos casos, são doadas por agências de ajuda internacional de países ricos, pois a saúde infantil vai afetar o desempenho escolar, o desenvolvimento físico e psicológico e todo o ciclo de vida de um indivíduo. No esforço para melhorar a saúde dos pobres:

> "muito da atenção primária à saúde é preventiva, incluindo imunizações, suplementos nutricionais e informação sobre a saúde, que são fatores-chave para melhorar o bem-estar das pessoas pobres e mantê-las economicamente ativas. O cuidado curativo dispensado neste nível pode também ser vital para prevenir que encaminhamentos hospitalares se tornem crônicos. Desta forma é importante maximizar o acesso dos pobres à atenção primária à saúde" [World Bank; 1996, p.21].

Estudos do Banco Mundial também confirmam que atenção à saúde materna e às crianças é muito efetiva. Ligada a esse cuidado está a educação de meninas que, quando mães, geralmente precoces, estarão mais preparadas para cuidar de seus filhos.

No aspecto financeiro, por vezes a ajuda internacional constrói um hospital ou uma unidade de atendimento, em países em desenvolvimento. Ao se pensar somente no custo fixo, o dilema fica por conta dos custos recorrentes: remuneração do corpo clínico, enfermagem, médico, técnico ambulatorial; custos administrativos; reposição de equipamentos e de estruturas depreciadas, desde a troca de telhas até manutenção hidráulica a leitos e máquinas hospitalares; formas de financiamento e viabilidade para manter as portas abertas. Um aspecto delicado é a oneração do transporte emergencial de pacientes, tanto na saúde pública quanto em planos de saúde. Higienização e controle de contaminação hospitalar é outro aspecto crucial.

Também deve haver avaliação da efetividade dos serviços e dos medicamentos providenciados. Afinal o que importa é quão sadia a pessoa passa a ser devido aos cuidados que recebeu com prevenção e acesso ao atendimento curativo e uso de medicamentos.

A ajuda internacional para a área da saúde pode filtrar em diversas estratégias: bolsas de estudos, em todos os níveis de graduação, mestrado e doutorado, para profissionais na área de saúde e profissionais da área administrativa de saúde. Esses estudos podem ser feitos no próprio país ou no país doador. *The London School of Hygiene and Tropical Medicine* (A Escola de Higiene e Medicina Tropical de Londres) é um dos exemplos disso, na formação de inúmeros profissionais na área da saúde para países tropicais.

A Economia da Saúde, como disciplina acadêmica e prática profissional, trata dos impactos da saúde na renda e no bem-estar, no crescimento e economia das doenças infecciosas, da relação entre prevenção e economia, da indústria biofarmacêutica, do acesso e desigualdade, dos determinantes da saúde infantil, da parte gerencial e administrativa, cuidados preventivos, remuneração de médicos e profissionais de saúde, concorrência crescente, desempenho das organizações de saúde, produtividade, métodos de controle de custo-efetivo, desafios intergeracionais, custos, financiamento e seguros. Saúde mental, econometria para avaliação, instrumentos microeconômicos aplicados à saúde, eficiência econômica e análise de custo benefício, demanda e oferta, informação assimétrica, instituições filantrópicas, regulamentação governamental, seguridade social, epidemias [Glied & Smith, 2013; Folland & Goodman & Stano; 2007].

A ajuda externa na área de saúde, nem sempre é enviada por agências oficiais de ajuda [item 17.6]. A Oxfam e o Médicos Sem Fronteiras têm sido muito ativos em campanhas de combate à malária, AIDS, tifo, diarreia, tuberculose e outras. Artistas famosos também são mobilizados e alguns utilizam seus fundos próprios ou a sua imagem, num apelo urgente em algum lugar do globo, para arrecadação para a área de saúde direcionada a países frágeis. Meios de comunicação e organizações de fé são excelentes canais para divulgar conhecimento preventivo e emergencial.

Grandes desafios, para os quais nem todos nós estamos preparados, são epidemias regionais (ebola, HIV/AIDS, malária, tifo) e pandemia global como a Covid-19. A África deverá, uma vez mais, ficar no abandono e à sua própria sorte, não tendo recebido a mesma atenção de outras regiões da Terra com a Covid-19. Conflitos de fronteira, instabilidade política, estagnação econômica e separatismo regional em nada contribuirão no curto e médio prazo para alívio nos desafios sociais, de saúde e de doença em países frágeis.

## 18.4 Educação

Os desafios da agricultura, alimentação, moradia, renda, saúde e do desenvolvimento econômico dos países e regiões da Terra estão todos ligados estruturalmente ao desafio da educação.

Quando se trata do capital humano, é preciso disponibilizar recursos privados e públicos, em suficiência necessária para financiar o sistema educacional em todos os níveis, fundamental, médio e universitário. No mesmo esforço, outra parte da poupança nacional anual financia a pesquisa e desenvolvimento de produtos e de técnica de produção, gerenciamento e logística; a inovação envolve a melhoria como a invenção de novos produtos e serviços.

A qualidade do capital humano e do capital físico é complementar e a condição necessária para o desenvolvimento e o crescimento econômico é que, no ano anterior, o PIB cresça a uma taxa que acumule um percentual em poupança nacional. Além da reposição do capital depreciado, há também a necessidade formação de capital novo no país, pois a população aumenta e com ela aumenta também a demanda na própria educação.

> "Há abundante evidência que o aumento no capital humano do pobre é uma das chaves para reduzir a pobreza. A capacidade de ganhar renda é claramente o maior fator para tirar as famílias da pobreza, mas para ganhar renda, um indivíduo precisa saúde, força, para aumentar a renda potencial, precisa de educação". Assim, investir no capital humano dos pobres é vital para garantir que eles participem plenamente do crescimento da economia e possam ser membros produtivos da sociedade" [World Bank; *Poverty Reduction and the World Bank – progress and challenges in the 1990s*. Washington, 1996, p.18].

O documento lembra ainda que o acesso à educação para meninas, além de incluir as que normalmente já ficariam fora da escola (em preferência quase sempre dada aos rapazes), gera também um efeito sobre a fertilidade e sobre os cuidados com nutrição, higiene, saúde, afeição e atenção escolar da mãe para com as suas crianças. Isso tudo também diminui traumas infantis, resultando em futuros adultos com mais saúde psíquica e mais equilíbrio social geral.

Referente à educação, Gould é claro:

> "Em países do terceiro mundo, o custo básico da provisão pública direta normalmente é muito elevado, em particular nas áreas rurais, mas também em áreas urbanas onde há uma diferença substancial entre famílias na capacidade de pagar" [Gould; 1993, p.94].

Existem países que caminham lenta e penosamente para o seu desenvolvimento. Entre outras urgências, a necessidade de formação da poupança nacional, como a reposição do capital físico em forma de pontes, portos e estradas, a educação, às vezes, acaba ficando com um orçamento privado e público minguado. A cooperação internacional pode auxiliar na provisão estatal da educação e há espaço para a criatividade sobre formas de financiamento que permitam ao estudante o pagamento depois da graduação. Isso vai dar novas oportunidades de trabalho, tanto quanto, aumentando a produtividade do trabalho por hora e a própria remuneração. Melhores salários também significam retorno social e econômico no futuro, uma vez que o indivíduo com uma renda mais elevada vai também participar do fluxo circular da renda (aluguel, juro, lucro e salário) e como consumidor, poupador, investidor e contribuinte de tributos ao setor público.

Johnes (1993) apresenta os conceitos de economia da educação, desde a formação do capital humano até o seu retorno no mercado de trabalho e na produtividade, bem como os custos de provisão e as formas de financiamento.

Ao mesmo tempo em que as áreas de saúde e de educação são geradoras de emprego no setor público, em países em desenvolvimento, principalmente para mulheres, uma das grandes falhas é a escassez de professores de ensino fundamental e médio[79].

O financiamento da educação, privada ou pública, está intrincado com o debate tributário e o tribalismo partidário do país. Ao mesmo tempo em que as classes média e abastada preferem colocar seus filhos em colégios e universidades públicas, também relutam em pagar uma banda maior do imposto de renda, que poderia ser utilizada na economia do bem-estar social. Logo, os debates relacionados à geopolítica social sempre terão implicações na política interna de um país, pois estão relacionados à renda, alimentos, educação e saúde como também à concentração de renda e riqueza e ao rentismo. Os maiores encalhos são as próprias pessoas escolarizadas que utilizam todas as formas, até golpe de Estado quando julgarem apropriado, para impedir uma tributação de renda mais progressiva e mais equitativa que convergiria para o modelo europeu.

Uma das formas de financiar, além da isenção de mensalidades, é atribuir cota, empréstimo, *voucher* com imposto de renda adicional, após a formatura até o indivíduo favorecido devolver o montante dos gastos públicos com a sua formação, como na Austrália. O Banco Mundial tem sido parceiro, tanto na formulação de política educacional quanto para empréstimos financeiros a governantes interessados em dar acesso a todos os indivíduos em idade escolar na região. O grupo tem ofertado apoio técnico e financeiro, para inverter a pirâmide da educação em países onde a educação universitária recebe mais recursos do que o nível médio e fundamental em termos proporcionais.

Muitas vezes o benfeitor internacional doa periodicamente as finanças, para cobrir os custos variáveis ou recorrentes do projeto para todo o ciclo de vida de uma unidade educacional, seja escola, universidade ou centro de treinamento técnico.

---

[79] No Brasil há uma escassez de 120 mil professores nas áreas de física, matemática e química no ensino fundamental e médio.

Por vezes, além do desafio do bom delineamento curricular, a educação se depara com a abstenção de professores e a incompetência da gestão escolar. Em muitas regiões pobres da Terra, o professor trabalha em outras fontes de renda na hora da aula, ou está cansado nessa hora por causa disso! Eles são pais e mães e sua condição está dentro dos problemas da agenda social: alimentos, educação, moradia, renda, previdência, saúde, urbanização, sobrevivência e até de violência doméstica, sua e de seus alunos, quando não, desastres naturais ou a brutalidade da instabilidade política e até a guerra.

## 18.5 Moradia e Urbanização

A oportunidade de formação de renda em forma de aluguel, juro, lucro e salário, para pelo menos um membro da família, propicia moradia digna, recursos para o transporte privado ou público, para ir para o trabalho e para o estudo, e um pouco de acesso a tratamentos em caso de doença. Tudo está ligado à urbanização e a cidade deve ser planejada como uma comunidade integrada com infraestrutura integradora. O lar assim como os locais de trabalho são os lugares mais preciosos para indivíduos e famílias; praticamente 2/3 do tempo da vida das pessoas são vividos aí dentro e por isso devem ser ambientes de conforto, e não de desconforto, aborrecimento, apreensão e sofrimento.

Todo o planejamento urbano e o plano diretor da cidade devem propiciar que as famílias tenham, além de moradia decente e acolhedora, também serviços apropriados, esgoto, água potável, coleta de lixo, energia elétrica, escola, unidade de saúde e de saneamento nos bairros em locais próximos dos residentes.

Áreas de moradia urbana, geralmente de periferia, podem sofrer periodicamente cheias e deslizamentos. Regiões de mangue e de pântanos podem estar infectadas de insetos e transmissores de doenças. Muitos migrantes rurais só trocam o local e o grau de pobreza na área urbana que muitas vezes torna-se mais aguda do que antes, principalmente em alimentação e moradia. Residências pobres, além do desconforto, ausência de água potável, energia elétrica, saneamento e esgoto apropriados, podem causar traumas de infância que perseguem a pessoa pela vida toda.

Num círculo vicioso de pobreza e fome, a vizinhança desagradável, violência nas ruas, violência doméstica, ruas agitadas com embriaguez e prostituição, tráfico e crime. A poluição sonora, de centros de entretenimento e de organizações de fé, pode estar próxima e se tornam uma externalidade aborrecedora de dia e de noite. Tudo isso e a desnutrição afetam o rendimento escolar das crianças, adolescentes e jovens. Às vezes, o ambiente é adverso demais devido à desestruturação generalizada das famílias e fica difícil aos pais propiciarem uma boa educação, com valores, para as suas crianças.

Por isso mesmo, policiamento adequado e sentido de proteção e segurança devem estar presentes nas ruas, calçadas e portões das casas, dia e noite. Isso diminui aborrecimentos, mas é a expressão de uma sociedade de brutalidade.

O Programa das Nações Unidas para os Assentamentos–Habitat, com sede em Nairóbi, Quênia, foi criado em 1978 com o objetivo de garantir abrigo adequado e assentamentos humanos sustentáveis nas cidades. O apoio se dá tanto em desenvolvimento econômico local quanto em empoderamento de mulheres, governança, legislação, proteção do solo, serviços básicos em água, energia, planejamento das cidades, prevenção e gestão de riscos, saneamento e segurança.

Onde a renda individual é insuficiente para as famílias financiarem residências adequadas, os governos locais ou nacionais fazem um esforço para urbanizar favelas, construir conjuntos residenciais e casas populares em parcerias privado-públicas e, às vezes, com financiamento por agências internacionais de ajuda para o desenvolvimento e pelo Banco Mundial e agências públicas nacionais de fomento.

## 18.6 Meio Ambiente

Os maiores problemas ambientais são degradação do solo, desmatamento, disseminação de doenças por água e lixo, erosão, escassez de água potável, exaustão de minerais e de solos, lenha para cozinhar, lixo tóxico, perda de biodiversidade e extinção, dilapidação de espécies naturais animais, florestais e aquáticas; falta de saneamento apropriado para dejetos humanos, poluição da água de rios, lagos, mares e de lençóis freáticos, poluição do ar, poluição industrial e emissão de $CO_2$. Como resultado, está ocorrendo mudança atmosférica e climática e cresce a urgência para uma reversão da tendência catastrófica e busca do equilíbrio natural. O desenvolvimento e crescimento econômico sustentado e sustentável tem-se tornado um grande desafio e em partes da Terra o meio ambiente é destruído simplesmente para a sobrevivência do humano. Vale lembrar mais uma vez que "a evidência indica que os piores perpetradores da destruição ambiental são o bilhão mais rico e o bilhão mais pobre da Terra" [Todaro; 1994, p.328].

A ajuda internacional pode estar ligada à geografia e aos processos de política ambiental nacional e local do país beneficiado [Caps. 2 e 17].

Um dos momentos mais apelativos na cooperação internacional e da ajuda externa de países mais desenvolvidos para aqueles ainda em desenvolvimento é no socorro a desafios impostos por desastres, tanto naturais quanto provocados pela ação humana. Para isso é bom o governo nacional ter uma lista de profissionais atuando na análise dos perigos e gerenciamento de desastres, tê-los mapeados previamente para prestar ajuda externa na hora apropriada [Cap. 2]. Isso inclui a análise acurada da natureza, causas e efeitos de desastres naturais e ambientais e as respostas e ajustes que afetarão indivíduo e grupos e sociedades; análise do custo e dos impactos; opções de ajuste e percepção e comunicação de risco; monitoramento do risco local e regional; ajustes estruturais e não estruturais que a região precisa; ação emergencial, alívio, desabrigados e refugiados; resposta financeira e seguro; riscos e desenvolvimento econômico, risco como oportunidade, risco como subdesenvolvimento; riscos de catástrofes naturais ou humanas. Em momentos de desastres naturais, pelo choque, pela dor e pelo medo de perder mais ainda seus parcos pertences, muitas pessoas agem de maneira desesperada, inclusive perdendo a racionalidade para o perigo de perderem a própria vida. Agentes bem preparados devem estar presentes para lhes dar apoio logístico e psicológico.

Na questão ambiental, a ajuda externa pode ser em forma de apoio, treino e disponibilização de técnicos para o planejamento e execução de tributação sobre a poluição, análise de impacto ambiental, auditoria ambiental, proteção de áreas e de espécies, direitos de propriedade junto com preservação ambiental e inquéritos públicos locais. O mapeamento de informação geográfica e ambiental será crucial para isso. A fiscalização sobre exploração e comércio ilegal de espécies nativas e a depredação pode se dar em parceria entre esferas de governo do país (federal, estadual e municipal), pela polícia federal e polícia ambiental e, também, em parceria com a Interpol, sistemas de informação e de segurança [Cap. 17].

## 18.7 Migração

Muitas pessoas, em seus países, se veem obrigadas a se deslocarem contra o seu desejo e tendo que abandonar o seu projeto de vida, de família e de convivência. São forçadas e se retiraram de situações insuportáveis, sejam econômicas, étnicas, religiosas, de intolerância, perseguição, guerra e disputa de fronteiras, levando à migração interna ou internacional.

Os países em desenvolvimento se deparam com dois tipos de migração em massa: rural ou urbana interna e externa para outros países. No primeiro caso, geralmente é o fator atração para grandes cidades na busca de emprego na indústria, construção ou serviços; no segundo caso é o fator repulsão para fugir de falta de oportunidades, desemprego, pobreza, fome, instabilidade, perseguição e violência devido à crise política, golpe de Estado e guerra civil. Há também a migração individualizada para outros países, como fuga de cérebros de pessoas formadas em faculdades, levando embora diversos níveis de escolaridade, faixa etária e o passado sócio-econômico-cultural do indivíduo. Isso tem reflexos no desenvolvimento econômico, político, social e cultural do país, deixado para trás pelo migrante; é uma perda de capital humano para a região e o país, mas também para os seus entes próximos.

Há também refugiados e exilados acadêmicos, artistas, empresários, intelectuais, militantes, militares, políticos e profissionais. As grandes democracias da Terra estão repletas de intelectuais, migrantes e refugiados, com alta escolaridade, vindos de países confusos. A Alemanha, Austrália, Canadá, Dinamarca, Escandinávia, EUA, Japão, Noruega, Nova Zelândia, Reino Unido e Suíça recebem milhares todos os anos por meio de uma migração seletiva de profissionais que contam mais pontos de acordo com a demanda de profissionais para o processo seletivo de entrada e de residência permanente.

Todaro [1994; p.263] menciona fatores sociais, físicos (cheias, clima, seca), demográficos (mortalidade e pressão rural), culturais e midiáticos que influenciam a decisão de migrar. Nos dias atuais, porém, há a brutalidade e a tragédia de países frágeis, em guerra, perseguição, deslocamento, desemprego, desestruturação de famílias e comunidades e a árdua dificuldade diária de sobrevivência. Essas situações afetam todas as classes sociais e, inclusive, com uma migração de cérebros considerável de jovens com curso universitário completo, bem como de empreendedores e empresários que fazem falta ao país de origem.

Todaro [1994; p.273-274] sugere algumas estratégias para diminuir as causas das migrações:

- Criação de equilíbrio rural-urbano;
- Expansão de pequenas empresas de trabalho-intensivas;
- Eliminação das distorções de preços, principalmente na agricultura;
- Tecnologias apropriadas para produção de trabalho-intensivas;
- Modificação da ligação direta entre educação e emprego;
- Redução de população por meio da redução de pobreza.

Um grande influxo de refugiados, em uma área geográfica em um país, geralmente também pobre, impõe imediatamente problemas de alimentação, necessidade de infraestrutura sanitária, banheiro químico, medicamentos, moradia, enfermarias de campanha, necessidade de combustível, energia ou lenha para cozinhar os alimentos. Esses refugiados podem se tornar imigrantes permanentes, impondo também necessidades permanentes econômicas e sociais, de infraestrutura e de geração de renda.

## 19. PAÍSES FRÁGEIS E O FRACASSO DA COOPERAÇÃO INTERNACIONAL

A cooperação internacional e a ajuda externa aos países em desenvolvimento são canalizadas para superar desafios estruturais dentro da geopolítica social descrita acima. Por outro lado, as agências de ajuda externa dos países desenvolvidos [Cap. 17] e as organizações internacionais [Cap. 16] terão que atuar dentro das condições institucionais, políticas e culturais do momento, no país em questão. Aqui ocorre o dilema e o desafio de ajudar as pessoas sem fazer apologia ao regime, que na maioria das vezes é o que está justamente causando a situação de sofrimento generalizado à população.

Fora do processo democrático, a administração de cada país e a busca do desenvolvimento ocorre em graus crescentes de violência, por parte dos representantes do Estado no momento:

- Reformas feitas por meio de leis e programas de governos democraticamente eleitos;
- Golpe de Estado que aborta um mandato legítimo e legal advindo de um processo eleitoral e daí instala um regime militar para garantir o novo regime sob a força;
- Revolução que procura fazer uma mudança estrutural na cultura, economia, ideologia e política;
- Guerra civil que é a luta fratricida de partes armadas do Estado contra outras partes armadas desse mesmo Estado, com forte

divisão em campos opostos das próprias Forças Armadas (para evitar isso e acomodar as três forças os argentinos tinham uma junta militar na sua última ditadura 1976-1983);

- Genocídio que é uma limpeza sistemática cultural, étnica, ideológica e religiosa.

Em todos esses cinco graus, grupos de interesse, representantes de entidades da sociedade civil organizada e lobistas podem estar no comando.

Um dos piores cenários para a vida de um indivíduo e sua família é estar em uma região com poucas oportunidades econômicas, sem acesso ao mar e em conflito étnico e autoritarismo político e militar e, por vezes, quando todos esses graus fracassam para gerar estabilidade política, o país se torna frágil e fracassado. O autoritarismo, corrupção e incompetência se unem naturalmente.

O baixo crescimento econômico, insuficiente para formar a poupança nacional necessária para o desenvolvimento e o crescimento sustentado e sustentável, deixa muitos países em dependência da ajuda externa. A negligência de socorro à agenda social [Cap. 18] desses países pela comunidade internacional, somada à posição geográfica, desafios estruturais da economia, da instabilidade política e do fabrico social tensos, acabam por vezes piorando a situação de fragilidade de um país e levando a um verdadeiro colapso do Estado como organização jurídica, política e administrativa da sociedade e o sequente colapso dos serviços públicos.

Quando a cooperação internacional bilateral ou multilateral falha entre países, há consequências desagradáveis não só para o país frágil que fracassa, mas também para os países vizinhos e com respingos na comunidade internacional como o tráfico de toda sorte, migrações, lavagem de dinheiro, fuga de capital e de cérebros, golpe de Estado, guerra civil, guerra convencional com vizinho e até genocídio. Também pode haver falhas no socorro emergencial a tempo, quando não há interesse comum na comunidade internacional, ou quando quem tem interesse não tem recursos para colaborar, ou quando alguns se recusam a colaborar com o país problemático.[80] Outra causa são razões partidárias e ideológicas do governo do dia, animosidade entre os países que deveriam colaborar ou, pior ainda, porque algum país ou empresa fustiga deliberadamente o problema dentro do outro país. A precariedade da vizinhança pode impor uma vulnerabilidade a toda uma região.

Para a tristeza de muitos seres humanos, muitos metros quadrados do planeta Terra também nunca conheceram o que é democracia. Há uma constante no grau de brutalidade econômica do dia a dia, da violência na vida social e na violência sistemática do setor público, sobre tudo e sobre todos, e da fragilidade.

Até a pouco tempo se utilizava o termo país fracassado, mas o termo país frágil é mais respeitoso. Um aspecto estrutural descompassado no país cria e alimenta outro desequilíbrio estrutural, levando a uma deterioração geral que leva ao colapso do Estado, como a organização administrativa, jurídica e política da sociedade e da autoridade legítima, que permitiria uma ordem funcional e de segurança entre indivíduos. As características de um Estado frágil são:

1. Colapso dos serviços públicos;
2. Criminalização do aparato do Estado e surgimento de Estado dentro do Estado;
3. Demanda sanitária emergencial em campos de refugiados;
4. Desenvolvimento desigual e declínio econômico;
5. Desrespeito generalizado aos direitos humanos;
6. Dor generalizada;
7. Facções entre elites culturais, econômica, étnicas, políticas e religiosas;
8. Governo central fraco e sem autoridade, ilegitimidade do Estado e surgimento de poderes paralelos;

[80] No caso da Ruanda em 1994, foram feitas acusações na imprensa de que a França como membro permanente de Conselho de Segurança da ONU, impediu o envio de mais tropas estrangeiras antes do genocídio.

9. Guerra civil;
10. Intervenção externa por país vizinho, ex-colonizador, ONU, coalizão entre Estados;
11. Pressão demográfica, deslocamento e migração interna e emigração;
12. Rapto e abuso sexual contra mulheres;
13. Refugiados em outras fronteiras;
14. Tomada do poder por grupos oportunistas, ilegais, ilegítimos, mercenários.
15. Violência e vingança entre grupos armados.

Em 2020 os 25 países considerados frágeis, por ordem de dramaticidade, eram o Iêmen, Somália, Sudão do Sul, Síria, República Democrática do Congo, República Centro Africana, Chade, Sudão, Afeganistão, Zimbábue, Burundi, Camarões, Haiti, Nigéria, Guiné, Mali, Iraque, Eritreia, Níger, Líbia, Etiópia, Mianmar, Guiné-Bissau, Uganda, Paquistão [*fonte: list of fragile states – wikipedia, acesso 22 de abril de 2021, 11h27*].

A Primavera Árabe ocorreu em países onde o Estado estava à beira do colapso e alguns colapsaram depois, como nos casos do Iêmen, Iraque, Líbia, Líbano, Síria. São controlados por *players* locais ou globais e são falidos e instáveis, em cujos territórios militantes podem treinar, financiar e se armar para atazanar em outras terras.

O deslocamento interno e a migração intranacional é uma das consequências penosas da fragilidade dentro dos países, assim como o tráfico internacional.

## 19.1 Tráfico Internacional

Um país frágil, praticamente com o setor público falido, geralmente se torna um Estado pária, sem amigos no globo, e com o peso de sanções internacionais. Como uma bactéria oportunista num corpo fragilizado, assim o crime organizado aí se instala para agir nas entranhas da anarquia nacional e, a partir daí, na esfera internacional.

O tráfico internacional, de todas as espécies, é o maior respingo de Estados falidos sobre outros países: aí se inclui o tráfico internacional porque são pontos de passagem e de redirecionamento da logística de distribuição no globo, ficando difícil o controle para autoridades constituídas desses países e das instituições internacionais. Cria uma logística e fatos globais em portos, aeroportos e fronteiras e, ainda, de informações para o seu combate. A geopolítica dos mares é crucial nesse caso [Cap. 24].[81]

Um dos efeitos perversos é a perturbação do fluxo do comércio internacional, pois, às vezes, o país é fornecedor de um recurso natural que alimenta veias centrais de outras economias e da economia mundial; os mesmos canais legais de logística e finanças podem ser usados por criminosos para a entrega e pagamentos; ou é ponto geográfico estratégico de passagem para transporte, ou seu solo é utilizado por grupos terroristas ou rebeldes (Iraque, Líbia, Somália), ou de tráfico internacional. Muitos países não estão em situações precisamente frágeis, mas sim instáveis em seus períodos mais conturbados, como foram os casos do Paraguai, Nigéria/Biafra, Zimbabwe, Vietnã, Laos, Camboja, Uganda, República Centro Africana e Congo atual. Outros territórios são a Chechênia, Ucrânia oriental, México e como a Bolívia dos ditadores, desde a independência até o início do século 21.

Seguem os maiores fluxos de tráfico por meio de países frágeis.

### 19.1.1 Tráfico de Animais

O tráfico de animais concentra-se em alces, antílopes, aves, baleias, bisões, búfalos, cobras, elefantes, gorilas, macacos, pandas, rinocerontes, tartarugas marinhas, tigres e ursos polares. Os focos de origem do tráfico animal estão na Amazônia, Ártico, Bornéu e Sumatra, Congo, Galápagos, grandes planícies do EUA e Canada, Himalaias e Triângulo Coral (Filipinas, Ilhas Salomão, Indonésia, Malásia, Papua Nova

[81] É preciso muita vigilância e colaboração internacional para que a logística de distribuição e de finanças de traficantes não utilizem os mesmos caminhos legítimos e legais do comércio exterior.

Guiné, Timor Leste). Isso demanda uma atenção especial sobre o trânsito no estreito de Malaca, em colaboração entre as guardas costeiras, a Interpol e as polícias federais dos países de origem e de destino do tráfico.

### 19.1.2 Tráfico de Armas

O tráfico de armas obsoletas para países menos desenvolvidos, por grupos ilegais e criminais, alimenta a indústria de armas novas em países desenvolvidos. O bilionário comércio, na maioria ilegal, de armas obsoletas ou mesmo novas encontra um caminho fácil, mesmo que muito indireto, em países frágeis para governantes, intermediários, rebeldes, mercenários, milicianos, opositores, guerrilheiros, anarquistas e terroristas. Esse é um mercado de difícil controle, dado o *lobby* forte da indústria armamentista, em muitos países democráticos que alegam geração de emprego, renda, tributo, segurança privada e divisas internacionais, geradas pela indústria de armas. Esse *lobby* pode ser muito indireto, mas efetivo: o descarte das armas obsoletas abre encomendas para armas novas no país mais sofisticado; para repor e atualizar é preciso descartar em algum lugar. Isso fez com que o tráfico seja quase uma conveniência para o comércio "normal", senão mesmo uma condição necessária em alguns países.

O comércio legal e ilegal de armas é de difícil controle. Além de suborno e de grandes somas envolvidas pode haver conexão direta entre a necessidade de reequipamento militar, com atualização tecnológica, de países desenvolvidos e pontos da Terra onde possa ser feito o descarte de armas obsoletas que acabam nas mãos de ditadores, guerrilheiros, mafiosos, mercenários, milicianos, rebeldes, piorando, assim, a fragilidade de uma nação.

Governantes não democráticos têm sido abastecidos com armas e munições por intermediadores e mercadores globais de armas, obsoletas e novas, não obstante as sanções econômicas internacionais, geralmente aplicadas pelos EUA. Esses foram os casos de Fidel Castro em Cuba, Daniel Ortega em Nicarágua, Nicolai Ceausescu na Romênia,

Muamar Gaddafi na Líbia, Augusto Pinochet no Chile, Piek Potha na África do Sul, Francisco Franco na Espanha, Xá Pahlevi no Irã, Aiatolá Khomeini no Irã, José Eduardo dos Santos na Angola e em algumas repúblicas centro-asiáticas pós-soviéticas. Geralmente, o comércio de armas, que foge de sanções econômicas internacionais que são circum-navegadas para Estados párias, está intrincado com formas de pagamento dentro do comércio de borracha, de metais, ouro e petróleo e de lavagem de dinheiro. Alguns bancos e alguns paraísos fiscais operacionalizam a parte financeira.

### 19.1.3 Narcotráfico

No mundo do narcotráfico, as substâncias mais traficadas são: anfetamina, cocaína, esteroides, hashish, heroína, maconha e ópio. Tanto o produto quanto a matéria-prima e intermediária tem um fluxo de distribuição bem organizado. A ONU estima o fluxo de quase meio trilhão de U$ anuais em matéria-prima de folhas de coca que resulta na cocaína e de bulbo da papoula que resulta no ópio e morfina. Alguns países já chegaram até a serem considerados Narcoestados: Afeganistão, Bolívia, Guiné Bissau, Jamaica, Panamá, Tajiquistão; certos países são os preferidos para as rotas internacionais, devido ao grande nível de corrupção e dinheiro envolvido e devido à logística aeroviária, marítima, portuária e rodoviária dos mesmos. O Brasil é um dos países de onde partem muitas embarcações marítimas com tráfico de drogas.

A Interpol e as polícias federais fazem um bom trabalho no controle do tráfico internacional, mas observa-se que há aí um custo de oportunidade: o dinheiro e o esforço para diminuir o narcotráfico não são utilizados em outras funções mais nobres dos governantes, como educação, frentes de trabalho, infraestrutura, moradia, previdência social e saúde. Além do que há um custo humano imposto sobre os usuários e aos próprios traficantes mirins, assassinatos de policiais, juízes e agentes governamentais.

## 19.1.4 Tráfico de Humanos e Órgãos

A internet e a TI têm facilitado o tráfico humano. A ONU *(UN GIFT Guide)* qualifica o tráfico humano como:

> "o recrutamento, transporte, transferência, abrigo, recebimento de pessoas, por meio de ameaça, uso da força, ou outras formas de coerção, de abdução, de fraude, de engano, de abuso de poder, ou de posição de vulnerabilidade, ou doação e recebimento de pagamento de benefícios para obter o consentimento de uma pessoa, ou ter o controle sobre outra pessoa para o propósito da exploração."

A migração legal e ilegal, o tráfico humano, a adoção ilegal, a saúde precária, a morte precoce, a prática desesperada do aborto, a violência doméstica, a dependência química em ambientes de pobreza, são todos resultado direto da pouca ou inexistente oportunidade nas áreas de agricultura, alimentos, educação, moradia, renda, saúde, ação eficaz do setor público, e consequente atuação de criminosos e milícias e do sofrimento generalizado aí causado. É o capítulo diário e interminável da tragédia humana em muitos lugares da Terra, onde ideologias, sistemas econômicos e políticos e religiões não servem para nada.

Nestes respingos de países frágeis há ainda o tráfico internacional de humanos. A Organização Internacional do Trabalho (ILO) estima correntemente que 21 milhões têm sido traficados para o trabalho escravo, semiescravo, sexual, alistamento militar, milícia, mercenários de guerra, adoção ilegal. Rapazes e moças de boa aparência, de vilas rurais, periferias e classe média, muitos com curso universitário, são recrutados por oportunistas com arranjos promissores, mas acabam nas mãos de oportunistas da indústria do sexo em grandes cidades da Terra.

Na categoria do tráfico humano entra também a adoção ilegal bem como a venda e compra de bebês. É muito doloroso para as mães verem seus filhos passarem fome, morrerem de fome e de doenças. Muitas dessas mesmas mães são presas fáceis para oportunistas da indústria do sexo local ou internacional. Em contextos, não raros e dramáticos, mulheres que não conseguem "escapar", por mais que desejem, de situações adversas nem por meio da migração legal ou ilegal e nem por meio do tráfico humano, são levadas, no seu desespero econômico e existencial à prática do aborto e até ao suicídio.

Os órgãos humanos traficados são coração, córnea, fígado, pulmão e rim. O tráfico internacional de órgãos humanos geralmente está ligado ao mundo de drogas, prostituição, crime, ilegalidades, morte e roubo e compra e venda, por consentimento de famílias pobres e oficiais de governos. Por vezes, os órgãos são retirados em hospitais sem consentimento, mas com a conveniência e conivência de parte de corpo médico e de enfermagem e de esquemas infiltrados nos sistemas de saúde e de transporte aéreo, terrestre e marítimo. A retirada, o transporte e o implante de órgãos humanos requerem o mais elevado grau de profissionalismo na área de saúde; requerem também um conhecimento refinado de logística e procedimentos de embarque de pessoas e de envio de parcelas e de cruzamento de fronteiras. Por isso mesmo, é oneroso de se combater. Ressalte-se que há o chamado turismo de transplante que envolve viagens internacionais para venda, compra e transplante de órgãos humanos que, às vezes, são procedentes do tráfico.

O Azerbaijão, China, Chipre, Colômbia, Costa Rica, Egito, Equador, Filipinas, Israel, Kosovo e Panamá têm sido os países para onde pessoas têm viajado para transplante. A Bolívia, Brasil, China, Colômbia, Índia, Iraque, Israel, Moldávia, Peru, Turquia e Paquistão, têm sido os países envolvidos com venda de órgãos (SHIMAZONO, 2007). Isso não significa necessariamente que a prática do transplante e a venda em seus territórios sejam ilegais e criminosas, mas, em alguns casos está associada à compra e procedência duvidosas que podem ser ilegais.

A Declaração de Istambul de 2008 tem definido as regras para transplante de órgãos; a Organização Mundial da Saúde, a Associação Médica Mundial e a Convenção Europeia dos Direitos Humanos e Biomedicina têm guias éticos para obtenção de órgãos por parentes de pessoas que faleceram.

## 19.2 Corrupção e Lavagem de Dinheiro

Dinheiro de tráfico de todas as espécies; dinheiro mafioso, de venda de armas e de bandidos, criminosos, guerrilheiros, milícias e militantes armados; dinheiro de sonegação tributária, corrupção privada e pública podem facilmente encontrar refúgio seguro em alguns paraísos fiscais.

Reservas internacionais advindas das exportações, dentro da legalidade e logística do comércio exterior, também podem escapar entre os dedos de membros do governo e achar o seu caminho para o sistema bancário e financeiro internacional, com depósitos dentro da legalidade, porém de origem dúbia. Essas práticas roubam as escassas divisas internacionais para os países honrarem os seus compromissos internacionais. Não há intenção em se condenar os paraísos fiscais, senão chamar a atenção que lhes cabe, e à comunidade internacional também, um maior zelo sobre a procedência de alguns depósitos advindos de países frágeis ou em colapso e, mais ainda, um sentido de responsabilidade pelo efeito predatório, econômico e social, que essa fuga de capitais causa às sociedades de origem.

Os paraísos fiscais mais famosos são: Bahamas, Bahrein, Belize, Bermudas, Catar, Emirados Árabes Unidos, Gibraltar, Hong Kong, Jamaica, Líbano, Libéria, Liechtenstein, Malvinas, Maurício, Mônaco, Panamá, San Marino, Seicheles, Trinidade e Tobago.

Tecnicamente, o paraíso fiscal em si não é uma ilegalidade nem uma imoralidade, mas a garantia de depósitos e de sigilo que alguns deles dão aos clientes, sem a pergunta da procedência do dinheiro e a dificuldade de repatriação, acabam confortando os tráficos internacionais descritos acima, bem como facilitando a ação e sobrevivência de líderes de países frágeis auxiliados por criminosos internacionais de peso. Sem contar que o combate nacional e internacional da contravenção custa bastante aos cofres públicos dos países.

> "Na última década, a corrupção sofreu uma dupla transformação. Está cada vez mais sofisticada e alcança, sobretudo por meio dos paraísos fiscais, uma dimensão universal. As atividades

de interesse da corrupção multiplicaram-se e com elas as formas de praticá-la. Não se tata mais de uma relação bilateral entre o funcionário corrompido e o empresário corruptor. O amplo leque de atividades passíveis de práticas delituosas pode alcançar os subsídios às exportações, as licitações internacionais, as concessões de serviço público, as privatizações, a injeção de capital público nas empresas em dificuldades etc." [Steitenfus; 2004, p.131-132].

Cassinos, mesmo que legalizados e de boa índole geral, também podem absorver dinheiro dessas naturezas descritas acima.

## 19.3 Violência, Guerra Civil e Genocídio

Esse é o terceiro tópico de país frágil e pode estar bem ligado ao capítulo 5 e ao tópico 19.1.2. Um Estado considerado pária será isolado da cooperação internacional, podendo sofrer sanções e até invasão. Isso se dá por desvios de lei e da moral, por um comportamento inadequado para ser tratado de igual para igual nas relações internacionais. Outros motivos podem ser o desenvolvimento ou posse de armas químicas e de destruição em massa, uso de armas contra seu próprio povo, apoio ao terrorismo internacional, ditadura e violência, agressão militar a outro país independente, exportação viciada e violenta de ideologia, envolvimento em tráfico internacional de drogas.

Geralmente esse país já não tem uma identidade muito forte e tenta afrontar a ordem internacional para a própria sobrevivência. O regime do dia vende falsamente para seu próprio povo a ideia de que há uma cerco e uma perseguição da comunidade internacional contra o seu país; que há tentativa de interferência externa de países invejosos; de que outros países não o entendem ou queiram derrubá-lo para atingir seus objetivos econômicos em seu território, geralmente na busca de uma matéria-prima. Toda a estrutura de comunicações, incluindo redes sociais, de organizações religiosas, clubes de futebol e de esporte, da música e da cultura nacional ou regional são utilizados astutamente para obter o maior apoio popular de massas desinformadas e inseguras.

Países frágeis raramente estão exercendo plena democracia e geralmente estão sob a ditadura nacional ou em guerra civil. A violência sistemática ou esporádica nas ruas e entre indivíduos e grupos será a ordem do dia, mas é bom lembrar que esses cenários ocorrem justamente porque alguém de fora do país pode ter tido participação, senão mesmo financiado ou orquestrado a situação. Certos governantes não seriam competentes sozinhos para manter uma ditadura. O pior cenário de fracasso da cooperação internacional é quando ocorrem genocídios que conforme a ONU, são:

> "atos sistemáticos que visam destruir um grupo nacional, étnico, racial ou religioso e que são praticados por agentes do Estado ou por milícias".

A violência da guerra e das armas [Cap. 5], não importa se é guerra civil, convencional ou ditadura é uma página muito triste do fracasso de cooperação internacional:

> "A ideia da morte violenta – em oposição à morte natural – pode parecer bastante simples para um leitor moderno. Contudo, muitos dos milhões de vítimas da guerra, do genocídio e de outros atos de violência organizada não foram mortos diretamente por uma arma manipulada por outro ser humano. Eles morreram por causa da escassez de alimentos ou de epidemias que (parece provável) não teriam ocorrido se não tivesse sido pelos atos antecedentes à violência 'direta'" [Ferguson; 2015, p.763].

A atuação de embaixadores nestes países, a ajuda internacional, a presença de observadores e negociadores internacionais neutros e a missão de paz da ONU são importantes para evitar tragédias ainda maiores em turbulência interna e numa posição frágil. Na maioria das vezes, o esforço da ONU chega tarde demais, ou não é efetivo devido às disputas e discordâncias entre gigantes e membros do Conselho de Segurança. Poderes dominantes do globo nem sempre se acertam devido aos diferentes objetivos que cada qual almeja atingir dentro dos seus planos estratégicos e jogos estratégicos que praticam, ao utilizarem a geopolítica como instrumento de relações exteriores.

Os grandes genocídios da história recente da humanidade por ordem de vítimas podem ser lembrados aqui:[82]

| GENOCÍDIO | ANO | VÍTIMAS |
|---|---|---|
| Fome soviética sob Stalin | 1932-1933 | 7.500.000 |
| Holocausto pelos nazistas | 1939-1945 | 6.000.000 |
| República Democrática do Congo por guerras, doenças e fome | a partir de 1997 | 6.000.000 |
| Bangladesh | 1971 | 3.000.000 |
| Camboja pelo Khmer Vermelho | 1975-1979 | 3.000.000 |
| Armênia pelos turcos | 1915 | 1.500.000 |
| Ruanda entre Hutus e Tutsis | 1994 | 1.000.000 |
| Gregos pelos turcos | 1914-1922 | 750.000 |
| Uganda por Idi Amin | 1971-1979 | 350.000 |
| Burundi | 1972, 1993 | 210.000 |
| Uganda por Milton Obote | 1980-1985 | 200.000 |
| Guatemala pelos militares | 1961-1990 | 200.000 |
| Povo Herero, na atual Namíbia pela Alemanha | 1904-1908 | 100.000 |

Adicionados a esses números existem incontáveis vítimas que pereceram nesse mesmo período por ditadores, geralmente patrocinados por grupos econômicos e políticos nacionais e apoiados por um país aliado.[83] Fome, miséria, depressão, condições higiênicas deploráveis, violência policial e militar, falta de acesso ao sistema de saúde, educação, previdência e moradia são todas formas de genocídio vagaroso e doloroso sobre os quais o sol brilha todos os dias.

Finalmente, é preciso termos em mente que a violência da pobreza e da fome, sofridas por milhões de seres humanos em muitos metros quadrados da Terra, é também uma forma silenciosa, mas não menos dolorida, de genocídio. A exclusão desses seres, aos alimentos e ao conforto de um lar, é um genocídio lento e diário.

[82] Depois de um século de insistência pela Armênia junto ao Congresso Americano e à Casa Branca e sob oposição da Turquia, em abril de 2021, pela primeira vez na história, o presidente americano Joseph Biden, admitiu que esse massacre armênio é caracterizado como genocídio.

[83] É possível que alguma ditadura possa ser apoiada por algum membro do Conselho Permanente de Segurança da ONU? Se sim, por que os outros membros do Conselho e os associados da ONU permitem?

## 19.4 Terrorismo

As maiores práticas históricas de terror ficaram ligadas a algumas guerras, principalmente coloniais e de conquista de territórios. Algumas revoluções também foram dramáticas como o Terror Francês (1793-1794) com Robespierre e o Terror Vermelho (1918) com Lenin e Trotsky seguidos do Expurgo stalinista.

Atos de terror foram verificados, em sabotagens entre concorrentes econômicos nos EUA, no final do século 19. No crime organizado também é praticado em disputas de território entre criminosos, contrabandistas, gangues, milícias e traficantes, como nos famosos casos dos Cartel de Medellin e do Cartel de Cáli. Rivais mafiosos na Itália (Camorra, Cosa Nostra, Ndragheta), Nova Iorque (Cinco Famílias), Chicago, Rússia, Nigéria e Japão têm praticado atos de terror entre eles e, em alguns casos, contra autoridades e juízes, sendo os mais icônicos o sequestro do primeiro-ministro Aldo Moro em 1978 pelas Brigadas Vermelhas e o assassinato do juiz Giovanni Falcone (1992).

O Massacre de Munique nos jogos olímpicos de 1972 e o sequestro do avião que terminou com a Operação Entebbe na Uganda, em 1976, ficaram associados à luta da Organização para a Libertação da Palestina (OLP). Terrorismo e guerrilha urbana também marcaram o conflito violento na Irlanda do Norte pelo Exército Republicano Irlandês (IRA) e pelas milícias leais ao Reino Unido nos Anos Problemáticos entre 1968 até o Acordo de Paz da Sexta-Feira Santa de 1998.

Na Alemanha o Grupo Badder-Meinhof/Exército Vermelho (1970-1998) teve caráter ideológico-político. Ditaduras na América Latina e na África nas décadas de 1970 e 1980 também praticaram atos de terrorismo de Estado contra a sua própria população. No século 21, o terrorismo choca o mundo com as ações violentas da Al Qaeda e do Estado Islâmico, bem como por atos de lobos solitários em cidades da Europa. Alguns cidadãos americanos se voltam violentamente contra o seu próprio país, como em massacres ocasionalmente perpetrados em escolas e áreas públicas, por portadores de armas nos EUA em verdadeiros atos de terrorismo.

Os maiores grupos terroristas de influência geopolítica regional e global neste século têm sido a Al Qaeda e suas afiliações e o Estado Islâmico.

### 19.4.1 Tipos e Financiamento do Terrorismo

A *United Nations Office on Drugs and Crime* (2010) relata formas de terrorismo como ataque suicida, crime organizado, narcotráfico; também relata a preparação individual para a prática do terrorismo, apoio, financiamento, ilegalidade, organizações terroristas, documentação falsa. Apresenta base legal e formas de combate pela comunidade internacional em cooperação com governos nacionais.

Há cinco tipos de terrorismo: econômico, de Estado, físico, psicológico, religioso.

Sabotagens, táticas e estratégias terroristas têm sido utilizadas como instrumento de libertação nacional contra o colonialismo como no caso da rebelião Mau Mau, no Quênia (1952-1963) e Vietcongue, no Vietnã (1954-1976). Suas estratégias visam amedrontar a população, ou atiçá-la contra os governantes, ou tentar fazer os governantes sentirem-se culpados pelos atos de violência do terrorista sobre pessoas inocentes; visam também causar insegurança psicológica generalizada, forçar gastos militares e logísticas impossíveis para as forças armadas do governo na luta contra guerrilhas embrenhadas em matas ou em labirintos urbanos.

Quando é praticado pelo próprio Estado ou grupos armados, envolve assassinato, aparelhamento de pessoas detidas por uma ditadura, degola, imolação viva ao fogo, crucificação, fuzilamento, empalamento, violência sexual; explosões de prédios e infraestruturas, como rodovia, porto, aeroporto, estação de trem e de metrô, ônibus, navio, avião, hidroelétrica; matança aleatória e indiscriminada de inocentes, linchamento, rapto, sabotagem, tortura, sequestro e desaparecimentos. Algumas ditaduras da América Latina e da África têm praticado algumas dessas ações típicas de terrorismo de Estado.

Há ainda os riscos de ecoterrorismo como atear fogo em reservas florestais (que é mais de ordem anárquica do que de agenda para um propósito definido) e do bioterrorismo como envenenamento do suprimento da água de uma cidade.

Em 1972 o terrorismo passou para as agendas da ONU e com marcos legais para combatê-lo a partir de 1985 e 1990. Não há consenso na ONU e entre os países sobre quem de fato é ou não terrorista. Para os governos do Canadá, EUA, Índia, Reino Unido, Rússia e União Europeia os mais listados atualmente são Abu Sayyaf, al Qaeda, Estado Islâmico, ETA, FARC, Hamas, Hezbollah, Grupo Islâmico Armado, IRA, Irmandade Muçulmana, Jemaah Islamiya, OLP, Sendero Luminoso, Talibã e *Ulster Volunteer Forces*. A Ku Kux Klan, contudo, não consta nessa lista e é preciso notar também que, em alguns casos, governantes não democráticos às vezes acusam qualquer membro da oposição de terrorista, banalizando assim a sua grande reprovação.

Neste século, os países mais afetados por ações terroristas internas por ordem de ocorrências têm sido o Iraque, Paquistão, Afeganistão, Índia, Filipinas, Tailândia, Somália, Nigéria, Iêmen, Rússia, Colômbia, Argélia, Líbia e Israel. Os EUA têm sido chocados por atos de seus próprios cidadãos, como no maior caso de Timothy James McVeigh. O mesmo aconteceu na Noruega em 2011 e em alguns casos na Alemanha, Argentina, Bélgica, França e Reino Unido.

A não violência tem sido um contraponto ao terrorismo interno e internacional e contra a brutalidade da Guerra Fria na busca de solução de conflitos. É uma atitude pacífica, porém não passiva e exige estratégias inteligentes, humanitárias, refinadas e eficazes na busca dos objetivos por seus praticantes. Os maiores líderes da não violência foram Alice Paul (1885-1977), Andrei Dmitrievich Sakharov (1921-1989), Mahatma Gandhi (1869-1948), Martin Luther King (1929-1968), Nelson Mandela (1918- 2013) e Kenneth David Kaunda (1924-2021).

## 19.4.2 Al Qaeda

A Al Qaeda, "a base", foi fundada em 1988 por Osama Bin Mohammed Awad Bin Laden (1957-2011). Uma vez derrotado o império comunista materialista no Afeganistão, Bin Laden almeja acabar com o império capitalista materialista americano e destruir a monarquia Saud da Arábia. Com objetivos, inteligência, táticas e estratégias bem definidas, tenta envolver o Pentágono e o governo federal americano:

1. Atacar os EUA em seu próprio território [fato das Torres Gêmeas em 2001];
2. Criar um conflito/invasão americana, num país árabe majoritário [fato no Afeganistão em 2001 e Iraque em 2003];
3. Estruturar a Al Qaeda nesses países e apoiar a resistência local contra as forças estrangeiras;
4. Espalhar a Al Qaeda em células pelo mundo para arrecadar recursos financeiros; ampliar adeptos comprometidos e praticar atos terroristas suicidas simultâneos contra embaixadas, arsenais de guerra e em áreas de elevada aglomeração humana;
5. Instigar a opinião pública e a população contra seus próprios governantes envolvidos no Iraque e Afeganistão;
6. Drenar recursos americanos para a guerra, com o objetivo de causar um colapso da dívida pública americana que se transforme numa crise financeira internacional [fato em 2008/2009];
7. Instalar um Jihad global no meio dessa anarquia [forte entre 2013 e 2015, mas fraco por ora].

Numa caçada global pelo governo americano e alguns aliados desde 2001, líderes e células da Al Qaeda foram amplamente domadas e Bin Laden e foi morto.

A saída dos EUA do Afeganistão, em 2021, talvez mostre que o maior estrago da Al Qaeda foi sobre as finanças públicas, sobre a capacidade de liderança global americana e sobre a sua imagem perante outras nações.

Além de Bin Laden outros líderes se destacam. Al Zarqavi, jordaniano, foi fundador da Al Qaeda no Iraque e, com financiamento advindo, de células na Espanha, França, Inglaterra e Itália; opunha-se à presença dos EUA no mundo islâmico e era contrário a qualquer apoio a Israel. Tinha como estratégia incitar sunitas contra xiitas, por meio da destruição de mesquitas xiitas. Em 2005 declarou guerra total contra os xiitas, no Iraque, porém, ao concentrar-se mais na perseguição de xiitas do que contra as tropas estrangeiras e dar munição ideológica à argumentação do Ocidente de que "islâmicos matam islâmicos", foi traído pela própria Al Qaeda e morto, em 2006, por bombardeio pelas tropas aliadas sobre a sua casa. Com a decapitação de Nick Berg e Eugene Armstrong, foi ele quem iniciou a horrível prática de execução de jornalistas e voluntários estrangeiros, e registradas com filmagem e propagação na internet.

Al Masri, salafista egípcio, e ex-professor de escola no Iêmen, lutou na guerra civil do Afeganistão (1996-2001) e, a partir da Síria, liderou a insurgência no Iraque, concentrando-se em ataques frontais contra forças estrangeiras, tanto na forma de combate quanto minando tanques e veículos de guerra. Foi morto no Iraque em 2010.

Al Zawahiri, médico e militar egípcio, sunita, foi vice de Bin Laden e líder da Al Qaeda global até ser morto no Afeganistão em 2022. Tinha como objetivo expulsar americanos e criar um califado no Iraque; utilizou a tática de sequestrar turistas para pedir resgate e enfraquecer a economia do Egito.

Abu Bakr Al-Baghdadi, salafista iraquiano, rompeu com o grupo rebelde Al Nusra (ramo da Al Qaeda na Síria) e fundou o Estado Islâmico em abril de 2013, sendo morto em 2019.

Abu Ibrahim Al-Qurashi, iraquiano e atual sucessor de Al-Baghadi desde 2019. Os principais grupos afiliados e simpatizantes da Al Qaeda são:

Boko Haram é um grupo jihadista wahabita e atua na Nigéria, Níger, Chade, Camarões e Benin. Utiliza táticas de destruição de vilas, mercados, sequestro de meninas e mulheres e ataques suicidas; financiam-se por meio do roubo de bancos, sequestros, contrabando, tráfico de drogas, doações por simpatizantes islâmicos da Arábia Saudita e do Reino Unido que querem extirpar a influência Ocidental na Nigéria e são favoráveis à lei sharia. Surgiu da primeira doação por Bin Laden para espalhar Al Qaeda na África Ocidental.

Bangsamoro tem base em Mindanao, nas Filipinas, e luta pela independência e por um Estado Islâmico. Jemaa islamiyah está no Sudoeste Asiático: Indonésia, Filipinas, Tailândia, Malásia e tem redes de apoio nos EUA; utiliza a mídia social (internet e Facebook) e é aliados do Talibã, Al Qaeda e Abu Sayaf; está infiltrado na polícia e forças armadas da Indonésia e das Filipinas e costuma atacar embaixadas. Ansar Al Sharia, na Líbia, jihadista salafista, participou na guerra civil da Líbia contra Kadafi e depois contra as forças armadas da Líbia em Bengazi. Ansar al Sharia na Tunísia é jihadista salafista e utiliza a mídia social contra blasfêmias. Mujahedeen Shura atua na Península do Sinai e Faixa de Gaza, atacando civis de Israel. Movimento Islâmico do Uzbequistão é sunita aliado da Al Qaeda e do Talibã e tem célula no Cáucaso. Jamaa Ansharut Tauhib atua na Indonésia; Abu Sayyaf nas Filipinas; Jundalahh no Paquistão e Jund Al Khilafah na Argélia com ramificações na Somália.

### 19.4.3 Estado Islâmico

O Estado Islâmico (Daesh) é terrorismo cometido sistematicamente em atos de guerra que fere toda a qualquer convenção internacional. O seu embrião está na invasão da União Soviética ao Afeganistão em 1979. Na sequência, Bin Laden, da elite saudita e com financiamento de famílias e regimes sunitas do Oriente Médio e do governo federal americano, recrutou uns 30 mil lutadores de uns 40 países, que, somados a outros 250 mil rebeldes afegãos (mujahidin), expulsaram os soviéticos em 1989. O país naufraga no caos e em 1996 o Talibã ("estudantes") – nascido nas escolas corânicas no Paquistão – assume o vácuo no Afeganistão enquanto Bin Laden refugia- se no Sudão.

Para entender o Estado Islâmico é preciso olhar para um período de 35 anos (1979-2014) e alguns personagens principais. Osama Bin Mohammed Bin Awad Bin Laden (1957-2011) desaprova a assinatura do Acordo de Oslo, em 1993, que visava criar o Estado da Palestina ao lado do já existente Estado de Israel, numa convivência pacífica num mesmo território. Ao criticar a monarquia saudita por apoiar esse acordo assinado por Bill Clinton, Isaac Rabin e Yasser Arafat ele é forçado a sair do Sudão e regressa ao Afeganistão. Sob a proteção do regime do Talibã inicia a execução de seu plano global com o ataque de 11 de setembro de 2001, fazendo todos entrarem no seu jogo com os fatos que agora conhecemos.

A declaração do Califado (DAESH/Estado Islâmico), pela Al Qaeda, com guerra total contra os outros crentes e não crentes, seria feita entre 2015/2016 com a expectativa de vitória final em 2020, mas o Estado Islâmico foi antecipado em 2013, com o desmembramento de parte da Al Qaeda que lutava contra Bashar Al Assad na Síria.

Os regimes ditatoriais do Oriente Médio eram campo fértil para os radicais sunitas/wahabitas. O Ocidente (EUA, França e Inglaterra) patrocina a "Primavera Árabe", iniciada em 2010 numa tentativa de democratização. Mesmo assim, a queda dos regimes fortes e a continuada concentração de renda e de riqueza, pelos pretensos donos dos países e fiéis e leais aliados do Ocidente, somadas a milhares de armas saídas das barracas dos exércitos, principalmente da Líbia, acabam por criar mais anarquia ainda. Para a Al Qaeda, a região se torna um grande campo de batalha.

Com apoio da Rússia, China, Coreia do Norte e Venezuela, ao governo Al Assad da Síria, os quatro grupos rebeldes na guerra civil não conseguem derrubá-lo e o Ocidente se torna parceiro da Al Qaeda em território sírio. O Al Qaeda teve apoio financeiro, logístico e de armamentos dos sauditas e americanos para derrubar Al Assad e depois foi apoiada pelos mesmos para ir ao Iraque – já em 2013 – para enfraquecer os xiitas e favorecer a instalação de um regime sunita após a saída do primeiro-ministro Al Malaki. Vale lembrar que Saddam Hussein era sunita e perseguia os xiitas e curdos no Iraque, a pedido dos mesmos patrocinadores até que se fez necessária a sua saída, quando os aliados impuseram um governo xiita para desmantelar a rede de corrupção entre o partido Baath de Saddam e seus colaboradores no mundo dos negócios, da política e até de mesquitas.

Os crimes de crucificação, enterro de pessoas vivas, degolação, estupro, queima e empalação de pessoas, tiveram o seu ápice na região controlada pelo Estado Islâmico a partir de 2013. Com pleno conhecimento de todos, eles eram criminosos úteis para a geopolítica da região? Somente mais tarde o cenário estava preparado para o presidente Barak Obama "declarar guerra" ao Estado Islâmico. Por quê? Uma vez feita a limpeza contra os xiitas no Iraque, não se pode deixar que os mesmos jihadistas tomem Bagdá, nem se permitir a independência do Curdistão, pois a Turquia, o Irã e o próprio Iraque não o querem.

É devido à "traição" dos sauditas e do Ocidente ao Estado Islâmico – que se sentiu usado e depois perseguido – que o mundo assistiu horrorizado a decapitações vingativas filmadas e postadas na internet; os inocentes foram forçados a declarar mensagens e usar as mesmas cores do uniforme de prisioneiros jihadistas na prisão de Guantánamo – parte de Cuba ilegalmente ocupada pelo governo federal americano. O Estado Islâmico, inicialmente apoiado pelos que depois diziam combatê-lo, se apossou de armas do exército sírio e iraquiano, controle de refinarias de petróleo, prática sequestros e cobrança de extorsão, recebendo também grande soma em dinheiro de colaboradores do mundo todo pela rede Al Qaeda. Também fez tráfico de órgãos de suas vítimas, tráfico de drogas, sequestros e barganha de presos. Se expulsos do Iraque, ameaçavam que o seu próximo inferno seria a Líbia, com passagem pelo Sinai, no Egito. Podem ocorrer possíveis ataques cibernéticos para perturbar a economia mundial, talvez infiltrando os sistemas de cotação das maiores Bolsas de Valores e contas bancárias, bem como os sistemas de informação militar e de espionagem dos EUA, França, Inglaterra, Arábia Saudita e Israel [Cap. 34].

A ideologia central do Estado Islâmico é de que todos aqueles que não aderem ao islamismo são infiéis e apóstatas e devem morrer. O lema na bandeira preta, usada para restaurar califados nos moldes do início do islamismo, e réplica daquela que Maomé teria carregado em batalhas, diz: "Não há Deus senão Allah". Suas táticas para forçar adesão se resumem em subsídio a alimentos e gás para a população, decapitação, fuzilamento em massa, violência sexual, escravidão, casamento forçado, ataques contra meios de comunicação e jornalistas, utilização de soldados-criança, perseguição étnica e religiosa, atitude antitecnologia.

O Estado Islâmico chegou a ser composto de 200 mil guerrilheiros, sendo parte de dois lucrativos negócios da economia internacional: petróleo e armas e esteve no contexto da geopolítica global no Oriente Médio envolvendo a Arábia Saudita, Catar, China, EUA, França Inglaterra, Iraque, Rússia e Síria.

Em 2021, com a retomada do poder pelo Talibã no Afeganistão, o ISIS-K, Estado Islâmico-Coração, declarou-se inimigo do Talibã. O nome faz referência às três províncias Khorasan (Terra do Sol), ao nordeste do Irã, geograficamente também ao norte do Afeganistão e ao sul do Turcomenistão. É provável que esse grupo tenha apoio estrangeiro em agenda geopolítica para desestabilizar o Irã, causando-lhe gastos militares na região e para preocupar a China com possível militância separatista na sua parte mais islâmica, a oeste, em Urumqi.

## 20. DISPUTAS DE FRONTEIRAS PARA BARGANHA ECONÔMICA

Existem cantos da Terra que nunca terão paz enquanto as fronteiras não forem acertadas. Disputas de fronteira podem ser transformadas em instrumentos geopolíticos para intermediação e barganha econômica; a geopolítica e o poderio militar de economias gigantes podem ser utilizados como instrumentos de barganha para ganhos econômicos para si e para seus aliados.

A geologia, os depósitos de minérios, o relevo, a topografia, o acesso aos rios, lagos e mares, têm definido fronteiras entre países mais do que a antropologia e a ideologia. Alguns países têm fronteiras bem desenhadas pela natureza, outros por linhas feitas por régua num mapa estendido sobre uma mesa. O colonialismo fez com que grupos étnicos fossem cortados ao meio e com que grupos étnicos antagônicos fossem colocados sob o mesmo Estado e, com base nisso, alguns alimentam tensões deliberadamente, para maximizar adesão de seguidores na política. Nas disputas de fronteira, pode haver envolvimento de tropas, mercenários instrutores militares a serviço de governantes, assim como traficantes de armas a serviço de rebeldes e arruaceiros e lavadores de dinheiro. Quase naturalmente, regiões de disputa de fronteiras são campo fértil para qualquer tipo de tráfico e contrabando.

Mapolítica é um termo utilizado quando uma área pertencente ao outro lado da fronteira é apresentada à população e nas escolas como sendo parte de um país. Geralmente é o primeiro passo para militarizar a fronteira e preparar a opinião pública e a comunidade internacional na disputa pelo território fronteiriço, tornando-o importante na agenda internacional. A intenção nem sempre é reconquistar o território, mas tornar a disputa parte do jogo de estratégia internacional e barganhar ganhos econômicos com parceiros comerciais a partir daí.

O nacionalismo é uma forma branda de disputa de fronteira, mas pode estar a serviços de grupos de interesse. Nacionalismo e xenofobia são apelos utilizados por demagogos na busca de votos e de seguidores, mas podem levar a conflitos mortais entre a população e entre forças armadas, causando mesmo crises internacionais e até guerra.

O irredentismo é um termo que se refere às esperanças de um país conquistar ou reconquistar um território sob o controle do país vizinho, mas que reclama como seu. Esse é o caso da Bolívia que reclama uma passagem para o Pacífico que lhe foi tirada pela Guerra do Pacífico com o Chile (1879-1883). A Caxemira entre Índia e Paquistão, bem como as Malvinas, reclamadas pela Argentina e a Guatemala, reclamando o Belize, também são casos bem conhecidos.

Secessão é a separação de uma união política e a formação de nova fronteira, a partir da presente, para outro território, que pode levar à independência ou à adesão a outro Estado. Esses processos geralmente são armados e sangrentos e demandam muito a atenção da comunidade internacional, na condução do processo e no acerto final, senão mesmo a presença de tropas em missão de paz da ONU por muitos anos depois. Uma das formas das pessoas inconformadas mostrarem desaprovação, resistência e desobediência ao "estrangeiro", em controle de fato, se não de direito, de território que se julgue nacional são: assassinato, ataque étnico, atear fogos em casas e plantações, bruxaria, cânticos e danças tradicionais, contrabando, deboche, desrespeito e insubordinação às autoridades locais e à polícia, escaramuça militar, estupro, evasão fiscal, indiferença, insulto enquanto cumprimenta, maus tratos contra crianças, motim, movimento de anexação, movimento separatista, queima da bandeira do "estrangeiro", rebelião armada, recusa de falar a língua oficial, recusa de ir à escola, roubo de colheita e de gado, terrorismo, tráfico humano, vestuário típico, violência contra profissionais do sexo e até matança de animais de estimação.

Pode haver enormes problemas e gastos com polícia, segurança e defesa impostos por disputas de fronteiras.

Existem nações que não têm um Estado reconhecido e movimentos separatistas geralmente estão relacionados à disputa de fronteiras. Os casos que mais têm criado manchetes nos quatro cantos do mundo são o Mezzogiorno na Itália, país Basco e Catalunha na Espanha, Irlanda do Norte, o desmembramento da Iugoslávia, Curdistão entre Irã/Iraque/Turquia, disputa triangular na Caxemira entre China, Índia e Paquistão, Chiapas no México, Biafra na Nigéria, Katanga no Congo, Sudão do Sul, agora já independente, Palestina/Israel, Nagorno-Karabakh, Cabinda, Saara Ocidental, Urumqi, Mianmar, faixa norte e sul do Sahel. Também no Canadá, com os Inuits, e na América Latina, há inúmeros casos dos primeiros povos. Os Ruainga em Mianmar que não reclamam um Estado para si, mas mais liberdade para viver as suas tradições. Geralmente os direitos culturais e autonomia administrativa, sem ferir a soberania territorial nacional, são garantidos pela Constituição nacional dos países.

De acordo com André Munro, da Enciclopédia Britannica [fonte *www. 8 hotly disputed borders of the world, acesso 16 maio 2021 19h45*] as oito fronteiras mais disputadas são Senkako/Diaoyu, Ilhas Curilhas, Península Coreana, Saara ocidental, Antártica, Israel/Palestina, Somaliland e Taiwan.

A Corte Internacional de Justiça com sede em Haia, Holanda, julga disputas de territórios entre países soberanos. Seguem algumas pendências de fronteiras.

## 20.1 África

Há no momento quase uma centena de disputas de fronteiras no continente africano. Segundo Oduntan (2015) existem 58 potenciais áreas para secessão, envolvendo 29 países na África. Pregação de irredentismo por políticos e movimentos às vezes apoiados por companhias de mineração e até milícias armadas causam confusão deliberada.

O ano de 2007 foi marcante para a resolução de muitas disputas. O programa de fronteiras da União Africana está atento em mediações e países têm recorrido à Corte Internacional de Justiça e à Corte Permanente. O *Council of Elders*, a *Intergovernamental Authority on Development*, a ECOWAS e o *Panel of the Wise,* da União Africana, também têm apaziguado alguns conflitos.

O princípio *uti possidetis juris* garante que um Estado independente tem o direito de ter as mesmas fronteiras anteriores à independência; por outro lado, devido aos depósitos de riquezas naturais, e menos por razões étnicas, alguns reclamam territórios da era pré-colonial.

Os casos do Marrocos e da Somália têm sido emblemáticos e trágicos. No Saara ocidental a etnia Saharawis reclama independência e, apesar do acordo de 1991, ainda não houve um referendo sobre a emancipação, ao mesmo tempo em que o Marrocos transferiu grupos étnicos marroquinos para povoar o território.

A maioria das disputas não são conflito aberto, mas os territórios mais disputados na África são:

- **África do Sul – Namíbia:** algumas margens do rio Orange como parte da geopolítica do ouro e do urânio enriquecido
- **África do Sul – Eswatini:** KaNgwame e Ingwavuma
- **Angola – República Democrática do Congo:** Cabinda
- **Argélia – Líbia:** sudoeste da Argélia
- **Argélia – Marrocos:** partes das províncias de Bechar e Tindouf
- **Benin – Burkina Faso:** Koualou
- **Benin – Níger:** ilhas do rio Níger
- **Benin – Nigéria:** vilas no rio Okpara
- **Botswana – Namíbia, Zâmbia, Zimbábue:** margens do Rio Okavango
- **Burkina Faso – Níger:** acertaram as fronteias em diversas cidades em 2016
- **Burundi – Ruanda:** Rufunzo e Sabanerwa
- **Camarões – Guiné Equatorial:** ilhas no rio Ntem
- **Camarões – Nigéria:** Ilhas Bakassi
- **Costa do Marfim – Guiné:** Kpéaba
- **Djibouti – Eritreia:** Doumeira
- **Eritreia – Etiópia:** Tserona e outras
- **Etiópia – Somália:** Ogaden
- **Egito – Sudão:** Bir Tawil, Hala-ib, Wadi Halfa
- **Espanha – Marrocos:** Alhucemas, Ceuta, Ilhas Charafinas, ilhas Perejil, Melilla, Veles de la Gomera
- **Gabão – Guiné Equatorial:** Cocotiers, Congas, Mbanié
- **Malawi – Tanzânia:** ilhas na Baia de Mbamba no lago Malawi

- **Mauritânia – Marrocos:** Lagouira
- **Quênia – Sudão do Sul:** Triângulo de Ilemi
- **Quênia e Uganda:** Ilhas Migingo, Lago Vitória
- **República Democrática do Congo – República do Congo:** ilhas do rio Congo
- **República Democrática do Congo – Ruanda:** ilhas do lago Kivu
- **República Democrática do Congo – Uganda:** Ilha Rukwanzi e rio Semliki por hidrocarbonetos.
- **República-Democrática do Congo – Zâmbia:** Chiengi
- **Sudão – Sudão do Sul:** Abyei, Heglig, Jodha, Kafia Kingi, Kaka,
- **Sudão do Sul – Uganda:** Logoba
- **Zâmbia – Zimbábue:** Ilhas Sindabezi

Como resquícios da intrusão colonial britânica e francesa e da Segunda Guerra Mundial, a Somália tem três divisões bem claras: Somaliland que já declarou independência em 1991, Puntland que já declarou independência em 1988 e própria Somália, que é única reconhecida internacionalmente. É dito que a anarquia reinante no país não é somente causada por seus grupos étnicos e regionais, mas em muito, porque a comunidade internacional não se entende sobre os seus próprios interesses dentro do país. A importância estratégica, geopolítica, da Somália se estende para o Golfo de Áden, para a passagem de Bab el-Mandeb, o canal de Suez e a ligação entre mar Vermelho e o Mediterrâneo, ao acesso ao Mar Negro, pelo estreito de Bósforos, e à passagem pelo estreito de Gibraltar para desembocar no oceano Atlântico, mar Báltico, mar do Norte e círculo Ártico.

## 20.2 Américas

Na Guerra do Pacífico (1879-1883), o Chile ocupou a região de Antofagasta da Bolívia e de Arica, Pisagua e Iquique do Peru. A Bolívia transformou-se em um país sem saída para o mar e, sabendo ser impossível recuperar todo o território perdido desde então, tenta ter pelo menos uma faixa de terra que lhe dê saída para o Pacífico. A Bolívia é o país que mais tem perdido território para seus vizinhos tendo cedido parte do Acre e Mato Grosso ao Brasil, em 1867 e 1903, a costa do Pacífico ao Chile, em 1904, e parte do Chaco ao Paraguai em 1938.

As disputas entre Guatemala, apoiada pelos EUA, e o Belize, apoiado pelo Reino Unido, foram resolvidas com acordo na Corte Internacional de Justiça em oito de dezembro de 2008, mas os referendos populares para a sua aprovação, nos dois países, ainda não foram realizados.

O Peru e o Equador têm disputado territórios em Jaén, Maynas e Tumbes. Apesar de o conflito estar resolvido com o Protocolo do Rio de Janeiro de 1942, ainda infla os ânimos de vez em quando.

Há disputa entre Colômbia e Venezuela em Punta Gallinas; entre Venezuela e o lado ocidental (Guiana Ezequiba) do rio das Guianas Inglesas e também entre o Suriname e Guianas francesas.

> "A Guatemala reivindica o Belize como parte de seu território soberano, mas, ao contrário da Bolívia, não se dispõe a insistir na questão. Chile e Argentina discutem a propósito da via aquática do estreito de Beagle; a Venezuela reivindica a metade da Guiana e o Equador tem reivindicações históricas com o Peru". (Marshall, 2018, p.232).

Uma disputa quieta, porém ainda aberta, é a ilha de Barra do Quaraí e Vila Thomas Albornoz entre o Brasil e o Uruguai.

## 20.3 Antártica e Ártica

O interesse ambicioso sobre a Antártica não é necessariamente disputa de fronteiras, mas ocupação de uma fronteira, no sentido de que o território pertença à Terra e a nenhum Estado soberano. Não obstante todos saberem disso, alguns cobiçam algumas fatias desse paraíso intocado.

O tratado da Antártica de 1959 impede qualquer anexação de território da Antártica por qualquer Estado soberano da Terra, apesar do interesse de alguns países, principalmente Argentina, França e Reino Unido. Com inúmeros recursos naturais continua a ser um patrimônio de todos e aberto para a pesquisa e o turismo. Em junho de 2021 o oceano Antártico foi declarado o quinto da Terra.

## 20.4 Ásia

Na sua geopolítica dos mares, o objetivo da China é controlar o acesso marítimo no Sudoeste Asiático. No mar Sul da China há diversas disputas territoriais em três frentes: com a Malásia e Brunei, com as Filipinas e com o Vietnã [Caps. 23 e 30].

Com o Japão, a China disputa as oito ilhas Senkaku, em japonês, ou Diaoyu, em mandarim, no mar Leste da China. Essas ilhas desabitadas, são de importância, tanto pelos depósitos pesqueiros quanto pela rota marítima em si e o potencial de hidrocarbonetos no subsolo, como atestam recentes descobertas de petróleo e gás. Estão sob o controle do Japão e são reclamadas pela China. A disputa é barulhenta porque a região é de extrema importância estratégica militar para os dois países e seus aliados.

Um conjunto de 56 ilhas forma as Ilhas Curilhas, disputadas entre a Rússia e o Japão, com riqueza mineral e pesqueira num arquipélago vulcânico. Com o Tratado de São Francisco, que estabeleceu a paz com o Japão em 1945 e em vigor desde 1952, as ilhas passaram para o controle da então União Soviética (1917-1991).

Península Coreana. As duas Coreias assinaram um armistício, mas não um acordo de paz e os dois países continuam a encarar-se, em paralisia geopolítica, e tecnicamente em guerra. Tanto os coreanos quanto o mundo aguardam uma reunificação, mas interesses externos e opostos estão adiando o acontecimento.

Taiwan é vista pela China como uma província rebelde, desde que Chiang Kai-Shek se refugiou na ilha, após a tomada do poder no continente pelos maoístas em 1949. Há disputas de diversas ilhas entre a República da China (Taiwan) e República Popular da China. A disputa

China-Taiwan tem importância estratégica dentro da geopolítica global, uma vez que envolve o mercado internacional de armas e a segurança internacional, bem como cartada de barganha comercial entre diversos países com a China e da China com diversos países. A disputa também é utilizada para fins narcisistas-eleitoreiros nos dois países, bem como para conseguir favores de aliados para baixar a guarda.

Além do vai e vem de fronteiras e de violência esporádica entre Israel e Palestina, há também disputas sobre as Colinas de Golã entre Israel e Síria. A península do Sinai já foi disputada diversas vezes, mas por hora está sob o controle do Egito em troca de segurança para Israel.

Uma das disputas de fronteira mais dramáticas, e com respingos na geopolítica regional e global, é a Caxemira que acaba por envolver diretamente três poderes nucleares: China, Índia e Paquistão, e indiretamente, outros dois poderes nucleares: EUA e Rússia. A disputa se torna peça-chave também da ajuda externa Americana na a região e envolve a importância estratégica do Afeganistão, Irã e Paquistão.

> "A anexação de toda a Caxemira garantiria o abastecimento (de água) ao Paquistão. Diante do que está em jogo, nenhum dos lados cederá e, até que eles entrem em acordo com relação à Caxemira, será impossível encontrar um meio de fazer cessar a hostilidade entre os dois. A Caxemira parece destinada a ser um lugar onde esporadicamente se desdobra uma guerra por procuração entre combatentes treinados pelo Paquistão e o Exército indiano – conflito que ameaça transbordar numa guerra em grande escala, com o perigo inerente do uso de armas nucleares. Ambos os países continuarão a se enfrentar numa outra guerra por procuração – no Afeganistão – especialmente agora que a maior parte das forças da OTAN se retirou" [Marshall; 2018, p.190-191].

Em agosto de 2021 as tropas americanas também se retiram do Afeganistão e, logo, as britânicas fazem o mesmo. O Talibã governou o Afeganistão entre 1996 e 2001 e retornou ao poder em 2021, sendo que disputa de fronteira permanece na atualidade.

A Tailândia e Mianmar disputam territórios com templos que oferecem e potencial turístico; há também uma disputa territorial da Tailândia com o Camboja perto do templo Preah Vihear. Uma área ao leste do Butão é disputada com a China, Demchok (China e Índia), Ilhas Kutuzov (China e Rússia), Ilhas Naruna (China, Indonésia, Taiwan), Ilhas Paracel (China e Vietnã), Ilhas Spratly (Brunei, China, Filipinas, Malásia), James Shoal (China, Malásia, Taiwan), Jiangxinpo (China e Mianmar), leste do Corredor de Wakhan (Afeganistão e China), Macclesfield Bank e Scarborough Shoal (China, Filipinas, Taiwan), parte da ilha Heixiazi e Bolshoy Ussuriysky (China, Rússia, Taiwan), Ladakh (Índia e Paquistão), algumas fronteiras (China e Mongólia), montanhas Pamir (China e Tajiquistão), província de Ryanggang (China e Coreia do Norte), Tibet do Sul (China e Índia), partes dos Transcaracoram (China e Índia), Rio Yalu (China e Coreia do Norte), Vale de Shaksgam (China e Índia).

## 20.5 Europa

Andorra (Espanha e França), Balcãs, Catalunha (Espanha e movimento separatista Catalão), Ceuta (Espanha e Marrocos), Crimeia (Rússia e Ucrânia), Egeu e Imia/Kardak (Grécia e Turquia), Gibraltar (Espanha e Reino Unido), Irlanda do Norte (Reino Unido e República da Irlanda), Kosovo e Sérbia, Mont Blanc (França e Itália), Carlingford Lough e Lough Foyle (Reino Unido e República da Irlanda).

## 20.6 Cáucaso

A heterogeneidade cultural, étnica, política, religiosa e o interesse internacional fazem do Cáucaso um verdadeiro arco-íris, que tem tradicionalmente anunciado mais tempestades do que bonanças. Há também movimentos secessionistas nos territórios russos da Chechênia, Daguestão e Ingushetia onde, fora o Daguestão, já ocorreram guerras civis e guerras contra Moscou neste século. Devido à passagem de gasodutos e oleodutos para a Europa, portos, rodovias e ferrovias, a Transcaucásia e a Ciscaucásia têm importância geopolítica ímpar. Estão também dentro dos interesses geopolíticos da Rússia de que essas regiões não fiquem à mercê de companhias petrolíferas internacionais fora de seu alinhamento. Disputas de fronteiras estão ativas entre a Geórgia e a Rússia na Abecásia e Ossétia do Sul. Separatistas almejam inclusive independência total para se transformarem em repúblicas, mas talvez jogando pelas mãos da Rússia. Entre Armênia e Azerbaijão há disputa do enclave de Nagorno-Karabakh.

A instabilidade se estende para o mar Cáspio, a Rússia e a Ásia Central e causa nervosismos para as economias da Europa, que dependem de gás e petróleo. Recentemente foram acertadas as fronteiras do mar Cáspio que durante muito tempo geravam instabilidade na região. O Irã foi o que mais perdeu território, mas pelo menos agora todos podem explorar e transportar petróleo e gás em territórios definidos e fazer parceria com vizinhos.

Às vezes, conflitos de fronteiras são instigados pela indústria de armas, munições e equipamento militar. Na Ásia central a disputa por água não vem sem a corrida armamentista.

Existem também disputas internas de fronteira entre unidades da federação, estados e municípios no Brasil e em muitas partes do mundo, assim como movimentos secessionistas e nações sem Estado soberano reconhecido. O Curdistão é o caso mais icônico de um povo e de uma nação, mas sem um Estado soberano e sem um governo reconhecido pela lei internacional e sem fronteiras definidas geograficamente.

# IV

# GEOPOLÍTICA DA ÁGUA

21 IMPORTÂNCIA ECONÔMICA E GEOPOLÍTICA DA ÁGUA

22 AQUÍFEROS, LAGOS E RIOS INTERNACIONAIS

23 PAÍSES SEM SAÍDA PARA O MAR

24 GEOPOLÍTICA DOS MARES

25 ECONOMIA MARÍTIMA E MULTIPLICADORES

# 21. IMPORTÂNCIA ECONÔMICA E GEOPOLÍTICA DA ÁGUA

A Terra é coberta por quase ¾ de água, sendo 3% potável, com apenas 1.5% de acesso ao consumo humano; o restante continua em depósitos de aquíferos e glaciares. Em torno de um bilhão de humanos não tem acesso à água potável, enquanto a irrigação para a produção agrícola utiliza 2/3 da água disponível [*Global Water Parnership;* 25/10/2020].

Filosoficamente, poderíamos nos perguntar para quê serve todo o acervo cultural e de conhecimento da humanidade comparado com uma única gota de água? E quem não trocaria um diamante por um copo de água depois de vários dias com sede no deserto? Em si o uso da água já é uma questão planetária, bem como uma questão para cada metro quadrado da Terra e na medida em um fluxo de água cruza a fronteira de um país, já se torna uma questão geopolítica. Ernst Christian Kapp [Cap. 6] trata da antropogeografia, biogeografia e geografia cultural e vê a água como um fator determinante e estruturante.

Os grandes debates atuais são sobre a água potável e a água relacionada ao ser humano, sendo a mais apelativa, a mudança climática. Isso é mais uma questão gerencial e tecnológica, pois é quase impossível um dia faltar água na Terra. Há problemas relacionados à água como cheias, deslizamentos, erosões, secas e também desafios no uso eficiente de água e do ecossistema e suprimento de energia elétrica.

Nessa obra, a água entra no contexto da economia e da política internacional e por isso se torna uma preocupação geopolítica. A geopolítica da água, ou a hidropolítica, ou a hidrodiplomacia acaba na mesa de refeição de cada indivíduo na Terra, uma vez que 160 dos 220 países dependem da importação de alimentos. A importância da água vai desde a geografia física [Cap. 2] à bioquímica do corpo do indivíduo, passando pela economia [Cap. 3], política [Cap. 4], relações internacionais [Cap. 7], geopolítica dos mares [Cap. 24] e a economia marítima [Cap. 25].

A água pode ser facilmente um estopim para futuras guerras mais do que ideologias: ela não tem país, não tem nação, não tem bandeira e só segue a lei da gravidade. Quando o fluxo das águas está também em regiões instáveis e que já foram inimigas, o perigo pode ser ainda maior como são os casos do Nilo, Jordão, Tigres e Eufrates e Caxemira.

A água está na agenda dos objetivos do desenvolvimento sustentável para 2030 [Caps. 17 e 18]. Diversas agências, programas e unidades das Nações Unidas também lidam diretamente e de forma integrada com os desafios da água em seus países membros [Cap. 15].

Além de estar relacionada à geopolítica social [Cap. 18], como a produção de alimentos, ao seu devido acesso na mesa de todos e a atentados à saúde humana, por parasitas em água não tratada, o cuidado humano com a água envolve também a biodiversidade, espécies nativas, florestas, meio ambiente, minerais, mudança climática, pesca e recursos do alto mar. Na geopolítica da água é possível detectar depredação, prever problemas entre países e regiões, senão para a Terra inteira. É necessário um esforço conjunto mais ambicioso na educação e responsabilidade no uso da água, bem como de cenários e soluções em potenciais conflitos entre países para os próximos 50 anos.

Em sociedades não muito democráticas, o gerenciamento da água é diretamente ligado à irrigação e à produtividade agrícola. Os que não têm preocupação com a sustentabilidade da água também não se importam muito com a concentração da renda e riqueza gerada a partir daí, além de que a produção de alimentos e carnes destinadas às exportações eleva seus preços no próprio país. Dessa forma, o reflexo social do acesso à água e à terra também é grande; a alta produtividade em terras irrigadas está ligada à eventual escassez de água, concentração de renda, a exclusão ao acesso à terra, ao preço dos alimentos, à fome e instabilidade social e política. Em alguns casos há violência rural em disputas de terras e a redução dos direitos humanos é complementada pela violência do setor público, por meio da polícia ou forças armadas. Em alguns países, a posse da terra, mesmo que improdutiva e desocupada é sinônimo de poder e de controle político, social, militar e até religioso.

A água é uma questão geopolítica ainda pelos seguintes motivos.

Em primeiro lugar, problemas de saúde derivam de água não tratada e a baixa produtividade das pessoas deriva em parte da saúde pobre. Pelo prisma econômico, a água tem uma importância ímpar para uma região e para sua população e por isso mesmo atribui funções específicas para a administração pública local. A qualidade da água afeta a saúde de indivíduos e a sua produtividade no trabalho. A baixa produtividade das pessoas afeta a competitividade internacional das empresas de um país e mantém as pessoas na pobreza absoluta e no desemprego: saúde fraca e produtividade baixa, combinadas, afetam o PIB e esse custo afeta o Índice de Desenvolvimento Humano num círculo vicioso.

Segundo, é também uma questão de investimento estratégico: a água infetada impõe um custo social muito alto. Há um profundo debate econômico e social da água, centrado em custo-benefício da água e nas políticas públicas e tarifas de uso. Especialistas tratam da ligação direta entre água-saneamento-higiene-saúde-bem-estar.

Há uma vasta literatura sobre a eficiência no uso da água e como medir o uso apropriado, desperdício e uso excessivo. Aqui se incluem o desperdício e a ineficácia nos custos: a mesma água tratada de qualidade nos sistemas municipais é utilizada para cozinhar e lavar louça, roupa, veículos, calçadas, irrigar jardins. Há pouca coleta de água de chuvas para essas finalidades. Portanto, o ser humano se depara com a necessidade de mais educação individual, familiar e corporativa sobre o uso de água.

O cálculo de tarifas deve combinar sustentabilidade com equidade social. Há uma relação entre custo para a saúde pública e saneamento; há uma escolha racional entre tratar água, ou gastar recursos tributários contra vermes, diarreia, mortalidade humana e doenças relacionadas à água [Caps. 17 e 18]. A mortalidade tem diminuído graças a ações nacionais e locais, em parceria com a Organização Mundial da Saúde e, no Brasil, com a Pastoral da Saúde. Segundo a ONU, cada U$1.00 investido na purificação da água dá um retorno benéfico líquido de U$9.00 na saúde de indivíduos; portanto, cada R$1,00 gasto no tratamento da água é inferior aos gastos com saúde precária.

Políticas de água e saneamento caminham juntas. A estratégia de saneamento pode ser local, regional e nacional. A maioria dos sistemas é municipalizada, mas são investimentos não visíveis que estão embaixo do solo e dentro de canos. Por isso, muitos políticos preferem inaugurar hospitais, escolas e rodovias e não orçar gastos recorrentes em água e saneamento; o espetáculo da inauguração de obras visíveis e as placas de bronze lhes rendem mais votos.

**Terceiro**, a água afeta positivamente o desenvolvimento econômico de regiões e países e é afetada por esse. Exemplos disso são áreas irrigadas em Israel e no cerrado brasileiro. A irrigação melhora a agricultura, a produção de alimentos e a superação da desnutrição e da pobreza local e também melhora a dieta humana nos países importadores de alimentos.

Contudo é preciso estar atentos ao uso excessivo em irrigação e esgotamento; à escassez da água potável e ao esgotamento de fontes e rios. A irrigação agrícola, por exemplo, utiliza 2/3 da água extraída do solo do Planeta no momento. A indústria da carne é grande usuária, desde as pastagens até o abate e o processamento de alimentos e seus derivados. O sistema de vacas em confinamentos, que está se alastrando pelo Brasil, também será um grande consumidor de água, bem como o despejo dos dejetos produzidos em águas e nos lençóis freáticos, afetando os agricultores que estão estabelecidos rio abaixo. O suprimento de água e a produção agrícola e pecuária estão relacionados ao desmatamento.

**Quarto**, há o potencial gerador de energia pela água, mas também é preciso avaliar o resultado destrutivo sobre a natureza e até sobre as relações internacionais com a vizinhança. A geração de energia hidroelétrica inunda terras férteis e ocupadas com plantios. Os maiores usuários de água do globo para geração de energia elétrica por tamanho são: China, Brasil/Paraguai, Paquistão e a partir de julho de 2021 a Etiópia está no ranking com a hidroelétrica Renascença. As maiores usinas hidroelétricas do Brasil são: Itaipu, Tucuruí, Jirau, Santo Antônio, Ilha Solteira, Xingó, Paulo Afonso, Itabira, Belo Monte. A Suécia é a maior investidora estrangeira em geração de energia hidroelétrica no Brasil.

**Quinto**, o fluxo dos rios afeta outros países e pode causar disputas e conflitos internacionais. Aquíferos, bacias, lagos, mares e rios são questões internacionais e estratégicas para países.

Estiagens, irrigação e saneamento são questões nacionais. Salienta-se que inundações e cheias não deveriam ser vistas como problemas, pois as pessoas não deveriam residir em regiões e terras marginais onde se sabe que regularmente ocorrem alagamentos. Em respeito à natureza, essas regiões deveriam ser reservadas para a agricultura e preservação. O ser humano ainda está longe de concluir que ele não precisa habitar todo e qualquer espaço do planeta.

A **água é uma *commodity* para o comércio exterior**, desde a água mineral até geleiras. O Lesoto tem grande parte de seu comércio exterior contabilizado pela exportação de água para a África do Sul.

Afora esses, a água é também uma questão de sobrevivência e de segurança nacional e internacional relacionada a alimentos, pesca, irrigação, portos, mares, aquíferos, lagos, oceanos e rios. O processo de produção e de distribuição de alimentos e acesso a mercados pode depender dos fluxos aquáticos, marítimos, ferroviários, aeroviários, rodoviários e portuários dos países vizinhos; se não tiverem saída para o mar; isso afeta o acesso à renda em forma de aluguel, juro, lucro, salários para todas as pessoas do país [Cap. 25].

## 21.1 Água, Ajuda Internacional e Comércio Exterior

Em 2015, 1/10 das pessoas da Terra não tinha acesso à água tratada e 1/3 da população humana não administrava corretamente seus esgotos e saneamento. A água foi estabelecida como prioritária pela ONU nos Objetivos do Milênio e do desenvolvimento.[84]

[84] Os Objetivos do Desenvolvimento Sustentável propostos pela ONU até o ano de 2030 são: 1.

Técnicas para água potável e irrigação, bem como contenção de cheias, também são campos de atuação da ajuda internacional entre países em desenvolvimento. Os desafios da água potável e da irrigação ajudam os países a definir onde canalizar a sua ajuda internacional aos outros países. Muitos recursos financeiros, técnicos, equipamentos, profissionais com conhecimento, planejamento e gerenciamento podem ser destinados à solução de problemas relacionados à água. Em suma, os problemas estão lá prontos para serem administrados. O conhecimento humano já está pronto e os recursos financeiros de países ricos, bem como o apelo para a ajuda externa a esta altura também estão lá. Israel e Japão fazem muito bem isso.

O sistema de gotejamento de Israel é utilizado na irrigação agrícola desde o Quênia, ao Peru até à Índia; o sistema de dessalinização israelense leva 40 minutos para purificar a água do mar e beber. O Japão concentra a sua ajuda internacional na água com poços artesianos, saneamento e repovoamento de espécies marinhas para alimentos. O país tem sido parceiro para ampliar o acesso à água potável na Bolívia, por exemplo, onde já providenciou mais de 4000 poços artesianos; esse abastecimento de água ocorre também em escolas, organizações de fé e em áreas rurais, sendo que o acesso para a coleta de água fica aberto continuamente a todos da comunidade durante o dia e a noite [Cap. 17]. Geração de energia solar também faz parte do mesmo esforço da ajuda externa do Japão para diminuir o uso de represas para geração de energia elétrica. Há também sistemas de geração de energia que não alteram o curso do rio e não necessita de barragens, mas aproveitando o potencial hidráulico do fluxo do rio como a usina hidroelétrica subterrânea Salto Pilão em Santa Catarina. A JICA realizou o estudo da viabilidade em 1991, a

---

Superação da pobreza, 2. fome zero, 3. boa saúde e bem-estar, 4. educação de qualidade, 5. igualdade de gênero, 6. água potável e saneamento, 7. energia limpa e acessível, 8. trabalho decente e crescimento econômico, 9. indústria, inovação e infraestrutura, 10. redução de desigualdade 11. cidades sustentáveis e comunidades, 12. consumo e produção responsáveis,13. ação climática, 14. vida embaixo da água, 15. vida na terra, 16. paz, justiça e instituições fortes, 17. Parceria nos objetivos [site *United Nations – department of economic and social affairs– sustainable development,* 03 junho 2021 11h14].

Nippon Koei avaliou o relatório em 1994 e em 2001 houve a eleição pela ANEEL, que foi arrematada pelo Consórcio Empresarial Salto Pilão [fonte: www.Consórcio Empresarial Salto Pilão, 05/05/2001; acesso 01/09/2021, 1h07min].

As relações internacionais da água e as relações comerciais da água estão conectadas. Não é somente a doação de conhecimento, tecnologia, equipamentos e assistência, mas também a abertura de oportunidades para exportação pelas empresas dos respectivos países; o Lesoto e Eswatini exportam água para a África do Sul e o Brasil também exporta água mineral. A irrigação é essencial para a produção de alimentos e envolve a ajuda externa nos seguintes países, por volume utilizado por ano: Índia, China, Paquistão, Irã, México, Arábia Saudita, Bangladesh, Síria, Argentina, Nepal, Marrocos, Egito, Peru, África do Sul, Tunísia, Malásia, Indonésia, Jordânia, Zâmbia, Mali e Quênia [*fonte*: www.Prafula Kumar Sahoo & Jose Tasso Feliz Guimaraes. *Global groundwater;* 2021, 21 junho 2021, 21h].

## 22. AQUÍFEROS, LAGOS E RIOS INTERNACIONAIS

A água ajuda na formação de fronteiras naturais por rios, lagos e cumes e afeta as relações internacionais por seu fluxo natural.

Existem alguns aquíferos, lagos e rios que, devido a sua posição geográfica, têm uma importância estratégica e geopolítica. É de se esperar que cada país tenha uma análise detalhada da importância econômica da água para si próprio e para com os seus vizinhos e com a comunidade internacional. Cabe, primeiramente, a análise sobre o uso da água e os problemas daí gerados: água potável, aquíferos, chuva ácida, contaminação por metais pesados, contenção artificial de inundações, crise hídrica, dejetos de indústrias e de esgotos, desvios de cursos naturais de rios, interrupção de fluxos, drenagem, envenenamento, esgotamento de lençóis, evaporação de reservatórios e represas, fontes, garimpos, hidroelétricas, irrigação, poços artesianos.

Há que se levar em consideração também aspectos negativos do uso da água, como a poluição, seja ela de esgotos em regiões não urbanizadas, ou de produção industrial. A poluição aquática é uma agenda internacional permanente e crescente e está relacionada a rios, lagos, mares, solos, dejetos de residências e empresas, microrganismos em cascos de navios. A poluição química advém da amônia e do nitrogênio, a partir de fertilizantes; do fosfato, a partir de detergentes, sabão e pesticidas; da benzina, a partir de uso industrial e tintas industriais; de sedimentos depositados no leito por erosão e secagem de pântanos; do represamento de rios e salinização.

Secagem de lagos como o Aral, Chade e Morto; secagem do rio Pilcomayo; ameaça de esgotamento por uso excessivo de suas águas, como no caso dos rios Amarelo, Colorado, Indus, Murray, Rio Grande e Tista.

> "O bombeamento em excesso das águas sobre a Terra não apenas causa o desaparecimento dos recursos, como também acarreta consequências posteriores extremamente danosas" [Sachs; 2008, p.157].
>
> "Um total estimado de 1.4 bilhão de pessoas vivem atualmente em áreas próximas a bacias de rios que estão "fechados", nas quais a utilização de água excede os níveis de reabastecimento, ou está quase esgotada. Essas bacias cobrem mais de 15% da superfície da terra firme do planeta" [Sachs; 2008, p.158, citado pelo autor sobre o PNUD].
>
> "A construção de represas tem sido, desde início do século XX, um meio muito difundido de coletar e desviar água para uso industrial e agrícola e para geração de enérgica elétrica. De acordo com uma estimativa, há atualmente quarenta e cinco mil grandes represas e mais de oitocentas mil represas pequenas no mundo!" [Sachs; idem].

Sachs argumenta bem sobre a relação da água com o desenvolvimento econômico, [2008; p.162-165], e aponta algumas zonas de risco hídrico que podem trazer problemas de água para um futuro próximo, como o Sahel que abrange a Argélia, Burkina Faso, Camarões, Chade, Djibuti, Eritreia Etiópia Gambia, Mali, Mauritânia, Níger, Nigéria, Senegal, Somália, Sudão, Sudão do Sul; o Chifre da África que abrange o Djibuti, Eritreia, Etiópia, Somália, Sudão, Sudão do Sul; Israel-Palestina, Oriente Médio, Paquistão e Ásia Central; as planícies indo-gangéticas, a planície da China Setentrional, o Sudoeste dos Estados Unidos e o Norte do México, a bacia Murray-Garlong na Austrália. Ao se aprofundarem, esses problemas podem se transformar em problemas de segurança nacional e regional, afetando relações entre países e a geopolítica.

"Em todos esses casos, a crescente tensão hídrica, combinada com outras pressões, deterioram a segurança alimentar" [Sachs; 2008, p.165], com colheitas decrescentes e menos renda para os agricultores, geram tensão social e instabilidade política e mais pressão em países não democráticos.

A crescente tensão hídrica e a instabilidade pluviométrica podem ser trabalhadas em cinco frentes [Sachs; 2008, p.167-168]:

1. Provisão de água potável e saneamento para todos;
2. eficiência na irrigação agrícola;
3. armazenamento ante secas;
4. redução de riscos econômicos relacionados às chuvas;
5. diversificação econômica para setores menos dependentes às chuvas.

## 22.1 Aquíferos Internacionais

Mais de 90% da água potável está em aquíferos e glaciares. Aquíferos, bacias e rios internacionais oferecem um potencial para conflito regional. Por isso, os países envolvidos devem estar preparados com cenários para essas eventualidades e saber como administrar e negociar pacificamente, também dentro do comércio internacional.

SINDICO, [2020, introdução], argumenta que 97% da água potável encontram-se embaixo da terra e que há 592 aquíferos internacionais no mundo. Segundo ele não está ainda muito claro quem deverá administrar um aquífero interfronteiras.

O mapeamento de todas as nascentes e reservas de águas já está sendo uma obrigação legal em muitos países e também considerado como assunto de segurança nacional. Um tema delicado é o terrorismo biológico, neste caso o envenenamento do sistema de suprimento de água de uma cidade ou região. A maioria dos municípios não está preparada para isso, nem para prever e evitar nem para administrar, num caso real.

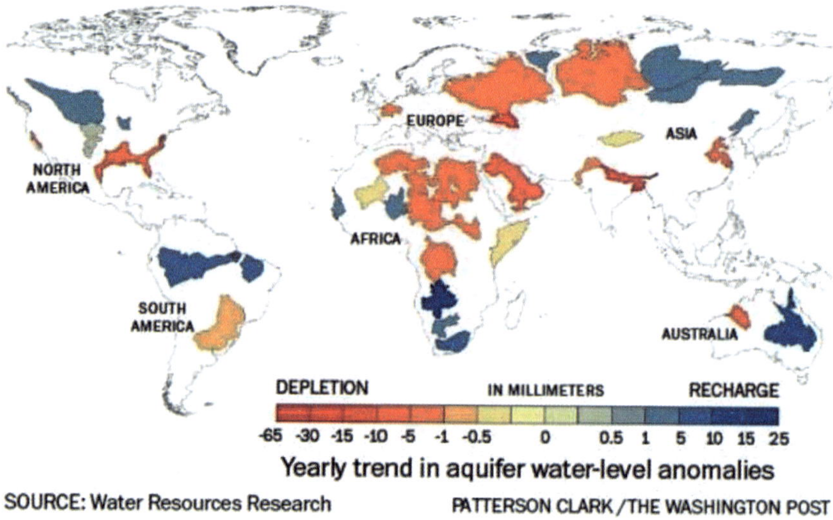


*Aquíferos*

A tecnologia utilizada para pousar na Lua está sendo utilizada para descobertas de lençóis freáticos e aquíferos como, por exemplo, o Deserto do Saara.

Os aquíferos transfronteiras devem constar no plano estratégico de país e na política de relações internacionais com seus vizinhos.

Na **África,** subindo a costa ocidental e o miolo da África até o Saara, sendo os mais delicados: África do Sul, Angola, Botsuana, Congo, Malawi, Namíbia, República Centro Africana, Tanzânia, Zâmbia, Zimbábue. Argélia, Chade e Líbia têm grande reserva de água subterrânea.

Nas **Américas,** Argentina, Belize, Bolívia, Brasil, Canadá, Chile, Colômbia, Costa Rica, El Salvador, Equador, EUA, Guatemala, Guianas,

Guiana Francesa, Haiti, Honduras, México, Nicarágua, Paraguai, Peru, República Dominicana, Suriname, Uruguai e Venezuela.

Na **Ásia,** Uzbequistão é o que mais tem aquíferos transfronteiras seguido do Tajiquistão e Quirguistão.

Na **Europa,** Alemanha, Áustria, Bélgica, Eslovênia, Finlândia, Holanda, França, Hungria, Irlanda, Itália, Letônia, Lituânia, Luxemburgo, Noruega, Polônia e Rússia.

## 22.2 Lagos Internacionais

Na **América do Norte** os maiores lagos entre os EUA e o Canadá são o Erie, Hudson, Ontario, Superior, Woods. Na **América do Sul** o lago Titicaca está nos territórios da Bolívia e Peru, mas não há indícios de disputas.

Os grandes lagos da **África**, que são internacionais e formam as bacias do Congo, Nilo e Zambezi, são o Albert, na República Democrática do Congo, Uganda; Edward, na República Democrática do Congo, Uganda; Kivu, na República Democrática do Congo, Ruanda; Malawi, no Malawi e no Moçambique, Tanzânia; Mueru, na República Democrática do Congo, Zâmbia; Tanganica no Burundi, Congo e Zâmbia, Tanzânia; Turcana na Etiópia, Quênia; Victoria no Quênia e Uganda, Tanzânia. Ligada a esses lagos, está a floresta tropical africana com o potencial de madeira (mogno etc.) que demanda cuidado especial contra agressores, contraventores e tráfico. Na região está também Virunga, com seu enorme potencial de petróleo e espécies únicas. De menor importância, o lago Chade que nos últimos 60 anos diminuiu drasticamente e faz divisas com o Chade, Camarões, Níger e Nigéria.[85]

Na **Ásia**, o mar Cáspio tem a sua importância ligada aos gasodutos e oleodutos, à Crescente Xiita para dutos, rodovia, ferrovias e portos do Azerbaijão, Cazaquistão, Irã, Rússia e Turcomenistão. A sua utilização entre esses países foi acordada em 2018. O lago (mar) Morto en-

[85] O Projeto Florestal do Saara: combina energia solar, purificação de água do mar e agricultura, por Bill Watts, Charlie Patton, Michael Pawlyn.

volvendo Israel, Jordânia e Palestina, que está secando drasticamente, mas não tem gerado conflito; o lago (mar) da Galileia entre Israel e Jordânia, não tem sido disputado e o rio Yarmuk que parte da região de Abila, na Jordânia, abastece o rio Jordão, mas há muita utilização de águas do rio Jordão para irrigação.

Não é de todo absurda a ideia de que alguns países, incluindo o Canadá, possam algum dia iniciar a exportação das águas de geleiras, mesmo em forma de blocos de gelo.

## 22.3 Rios Internacionais

Alguns rios e bacias oferecem potencial para a cooperação ou para o conflito entre países da região.

> "A construção de uma barragem ou o desvio na parte superior do seu curso priva aqueles que vivem na parte inferior dos recursos de vários ecossistemas. Essas situações já são bastante sérias quando o rio corre somente no interior do país, mas quando o rio corta vários países pode acontecer um confronto aberto. Em todo mundo, a água desponta como uma fonte potencial de conflitos entre os Estados. Para mais de uma dezena de países, maior parte ou a totalidade do fornecimento da água origina-se em outros países" [Sachs; 2008, p.159-160].

Na África os rios de fronteira são o **Akagera**, entre Ruanda e Tanzânia; **Akanyaru**, entre Burundi e Ruanda; **Bahr al-Arab**, entre Sudão e Sudão do Sul; **Caledon**, entre África do Sul e Lesoto; **Chobe**, entre África do Sul e Namíbia; **Congo**, entre Angola, República Democrática do Congo, Ruanda; **Congo**, envolvendo a República do Congo, República Democrática do Congo e a Angola, mas a bacia envolve a Angola, Burundi, Camarões, República Centro Africana, Ruanda, Tanzânia Uganda e Zâmbia; **Donga**, entre Camarões e Nigéria; Gâmbia, entre Gâmbia, Guiné e Senegal; **Kagitumba**, entre Ruanda, Tanzânia e Uganda; **Cuango** e **Kasai**, entre Angola e República Democrática do Congo; **Cunene**, entre Angola e Namíbia; **Limpopo**, entre África do Sul, Botsuana, Moçambique e Zimbábue; Luapula, entre República Democrática do Congo e Zâmbia; **Níger**, entre Argélia, Benin, Burkina Faso, Camarões, Chade, Costa do Marfim, Guiné, Mali, Níger e Nigéria; **Nilo**, entre Burundi, República Democrática do Congo, Egito, Eritreia, Etiópia, Quênia, Ruanda, Sudão, Sudão do Sul, Tanzânia e Uganda; Okavango, entre Angola, Botsuana e Namíbia; **Orange**, entre África do Sul e Namíbia; **Rusizi**, entre República Democrática do Congo e Ruanda; **Senegal**, entre Mauritânia e Senegal; **Ubangi** e **Mbomou**, entre República Centro Africana e República Democrática do Congo; **White**, entre Sudão e Sudão do Sul; **Yobe**, entre Chad, Níger e Nigéria; **Zambezi**, entre Angola, Botsuana, Moçambique, Zâmbia e Zimbábue (inclui a Hidrelétrica de Kariba além do turismo nas cataratas de Vitória e no delta do Okavango).

Como ilustração, para entender as relações internacionais e a geopolítica das negociações segue o caso do rio Nilo e da hidroelétrica Renascença na Etiópia [Al Jazeera; 01 janeiro 2021, *Grand Ethiopian Renaissance Dam*, GERD] A maior hidroelétrica da África, a 15 km da fronteira entre Etiópia e Sudão. É possível que a maior compreensão do Sudão se dê em função de possível fornecimento de energia pela Etiópia, para compensar a menor vazão ao Sudão, mas também porque a agricultura e a população do Sudão dependem menos dessas águas do que o Egito.

Há pressão do Egito e do Sudão para a Etiópia obrigar-se por lei internacional. É típico dos mandantes do Egito, propagar para o seu próprio povo que qualquer ameaça por parte da vazão da água é um ataque ao próprio Estado egípcio.

A União Africana pode apaziguar os ânimos. O assunto sempre será politizado para ganhos políticos internos e externos pelos três países. O Sudão pode se beneficiar por eletricidade mais disponível e mais barata e também em estratégias de controle de vazão e cheias.

Há alguns possíveis cenários para o fluxo da água da represa, que tecnicamente pode ser cheia entre dois a três, ou até quatro anos, se as chuvas forem boas. Se levar dez anos, isso provoca um déficit de água em 14% no Egito, causando 18% de perdas no terreno agrícola; se levar sete anos e se houver menor precipitação de chuvas, o déficit de água no Egito será de 22%, com 30% de perda de área agricultável; se enchida em cinco anos, o déficit de água será de 36%, o que causaria a perda da metade da área agricultável atual do Egito. Isso traria consequências sérias para a produção de alimentos no Egito e para os preços, resultando também em instabilidade social e pressão política indesejada pelo regime.

A cidade de Qouta já perdeu fertilidade de terras, devido à menor vazão de água do Nilo nos últimos 50 anos. O Egito tem promovido mais irrigação por gotejamento e mais canais de irrigação para maximizar o uso da água; o cultivo de arroz tem sido diminuído por gastar muita água.

As negociações, em etapas, são intensas desde 2011 e há uma Declaração de princípios, assinada em 2015, entre Egito, Etiópia Sudão.[86] O assunto extremamente delicado é o tempo que será utilizado para encher a represa, porque isso tem influência na vazão das águas e afeta a agricultura, com amplo efeito econômico e social, uma vez que 100 milhões de egípcios dependem em 90% das águas do Nilo. O projeto deverá estar pronto em 2023 e é o primeiro grande teste da geopolítica da água.

O Egito é mais crítico do que o Sudão com relação à vazão da água e seus efeitos sobre os países rio abaixo. É possível que o Egito exagere a preocupação, como uma estratégia para obter mais concessões de participação na política externa de países vizinhos, com Israel, por exemplo, e para receber ajuda externa militar, quando joga com a possível ameaça militar da Etiópia sobre o Egito. Outra motivação é desviar a atenção interna para questões externas. A Etiópia também capitaliza, pois apesar de ter perdido acesso ao mar Vermelho, tem um potencial geopolítico grande baseado na vazão de água do Nilo azul.

A disputa respinga também no Quênia e na Somália, que são estrategicamente importantes para a região e para o fluxo de navegação na costa Leste da África e do mar Vermelho e o canal de Suez no Mediterrâneo.

---

[86] Três referências respeitadas podem ser consultadas na matéria: Mac Sharkawy especialista em relações internacionais do Egito; Gedion Asfaw, especialista etíope no Nilo; Osman El-Tom, negociador sudanês sobre o Nilo.

Nas Américas, a bacia hidrográfica do **Amazonas** inclui a Bolívia, Brasil, Colômbia, Equador, Guiana, Peru e Venezuela; **Coco**, Honduras e Nicarágua; **Colorado**, EUA e México; **Detroit, Niágara,** Canadá e EUA; **Guasaule**, Honduras e Nicarágua; **Hondo**, Belize e México; **Motagua**, Guatemala e Honduras; **Suchiate**, Guatemala e México; **Paraná-Paraguai-Prata**, Argentina, Brasil, Paraguai, Uruguai; **Paz**, Guatemala e El salvador; **Rio Grande**, EUA e México; **San Juan** Costa Rica e Nicarágua; **Sampul**, El Salvador e Honduras; **Sarstoon**, Belize e Guatemala; **Sixaola**, Costa Rica e Panamá.

Na Ásia as bacias internacionais são formadas pelos rios **Amu, Darya-Panj**, Bangladesh, China, Índia e Nepal; **Amur, Argun, Granitnaya e Ussuri** China e Rússia (a irrigação excessiva no rio Amur para o cultivo de arroz e algodão tem causado paulatina secagem do Mar Aral entre o Cazaquistão e o Uzbequistão); **Aras**, Armênia, Azerbaijão, Irã e Turquia; **Bramputra,** Bangladesh, China e Índia; **Brahmaputra-Tsangpo** envolvendo o Bangladesh, Butão, China, Índia (de fato, já há conflito entre a China e o Nepal); **Fy**, Indonésia e Papua Nova Guiné; **Ganges**, Bangladesh, China, Índia e Nepal; **Golok**, Malásia e Tailândia; **Indo**, China, Índia e Paquistão; **Jordão**, Israel, Jordânia e Palestina; **Kura**, Azerbaijão, Geórgia e Turquia; **Mekong** Camboja, China, Laos, Myanmar, Tailândia e Vietnã; **Ob-Irtysh** Cazaquistão, China, Mongólia e Rússia; **Sir Dária**, Quirguistão e Uzbequistão; **Tigres e Eufrates**, Iraque, Síria e Turquia.

O rio Indo acaba por definir a geopolítica entre China, Índia e Paquistão, [Caps. 19 e 30], bem como por ser vital à economia do Paquistão:

> "Se o Paquistão tivesse total controle da Caxemira, isso fortaleceria as opções de política externa de Islamabad e negaria oportunidades à Índia. Ajudaria também a segurança hídrica do Paquistão. O rio Indo nasce no Tibete himalaico, mas passa através da parte da Caxemira controlada pela Índia antes de entrar no Paquistão e depois correr por toda a extensão do país até desaguar no mar Arábico, em Karachi."
>
> "O Indo e seus tributários fornecem água para dois terços do

> país: sem ele a indústria do algodão e muito outros pilares da precária economia paquistanesa entrariam em colapso" [Marshall; 2018, p.190].

Na Europa há as bacias do rio **Danúbio**, Alemanha Áustria, Bulgária, Croácia, Eslováquia, Hungria, Romênia, Servia; **Daugava**, Belorússia, Letônia, Rússia; **Desna,** Belorússia, Ucrânia e Rússia; **Dnieper**, Belorússia, Rússia e Ucrânia; **Oder-Warta**, Alemanha, Polônia e República Checa.

Merecem menção algumas bacias onde o conflito já estourou. As Colinas de Golã envolvem Israel, Jordânia, Líbano e Síria. Um dos pontos críticos na disputa de água, mas que tem outros componentes históricos, geográficos, econômicos, culturais, religiosos e de segurança e a bacia do rio Jordão envolvendo as colinas de Golã e o monte Hérmon e toda a produção de alimentos, agricultura e irrigação de Israel.

## 23. PAÍSES SEM SAÍDA PARA O MAR

Afeganistão
Andorra
Armênia
Áustria
Azerbaijão
Botswana
Chade
Bolívia
Burkina Faso
Butão
Burundi
Bielorrússia
Cazaquistão
Eslováquia
Etiópia
Hungria
Kosovo

Laos
Lesoto
Liechtenstein
Luxemburgo
Macedônia do Norte
Moldávia
Mongólia
Mali
Malawi
Níger
Paraguai
Quirguistão
República Centro-Africana
República Tcheca
Ruanda

San Marino
Sérvia
Sudão do Sul
Essuatíni
Suíça
Tajiquistão
Turcomenistão
Uzbequistão
Uganda
Vaticano
Zâmbia
Zimbabwe

Entre estes, apenas o Liechtenstein e o Uzbequistão encontram-se rodeados exclusivamente por outros países sem costa marítima.

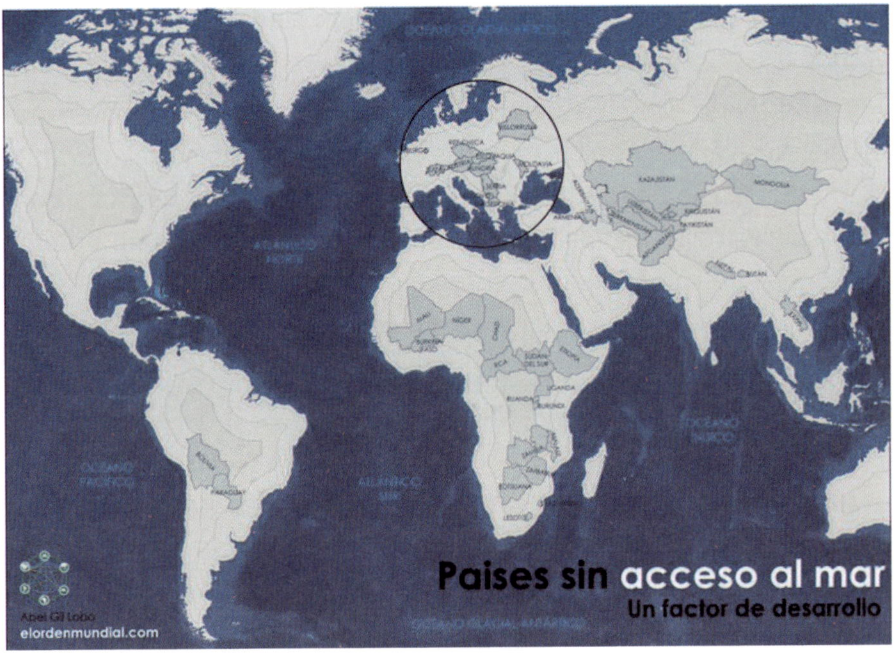


*Países sem saída para o mar (fonte internet)*

Há uma ligação direta entre comércio exterior, infraestrutura, logística de transportes e economia marítima [Caps. 3 e 25]. Países sem litoral nem portos dependem do trânsito e da logística dos vizinhos para o comércio internacional e precisam de boa vizinhança para ter acesso a portos, rodovias, ferrovias, canais, rios, defesa e segurança nacional e regional. Dependem em infraestrutura, bom cruzamento de fronteiras, segurança de cargas, práticas administrativas, estabilidade política e paz. Nestes casos a geografia regional é crucial e pode impor limites de trânsito como é o caso das montanhas dos Alpes, Andes, Cáucaso, Himalaias e Zagros e dos desertos da Arábia, Atacama, Kalahari, Mongólia, Namíbia, Saara. Onde existe animosidade entre países, ou grupos beligerantes, as tropas de paz da ONU podem ajudar na política de trânsito e na conexão de transportes.

Os pilares da competividade do país são diretamente afetados se o país não tem saída para o mar [item 3.4]. No geral, a política externa desses países é direcionada por neutralidade e boas relações diplomáticas com vizinhos, ou com países que podem ajudar em conflitos com vizinhos.

Não tendo acesso à plataforma continental, nem à zona econômica exclusiva, além do custo econômico há um custo social, devido a menor formação de renda e um custo militar para manter boas fronteiras terrestres e combate ao roubo de cargas. Sem acesso à pesca marítima e ao comércio internacional por mar, os custos de transportes internacionais influenciam nos preços de produtos e de insumos importados. Isso também tira seu poder estratégico e de barganha internacional e os deixa à mercê de outros.

Estradas, canais, embarcações e navios antecederam os trens e os caminhões no transporte do comércio internacional; isso e as ferrovias e portos são cruciais para **a importação** de matéria-prima, produtos intermediários, maquinários e produtos de consumo. Por avião seria muito oneroso e até inviável para muitos países sem saída para o mar. Há que se considerar também o custo de exportação e competitividade internacional, medida em *Free On Board and Cost Insurance and Freight*:

> "O acesso ao mar é tão importante para a acessibilidade econômica como a distância dos mercados internacionais, somente porque o transporte terrestre é muito mais caro que o marítimo, em especial em países pobres com infraestrutura limitada. O custo do transporte terrestre de bens, no interior de um país pode ser tão alto quanto o custo de enviá-los por via marítima para um porto estrangeiro bem distante. Quase todos os países que foram bem-sucedidos em termos macroeconômicos na exportação de manufaturas intensivas em mão-de-obra têm a quase totalidade da população localizada a uma da faixa de 100km (cerca de 62 milhas) do mar" [Gallup; 2017, p.62].

Os autores também se perguntam se o sucesso econômico de Singapura e Hong Kong, apesar dos seus pequenos territórios, não se devem ao acesso às principais rotas marítimas. Fato é que os seus portos administram um elevado percentual do transporte marítimo global.

Interessante é notar um aparente paradoxo que envolve alguns países que não têm saída para o mar, mas têm vocação para o comércio exterior, como a Suíça, Áustria e Botswana e a existência de outros que têm acesso para o mar e não tem vocação marítima e pouca vocação para o comércio exterior, como o Brasil e Honduras.

No **continente americano** a Bolívia e o Paraguai são os únicos sem saída para o mar. Podem, contudo, ter saída pelos rios Pilcomayo e Paraguai chegando até aos portos da Argentina e do Uruguai. Também podem ter saída por rodovia e ferrovia por meio da Argentina, Brasil, Chile, Peru e Uruguai. O Brasil dispõe de um enorme potencial para as boas relações com Bolívia e Paraguai. Além disso consiste num capital político por si mesmo, por oferecer oportunidades de ganhos de renda.

Na **África** há os casos da Botswana, Burkina Faso, Burundi, Chade, Eswatini, Etiópia, Lesoto, Malawi, Mali, Níger, República Centro Africana, Ruanda, Sudão do Sul, Uganda, Zâmbia, Zimbábue. Diversos países da África sem saída para o mar e com necessidade de acesso aos mercados internacionais, oferecem à China grandes oportunidades de construção e manutenção de ferrovias, rodovias e portos no continente, bem como de transporte marítimo [Cap. 30]. A China está disposta a conectar os portos de Lobito ao porto de Dar es Salaam por ferrovias, dando acesso a quem está no miolo do continente. A ligação ferroviária e rodoviária entre Mombaça-Nairóbi-Kisumu-Kisangani terá um enorme reflexo para o comércio exterior de toda a região da África Central e Oriental. Das estações ferroviárias, as cargas podem ser distribuídas por barcos ou caminhões. Um exemplo é o escoamento do cobre de Katanga (Congo) e de Kitwe para Kabue (Zâmbia) e daí por caminhão ou trem para Dar es Salaam (Tanzânia), Mombaça (Quênia), Lobito (Angola), ou para Beira (Moçambique) como já foi no passado e como tem sido com a *Tanzânia-Zambia Railway Autority* (TAZARA) desde 1975.

Na **Ásia** há os casos do Afeganistão, Armênia, Azerbaijão, Butão, Cazaquistão, Laos, Mongólia, Nepal, Quirguistão, Tajiquistão, Turcomenistão, Uzbequistão. A posição geográfica do Irã lhe dá uma indispensável importância estratégica como rota de passagem terrestre e de acesso ao Golfo Pérsico e ao mar Mediterrâneo para 15 países e afeta toda a logística de comércio internacional da região [Caps. 30.3 e 33.12].

Estão aí também excelentes oportunidades de colaboração internacional entre Afeganistão, China, Irã, Paquistão e a Rússia, envolvendo os países desde o mar Negro aos portos de Hong Kong e Vladivostock. A parceria e a passagem em aeroportos, ferrovias, portos e rodovias, dá aos países um enorme poder de barganha sobre a comunidade internacional para o bom fluxo de comércio, boas relações diplomáticas e também serve para estancar o apetite de seus opositores de querer interferir domesticamente na política ou na economia, senão até por ameaça militar. A Nova Rota da Seda está fazendo todas essas conexões [30.2].

Os países **europeus** sem saída para o mar são Andorra, Áustria, Bielorrússia, Kosovo, Eslováquia, Hungria, Liechtenstein, Luxemburgo, Macedônia do Norte, Moldávia, Romênia, República Tcheca, San Marino, Sérvia, Suíça, Vaticano. Todos estão bem integrados nos sistemas de transporte e de portos em todo o continente.

Países sem litoral oferecem oportunidade para o jogo de poder, tornando os países líderes indispensáveis para resolver conflitos entre vizinhos. Países ocidentais aproveitam a oportunidade para influenciar países com acesso ao mar para atender necessidades daqueles sem saída para o mar por meio da política de boa vizinhança e extrair barganhas econômicas daí também.

Disputas de fronteiras [Cap. 20], a geopolítica dos mares [Cap. 24] e a economia marítima [Cap. 25] estão todos ligados a esse tema. Esse tópico oferece excelentes oportunidades profissionais para quem quer se especializar dentro da carreira diplomática, ser negociador ou analista, tanto ao acadêmico quanto ao consultor, inclusive na área de engenharia civil, logística portuária e transporte.

## 24. GEOPOLÍTICA DOS MARES

Diz o ditado que tudo o que é do mar ele (na sua paciência) eventualmente toma de volta. Na mesma paciência o mar molda a geopolítica global.

De acordo com a Organização Hidrográfica Internacional [site Caltech 16 maio 2021, 08h54] os cinco oceanos receberam os nomes pelas seguintes razões: Ártico vem do grego *arctos* (urso) e no lado oposto de *arctos* o *antiarctos,* agora Antártico, declarado o 5º. Oceano da Terra em junho de 2021 pela *National Geographic*; Atlântico vem de Atlas, filho de Netuno e pai de Atlantis; Índico de acordo com a região da Índia; Pacífico, que tem mais da metade das águas dos oceanos e é o mais profundo, recebeu esse nome em 1520 devido à tranquilidade das águas encontradas por Fernando Magalhaes após cruzar as turbulentas águas do estreito que agora leva o seu nome; na verdade as grandes ondas e os grandes tsunamis nem sempre são tão pacíficas.

Os oceanos e, dentro desses, os mares, golfos, baías, passagens, canais, estuários, fiordes e portos são todos pontos estratégicos e de importância geopolítica no globo terrestre.

Uma das características de mar é que as águas sejam conectadas a oceanos e salgadas; há inclusive alguns lagos que são chamados de mar: Cáspio, Galileia, Morto, Negro.

Os principais mares com suas divisões locais nos oceanos são: Adriático, Amarelo, Amundsen, Andamão, Arábico, Arafura, Aral, Argentino, Bali, Báltico, Banda, Barents, Beaufort, Bellinghausen, Bering, Cantábrico, Caribe, Cáspio, Celebes, Celta, China Oriental, Chukchi, Coral, Egeu, Filipinas, Flores, Irlanda, Japão, Java, Kara, Labrador, Laptev, Levantino, Líbia, Mármara, Mediterrâneo, Mindanao, Morto, Negro, Norte, Norueguês, Okhotsk, Palha, Ross, Sargaços, Scoria, Solomão, Sul da China, Sulu, Tasman, Timor, Tirrenia e Vermelho.

Os principais golfos são o Áden, Alasca, Bótnia, Califórnia, Finlândia, Guiné, México, Omã, Pérsico, Riga, São Lourenço, Sidra, Venezuela. As grandes baías: Bengala, Biscaia, Guanabara.

O mar Negro é de extrema importância para a Turquia e para a Rússia, a partir do novo cenário pós-anexação da Crimeia. Por consequência, para a segurança do Irã, Iraque, Síria, Líbano, Jordânia, Palestina Israel e todo o Oriente Médio.

A Rússia estacionou a sua frota naval especial do mar Negro e paga passagem ao estreito de Bósforos, por isso deve manter boas relações com a Turquia.

Mar Cáspio envolve toda a Ásia Central e a Rússia e a China pelas seguintes razões: Escoamento das exportações e importações da Ásia Central e regiões industrializadas do Sul da Rússia e do Cáucaso e oleoduto e gasoduto em seu leito para o Azerbaijão, Armênia e Geórgia. A partir da cidade de Maku, a China marca presença também no Cáspio, Irã, Azerbaijão e Turquia e indiretamente no Mar Negro, onde não pretende afrontar a Rússia.

Mar Mediterrâneo é de uma importância estratégica milenar, senão o mar mais estratégico de todos os tempos em todos os cantos do mundo, desde os egípcios, hititas, fenícios, gregos, cartaginenses e romanos.

O mar Báltico e o Mezomar têm histórica participação na Liga Hanseática, cidades comerciais, industrialização do Norte da Alemanha e da Holanda a Flandres. Concentra estaleiros para a construção de navios cargueiros e cruzeiros. Também é de importância estratégica para a Rússia, com chegada a São Petersburgo e Kaliningrado e a ligação com o Canal de Moscou que liga ao Volga, dando acesso até ao mar Cáspio. Por isso, e popularmente, o rio é conhecido como 'Mãe Volga'.

Atlântico Sul dá passagem do Atlântico para o Índico a leste e do Atlântico para o Pacífico a oeste. Envolve diretamente a África do Sul, Angola e Namíbia, no primeiro caso, e a Argentina, Brasil, Chile e Uruguai, no segundo caso. É possível que a frota naval americana e a britânica juntem forças para patrulhar o Atlântico [Caps. 27 e 29].

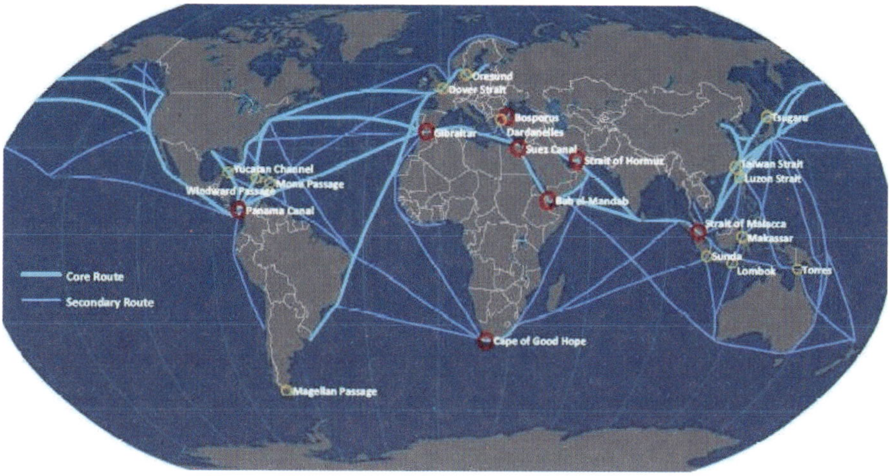


Fonte: Major transport routes and the role of the Mediterranean Sea Source: J. P. Rodrigue, C. Comtois & B. Slack, The Geography of Transport Systems, Routledge, New York, 2009.

## 24.1 Passagens Marítimas Estratégicas

Os fluxos de navegação marítima estão ligados a cabos, canais, correntes, estreitos, faixas, golfos, passagens, portos e ventos. Envolvem a economia marítima e a logística dos portos, bem como transporte marítimo de produtos, desde têxtil até veículos, matérias-primas (petróleo, alimentos, minerais).

Uma pessoa qualquer talvez não faça ideia por onde passam e sobre quantas ondas dos mares navegam os produtos que consome na sua casa, que vêm de outras terras por navio: quando usa um utensílio na sua cozinha, senta-se num sofá na sala, utiliza um aparelho de celular e computador, come o alimento sobre a mesa, utiliza um guarda-chuva e cabide de roupa. Muitos desses itens vêm por transporte marítimo, surfam ondas no alto mar e navegam canais e passagens muito estratégicas, que envolvem toda a geopolítica global, relações internacionais entre países, segurança comercial, como também militar.

De acordo com Onur Akarca [site: *More Than Shipping,* 24 maio 2019] os 10 canais e estreitos marítimos mais estratégicos da Terra são por ordem alfabética:

**Bab el-Mandeb** é o mais estreito de todos e faz a passagem entre o mar Vermelho e o golfo de Áden. Ligado ao canal de Suez e importante para o transporte marítimo internacional entre Ocidente e Oriente, incluindo também o estratégico estreito de Gibraltar e ligado à geopolítica da Arábia Saudita, Djibuti, Egito, Eritreia, Etiópia, Iêmen, Somália, Sudão e toda a costa Suaíli. Por ele passam quatro milhões de barris de petróleo por dia. Sua importância estratégica explica em grande parte eventos da Guerra Fria no Chifre da África, bem como a disputa geopolítica atual no conflito interno do Iêmen travada por tabela entre a Arábia Saudita e o Irã e outros agentes externos. A importância do estreito pode explicar em grande dimensão a instabilidade e conflitos internos na Eritreia, Etiópia, Somália, Sudão, Sudão do Sul e na província de Tigré, o que, na mesma proporção explica a estabilidade do Djibuti. O estreito dá ao Djibuti uma importância estratégica global, que explica a presença militar da Arábia Saudita, China, EUA, Espanha, França, Itália e do Japão em seu solo [Caps. 5 e 33.5].

**Bering,** com travessia inicial por navegação em 1728, liga as partes extremas do Leste da Ásia e do Oeste americano, sendo passagem entre o Ártico e o Pacífico. Está ao sul do Círculo Ártico que, por sua vez, é disputado entre o Canadá, Dinamarca, EUA, Groelândia, Islândia, Noruega e Rússia. A Rússia tem ostensiva presença militar na sua margem sul desde 2012, com respectivo controle de desembarques que só podem ser feitos em Anadyr e Provideniya. As duas ilhas Diomedes são controladas respectivamente pelos EUA e pela Rússia [Cap. 24.3].

**Bósforo,** também ligado à Dardanelos, é um canal natural e única passagem para o mar de Mármara e o mar Negro; também liga o Mediterrâneo e o Egeu. Com a frota naval russa estacionada na Crimeia e agora com descobertas de gás natural no mar Egeu e no mar Negro, passa a ter importância estratégica ainda maior. Tem extremo interesse estratégico, como passagem, para a Armênia, Azerbaijão, Bulgária, Chipre, Egito, Geórgia, Grécia, Irã, Iraque, Israel, Moldávia, Romênia, Rússia, Síria e sempre para a Turquia.

**Gibraltar** faz a conexão entre o Atlântico e o Mediterrâneo e por extensão com o canal de Suez, o estreito de Bab el-Mandeb, o oceano Índico e o estreito de Malaca. Envolve o Marrocos, Espanha e o Reino Unido diretamente, bem como toda a geopolítica do Mediterrâneo. O controle de Gibraltar desde 1713 pelos britânicos é parte da geopolítica global dos mares do Reino Unido. Em parte nenhuma da Terra, um rochedo é tão valioso, tão oneroso para o enário, e tão disputado entre nações.

**Magalhães,** com 530km de comprimento e até 24km de largura é a passagem marítima que liga o Atlântico ao Pacífico no extremo sul. Ficou em segredo por mais de um século, entre Espanha e Portugal, como a passagem do comércio com temperos e seda da Ásia; assim, a importância estratégico-geopolítica era de monopólio de comércio e de navegação ao mesmo tempo. Teve sua importância reduzida com o uso do canal do Panamá, a partir de 1914, e com a ligação costa a costa por ferrovias e estradas nos EUA e Canadá. Há ainda a passagem de Drake mais ao sul, na Antártica, onde o Atlântico e o Pacífico se encontram numa área de 800km. O canal de Beagle também é estratégico: no processo de independência da América Latina os ingleses fizeram questão de deixar Magalhães e Beagle na jurisdição chilena. É passagem estratégica para a Austrália e o Pacífico assim como o controle do Cabo da Boa Esperança na passagem do Atlântico para o Índico.

**Malaca** é uma rota natural entre Indonésia e Malásia, sendo a principal rota entre o Oriente Médio e os oceanos Índico e Pacífico. É estratégico para a passagem de todo o comércio regional e internacional transportado por mares e diretamente ligado aos portos da China, Singapura, Coreia, Filipinas, Índia, Indonésia, Japão e Taiwan. Por ele passam 15 milhões de barris de petróleo por dia e também é rota de tráfico de animais, humanos e órgãos com procedência em países pobres da região. Dentro do fluxo marítimo, do comércio internacional e de logística global de cargas e recargas de contêineres, alimenta os Portos Singapura, Hong Kong e outros de grande influência chinesa na região. Tem também importância militar e de segurança, que envolve cooperação entre as frotas navais da Austrália, EUA, Índia e do Japão e da China por outro lado, bem como as disputas de influência da China e dos EUA sobre Taiwan.

**Messina** é um canal natural de uso milenar entre Calábria e Sicília na Itália, liga o mar Tirreno ao mar Jônico. A 6ª. Frota Naval dos EUA está estacionada em Nápoles e, por isso, ligada a toda a geopolítica do petróleo e gás do Oriente Médio e do mundo e à segurança marítima, não só da Europa, mas também do Atlântico, Gibraltar, Mediterrâneo, Suez, Bab el-Mandeb, Índico e à segurança internacional como um todo. É possível que no reposicionamento geopolítico global dos EUA essa base militar possa ser realocada para o Atlântico ou para o Pacífico.

**Ormuz** liga o Golfo Pérsico e o golfo de Omã ao oceano Índico no enclave de Musandam. É a passagem única e extremamente delicada, de maior importância estratégica no mundo, levando petróleo para alimentar as economias, com a passagem de 17 milhões de barris de petróleo por dia sobre as suas águas. Envolve diretamente a geopolítica do Irã, da China e dos EUA. Abrange o comércio exterior e a segurança da Arábia Saudita, Barein, Catar, Emirados Árabes Unidos, Irã, Iraque, Kuwait e Omã e indiretamente as repúblicas da Ásia Central, o Leste da Turquia e da Síria. Há presença da China, com uma zona comercial na ilha iraniana de Qeshm e a 5ª Frota Naval Americana está estacionada no Barein para o controle e operações em todo o Golfo Pérsico, o mar Arábico, o mar Vermelho bem como da costa oriental da África no oceano Índico. Dessa forma os estreitos de Ormuz e Bab el-Mandeb fazem parte da geopolítica americana dos mares, com ostensivo poderio militar [Caps. 5 e 27].

**Panamá** faz a passagem entre o Atlântico e o Pacífico, desde 1914 quando cortou a distância de treze mil quilômetros que eram necessários por navegação para ligar a costa Leste à costa Oeste dos EUA passando pelo estreito de Magalhães. Os desafios de engenharia, de finanças e humanos são conhecidos. É de grande interesse dos EUA, como o guardião global da passagem, ligado a geopolítica russa e americana durante os anos da Guerra Fria. Envolve a Costa Rica, Colômbia e Nicarágua, diretamente, e toda a América Central e o Caribe por questão comercial e militar.

> "Em 1914 foi inaugurado o canal do Panamá, controlado pelos americanos, com oitenta quilômetros de comprimento, poupando assim uma viagem de 12.874 quilômetros do oceano Atlântico ao Pacífico e levando o desenvolvimento econômico para a região do canal."
>
> "Desde 1999 o canal é controlado pelo Panamá, mas é considerado uma via navegável internacional salvaguardada pelas marinhas dos Estados Unidos e do Panamá. E nisso, para os chineses, reside o problema" [Marshall; 2018, p.237].

Inicialmente se pretendeu ligar o Atlântico ao Pacífico pela Nicarágua, depois se decidiu pelo Panamá e, no presente, há um projeto com possível financiamento privado chinês para a construção do canal da Nicarágua.

Os canais da Nicarágua e do Panamá terão importância geoestratégica na nova geopolítica global. Como já visto em outros tempos e cenários, em decorrência de estar entre dois oceanos e permitir essa ligação, a América Central e o Caribe têm uma importância estratégica geopolítica permanente, motivo pelo qual as revoluções da Nicarágua e de El Salvador foram destruídas com ajuda externa pela contrarrevolução, para evitar que a União Soviética eventualmente pudesse controlar a passagem.[87]

**Suez**, aberto em 1869, reduziu a distância entre a Europa e a Índia em sete mil quilômetros. Por ele transitam diariamente 8% de todo o comércio mundial bem como 2,5% do petróleo do mundo [Marshall; 2018, p.133]; também se conecta às passagens estratégicas de Messina, Gibraltar e Bab el-Mandeb. Construído a partir de um antigo leito de rio, provavelmente por onde os hebreus fugiram do Egito dando

[87] A presença da China, Irã e Turquia na Venezuela pode fazer parte da logística do futuro do grande canal da Nicarágua, mas também fazer frente à presença naval americana e britânica no Atlântico.

na história da travessia do mar Vermelho, tem cento e sessenta e três quilômetros de extensão. Além da ligação entre os mares Vermelho, Índico, Mediterrâneo e o oceano Atlântico também envolve toda a segurança da península do Sinai, de interesse do Egito, Israel, Líbia, Turquia, Chipre e os países do Mediterrâneo Sul e Norte.[88]

A ligação Suez-Mar Vermelho-Península Arábica-Golfo Pérsico envolve o Djibuti, Egito, Eritreia, Etiópia, Somália e Sudão. A Arábia Saudita quer manter o controle sunita do mar Vermelho e da passagem de Suez; seu grande medo, ou pelo menos a ideologia que vende para a plateia de casa é a de que, se o Irã controlar o Iêmen, então vai espremer a Arábia Saudita e tomar conta das cidades sagradas, guardiãs da fé islâmica, Meca e Medina, bem como do petróleo.

Estreitos ligam oceanos e mares e separam faixas de terra, mas são profundos e largos o suficiente para a navegação internacional pesada. Sempre tiveram importância estratégica comercial, militar e geopolítica durante a história e hoje mais ainda, mas as garantias de suas passagens são como um presente para o bom relacionamento entre as nações e de interessante importância estratégica regional e global.

Há ainda os **estreitos** de Bass, Boca da Serpente, Boca do Dragão, Bohai, Bonifácio, Bósforo, Cabot, Canal do Norte, Carimata, Categate, Chosen, Cook, Coreia, Dardanelos, Davis, Dinamarca, Dover[89], Escagerraque, Escarpanto, Espartel, Flórida, Formosa, Foveaux, Grigo, Hainan, Juan de Fuca, Macáçar, Moçambique, Ombai, Otranto, Palk, San Bernardino, Singapura, Sunda, Surigão, Tatar, Torres, Tsugaru, Yucatán. Há ainda os **canais** de Minorca, Mona, Kaiwi, Santa Lúcia, Zanzibar, Saint George, Mancha e as passagens de Beagle e Dominica.

---

[88] O envolvimento saudita e israelense na política do Sudão, Egito, Líbia pode estar ligado. entre outros objetivos, à segurança do Mar Vermelho.

[89] A 33 km da costa da França, e ligando o oceano Atlântico aos mares Báltico e Norte, por ele cruzam diariamente em torno de 400 navios comerciais, sendo possivelmente o mais movimentado da Terra. Sugestão: Poema Dover Beach de Mathew Arnold e som The White Cliffs of Dover de Vera Lynn

## 24.2 Faixas Marítimas e Portos

O conceito de faixa marítima é ligado aos de mar territorial, plataforma continental, zona econômica exclusiva, soberania nacional, guarda costeira, marinha mercante, marinha de guerra, vigilância sanitária, logística portuária, águas internacionais, relações internacionais, cooperação, comércio, segurança, economia marítima e geopolítica.

Faixa marítima é a zona costeira no mar territorial, medida em 12 milhas náuticas da linha de base. Além de abrigar portos e movimentar importações e exportações, também abriga muitas cidades com grande parte da população brasileira, bem como recursos marítimos que alimentam a economia nacional.

Em qualquer país com litoral, as faixas marítimas são estratégicas e ligadas aos itens de economia marítima, à importância estratégica dos portos e à geopolítica dos mares e países sem litoral. Envolvem patrulhamento, segurança nacional e internacional, neutralidade e cooperação, sem a presença de submarinos estrangeiros de guerra no mar territorial do país. Regimes políticos alinhados com os grandes fluxos do comércio internacional têm parceria para a segurança, estrutura militar e patrulhamento pelas guardas costeiras e Interpol.

As maiores faixas marítimas globais são catalogadas oficialmente assim:

| | | |
|---|---|---|
| 1 Atlântico<br>2 Pacífico<br>3 Índico<br>4 Ártico<br>5 Costa Leste americana<br>6 Costa Oeste americana<br>7 Caribe<br>8 Costa Oeste da América do Sul<br>9 Costa Leste da América do Sul | 10 Ilhas britânicas<br>11 Europa atlântica<br>12 Báltico<br>13 Europa do Norte<br>14 Oeste do Mediterrâneo<br>15 Leste do Mediterrâneo<br>16 Sul do Mediterrâneo<br>17 África Ocidental<br>18 África Oriental | 19 Oriente Médio<br>20 Sul da Ásia<br>21 Sudoeste da Ásia<br>22 Mar Amarelo<br>23 China central<br>24 Sul da China, Taiwan<br>25 Japão<br>26 Extremo Leste da Rússia<br>27 Oceania |

Pela convenção das Nações Unidas sobre os Direitos do Mar (atualizada em 1995), o mar territorial na faixa costeira envolve 22km (12 milhas náuticas) das águas da costa litorânea e a partir de cada ponto onde param as ondas do mar no litoral do país independente.

A plataforma continental (Convenção de Genebra, 1958) é o declive continuado a partir do continente para o mar e tem uma profundidade de até 200m e uma extensão de até 100km até as bacias oceânicas. Após o talude, já se encontra o oceano profundo e após os 370km do litoral iniciam-se as águas internacionais.

A zona econômica exclusiva se estende para 370km (200 milhas), dando ao país soberano o controle e o direito de exploração e comercialização dos recursos do mar. A Marinha do Brasil refere-se à zona econômica exclusiva como a Amazônia Azul, uma vez que equivale ao tamanho da floresta amazônica. Aí estão as reservas de petróleo (pré-sal) que garantem 4/5 da produção brasileira e as reservas da biodiversidade marítima como a pesca.

Até 24 milhas náuticas, a partir de sua linha de base para o mar territorial, o país exerce a soberania, garantindo a segurança nacional e fazendo com que qualquer navegação, nacional ou estrangeira, cumpra toda a legislação nacional principalmente aduaneira, fiscal, marítima, migratória, prevenção de poluição, sanitária, territorial, tráfico ilegal e segurança nacional. A guarda costeira tem autoridade de policiamento e a Marinha de Guerra mantém a defesa marítima e territorial do país, junto com as forças aérea e terrestre.

Os **portos** têm uma importância estratégica e logística para a economia marítima, para o comércio internacional e para a macroeconomia internacional. O comércio internacional e a ajuda externa podem estar muito bem sincronizados à logística portuária global. Não obstante sendo um exercício bilateral entre países, os ganhos são multilaterais para os navios que navegam os mares, não importa a procedência e o destino das cargas. Portos têm estado presentes desde o período romano, dos fenícios, de Cartago e durante a Liga Hanseática, as repúblicas marítimas comerciais italianas e a Rota da Seda. Todos tinham conexões estratégicas e com centros de distribuição rios acima e rios abaixo, e muitos dos quais estão em operação até hoje.

Entre os portos mais antigos e mais lindos, ainda em operação nas águas da Terra, estão Dubrovnik na Croácia; Veneza, Itália; Lisboa, Portugal; Istambul, Turquia; Tianjin, China; Pireu, Grécia; Estocolmo, Suécia; Kusadasi, Turquia; Quebec, Canadá; São Petersburgo, Rússia; Alexandria, Egito; Haifa, Israel; Bizerta, Tunísia; Miami, Flórida; Nassau, Bahamas [fonte: Soumyajit Dasgupta em 30 julho 2019, Marine Insight, *15 oldest most beautiful shipping ports of the maritime world,* acesso 08 06 2021 8h30]. Na África os portos mais antigos são o Kiwa, Mombaça, Mogadishu, Zanzibar; no Japão encontram-se Dejima e Osaka; na China Guangzhou; no Egito, Alexandria; na Índia, Chittagong; na Itália Óstia, Antica e Messina.

Carlos Magno construiu cidades que prosperaram na Idade Média e existem até hoje, muitas delas ligadas a portos. Geralmente cidades se desenvolvem em torno dos portos e se tornam opulentas como Amsterdã, Atenas, Buenos Aires, Estocolmo, Gênova, Hamburgo, Veneza, Ostende, Liverpool, Londres, Nova Iorque, Oslo, Pisa, Rio de Janeiro, Santos, Tóquio, Valparaíso. Estão relacionadas positivamente ao desenvolvimento urbano, mas também com todos os problemas que daí derivados.

Geografia e história são heranças pesadas do passado, mas também privilégios para o presente e uma das heranças são os portos. Guerras já foram travadas para garantir o acesso a portos como Japão-China (1894-1895) e Japão-Rússia (1904-1905).

Há três tipos de porto: marítimo, rio, seco. Sendo um porto principal de um país ou de uma região ou mesmo periférico, todos estão integrados ao grande fluxo do comércio internacional. Cada um deles tem importância estratégica para o país e para a Terra toda. A profundeza das águas é importante para a construção de portos e a construção de portos é importante para a economia local, regional e nacional. Esse foi o caso da costa Leste dos EUA como dos Países Baixos, Alemanha, Dinamarca, Suécia e Noruega, que facilitaram a sua prosperidade com a combinação entre portos, acesso ao mar e terra produtiva [*fonte*: Robert B Kaplan *"the revenge of geography"*, youtube].

Portos envolvem questões geográficas de terra e dos oceanos, principalmente as faixas marítimas, tanto para o comércio internacional quanto para segurança nacional e internacional. São estruturas físicas pesadas, exigem investimentos de longo prazo e sofrem depreciação, bem como obsolescência crescente; envolvem guindastes, correias de transporte, carregadores, silos, depósitos, questões sanitárias. A sua manutenção envolve também docas, cais, dragagem dos canais, bacias, quebra-mares e estuários. Também agregam valor imobiliário, industrial, logístico e econômico geral, à redondeza e toda a economia marítima e seu efeito, multiplicador econômico.

Alguns aspectos são definitivos para a expansão ou construção de portos: as concessões geográficas com terra, a regulamentação, custos, potencial de profundidade (de 10m para mais), multiplicador econômico e fonte de finanças.

A Alemanha, EUA, Inglaterra e Japão tiveram uma vantagem industrial pelo fato de terem bons portos. Navios a vapor e depois a óleo juntamente com os *containers* revolucionaram a navegação e os portos, levando consigo a inovação, economia, barcaças, caminhões, *containers*, construções, depósitos, estocagem, ferrovias, graneleiros, logística, petroleiros, rodovias e trens. Uma evolução colateral é verificada na engenharia naval, construção naval e estaleiros; verificada evolução também ocorre na segurança comercial e militar dos mares envolvendo a marinha de guerra, a marinha mercante e a geopolítica.

Há uma logística portuária global. Existem portos principais e portos intermediários, locais, nacionais e globais, que dependem de toda a estrutura rodoviária, ferroviária e de navegação do país, da região e do globo. Além da importância de Singapura e Hong Kong, mais recentemente outros megaportos surgiram como Massvlakte em Roterdã (o maior porto da Europa), Deurganck na Antuérpia, Yangshan (de *containers* em Shangai) e Tuas (de *containers* na Singapura). Além de ser gigante em estaleiros a China tem contribuído para a infraestrutura portuária global, em específico na África e Ásia. Terminais de *containers* e portos-secos têm uma demanda constante para expansão e muitos portos-secos têm sido construídos (sendo Itapoá um dos mais recentes no Brasil).

Vale lembrar que a geopolítica das ferrovias da China, na África, completa a ligação dos portos de Djibuti, Mombaça, Dar es Salaam a Lobito na, Angola, dentro da Nova Rota da Seda e, a partir daí, as ligações com a rede ferroviárias da África do Sul. Pode-se, então, falar de uma conexão ferroviária que vai desde a Cidade do Cabo até o Djibuti. A Nova Rota da Seda conecta, por exemplo, os portos da Argentina (Bahia Blanca, Buenos Aires, La Plata, Punta Colorada, Ushuaia), Chile (Arica, Iquique, Punta Arenas, San Antonio e Valparaiso) a outros grandes portos do planeta. O Brasil decidiu não participar.

Para o bom fluxo do comércio internacional, é preciso entender a importância estratégica dos portos. A macroeconomia internacional está bem ligada a toda a logística da economia marítima. O comércio internacional e a ajuda externa podem estar muito bem sincronizados à logística portuária global. Não obstante, sendo um exercício bilateral entre países, os ganhos são multilaterais para os navios que navegam os mares, não importa a procedência e o destino das cargas.

A empresa BRANGEX, com sede em São Paulo, qualifica como os **10 maiores portos do mundo** os de Shanghai, Ningbo-Zhoushan, Singapura, Roterdã, Tianjin, Guangzhou, Qingdao, Qinhuangdao, Hong Kong, Busan; sete desses estão na China.

De acordo com o Fórum Econômico Mundial, em 2019, os maiores portos por TEU eram: Shanghai, China; Singapura; Shenzhen, China; Ningbo Zoushan, China; Busan, Coreia; Hong Kong, China; Guangzhou e Qingdao, China; Jabel, EAU; Tianjin, China.

De acordo com DB Schenker [www.DB.*Schenker Logistics Company*, 15/04/2021] os 15 maiores portos das Américas estão localizados por ordem de importância em Los Angeles, Nova Iorque/Nova Jérsei, Savannah, Geórgia, Seattle/Tacoma todos nos EUA; Santos, Brasil; Colón, Panamá; Balboa, Panamá; Vancouver, Canadá; Virginia, EUA; Manzanillo,

México; Oakland, Califórnia, EUA; Cartagena, Colômbia; Houston Texas, EUA; Carolina do Sul, EUA; Montreal, Canadá.

Em 2016 Santos era o maior porto do Brasil, responsável por 1/3 do comércio exterior do país, estando entre os 50 maiores do mundo e o 5º das Américas. Na sequência tem Paranaguá, PR; Rio de Janeiro, RJ; Itajaí, SC; Vitória, ES; Rio Grande, RS; São Francisco do Sul, SC; Salvador, BA; Manaus, AM; Aratu, BA.

O Brasil não tem portos com capacidade para mais de 12,500 TEU [*Twenty Foot Equivalent Unit*], de *container* de seis metros, ou 20 TEU [*Twenty Foot Equivalente Unit*] e nem de 12 metros ou 40 TEU. Isso impõe um limite à nossa participação na economia marítima e na geopolítica global.

## 24.3 Disputa do Círculo Ártico

A geopolítica do Círculo Polar Ártico, apesar de pouco divulgada nos meios de comunicação, está bem ativa e envolve interesses diplomáticos, econômicos, geopolíticos, logísticos, militares, segurança, exploração cientifica, depósito de combustível nuclear e lixo radioativo. Passa por momentos decisivos do seu controle e é de suprema importância para o Canadá, Dinamarca, EUA, Groenlândia, Islândia, Noruega, Rússia e mais ainda para a ONU e para a comunidade internacional.

A preocupação da comunidade internacional é com dilapidação das reservas naturais do Ártico, com o avanço do derretimento do gelo, pois, além disso, causaria elevação do nível do mar, que poderia implicar na inundação de Nova Iorque, Saint Michel, ilhas da Polinésia e Veneza.

Já existe uma base legal para a regulamentação internacional no Acordo de Wellington 1988, Protocolo de Madri 1991, Acordo de Fronteira Marítima 1990 e Comissão dos Limites das Plataformas Continentais da ONU. A proposta internacional do Círculo Ártico propõe moratória internacional contra a exploração de recursos naturais e abrir o Círculo Ártico somente para propósitos científicos e turísticos.

A disputa não é só com a passagem geográfica estratégica, mas sobre o potencial de matérias-primas no fundo do mar Ártico e nos dorsais. O maior interesse econômico repousa sobre os 20% de hidro carbonetos da Terra ainda não descobertos que, suspeita-se, estejam por lá, como também níquel e paládio. Há um potencial já conhecido para exploração de gás e petróleo e a própria Shell holandesa-britânica tem investido mais de U$4.5 bilhões em preparação para perfuração, por causa disso, talvez pela influência britânica na ONU as disputas estejam meio quietas.

Os pontos de maior controvérsia são os dorsais de Lomonosov e Mandeliev, os quais a Rússia reclama para si e está fincando bandeira com adequada logística no mar de Barents.

Entre o Canadá, Dinamarca, Groenlândia é a Rússia, quem tem mais capacidade cientifica, financeira, logística, marítima e militar, para ir avançando na reivindicação de territórios e pontos estratégicos do Círculo Ártico. Seus quebra-gelos são mais potentes e podem ficar mais tempo em áreas geladas com o suprimento que levam. Nos últimos 10 anos a Rússia tem avançado bastante, não sem controvérsias pelos outros reclamantes e um pouco mesmo da comunidade internacional que parece não estar dando a devida atenção ao assunto.

Entre as passagens Nordeste, Noroeste e Norte, há possibilidade de navegação para navios de patrulha costeira e para navios de guerra, entre o mar de Barents e o estreito de Bering. Existe a rota de navegação canadense, abrangendo toda a costa leste do Canadá e a costa Ocidental de Groenlândia. Os Estados Unidos também usam essa mesma rota ártica para o comércio internacional, então é de seu interesse não um controle direto, mas o bom fluxo para esse propósito e, se necessário, o uso da força para agilidade de segurança nacional também.

As intenções declaradas e conhecidas da Rússia são reinstalar a base naval e militar nas ilhas de Kotelny, uma das mais próximas de território dos EUA, capaz de lhes dar:

1. Poder aéreo sobre todo o Ártico;
2. Acesso a todos os mares do planeta;
3. Acesso aos depósitos de hidrocarbonetos que por lá podem estar.

Numa região que chega a 50°C abaixo de zero, tudo é parte da estratégia de longo prazo em dominar e controlar, defender e capacitar os interesses no Ártico. Os aviões de carga IL76, usados para transporte aéreo tático, podem pousar na base;[90] poderia ganhar *royalties* pela passagem do comércio internacional, que ficaria mais rápido e menos oneroso; já está explorando gás natural, que pode facilitar estações nucleares para amparar as suas pretensões. De maneira sincronizada está implantando um sistema de controle de radar, monitoramento do espaço aéreo e assegurando a rota do mar do Norte. O sistema de radares mantém qualquer outro país à distância.

O Ocidente, guiado pelos EUA, não tem a mesma capacidade de quebra-gelo e estrutura logístico-militar para impedir os avanços da Rússia que parece não se importar e até faz questão de que o mundo saiba de seus interesses econômicos e militares na região. Os quebra-gelos poderiam inclusive ser alugados ou prestar serviço a navios cargueiros na região, dando à Rússia ganhos sobre a renda com o comércio internacional, bem como o pagamento de tarifas de passagem de cargueiros internacionais. Sendo o único país com quebra-gelos nucleares, desde a iniciativa ambiciosa em 2012, até meados de 2021 a Rússia já dispunha de diversos quebra-gelos, navios e infraestruturas militares na região Ártica.

Desde maio de 2021 qualquer avião pode pousar na base russa Trefoil para levar tropas; a base estava em decadência desde a queda da União Soviética, mas foi plenamente restabelecida e ampliada; mísseis antinavios também estão instalados na região.

A Frota Naval Norte da Rússia tem alta capacidade de submarinos e navios de guerra. Em suas bases navais, os navios já estão estacionados em Bolshaya Lopatka, Gremikha, baía de Ara, baía de Nerpichya, baía de Olenya, baía de Ura, cidade fechada de Severomorsk e Skalisty.

Os estaleiros russos ligados à estratégia de controle do Arco Norte estão em Malaya Lopatka, Murmansk, Polyarny, Nerpa, Roslyakovo, Severodvinsk no mar Branco; há depósito de combustível nuclear que

---

[90] Sugestão: vídeo CNN: "an exclusive look inside Russia's Arctic military base"

foi utilizado para irradiar o reator nuclear nas baías de Andreeva, Gremikha, Murmansk, Severodvinsk. Esse é outro motivo de controle da região para a segurança da Rússia. Há depósito de lixo radioativo na baía Andreeva, baía Sayada, Murmansk, Severodvinsk; os depósitos de lixo radioativo e de combustível nuclear, nas proximidades da Finlândia e Noruega, têm preocupado esses países.

Há, contudo, alguns limites naturais às ambições da Rússia; falta de infraestrutura de navegação para a busca e resgate; as bases militares em operação na região são excessivamente onerosas; navios cargueiros precisam ser acompanhados por quebra-gelos somente durante a estação de acesso e são muito onerosos.

## 24.4 Quem é o Dono do Alto Mar?

Setenta e dois por cento da Terra são cobertos por água marinha, mas quem é o dono do alto mar e de seus recursos em águas e subsolo? Há um potencial para grandes confrontações para os próximos anos nas Águas Turbulentas dos Mares. Franz Boas traz o debate sobre a legislação de transporte marítimo e *Soft Power* [Cap. 6].

Os recursos do fundo do alto mar são considerados patrimônio comum da humanidade pela convenção do direito do alto mar. Na convenção da ONU sobre os Direitos do Mar, cabe ao Estado costeiro a jurisdição do mar territorial, a zona contígua, a zona econômica exclusiva, a plataforma continental, as ilhas e águas, os estuários, os arquipélagos, estreitos e canais; enquanto o alto mar e os fundos marinhos estão subordinados à jurisdição e administração da comunidade internacional.

O Alto Mar pertence à natureza e a todas as nações, mesmo as que não têm saída para o mar. As Águas Internacionais começam onde termina o Mar Territorial dos países e sua Zona Econômica Exclusiva. Não há uma jurisdição de único Estado ou de um Estado supranacional, tampouco pode haver reivindicação de soberania sobre nenhum metro quadrado. Navegação, pesca, pesquisa e voo são de acesso a todas as nações e é permitida a colocação de cabos submarinos e de dutos e a construção de ilhas artificiais; no entanto o que se exige é a exibição da bandeira nacional das navegações. São proibidos aos comandos de embarcações darem assistência a cargas com escravidão, pirataria ou tráfico de qualquer espécie. A Organização Internacional do Trabalho regulamenta as condições trabalhistas das tripulações. Navios de guerra podem navegar livremente e devem respeitar todas as outras embarcações

Há muitas coisas erradas dos humanos que acabam sendo assumidas pelo mar, mas tudo o que pertence ao mar ele acaba retomando para si um dia, diz o ditado. Entre essas, pesca ilegal, pesca predatória, invasão de territórios marítimos, desequilíbrios de santuários; ilhas de lixo formadas pelas correntes circulares com acúmulo de microplástico que é plástico decomposto engolido por peixes e espécies marítimas afetando os seus organismos.

Redes de pesca de escala industrial acabam pegando espécies não aproveitadas, mas que acabam por serem mortas, perturbando o ciclo de ovulação de ambas. Isso também impõe um desafio para a guarda costeira e a marinha para patrulhamento. Empresas estrangeiras compram direitos de pesca em países pobres e, em alguns casos, em esquema de verdadeiro crime organizado; tiram oportunidades de pescadores de pequeno porte, impõem exploração nos preços e criam oportunidades para a pesca excessiva. Algumas espécies marinhas têm propriedades alimentícias e medicinais muito procuradas, principalmente por asiáticos. E não há como controlar as suas capturas e comércio.

Ao navegar em mar territorial e a zona econômica exclusiva, qualquer navegação comercial ou militar responde pelas leis daquele país e não pode incorrer em atividades que afetem a segurança nacional. A cada país é dado o direito de enxotar, pela marinha ou aeronáutica, embarcações ou voos intrusos para propósitos inválidos em suas águas territoriais e zona econômica exclusiva. A pesca em alto-mar é regulamentada pela Convenção da ONU sobre o Direito do Mar, a Convenção Internacional para a Preservação do Atum e Afins do Atlântico e a Convenção Internacional para a Regulamentação da Pesca da Baleia.

A pirataria do alto-mar e em águas territoriais, contrabando, crime, tráfico e pesca predatória, bem como poluição se constituem em desafios para todas as nações. Uma das grandes apreensões é se terroristas eventualmente começarem a sequestrar cargueiros e cruzeiros.

Os mares são uma **questão de geopolítica** porque envolvem:

1. navegação em águas internacionais para o fluxo comercial e patrulhamento militar;
2. recursos marítimos no fundo do mar, subsolo dos mares, direitos de pesca, pesca predatória, pesca de baleias (Japão e Noruega são os maiores);
3. segurança global, pirataria, contrabando, tráfico (animais, armas, drogas, órgãos humanos, pessoas), terrorismo, guerra, marinha mercante, marinha de guerra, segurança portuária, portanto segurança nacional e internacional.

Os temas mais controversos em relações internacionais relativos à geopolítica dos mares são: Leis Internacionais dos Oceanos, acesso a recursos das águas do alto-mar e do fundo do mar, subterrâneo dos mares, pirataria internacional, biodiversidade marinha e ambiente, frotas de guerra, submarinos nucleares, descarte de lixo no alto-mar, projetos de prisões flutuantes, tráfego comercial, contaminação por cascos de navios, patrulhamento militar, ambições da China, domínio e exploração de áreas do Ártico e da Antártica.

A pesca anual marítima global é concentrada em 2/3 com barcos da China, Coreia do Sul, Espanha, Indonésia e Taiwan. Há compra de direitos de pesca em escala industrial por empresas com estrutura potente de barcos, em zona econômica exclusiva de países em desenvolvimento. Em 2021, a chamada Disputa de Jersey marcou a primeira disputa em áreas de pesca entre britânicos e franceses pós-Brexit, que envolveu até a Marinha Britânica.

## 25. ECONOMIA MARÍTIMA E MULTIPLICADORES

A robustez do setor marítimo de um país lhe dá também uma força geopolítica. Os países com maior frota mercante registrada por ordem de importância são o Reino Unido, Holanda, Alemanha, França, Suécia, Libéria, Grécia, EUA, Itália, Bélgica, Espanha, Dinamarca, Panamá, Japão e Noruega. A economia marítima envolve toda a logística global de entrega de insumos para a produção e de produtos intermediários e acabados. Toda a cadeia de serviços de transporte marítimo está ligada a outros temas de importância geopolítica: países sem saída para o mar, faixas marítimas, passagens estratégicas de navegação (canais, estreitos e mares), importância estratégica dos portos, geopolítica dos mares e o fluxo do comércio internacional.[91]

Segundo Talley [2012; p.3] os negócios de navegação são impactados por fatores geopolíticos que, por sua vez, impactam na demanda por navios, tecnologia, tipos de navios e tipos de carga (volume ou espécies), produtos intermediários e produtos finais, concorrência entre companhias de navegação, concorrência em rotas terrestres para os portos (ferroviário e rodoviário), fluxo mundial de *commodities* (alimentando atividades econômicas para trás e para frente do transporte marítimo), crescente uso de gás natural, mercado de fretes, mercado de seguros, *containers*, estaleiros e portos.

A economia marítima é de extrema importância para a economia dos países e para o comércio internacional, cooperação internacional, geopolítica da água, geopolítica dos mares, pesquisa naval, engenharia naval, estaleiros e construção de navios e embarcações. Pela sua natureza e dinâmica, está ligada a muitos setores de produção agrícola e industrial, insumos e matérias-primas, produtos intermediários e finais, distribuição e consumo, num efeito multiplicador nas economias nacionais e na economia internacional. O próprio bom funcionamento da economia marítima e a logística dos portos já são uma questão geopolítica e mais ainda todo o cuidado de legislação e de segurança para combater perturbações crimi-

[91] O s custos de transporte marítimo têm subido em até 300% desde o incio da Pandemia em 2019.E novamente com a escalada do petróleo em 2022.

nosas nos mares e portos, bem como nos sistemas de transporte terrestre relacionados às cargas que entram e que saem de um país ou nele entram. A pirataria, contrabando, falsificação, sonegação, lavagem de dinheiro, tráfico internacional (animais, armas, drogas, humanos), terrorismo, desrespeito a direitos autorais e aduaneiros de produtos e exigências sanitárias são todas matérias de segurança nacional e internacional ligadas à economia marítima. Por isso mesmo é uma questão geopolítica ligada a toda a logística de países sem saída para o mar e a questão da cooperação internacional ou do fracasso da cooperação e brechas fáceis para oportunistas criminosos em países frágeis [Cap. 19].

O setor macroeconômico da indústria marítima depende do desempenho da economia mundial e do transporte de matérias-primas, materiais e máquinas e equipamentos para a produção, bem como da própria produção exportada. Isso afeta a demanda por navios que, por sua vez, também é influenciada pelos preços do que é transportado e dos custos do frete. A marinha mercante tem todo um setor desde encomenda de um navio, a sua construção, registro, seguro, frete, manutenção e, finalmente, ao desmonte dos navios para se reutilizar os materiais utilizados na sua fabricação. Por isso mesmo, um amplo setor de serviços financeiros especializados em financiamento, pagamento e seguros acompanha em cada estágio e em cada área da navegação. O transporte marítimo tem uma vasta organização e logística própria, bem como o transporte rodoviário, ferroviário e aeroviário, ligadas aos portos, estoque e armazenagem, seguros e vigilância sanitária. Os tipos de transporte dependerão sempre da dinâmica da economia mundial e de algumas economias-chefe. O efeito multiplicador da economia marítima verifica-se em outros setores: geradores de energia, motores de navios, sistemas de controle, produtos químicos orgânicos (aromáticos e fertilizantes) e químicos inorgânicos (ácido sulfúrico e fosfórico e soda cáustica); refinaria de petróleo, combustíveis para aviação, automóveis, motores, aquecimento, resíduos, pesca, trens, navios, gasolina, GLP, lubrificantes, querosene; indústria de processamento de pesca, padaria, sucos, vegetais, vinhos e celulose e papel, construção civil, registro e seguros.

## 25.1 TIPOS DE NAVIOS E CARGAS

Há uma cadeia econômica, incluindo compra e venda de navios, fretes, seguros, estaleiros e sucateamento. Toda a encomenda de navios novos e seus preços, preços dos fretes e ainda a demanda por cargas, vai depender do ânimo da economia dos países; é possível fazer previsões com base nos ciclos de negócios de um país e de economias guias e da economia internacional.

As cargas marítimas se diferenciam por: a granel seca e a granel líquida (petróleo, gás natural, óleo vegetal, químicos líquidos) e representam 1/3 de todo o volume de cargas marítimas. O efeito multiplicador, no porto e fora do porto: em tanques, exige bombeamento para carga e descarga, gerando empregos nos dois portos envolvidos; em caminhões, trens, barris e tanques em navios menores. A exigência de navio-tanque de casco duplo para a resistência e para prevenir derramamento no mar tem aumentado o preço dos navios. Os tipos de cargas marítimas podem ser a granel, líquida, unitária, mista, refrigerada e por fim matérias-primas e produtos manufaturados ou peças.

O **tipo de carregador** pode ser granel, *container*, carga homogênea ou especializada e tanques (petroleiros e graneleiros); produtos acabados, produtos intermediários e matéria-prima.

Os **tipos de cargas** na marinha mercante: carga de rolamento, carga geral, cargas secas, *containers*, cruzeiros, congelados e resfriados, gás liquefeito, granel, multipropósito, petroleiros, produtos químicos, veículos, *offshore*, navios combinados.

A maioria dos transportes é *in natura* ou tendo já passado pelo processo siderúrgico como o aço e derivados de alumínio, bauxita carvão mineral, ferro-gusa, hulha, minério de ferro, sucatas minerais. Existem muitas economias menos industrializadas, na África e na América Latina, que são exportadoras de minerais e, em alguns casos, monoculturas agrícolas como café na Nicarágua e cana de açúcar na Guatemala. O transporte de produtos e de energia se divide em petróleo cru e derivativos, carvão térmico, gás e petróleo liquefeitos [fonte https://unctad.review-maritime-transport- 2020. *Executive Summary,* acesso 20 02 2022, 8h].

Para perceber a importância da economia marítima nas economias nacionais e na economia internacional basta ver, por exemplo, a sua importância para o setor metalúrgico que, por sua vez, afeta a construção civil, o setor automobilístico e a fabricação de maquinários e equipamentos.

## 25.2 Engenharia Naval e Estaleiros

A capacidade de engenharia naval e de estaleiros de um país diz muito sobre a sua influência geopolítica no globo. É raro um país ter uma marinha mercante e uma marinha de guerra robustas, se não tiver bons estaleiros.

A construção, desde a encomenda do navio até a entrega pode levar quatro anos. Os **maiores estaleiros** atuais por ordem de importância estão no Japão, Coreia do Sul, China, Taiwan, Singapura, Bélgica, Dinamarca, Alemanha, Grécia, França, Itália, Holanda, Portugal, Espanha, Reino Unido, Finlândia, Noruega, Suécia, Bulgária, Polônia, Romênia, Rússia, Ucrânia, Croácia, Brasil e EUA. Obviamente a geopolítica dos mares é de extrema importância nestes países pelo efeito multiplicador econômico para eles e seus parceiros comerciais.

O setor de **sucateamento**, desmonte e venda de materiais utilizados na construção de navios concentra-se na Espanha, Indonésia e Turquia.

Ligados à economia marítima ainda estão os setores de engenharia naval e pesquisa, logística, direito comercial internacional, direito marítimo, mercado cambial, preço das *commodities* nas bolsas de valores, cooperativas, silos, estocagem, armazenamento e obviamente milhões de empregos mundo afora.

Os **tipos de construção** são para os propósitos específicos de cargueiros de *container*, cargueiros de gás, e de petróleo e a granel, barcos de pesca, pesquisa científica, plataformas flutuantes, rebocadores, cruzeiros.

As atividades oceânicas dentro de economia marítima movimentam bilhões de dólares mundo afora, dando também oportunidades para países que não são industrializados e que também não têm muitos recursos naturais como florestas, minérios ou terras agricultáveis. As **atividades** podem se dividir entre:

- Construção de navios mercantes, cruzeiros e de guerra;
- Operação de navios mercantes, cruzeiros e de guerra;
- Recursos marítimos: gás, minérios, petróleo e energia renovável;
- Pesca marítima: algas, aquacultura, pesca, frutos do mar;
- Cabos de comunicação;
- Turismo, pesquisa, serviços de biotecnologia;

Cada uma dessas atividades tem implicações no comércio exterior e nas relações internacionais e geopolíticas regionais.

O setor marítimo pode ser um motor de crescimento econômico, pelo seu efeito multiplicador em toda a cadeia de construção e de uso de embarcações. Tudo vai depender da capacidade dos estaleiros nacionais. Sem ter um setor forte de estaleiros e uma rede portuária bem organizada, um país não consegue atender a sua demanda interna, e nem se tornar uma referência naval no comércio internacional, nem ter uma frota respeitável para a defesa. Um setor marítimo robusto garante a sua habilidade para explorar os recursos marítimos dentro da Zona Econômica Exclusiva e desenvolver uma indústria da pesca oceânica.[92]

De acordo com a *Review of Maritime Transport* da UNCTAD, de 2019, de cada cinco navios mercantis no mundo, dois são construídos pela China, sendo que o Japão e a Coreia do Sul produzem 1/5 cada. Ao responder por 90% de toda a capacidade global de estaleiros, esses três países asiáticos conferem a si um verdadeiro poderio econômico marítimo, como também um poder geopolítico sobre toda a economia marítima e seus multiplicadores. A Índia, por sua vez, não está no mesmo ritmo, perdendo inclusive pelo Vietnã e as Filipinas. Isso prejudica

[92] Diversos países em desenvolvimento alugam os seus direitos de pesca oceânica para empresas asiáticas, principalmente da China. Além de não alimentar muito a economia nacional, abrem as portas para a pesca predatória.

a sua economia, bem como impede a sua ascensão como um poderio militar na região. O setor marítimo da Índia tem problemas estruturais, sendo inviável para estaleiros comerciais e militares e, consequentemente, sem capacidade marítima para alimentar a sua economia e garantir a sua defesa. É por isso que está a fazer parcerias na defesa naval com o Japão e a Austrália [Cap. 32].

Todo o setor marítimo de um país precisa da eficiência e eficácia do setor de estaleiros. Em muitos casos, a atenção é focada apenas no setor portuário, podendo haver negligência sistemática até aí, como no caso do Brasil com seu histórico de falências e liquidações. É recomendável ao país ter uma estratégia nacional que deverá também combinar o setor marítimo com o setor de estaleiros. O setor marítimo inclui a navegação propriamente dita com a marinha mercante e portos; o setor de estaleiros inclui a construção naval e toda a sua cadeia, estando integrada à metalurgia, engenharia, máquinas de propulsão, pesquisa e desenvolvimento, avanços na eletrônica e sistema de controle e, necessariamente, marinha mercante e portos. Dessa forma o setor marítimo gera empregos, renda e avanços tecnológicos em muitas áreas da economia, durante e depois de todo o processo, além de tornar o país um poder naval, conferindo-lhe, também, um poder geopolítico.

Em termos comparativos, esse é um preço que a Índia paga e pagará e a sua aurora geopolítica já desperta com nuvens de tormentas, tanto na economia quanto na defesa. Nessa linhagem de fraqueza marítima pode se incluir também outros países em desenvolvimento com privilégio oceânico, mas sem vocação para o mar: África do Sul, Argentina, Brasil, Colômbia, Indonésia, México, Nigéria, Peru e Venezuela. No caso de economias desenvolvidas e gigantes sem um desenvolvido setor de estaleiros, o seu setor portuário é bem robusto porque eles têm capacidade econômica para comprar as embarcações necessárias para a sua economia.

O setor de estaleiros exige uma política deliberada de cada país levando em consideração algumas exigências cruciais para a sua viabilidade:

1. Estrutura moderna para a construção e a manutenção;
2. Afinamento e flexibilidade com a demanda global;
3. Integração holística civil-militar, carga-pessoas-pesca;
4. Custos;
5. Fluxo de caixa, evitando dívidas;
6. Financiamento, evitando dependência do setor público como benefícios fiscais, empréstimos oficiais, subsídios;
7. Qualidade;
8. Prazo de entrega;
9. Gerenciamento com aplicação de Engenharia de Produção;
10. Estratégia de médio e longo prazo.

Há em torno de 3000 estaleiros na Terra para todos os tipos de demanda e que se adaptam com as necessidades do cliente, com muita variação dependendo do cliente: se é customizado, se a entrega deve ser mais rápida, se pode esperar mais.

A China, de maneira bem planejada e holística, tem um poder naval que integra a parte civil e militar; estaleiros civis, além de suas próprias demandas, prestam serviços de construção e de reparo a frotas de navios de guerra e de submarinos. Não é surpresa, então, que o país se tornou o maior poder naval das ondas dos oceanos em 2021.

## 25.3 Efeito Multiplicador Financeiro

Há toda uma grande cadeia de serviços financeiros, nos sistemas bancários internacionais, para a construção e aquisição de navios, registro, seguros de navios, seguros de cargas e pagamento de cargas e fretes.

Há uma ligação da economia marítima com o mercado bancário, financeiro e de seguros do navio e da carga, bolsa de valores, capital privado, financiamento, operações de pagamentos. Os fundos financeiros podem ser de ordem privada ou pública, empréstimos, venda de títulos, propriedade ou *leasing*. Cálculos econômicos envolvem custos, retorno, depreciação, hipotecas, valor presente líquido, roubo, seguros, perda por atos da natureza, acidentes, explosões, incêndios, carga danificada e afundamento.

Os custos de frete marítimo são influenciados pelos preços dos combustíveis, taxas portuárias, custos operacionais, mercado de derivativos relacionados ao setor. Preços de novos navios vão depender da sua demanda global, levando em consideração que o período de vida útil será em torno de 25 anos. O preço de navio de segunda mão depende da própria idade e condições, frete, inflação, expectativas econômicas [Stopford; 2017, p.171-249].

## 25.4 Efeito Multiplicador na Agricultura

Há importação e exportação de matérias-primas, insumos, maquinários e equipamentos para a produção agrícola por muitos países. Há uma relação entre a produção de insumos agrícolas, como fertilizantes, a produção e o transporte, preços e exportações.

A ligação da economia marítima com a agricultura envolvendo o transporte agroalimentar a granel, fertilizantes (adubo, calcário, salitre, ureia), e insumos para a produção de fertilizantes (boro, cálcio, carbono, cobalto, cobre, enxofre, ferro, fosfato, fósforo, magnésio, manganês, molibdênio, nitrogênio, oxigênio, potássio, silício, sódio, zinco) e cereais secundários. Já, da produção agrícola, o açúcar, café, milho, soja, trigo, álcool etílico bem como sal têm grande participação.

O setor de pecuária, reflorestamento e madeireiro, também entram nesse multiplicador.

## 25.5 Efeito Multiplicador na Mineração e Indústria

Um dos maiores transportes marítimos é o de minerais, de onde são purificados os metais. Isso alimenta o setor industrial na área de metais ou metalurgia, que produz matérias-primas e insumos para a produção industrial de produtos intermediários, máquinas, equipamentos, produtos diretamente ligado ao transporte marítimo e/ou ferroviário de matérias-primas.

A produção na área de metais está primariamente na siderurgia (produção de aços e ferros fundidos) e na fundição com produção de produtos de metal partir do derretimento. Na metalurgia se produz metais que utilizam principalmente ferro, níquel e cromo; ferro-gusa que utiliza o minério de ferro, coque/carvão, calcário para a produção de lingotes para abastecer o setor de ferro fundido e aço; tubos para uso industrial; metais não ferrosos como alumínio, chumbo, cobre e zinco.

Nesse mesmo efeito multiplicador, encontram-se, a partir da siderurgia, as áreas de metalurgia: fundição (produção de peças a partir de metais derretidos inseridos em moldes); soldagem (nas áreas de aeronáutica, automobilística, metalmecânica, naval); usinagem (a formatação desejada sobre peças metálicas brutas, com ferramentas de corte e desbaste horizontal, vertical e helicoidal, incluindo a lubrificação industrial para a devida manutenção e vida útil dos equipamentos).

## 25.6 Efeito Multiplicador na Construção Civil

A construção civil em um país está sincronizada com pelo menos metade de todas as atividades econômicas que formam o PIB anual. Assim, toda a construção nacional de infraestrutura física industrial, residencial, comercial, administrativa, pública, de transportes (ferrovias e rodovias), dependerá do bom andamento da economia global, da economia marítima e do bom relacionamento com a sua vizinhança para a utilização de portos, ferrovias e estradas, caso esse país não tenha acesso ao mar. Há um efeito multiplicador econômico da economia marítima antes, durante e depois das atividades de construção civil e os seus próprios efeitos multiplicadores sobre toda a economia.

A ligação da economia marítima com a construção civil se dá pela importação e exportação via carga marítima de produtos ou produtos intermediários como areia, cal, cerâmica (azulejos e pisos), cobertura, cimento, ferro, gesso, madeira, pedra, telhas, tijolos, tubulação, fiação elétrica. Máquinas específicas e caminhões para construção civil, bem como na mineração também se incluem nesse efeito multiplicador.

# V

# CREPÚSCULO E AURORA

26 MUDANÇA ECONÔMICA E GEOPOLÍTICA

27 REPOSICIONAMENTO DOS EUA

28 RÚSSIA, UM PAÍS GEOPOLÍTICO

29 EUROPA ESTÁVEL E REINO UNIDO GLOBAL?

30 CHINA

31 JAPÃO

32 ÍNDIA

33 PAÍSES DE IMPORTÂNCIA ESTRATÉGICA

34 PODER, CONSPIRAÇÃO E INVERDADE

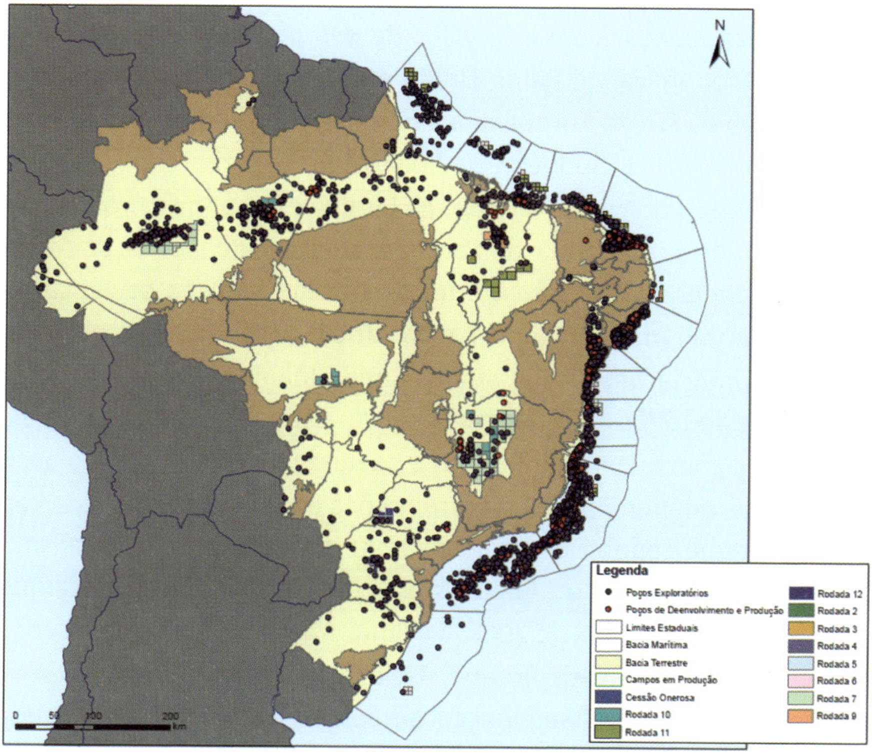


*Distribuição dos poços de petróleo e gás natural no Brasil.*

## 26. MUDANÇA ECONÔMICA E GEOPOLÍTICA

Como visto na Introdução desta obra, os últimos 100 anos têm sido muito tensos e intensos nas relações internacionais e no jogo geopolítico. A começar pelo grande impacto da Primeira Guerra Mundial, aos arranjos na Europa e Ásia Oriental na sequência; as buscas de acerto no entre guerras, a grande depressão e a crise na Liga das Nações; a brutalidade contra a democracia, a expansão alemã e japonesa e as respostas da Inglaterra, França, União Soviética e EUA; a Segunda Guerra Mundial e a Guerra do Pacífico; a Grande Aliança e seu colapso; o Plano Marshall, o Plano Colombo e a expansão global dos EUA e sua contenção de outras expansões; o antagonismo entre a Organização do Tratado Atlântico Norte e o Pacto de Varsóvia; a Revolução Chinesa e a Revolução Cubana; a corrida armamentista e a deterrência nuclear com intervalos de *détente*; EUA e Japão como potências econômicas, o Reino Unido em declínio de poder global e a construção da União Europeia; a Guerra Fria e a sua brutalidade no Oriente Médio, África, Sudoeste da Ásia e América Latina com inúmeras ditaduras e guerras civis; as divisões na Europa e os conflitos no Oriente Médio; as guerras da Coreia, do Camboja, do Laos, do Vietnã, da África e as independências na África e na Ásia; a intervenção soviética na Europa Oriental, América Central e na África; a divisão sino-soviética; a preponderância americana sob Kennedy-Johnson-Nixon; as crises econômicas de 1970s e 1980s e o colapso do sistema de Bretton Woods; a *Détente*, o militarismo de Reagan a segunda Guerra Fria; o colapso soviético, as independências e as transições econômicas e políticas de seus satélites e repúblicas, as guerras no Cáucaso; o unilateralismo americano e as guerras do Afeganistão e do Golfo; a crise financeira e econômica internacional de 2008; a Primavera Árabe e suas decepções e guerras civis no Iêmen, Iraque, Líbia e Síria; o fundamentalismo religioso-militante, a disseminação de células da Al Qaeda na África (Leste, Norte, Oeste), na Ásia e no Oriente Médio; o terrorismo, o Estado Islâmico e ação de mercenários e militantes; milícias, o uso das redes sociais para a mentira (*fake news*) e o ódio, o populismo bruto dos autoritários e incompetentes eleitos nas democracias, o desafio da Pandemia e a guerra da Ucrânia.

Desde 1991 o cenário internacional mudou de hegemonia para interdependência complexa, multipolaridade com responsabilidades compartilhadas entre os poderes-guias. Ante tanto barulho, polarização, especulação e insegurança fica a curiosidade, senão a ansiedade, para saber em qual direção o mundo está indo nestas águas turbulentas e em qual porto seguro irá atracar nos próximos anos até 2070.

Stuenkel [2018; p.89 e 104] fala do multilateralismo global competitivo atual e da provável bipolaridade assimétrica futura entre os EUA e a China, "na qual os Estados Unidos terão domínio militar, ao passo que a China vai passar a ser a economia mais importante do mundo".

> "Por muito tempo, as potências ocidentais estavam mais bem posicionadas para jogar o jogo do multilateralismo competitivo à sua vantagem, mudando sagazmente os debates de uma instituição para outra a fim de alcançar os seus objetivos com maior facilidade" [Stuenkel; 2018, p.197].
>
> "O empreendedorismo institucional da China mostra que ela está tentando virar a mesa e jogar seu próprio jogo de multilateralismo competitivo" [Stuenkel; 2018, p.201]. "Mais importante, como apontado acima, é que as grandes potências sempre terão o cuidado de equilibrar a sua excepcionalidade com a provisão de bens públicos globais e a estabilidade de que precisam para proteger seus interesses vitais" [Stuenkel; 2018, p.203].

Mesmo com a guerra na Ucrânia, espera-se que um novo equilíbrio será atingido, superando a aparente anarquia e preponderância de uns sobre os outros. Dentro do pensamento das escolas Construtivista, Liberal e Pluralista, a lei e a cooperação deverão triunfar.

> "A ascensão de novas instituições multilaterais é uma afirmação para as potências emergentes de que o futuro vai continuar a ser dominado por uma ordem global sólida, ainda que muitas vezes imperfeita, baseada em regras" [Stuenkel; 2018, p.206].

A Declaração Universal dos Direitos Humanos, em 1948, foi um grande salto na diminuição da violência entre os seres humanos e da violência sistemática de Estados sobre os cidadãos como acontecia na antiguidade e nas ditaduras recentes, apesar de resistir em alguns regimes e ainda haver intolerável opressão nas esferas microscópicas de poder dentro de um município.[93] O acesso ao bem-estar econômico e social também incluiu uma parcela maior da humanidade nos últimos 70 anos. O acesso a todos os produtos e serviços ofertados pelo mercado, por profissionais liberais e pelo setor público na social-democracia como educação e de saúde, a universalização do conhecimento, a

[93] Para entender como os países funcionam não corra atrás de livros e pensadores: preste atenção nas ações das 10 pessoas que controlam o poder econômico, ideológico, político e religioso no seu município.

disseminação do desenvolvimento econômico, a tecnologia da informação e da comunicação, a democratização política.

A Revolução Cultural, a partir de 1968, mudou a percepção de valores individuais, familiares e organizacionais. Com mais liberdade de escolha individual, artistas de *rock´n roll e pop*, além do cinema, substituíram os grandes gurus seculares e líderes religiosos que a humanidade teve antes. Em contraste, a política se empobrece sob a ação de rentistas e corruptos, levando à descrença e ao ceticismo e muitas pessoas buscam mais prazer no entretenimento, do que discutindo o comportamento de pessoas eleitas no setor público.

Entre 1970 e 1980 caiu o sistema Bretton Woods, ocorreram dois choques do petróleo entre 1973 e 1979, com sequentes aumentos de preços, inflação, juros e taxas de câmbio; também surgiram os petrodólares e os eurodólares, crises de dívidas externas, recessão, instabilidade nos balanços de pagamentos em muitos países desenvolvidos e em desenvolvimento, seguidos de programas de reestruturação econômica em diversos países supervisionados pelo FMI. Depois das divisões ideológicas e das disputas de fronteiras nos dias dramáticos de 1969 entre a China e a União Soviética, os dois gigantes comunistas têm suas relações exteriores melhoradas a partir de 1989. Os EUA reatam relações diplomáticas com a China e ampliam o diálogo com a União Soviética, mas na sequência aceleram a sua pressão para o colapso soviético pela Inciativa Estratégica de Defesa, conhecida como guerra nas estrelas. No jogo geopolítico ocorre a estagnação soviética, que com Glasnost e a Perestroika, vai abrir uma brecha para um esforço arrojado do ocidente para assoprar a sua queda que não passa do início da década de 1990.

O Mercado Comum Europeu e a União Europeia florescem; no campo da teoria e prática econômica os desenvolvimentistas, classicistas e neokeynesianos se revezavam periodicamente como uma senoidal no decorrer das décadas. Reconhecidamente, porém, a formação do Estado de Bem-Estar Social no Hemisfério Norte e Oceania e a diminuição considerável da pobreza absoluta nos trópicos e Hemisfério Sul são grandes avanços. Na maioria dos países em desenvolvimento, contudo, os controladores da economia e da política impedem sistematicamente um salto qualitativo maior.

O decênio 1991-2001 foi um período marcante para a geopolítica internacional com a espetacular queda do Muro de Berlin e da União Soviética, a transição da Europa central e oriental do comunismo para o capitalismo, a supremacia unilateral e de poder hegemônico dos EUA, as duas guerras do Golfo, uma onda de políticas econômicas focadas na liberalização econômica e privatizações. Na esfera do comércio internacional ocorreram três vertentes de mudança econômica:

1. Integração econômica global;
2. Formação de blocos econômicos regionais;
3. Acordos de livre-comércio.

O ataque às Torres Gêmeas em 11 de setembro de 2001 vai permitir uma geopolítica militar agressiva dos EUA e alguns aliados no Afeganistão e Iraque, sob a justificativa da guerra contra o terror. Ao mesmo tempo se intensifica o investimento direto estrangeiro nas repúblicas centro-asiáticas.

Outro período mercante será entre 2001 a 2008 com crescimento econômico global sem precedente. A exuberância irracional e o endividamento excessivo por indivíduos, famílias, empresas e governos deságua na crise financeira internacional de 2008. No campo geopolítico começam a aparecer rachaduras nas coalizões internacionais e a hegemonia dos EUA como policial do mundo começa a ser questionada, senão fortemente ignorada. Os esforços da guerra contra o terror vão atiçar mais ainda a violência no Oriente Médio e gerar suspeitas de marionetes de alguns países inocentes sobre as intenções americanas por lá. Os próprios americanos se deparam com o dilema de "construir a nação e a democracia" na terra dos outros, sob altíssimo custo em vidas de soldados e do desequilíbrio fiscal para o seu governo federal.

Ironicamente, algumas manifestações de ruas na Europa e da América entre 2010 e 2020 ocorreram por abundância, por tédio, e não por carestia, excluam-se marchas contra racismo e contra propostas de reformas previdenciárias e trabalhistas. Já em outros partes do mundo as manifestações são mais de ordem política do que econômica.

Há um período mais recente que nos antecede, entre a crise de 2008 a 2020, quando se forma um pôr do sol lento por alguns dominantes na arena geopolítica internacional. Período de ajuste fiscal e retomada do crescimento em muitos países, marcada também por um período de isolacionismo dos EUA, um pouco sem sentido sob a administração Trump; contrastado com os anos 1890 quando há um isolamento americano devido a sua quase auto-suficiência econômica e outra vez no início das duas guerras mundiais um isolamento inicial estratégico para garantir o próximo passo, quer seja, o fornecimento de alimentos, armas e finanças aos aliados e entrar em campo no segundo tempo para ganhar o jogo militar e reconfigurar o mundo depois.

Existe neste momento uma mudança paulatina, mas na mesma direção, do jogo geopolítico internacional. Alguns falam de conflito de civilizações, mas talvez não seja para tanto; as diferenças somente estão sendo utilizados como sempre foram como mecanismo de controle e manipulação de alguém. Outros falam do surgimento da força econômica e militar da China, o que é mais real e mais e perceptível aos olhos de todos, em todos os cantos do globo, como um curso natural de uma economia agigantada como em outros casos que a antecederam. Outros falam de intradivisões na Europa, a divisão Leste-Oeste, da qual se fala desde o ano 476 da nossa era, com a queda do Império Romano no ocidente e o fortalecimento do Império Bizantino. Há ainda a divisão transatlântica, entre europeus e mais especificamente da relação especial entre o Reino Unido e os EUA com a Rússia: uma corda de elástico quase arrebentando.

Enquanto o sol se põe para alguns ele já nasce na aurora para outros. Países que se tornaram indispensáveis e determinantes do equilíbrio no jogo político e geopolítico internacional, nos grandes marcos de 1945 até 1991, começaram a ficar na sombra, mais notadamente a partir da crise econômica e financeira de 2008, da Pandemia de 2019-

2022 e da guerra na Ucrânia. Há uma aurora de poderes nascentes regionais como o Irã, Israel e Turquia e ascendência da China, Índia e Rússia e um Japão mais assertivo. Não há paradigma para explicar as mudanças observadas, senão que estão aí. É preciso ver bem as complexidades e entender os detalhes do suposto caos, mas que não é caos, senão a ordem convenientemente imposta por indivíduos e organizações sobre a população que, desinformada, pensa que é caos e desordem. A direção de um país é definida e seguida no longo prazo pelos Parasitas do Poder Permanente; a velocidade e a aceleração são ajustes confundidos com mudanças, pelos eleitores que são manipulados[Cap. 34].

Mesmo assim, em geopolítica o pôr do sol é como o sol de verão no Hemisfério Norte, que se põe vagarosamente. A aurora é como o nascer do sol nas manhãs de inverno, tudo muito devagar e prolongado, quase sem se perceber e às vezes até com neblina, até que um marco histórico mostre claro o novo momento. No caso do pôr do sol dos Estados Unidos e da aurora da China, ficaram marcadas com o surgimento do Covid-19 e com a desastrosa administração Trump. Quer seja, a Pandemia foi um marco, mas a China vem num plano estratégico na mesma direção, há 40 anos, e a Rússia há 30 anos.

O Ocidente parece convergir para o ano de 476 e o Oriente parece convergir para a antiguidade. Se bem que China e Rússia são nucleares e membros permanentes do Conselho de Segurança da ONU, então eles não surgem do nada, mas se fortalecem unilateralmente e em parcerias e outros se enfraquecem mais, como é o caso dos EUA, França e Reino Unido. Como gotas de orvalho a brilharem na manhã de sol surge a Índia, Irã, Israel, Turquia e um Japão que se repensa.

Outra mudança que é perceptível é a síndrome da renda média em alguns países como o Brasil onde, após décadas de esforço para a industrialização, a economia fica estagnada aí mesmo e pode voltar a ser uma economia de exportação de produtos primários, sem conseguir ser uma economia completamente industrial e nem de serviços. As oportunidades de ganhos reais de renda para todos os agentes econômicos, em forma de aluguel, juro, lucro e salários ficam estagnadas, assim como a capacidade de geração de poupança suficiente que alimentaria o crescimento sustentado e sustentável. O que sobra de serviços são os setores público, financeiro e comercial, mas não como numa economia de serviços e pós-industrial, como a Alemanha e o Reino Unido.

Desde a aceleração da globalização na década de 1990, pairam questionamentos sobre a concentração da renda e riqueza, a qualidade da democracia, o equilíbrio climático e a sustentabilidade ambiental. A essas grandes placas tectônicas se juntou a Pandemia global, a partir de 2019, e a guerra da Ucrânia em 2022.

> "Parece uma evidência que a globalização é benéfica para as sociedades abertas com seus fluxos de mercadorias, financeiros ou de tecnologia, mas também de pessoas e de ideias"... " Mas pode, também, originar reações adversas, ou seja, de fechamento desta, quer por um sentimento defensivo, ou protecionista, quer por outro tipo de razões ideológicas" [Fernandes; 2019, p.48].

**Yashpal Tandon** (1939-), economista de Uganda, chega a afirmar que o comércio internacional é uma forma de guerra e a própria Organização Mundial do Comércio é uma máquina de guerra ideológica em favor da Europa, EUA e Japão; que a OMC prega o livre mercado, mas que está a serviço de pessoas e grupos de interesse, de maneira que, com a globalização atual, os países em desenvolvimento não têm controle sobre si próprios, dependendo demais de empresas estrangeiras e da ajuda externa. Discordando um pouco do autor, vale lembrar que o comércio internacional tem gerado muitas oportunidades de renda em forma de aluguel, juro, lucro e salário em todos os países, independentemente do seu grau de desenvolvimento econômico e também que a concentração sistemática e perversa de renda e riqueza sempre estiveram presentes na maioria das economias em desenvolvimento, independentemente de sua integração econômica com o mundo.

Para Davidson & Rees-Mogg [1987; p.226], os ciclos de progresso e declínio são inevitáveis, seja na megapolítica, tecnologia, inovação, concorrência, produto e mercado de capitais. O progresso e declínio econômico de uma nação também a leva para o mesmo caminho em sua influência política em algumas regiões no mundo.

Tanto o despertar da China quanto a revolução do gás de craqueamento estão causando movimentos geopolíticos no globo.[94] Os EUA-China-Europa-Índia-Reino Unido-Rússia se acotovelarão para a liderança global entre 2022 e 2070. A União Europeia, Japão, Irã, Israel e Turquia procurarão garantir seus tradicionais amigos, fazer novos e ter um protagonismo comparativamente mais leve, mas atento.

Uma União Europeia que se repensa sem as ilhas britânicas que deverão buscar mais parceria com a Comunidade das Nações. Um Mercosul tateando às escuras e com desalinhamento ideológico de seus membros, mas que deverá se entender o suficiente para se manter unido em breve.

Junto com tudo isso os desafios impostos pelo Covid 19 e a guerra na Ucrânia e o reanimo da economia internacional. Num mundo multipolar como hoje, os *big players* têm estratégias definidas e táticas refinadas. Não necessariamente uma presença comercial, diplomática e militar numa área do globo vá significar ocupação, que custaria muito mais financeiramente e diplomaticamente. E a presença pode ser indireta, por tabela.

## 26.1 Mudanças no Petróleo e Gás

Mudanças colossais estão ocorrendo no campo do petróleo e gás, com a quase suficiência dos EUA, acompanhadas pelo isolamento do país na administração Trump e que toma um rumo mais racional com a administração Biden e com a saída do Afeganistão em agosto de 2021. A Venezuela se transforma num ponto geopolítico por tabela com as presença da China, Irã, Rússia e Turquia e com o comércio com a Índia. Outra disputa geopolítica por tabela é a Líbia junto com

[94] A menos que tenhamos logo drones carregando pessoas e abundância e aproveitamento de energia solar ou de outras fontes para carregar pilhas, o petróleo e o gás continuarão a dar as coordenadas da geopolítica internacional até 2050 e 2070.

o alinhamento do Egito, Sudão e Líbano nos ditames sauditas, afetará por tabela o Mediterrâneo e o Vermelho bem como Gibraltar, Suez e Bab el-Mandeb.

No caso do gás natural, o desafio não é só para o produtor com relação a tecnologia e finanças, mas também para os importadores, quer seja o quanto serão capazes de acomodar-se com tecnologias produtivas, capacidade de transporte, armazenamento e uso em seus países. O transporte até portos e unidades industriais é crucial. Enquanto os preços podem subir, os custos de transportes tendem a baixar, com navios mais potentes. Isso também dependerá da engenharia naval dos EUA, China, Coreia do Sul, Japão e Rússia e outros gigantes em estaleiros, ou capacidade de outros para a aquisição de frotas. A variável ambiental também não pode ser descartada em todas as etapas desde a exploração, refino, transporte e uso. Alguns países são mais sensíveis, outros menos e isso pode dar a alguns uma vantagem competitiva por negligência sobre outros. Eis como benefícios econômicos, uma maior arrecadação tributária, melhor qualidade de vida dos indivíduos na vizinhança da produção, alteram a situação. Pode-se listar também aqui efeito multiplicador para cada economia importadora. Estudos apontam três possíveis cenários para a exploração de craqueamento:

1. Ascensão dos EUA e China e uma decisão entre gás e petróleo convencional e não convencional;
2. Mais concorrência entre produtores e alguns novatos que podem não sobreviver dado a desafios de tecnologia e de finanças e custos como a Rússia e Venezuela;
3. Desafios ambientais e de preços mais baixos podem ser um freio.

Desafios tecnológicos, financeiros, de demanda interna e externa, de pressão ambiental, de preços e do próprio estoque que vai sendo descoberto definirão os rumos do petróleo e gás de craqueamento e a geopolítica dos países envolvidos.

Há uma suspeita silenciosa no mundo dos negócios de que há uma maldição do petróleo, pois raramente um país rico em petróleo consegue ser democrático e poucos grandes produtores sabem utilizar bem as receitas para além de gastos militares e outras exuberâncias. A história tem demonstrado que a riqueza do petróleo tem sido utilizada para comprar armas, implantar ditaduras domésticas e intimidação aos vizinhos. A pergunta que fica é se a nova geopolítica do petróleo e gás trará outro cenário.

## 27. REPOSICIONAMENTO DOS EUA

Alguns fatores devem orientar a economia, as relações internacionais e a geopolítica dos EUA nos anos vindouros:

1. Mudanças no mercado global de petróleo e gás;
2. Concorrência econômica, tecnológica e militar contra a China;
3. Finanças públicas do seu governo federal;
4. Intrigas políticas internas e terrorismo doméstico;
5. Saída do Afeganistão e possível retirada de suas forças militares do Oriente Médio e da Europa, em particular a 5ª. e a 6ª. Frotas Navais; a guerra na Ucrânia;
6. Mudança geopolítica global provocada pela ascensão da China e maior presença internacional da Índia, Irã, Israel, Japão, Rússia, Turquia;
7. Estabilidade da União Europeia e reconfiguração global do Reino Unido;
8. Política externa, envolvendo comércio, cooperação e agenda social dos países em desenvolvimento, parcerias em pesquisa e tecnologia, combate ao crime cibernético, crise climática, defesa, terrorismo.

Os EUA continuarão a ser considerados como um superpoder econômico, diplomático e militar e o maior parceiro estratégico da maioria dos países aliados; a Rússia, a sua maior ameaça direta, e a China como um como concorrente sistêmico. Mas os EUA e a Europa terão que reconfigurar a sua geopolítica ante a aproximação entre China e Rússia.

Com grandes investimentos em gás natural e de craqueamento nas duas últimas décadas, os EUA passaram a produzir grande parte da sua demanda interna por petróleo e gás, em menos de uma década. Quase a metade do que importa vem do Canadá e se adicionado ao que vem do México já soma 3/5 de suas importações, sobrando o restante para a América Latina, Oriente Médio e Europa. No Hemisfério Ocidental também importa do Brasil, Colômbia, Equador, Trinidade & Tobago Venezuela; da Europa, importa da Noruega, Reino Unido e Rússia.

Já vindo de uma tendência história, o governo de Barak Obama [2009-2017] não poupou esforços para incentivar a extração do gás de xisto. O gás de xisto pode ser extraído com fraturação hidráulica e perfuração horizontal. Nos últimos oito anos já ocorreu uma queda de 50% de suas importações do Golfo Pérsico e agora, do total que importa, apenas 15% vem do Oriente Médio principalmente da Arábia Saudita, Iraque, Kuait, Líbia.

Pela primeira vez na história, os EUA tornaram-se o maior produtor de petróleo do globo e isso tende a quebrar a predominância dos países não democráticos e da trindade petróleo-armas-violência. Entre outros efeitos para além do preço, haverá uma reconfiguração natural do país com a Arábia Saudita e outros parceiros no Oriente Médio, bem como um suprimento maior dos americanos para os europeus. Ao mesmo tempo em que os EUA se liberam de compromissos às vezes embaraçosos com regimes não muito democráticos, por outro lado abrem portas para que esses regimes busquem outras parcerias. No pêndulo geopolítico as parcerias podem balançar com países também não muito democráticos, ou pelo menos fora do sistema ocidental, multipartidário.

Austrália, Canadá, China, Índia, EUA, México, Polônia e Rússia são os países com mais avanços na exploração no gás de craqueamento. O setor em si e a geografia são fatores determinantes de sua importância estratégica e geopolítica.

Alguns analistas apontam que os EUA podem obter independência total de petróleo em 2035 [www.BBC, 3 abril 2014]. A autonomia energética do país é um sonho de meio século desde o primeiro choque do petróleo em 1973 e o segundo em 1979. A pandemia colocou pressão no petróleo de xisto e os EUA continuam parcialmente dependentes das autocracias de petróleo.[95]

Invertendo o papel de importador de petróleo e gás até recentemente, os EUA podem também exportar gás natural para a Europa em concorrência arrojada com os gasodutos da Rússia que já abastecem a Europa.[96] Isso seria mais por questão comercial-estratégica para marcar presença com aliados frente à Rússia; contudo há que se avaliar o custo dos transportes, comparado com o transporte marítimo, que os navios russos podem fazer a partir da Arábia Saudita e entregar a melhor preço para os europeus.

De qualquer forma também é possível avaliar, ou pelo menos se desenhar cenários das consequências desse reposicionamento dos EUA. De acordo com a Câmara de Comércio Americana, o setor de petróleo e gás nos EUA emprega quase 10 milhões de trabalhadores, além do efeito multiplicador em todos os setores da economia.

O presidente Joe Biden (2021-) tem sinalizado uma aposta na *economia verde* para eletrificar carros, ônibus e trens e reverteu políticas de exploração em locais ambientalmente sensíveis e questionado novas aberturas de exploração e dutos para a importação com o Canadá. A adoção de tecnologias mais limpas, advindas da energia solar à célula e do combustível do óleo de xisto, podem causar uma mudança radical nesse *status quo*, bem como também a maneira como os países exercem a administração pública, os seus poderes internos e o relacionamento com outros países [Cap. 4].

---

[95] Os gastos militares anuais dos EUA superam os gastos somados dos outros 10 países que mais gastam, nesta ordem: China, Índia, Rússia, Arábia Saudita, França, Alemanha, Reino Unido, Japão, Coreia do Sul, Austrália (SIPRI, 2020). Os países com mais tropas americanas em bases são o Japão, Alemanha, Coreia do Sul, Itália, Reino Unido, Barein, Espanha, Emirados Árabes Unidos.

[96] GNL tem que ser esfriado e liquefeito para o carregamento e depois fazer o processo inverso e isso eleva os custos para quem importa.

## 27.1 Custos da Liderança e da Perda da Liderança

Como nação-guia na geopolítica internacional, os EUA se deparam com custos financeiros da liderança e custos políticos da perda da liderança. Será que, com a quase autossuficiência energética, também irão se deparar com dificuldades para o compartilhamento na liderança global, ou seria mesmo o seu próprio crepúsculo geopolítico?

A própria CIA prevê uma Guerra Fria entre EUA e China, mas desta vez mais séria, pois envolve concorrência em tecnologia e capacidade naval entre os dois oponentes, o que não havia no passado contra a União Soviética.

Com quase 20 milhões de barris ao dia atualmente, pela primeira vez os EUA se tornaram o maior produtor de petróleo. Isso de certa forma não agrada alguns sauditas e russos. A represália veio no começo de 2020 com a enorme queda de preço do petróleo. Na medida em que os EUA ficam menos dependentes do petróleo do Oriente Médio, contando com a sua produção nacional e as importações do Canadá e da América Latina, além de poder se retirar do Iraque e do Afeganistão, podem também fechar a 5ª frota naval no Barein e a 6ª frota naval na Itália e concentrar seus esforços de segurança prioritariamente no continente americano e nos oceanos Pacífico e Índico.

> "...os EUA, como potência global, têm o seu interesse estratégico fundamental em deslocação para a Ásia-Pacífico" [Fernandes; 2019, p.136].

Garantiria assim o suprimento energético por perto, bem como conteria a China nas suas ambições marítimas e acomodaria o novo jeito da Índia e do Japão no jogo internacional; ficaria num relacionamento cauteloso com o Irã, a Rússia e a Turquia e numa certa neutralidade em relação à Europa, Israel e Arábia Saudita. Numa reação a essa ação, a China, Irã, Rússia e Turquia entram no jogo e tentam conter a nova política americana no Hemisfério Ocidental por meio da Venezuela. Essa reação também agrada aos sauditas não tão felizes por perderem um cliente como os EUA e ainda terem que enfrentar um preço mais baixo por barril devido à produção americana, mas crescente em 2022.

Estrategistas devem estar cientes de que perdas globais podem ser compensadas por ganhos domésticos, a partir do efeito multiplicador da exploração e refino nacional de petróleo e gás. A indústria química, de aço, de manufatura americana beneficiar-se-ão grandemente pelo suprimento doméstico do gás e petróleo; por outro lado se o país mantiver uma vantagem competitiva, a tendência é exportar, diminuindo assim o efeito multiplicador interno na produção industrial. Uma maior independência na segurança energética pode também significar menos gastos com segurança militar. Ao mesmo tempo mais parceiros comerciais podem se formar com o suprimento americano; assim a fidelidade militar pode ser substituída por fidelidade comercial, o que é mais lucrativo para empresas privadas e menos custoso para os cofres públicos. Sem dúvida a vulnerabilidade aos preços internacionais e ao jogo geopolítico americano combinado em outras partes podem derrubar os preços inibindo um pouco esses fatores econômicos positivos.

No início do século 21, o Tesouro americano sai de uma situação de *superávit* fiscal anual, com a administração Clinton com uma dívida pública em torno de U$3.5 tri em janeiro de 2001, para mais de U$11 tri, quando George Bush alivia a cadeira para Barak Obama, em janeiro de 2009, mais de U$20 tri, quando Obama libera a cadeira para Trump, e mais de U$28 tri, em junho de 2021 [revista Forbes, 2021].

Teria o esforço contra o terror desde 2001 compensado diante dos três custos que recairiam sobre os EUA?[97]

1. Desgaste internacional da imagem como promotor de democracia e dos direitos humanos;
2. Vidas americanas perdidas em batalha;
3. Finanças públicas arruinadas.

[97] Depois de 20 anos e muitos bilhões de ajuda externa e de esforços diplomáticos e militares ao Afeganistão, os EUA contemplaram a retomada do poder em agosto de 2021 pelo Talibã.

Outro fator a considerar, da reconfiguração global americana, é o fato do seu governo federal ser um grande tomador de empréstimos internacionais por venda de títulos públicos. Assim, há um custo financeiro não para os EUA, mas para o mundo todo que se depara com a poupança internacional sugada, sob juros mais elevados em seus países. Seria benéfico se essa necessidade de financiamento do setor público americano fosse, pelo menos, desviada de gastos militares para investimento em infraestrutura, o que promoveria o seu crescimento econômico, ampliaria a sua capacidade de importação de outros países e assim alimentaria a economia mundial.

O estrago financeiro nas contas públicas americanas e nas finanças internacionais foi parte da estratégia do ataque as Torres Gêmeas além das vidas sacrificadas, de valor incalculável. Sem dúvida grandes ganhos financeiros privados também ocorreram para muitos oportunistas de plantão a partir deste cenário [item 19.4.1].

Segundo David Vine [professor do Departamento de Antropologia da Universidade de Nova Iorque], em meados de 2020 os EUA tinham 200 mil soldados e mais de 800 bases militares em 70 países.

Ao antagonizar o Irã, a Rússia e a China, acabou por se deparar com uma aproximação entre esses três países e em alguns casos com a adesão também da Turquia; de fato, esses quatro países têm socorrido o regime político na Venezuela em antagonismo às intenções dos EUA em interferir na política interna deste país e para marcar presença no continente americano.

A presença destes na América Latina também contrasta com as intenções navais dos EUA e do Reino Unido no Atlântico Sul. Ante isso, os EUA e a OTAN terão que repensar a sua política de defesa e a sua geopolítica, mais ainda após a guerra na Ucrânia.

## 27.2 Pequeno Crepúsculo da Pax Americana?

A *Pax Americana* com a sua aurora na Primeira Guerra Mundial se estabelece em 1945, atinge o seu clímax e o seu meio-dia com a hegemonia americana entre 1991 a 2001, marcadamente durante a guerra do Golfo (1990), o colapso da União Soviética (1991), o colapso da Iugoslávia (1991-92), as guerras nos Balcãs (1991-2001) e as guerras do Cáucaso (1990-95). Agora talvez seja hora de tomar o chá das quatro com parceiros e desafetos, para não contemplar o seu próprio crepúsculo e ver sentado e cansado a aurora de outros.[98]

No início do século 21, num cenário internacional totalmente diferente dos precedentes, num vazio ideológico para justificar qualquer incursão militar em regiões do globo para assegurar objetivos geopolíticos e dentro da posição de poder global único, os EUA irão aproveitar-se de uma tragédia marcante, o ataque às Torres Gêmeas, para uma presença significativa, no mundo de negócios na Ásia Central e no Oriente Médio.

Já em 2021, sob o ponto de vista econômico-estratégico-militar e geopolítico, os EUA têm uma oportunidade de cortar gastos duplamente: primeiro, retirando a sua 5ª. Frota Naval do Barein e a sua 6ª Frota Naval da Itália; segundo, não gastando tanto em transporte dada a menor dependência de importação de petróleo do Oriente Médio e da Europa.

O que fica para avaliar aí é se esse reposicionamento lhe será vantajoso para o comércio internacional e para a sua liderança compartilhada num mundo multipolar que é agora. Com o suprimento de petróleo e gás para a sua economia de maneira menos onerosa e na proximidade no próprio continente americano, poderá gastar melhor os recursos tributários para a segurança no Atlântico, talvez em parceria com a marinha britânica e no Pacífico em parceria com a Austrália, Índia e Japão onde gerariam um equilíbrio com a China; sabendo disso, em contrapartida a China já marca presença econômica na América Latina, muito embora mantendo-se distante militarmente.

[98] George Herbert Walker Bush [1924-2818] é reconhecido como um grande arquiteto das relações internacionais. Joe Biden também tem vasta experiência.

Na resposta ao ataque das Torres Gêmeas, a necessidade de uma coalizão para operar no Afeganistão e no Iraque exigiu, a exemplo das guerras do Golfo, uma parceria dos EUA com aliados e, assim, a sua hegemonia sofreu erosão em tal ação compartilhada.

Jeffrey Sachs [2008; p.336] chama a atenção para os EUA

> "Colocarei em discussão cinco pontos que ameaçam a segurança americana. Primeiro, investe-se demais em abordagens militares, embora os grandes desafios da política externa sejam políticos, econômicos e ambientais e sejam insolúveis pelos meios militares. Segundo, negligencia-se o potencial da assistência externa como uma ferramenta para promover a estabilidade global – e pior: zomba-se disso. Terceiro, a população acredita nos comunicados da imprensa sobre o domínio dos EUA no mundo, não conseguindo entender os limites do seu poderio nos dias de hoje. Quarto, o país ridiculariza os seus adversários e rejeita o diálogo e a negociação com eles. Age como se negociar fosse conciliar, a despeito de todas as provas em contrário. E quinto, o governo é precariamente organizado para poder fazer melhor que isso. Sem antenas, tateia, desamparado, de uma crise para outra.
>
> Os Estados Unidos precisam, fundamentalmente, reformular sua estratégia e organização da política externa. Não serão capazes de alcançar a segurança nacional estritamente através de gastos militares. Em vez disso, precisam de parcerias e boa vontade internacionais e de uma maior estabilidade nos fracassados e frágeis Estados de hoje. Precisam usar a assistência ao desenvolvimento para promover a estabilidade global. E, finalmente, os EUA precisam reorganizar o governo de modo que os desafios mais sérios à sua estabilidade – miséria, Estados fracassados e ameaças ambientais – sejam enfrentados com conhecimento e capacidade."

A multipolaridade se instala novamente a partir de 2001 e três fatos históricos marcantes ajudam-no a entender as ações geopolíticos com base na intepretação da escola realista pós-hegemonia: as Torres Gêmeas e a guerra ao Terror no Iraque e Afeganistão. Não é de hoje que os países ocidentais encontram dificuldades de domar os afegãos. Pedra, areia, montanhas e passagens esconderam segredos e táticas de sobrevivência desse povo guerreiro. Os próprios britânicos já saíram corridos de lá por quatro vezes desde 1842 e os EUA se retiram em agosto de 2021. Tanto a ausência de provas de armas de destruição atribuídas a Saddam Hussein quanto os eventos adversos no Iraque, no Afeganistão e no Curdistão, colocaram a estratégia do Pentágono de molho. Ao mesmo tempo a China, Israel, o Irã, a Rússia e a Turquia fizeram avanços geopolíticos no Oriente Médio.

David Vine, diz que os EUA têm gastado quase seis trilhões de dólares contra o terrorismo desde o ataque às Torres Gêmeas, o que equivale a mais de U$80 bilhões anuais.[99] No entanto, um realinhamento global tem tomado forma vagarosa desde as guerras do Golfo na década de 1990 e desde a invasão do Afeganistão e do Iraque e imposto um desafio à liderança americana a partir da década de 2000.

Depois dos desastrosos anos de Trump na Casa Branca, a retomada da liderança americana se inicia com a convocação junto à comunidade internacional pelo presidente Joe Biden em abril de 2021 em três frentes: para a vacinação total, a promoção do crescimento econômico doméstico e da economia internacional e para as iniciativas conjuntas sobre o desafio climático. Para manter a liderança global na agenda social os EUA deverão ser mais generosos e mais pontuais na ajuda externa, pois estará em concorrência com outros gigantes que entendem muito bem o que é *aid for trade* e *Soft Power*.

## 28. RÚSSIA, UM PAÍS GEOPOLÍTICO

Segundo Robert David Klapan (1952-), Vladimir Vladimirovitch Putin é um dos poucos líderes que pensa geopoliticamente. De fato, a Rússia é um país que sincroniza a sua economia nacional, o seu comércio exterior, a sua política nacional e política externa dentro de

---

[99] Se esse dinheiro fosse para a ajuda externa, os EUA fariam mais amigos e mais negócios e gastariam menos em defesa. Jeffrey Sachs [2008] relata que um dia de gastos com defesa do EUA mantém cinco anos de mosquiteiros sobre todas as camas da África por 5 anos.

seus objetivos geopolíticos. A estrutura militar é tanto operacional quanto persuasiva na relação aos pares e a desafetos. A sua grande extensão territorial é também uma grande tabela dos elementos químicos; as suas reservas de recursos naturais, o potencial para a produção de alimentos somados à sua astúcia geopolítica e capacidade militar lhes dão um poder geopolítico inquestionável sobre a Europa, Oriente Médio e Ásia, apesar do erro na Ucrânia.

As estratégias geopolíticas da Rússia estão atreladas à sua economia e ao papel do Estado na economia. O seu novo estatismo pode ser percebido no sistema bancário, defesa, energia, petróleo e gás; nas comunicações incluindo telecomunicação, imprensa e redes sociais; também em empresas capital-intensivas, setores de recursos naturais, propriedades que foram transferidas de oligarcas de volta para o controle do Estado; empresas estatais fazem reinvestimentos e disponibilizam parte dos lucros para gastos sociais. Há também um leque de empresas privadas com parcerias com o setor público. Tudo isso afeta o jogo do comércio exterior [Cap. 16].

Em muitas partes da Terra, rotas de passagem e escoamento de gasodutos e oleodutos acabam influenciando a negociação internacional, conflitos armados, insurgência armada, separatismo, guerras civis, guerras convencionais, disputa de fronteiras e até terrorismo. E desde o esfacelamento da União Soviética em 1991, o Estado russo teve que lidar com todos em seu próprio território, na sua vizinhança e na distância também.

Quatro fatores estão influenciando o reposicionamento geopolítico da Rússia:

1. Demanda de gás pela Europa;
2. Oriente Médio e o vácuo deixado pelos EUA;
3. Parceiros orientais como Arábia Saudita, China, Índia, Irã, Israel e Turquia, bem como uma crescente participação na África.
4. Guerra na Ucrânia e esfera de influência.

Mais de 2/3 das receitas de exportação da Rússia advém de petróleo e gás, sendo que quase ½ do orçamento federal tem suas fontes aí. A Bósnia, Bulgária, Estônia, Finlândia e Letônia dependem em 100% do gás russo, assim como a Europa depende em 2/5 na atualidade; 1/3 do petróleo consumido na Europa é fornecido pela Rússia e a Noruega também o faz, mas não é membro da União Europeia.

"Há várias rotas de dutos correndo para o Oeste a partir da Rússia, algumas de petróleo e algumas de gás" [Marshall; 2018, p.41]. Na geopolítica do mar Cáspio e do mar Negro juntos, entra o emaranhado das repúblicas centro-asiáticas e a ciscaucásia à geopolítica russa.

A Convenção da ONU e a Lei dos Mares não impede a construção de dutos em leitos de mares. Quatro grandes rotas russas abastecem gás natural para a Europa.

1. A rota do mar Báltico a partir dos campos de Yamal e de Nadym, com os dutos Nord Stream 1 e 2 (em construção para abastecer somente a Alemanha);
2. A rota Yamal-Europa que passa pela Bielo Rússia e Polônia;
3. A rota da Ucrânia, numa junção da rota Brotherhood, que vem de Yamal e Nadym, àquela de Soyuz, que vem da Ásia Central, passando pelo Cazaquistão;
4. A rota Azul passa pelo mar Negro e abastece a Turquia e Sudoeste da Europa pela TurkStream. Os dutos de petróleo, por sua vez, juntam-se aos do Cazaquistão e do Azerbaijão. Há também intenção de abastecer gás natural a partir de Ceyhan para o Chipre, Israel (Ashkelon), Líbano e Síria.

Se a Rússia mantiver as rotas europeias e iniciar outra a partir de Ceyhan, então é possível se falar numa verdadeira geopolítica russa e alemã do gás tanto na Europa quanto na Ásia Central e no Oriente Médio. A energia é crucial para a Alemanha e para a Europa. Contudo, talvez para conter a influência russa, algumas exigências foram impostas sobre um maior controle pela Europa e mais regulamentação; os americanos também são críticos e alguns senadores têm até tentado colocar sanções contra a construção do Nord Stream 2, possivelmente porque essa afeta o suprimento de GNL por empresas americanas para a região e, assim, preferem repassar tecnologias e investir nesses países para a sua própria produção. A Alemanha se fortalece uma vez que pode amainar resistências contra outras posturas geopolíticas e econômicas da Rússia dentro da União Europeia. Estações de manutenção dos gasodutos em ilhas da Suécia a da Dinamarca acabam por envolver esses países também.

A geopolítica do gás, porém, é mais ampla levando em conta as rotas do meio que passam pela Polônia e Ucrânia e a do Sul pelo mar Negro; essa última envolve disputas da Rússia com a Geórgia e o Azerbaijão. Por outro lado, as fontes do gás não russo para a Europa podem ser também do Cazaquistão e do Turcomenistão bem como do Azerbaijão e do Irã independentes da Rússia. Neste caso existe toda uma resistência da Europa em termos de direitos humanos e democracia sobre os regimes do Irã, do Turcomenistão e da Turquia. Europeus são sensíveis a questões de direitos humanos e meio ambiente e também fazem questão que benefícios econômicos das exportações filtrem para a população local; razões puramente comerciais e estratégicas também se opõem aos projetos de gasodutos, como o antagonismo da Rússia contra o Azerbaijão e a Geórgia, muito embora saiba que a Irã e a Turquia possam se beneficiar e por isso mesmo serem mais colaborativos no contexto geral do Oriente Médio.

Há também possibilidade de suprir gás a partir do Irã. Como não tem origem na Rússia, não tem oposição dos EUA a não ser as discordâncias entre os regimes dos dois países; também tem resistência de grupos de direitos humanos e ambientais da Europa, bem como da própria Rússia que prefere exportar o seu gás e o do Cáucaso por ela controlada (Chechênia, Daguestão, Ingushetia).

> "Cáucaso é a cadeia montanhosa situada entre os mares Negro e Cáspio, que engloba em seu interior inúmeros planaltos e va-

les fluviais. A região é um mosaico étnico, religioso e linguístico constituindo-se de duas sub-regiões. Na vertente Norte e Cordilheira, está a Ciscaucásia ou Cáucaso russo, onde se localizam as sete repúblicas autônomas que fazem aporte da Federação Russa. A vertente Sul corresponde à Transcaucásia ou Cáucaso não russo, onde se situam a Geórgia, Armênia e Azerbaijão, repúblicas que, até 1991, faziam parte da URSS" [Moraes e Franco, 2014 p.204 e 205]

## Opção A: manter as rotas para a Europa

As Nord Strem 1 e 2, inteiramente da Gazprom e em parceria com a Shell, ENGIE e outras empresas ocidentais, passam pela zona econômica exclusiva da Alemanha, Dinamarca, Finlândia, Rússia, Suécia; a Nord Stream 2 transporta gás natural da península de Yamal exclusivamente para a Alemanha (Greifswald) e segue paralela ao Nord Stream 1 no fundo do Báltico. A oposição vem dos EUA e da Europa Oriental e de alguns políticos alemães sob a alegação ambiental e da geopolítica geral da Rússia que consideram desestabilizadora; alguns oficiais americanos enxergam a Rússia como "influência malígna" como se confirmou com a invasão na Ucrânia.

Mais de 90% do gás natural utilizado na Alemanha é importado, sendo 40% do total advindo da Rússia (fonte: BGR Energy Systems Limited, acesso internet 19 setembro 2021, 15h25min) sendo que 1/3 aproximadamente vem da Noruega e outro ¼ da Holanda (com possível exaustão nas fontes em 2030).

Os países bálticos já estão recebendo auxílio tecnológico ocidental para explorar o seu gás de craqueamento, mas a primeira extração pode levar seis anos. Até lá, a Rússia tem as esferas de influência sobre a Estônia, Lituânia e Letônia.

Na rota da Ucrânia a estratégia da Rússia vai depender do cenário após a guerra da Ucrânia, da relação da economia da Rússia com o resto do mundo e da sua política interna.

Se não era prioridade para Moscou instigar a independência da república secessionista, nem tampouco dividir a Ucrânia ao meio, agora já não há mais certeza de nada. Enquanto isso a economia da Ucrânia continua a sobreviver dos *royalties* do gasoduto, da agricultura e sua exportação. Dada a influência da Rússia, é difícil aos ucranianos serem posteriormente completamente independentes e até eventualmente entrarem na União Europeia e na OTAN.

A anexação da Crimeia atende a diversos objetivos russos combinados com a sua geopolítica[100]:

1. A disponibilidade de pelo menos um porto-seco durante o inverno;
2. Utilização da logística do mar Negro para manter a frota naval de rápido acesso ao mar Mediterrâneo, já com vista ao estreito de Gibraltar, do canal de Suez, do mar Vermelho e da passagem de Bab el-Mandeb no Chifre da África; seria uma passagem, por exemplo, para a Rússia socorrer um Irã asfixiado no golfo de Omã, ou de uma China acuada em Taiwan ou na disputa de ilhas contra o Japão, Vietnã, Malásia, Brunei e Filipinas;
3. Construção da ponte da Crimeia para dificultar a passagem de navios mercantes e militares da Ucrânia;
4. Carta na manga para negociações futuras sobre a geopolítica global: nada impediria à Rússia devolver a Crimeia por um bom preço diplomático, com o resto do mundo para atingir outros objetivos estratégicos;
5. Sinalização da força da Rússia com a sua ressurgência em recomposição econômica e militar no período pós-soviético.

[100] Nikita Kruschev havia devolvido a Crimeia para a sua nativa Ucrânia, e, 1954, quando era secretário geral do partido comunista da União Soviética; sendo que Catarina a Grande já havia fisgado a Ucrânia em 1783. Em 1853 houve a famosa Guerra da Crimeia.

## Opção B: manter rota europeia, mas fora da Ucrânia

Com o Nord Stream e a Turk Stream, os dutos russos não precisariam mais passar pela Ucrânia, que perderia royalties ao mesmo tempo em que reclamava que a Rússia seria fortalecida e a Europa enfraquecida com a dependência energética. Mas o jogo embaralhou em 2022.

Também seria o caso de a Rússia utilizar as rotas no Cáucaso, mar Cáspio, mar Negro, Crescente Xiita e transportar o gás e o petróleo para a Europa. São estratégias complementares, mas podem ser também alternativas, pois se precisar, uma delas já serve no caso de disputas com nações ou guerras convencionais na região.

Há, porém, custos com defesa e segurança que no caso da Geórgia e Azerbaijão, devem compensar em termos estratégicos para a Rússia. O intrincado geopolítico do Cáspio e do Cáucaso, ao mesmo tempo pode ser uma carta na manga; caso tudo falhe na Ucrânia e no Báltico, dentro dos planos russos, a Turquia e o Irã oferecem outras rotas para a Rússia e para a Ásia Central suprir gás natural para a Europa.

O que é interessante é que a passagem do petróleo e gás russo ou centro asiático por terras Turcas ou por regiões de influência sensível da Turquia faz com que a Rússia não despreze a Turquia em suas ambições, objetivos e ações. Isso dá à Turquia um poder de barganha muito grande com a Rússia, mas também com o Irã, na prática tornando os três em *big players* indispensáveis na região. A partir disso é possível os ouvidos em Londres, Paris, Washington, Tóquio, Pequim e Nova Deli também estarem abertos para as demandas turcas, russas e iranianas, separadas ou em bloco.

## Opção C: transporte marítimo do petróleo e gás saudita para a Europa

Ao não confrontar a Turquia e ao lhe remunerar com *royalties* de oleoduto e gasoduto, a Rússia tem poder de barganha para negociar a passagem de entrada e de saída dos estreitos de Bósforo e Dardanelos para a sua frota naval do mar Negro. Poderia também aliar-se à Arábia Saudita para o carregamento marítimo de seu gás e petróleo para a Europa, em concorrência ao gás de xisto americano. Utilizaria as mesmas infraestruturas que alguns europeus já estão construindo, inclusive com auxílio financeiro e de engenharia americana, para receber o gás americano como são os casos da Lituânia, a Polônia e a República Tcheca. Com navios russos potentes e eficientes, o gás saudita pode chegar a um menor custo de transporte na Europa e desbancar os americanos, que tem vantagens em extração e o envasilhamento do gás, mas incorrem em custos de transporte e de logística.

Esse plano pode também incluir um papel intermediário da Rússia entre o Chipre, Egito, Grécia, Irã, Israel, Líbia e Turquia para um entendimento sobre a exploração das recém-descobertas energéticas no mar Egeu e no Mediterrâneo. Nessa geopolítica a Grécia e o Chipre poderiam abastecer Israel e a Europa com seu gás e petróleo; poderia envolver a influência russa sobre o Irã no seu relacionamento com Israel. Na mesma estratégia, o Irã e as repúblicas centro asiáticas teriam garantias de passagem terrestre pela crescente xiita e a Turquia garantiria o uso dos estreitos de Bósforo e Dardanelos pela esquadra russa. Fecham-se assim os elos de um equilíbrio geopolítico interessante, onde a Armênia, Geórgia e Azerbaijão também poderiam ser contemplados.[101]

Nesse jogo do Mediterrâneo e do Egeu, a Rússia pode também intermediar a disputa geopolítica regional entre a Turquia e o Egito que já é parceiro comercial da Rússia em alimentos, armas e turismo.

---

[101] De fato, já existe uma aliança Norte entre o Irã, a Rússia e a Turquia, da qual fala o professor Uzi Rabi, diretor do Centro Moshi Dayan para Estudos do Oriente Médio e da África da Universidade de Tel Aviv.

Sem afrontar a Turquia nem o Irã e até para agradar a Israel, envolvendo inclusive parceria com esse último por detrás das portas, a Rússia tem peso para o bom equilíbrio no mar Mediterrâneo, mar Vermelho e Golfo Pérsico, bem como para garantir sossego à Israel e à região contra militantes que poderiam montar uma logística no deserto do Sinai. Em parceria com a China, a Rússia tem cartas na manga para manter o bom equilíbrio na passagem do estreito de Ormuz.

Essas possibilidades representam, sem dúvida, um espetacular crepúsculo americano e uma aurora russa no Oriente Médio.

## Opção D: abandonar Europa e suprir China e Índia

Esse cenário envolveria o abandono total dos negócios de gás e petróleo russos com a Europa, tanto os dutos pelo Báltico, Ucrânia, Turquia, em favor dos carregamentos do gás saudita, quanto para convergir o abastecimento energético aos dois gigantes asiáticos: China e Índia. A última gota d'água para a Rússia seria uma eventual entrada da Ucrânia na OTAN e uma debandada dos futuros líderes da Bielorrússia para o ocidente. Nessa estratégia a Rússia gastaria certo esforço perturbando a passagem entre Azerbaijão, Armênia e Geórgia para a Europa. Porém, só o pós-guerra de 2022 pode dizer.

Prevendo isso a França alia-se com a Índia e aproxima-se para uma solução no Líbano e uma presença no pós-guerra da Líbia, para agradar aos sauditas e sunitas do Oriente Médio. Até por que a França perdeu a influência regional ao abandonar a parceria no gás do Irã com a China e o Catar, em resposta à pressão da administração Trump (2017-2021) sobre o Irã. A presença seletiva da França no Oriente Médio e na Índia seria um contrapeso europeu por tabela à presença da Rússia nos mesmos ambientes; também, compensaria o vazio deixado pelos EUA, principalmente se esses retirarem a 5ª. Frota Naval do Barein e faria frente à influência da Rússia se essa passasse a abastecer gás e petróleo por petroleiros do Oriente Médio para a Europa. Fato é que, para a Rússia, o plano D está no papel, mas a França já está agindo de imediato no possível cenário, podendo inclusive fazer parcerias e distribuição de esferas de influência com a própria Rússia, em qualquer plano russo. Em setembro de 2021 o pacto Austrália-EUA-Reino Unido para a propulsão nuclear de submarinos australianos deixou a França e a Europa de fora.

## Opção E: suprir o globo a partir do Círculo Ártico

Esse plano pode estar adicionado a qualquer um dos quatro acima, mas também serviria como única opção russa se tudo falhasse com a Europa e com o Oriente Médio e com a China e a Índia.

A estratégia seria suprir gás e petróleo do Ártico para a Europa e para outras economias mundiais por navegação a um custo de transporte inferior ao dos EUA. Descobertas de gás e petróleo já foram feitas em Kara [item 24.3 Disputa do Círculo Ártico].

Em conclusão, nessa aurora geopolítica em todos os seus planos, a Rússia tem uma vantagem estratégica para ser o grande intermediário entre Oriente Médio, Europa e Ásia. A aproximação Rússia-Irã-Turquia, a aproximação da Rússia com a China, a Índia, a Arábia Saudita e a África são todas derivações da mesma estratégia para ser uma nação indispensável na geopolítica global para os próximos 50 anos. Assim a geopolítica global pende para aos antigos impérios asiáticos (China, Índia, Pérsia, Rússia, Turquia) e esses pendem para a Rússia e nada muito ambicioso vai acontecer aí até 2050 sem se pedir licença, colaboração ou neutralidade de Moscou.

Além da invasão da Ucrânia, outras cutucadas no olho dos americanos e dos europeus não estão fora do baralho, como é o caso da presença russa, turca, iraniana e chinesa na Venezuela; outros locais de disputa são a África, a Ásia, a Europa Central e a Ásia Central. Pode-se aguardar aí o jogo direto, indireto e por tabela para encurralar um EUA enfraquecido e uma Europa mais dispensável do que o foi até agora. Sabendo do ainda necessário apoio dos EUA à Israel, a Rússia pode refrear as suas próprias vontades na região também; silenciar e se retrair para não confrontar, mas sempre marcando presença nos desafios e agendamentos da região.

## 29. UNIÃO EUROPEIA ESTÁVEL E REINO UNIDO GLOBAL?

A União Europeia, além dos desafios diários de crescimento econômico suficiente e com estabilidade e maior aprofundamento, precisa definir bem o seu relacionamento geopolítico com os EUA, China, Índia, Irã, Israel, Japão, Reino Unido, Rússia e Turquia, assim como com blocos econômicos regionais nesses tempos de crepúsculos e auroras geopolíticas. Ainda está distante a construção dos Estados Unidos da Europa, e nem há consenso para isso; falta até mesmo um arranjo constitucional sobre o funcionamento mais integrado entre os seus países membros. Discute-se a possibilidade de política fiscal continental, mas a diferença de sistemas eleitorais, partidos políticos e seus calendários em cada país-membro, torna difícil a sincronização. Já na política monetária há um Banco Central a uma moeda única.[102]

Por sua vez, o Reino Unido talvez esteja no limiar de uma nova aurora depois de 80 anos desde a Segunda Guerra Mundial, descolonização, participação europeia e de um lento crepúsculo internacional.

A superação definitiva da guerra em solo europeu, à exceção dos Bálcãs e da Ucrânia, e as suas social-democracias funcionais e viáveis do ponto de vista econômico, político e social, não obstante diferenças, têm criado um longo período de estabilidade, prosperidade e partilha regional, desenvolvimento científico e tecnológico e ajuda internacional de suas nações em favor dos países em desenvolvimento. A Europa continental e o Reino Unido exercem importante e indispensável liderança na cooperação internacional e no papel da ONU e nesse sentido não se deseja crepúsculo nem aurora, mas a continuidade de um dia muito agradável!

---

[102] No Tratado de Maastricht, assinado em 1992 e com execução iniciada em 1993, foi dado um prazo até o ano 2000 para que os países membros, que quisessem adotar o Euro como moeda única, seguissem políticas fiscal e monetária para a convergência econômica em: Taxas de juros, taxas de inflação, variação cambial e *déficit* público anual comparado ao PIB.

## 29.1 Crepúsculo europeu seguido de aurora?

Alguns questionamentos podem nos guiar para responder se a Europa estaria no limiar de uma nova aurora, depois de um breve crepúsculo.

1. Quais são os próximos passos de aprofundamento da União Europeia?
2. Como será a liderança da Alemanha após Angela Merkel?
3. Quem liderará a União Europeia e para qual direção?
4. Como lidar com a emergência da China, Índia, Irã, Israel, Rússia e a Turquia e o repensar do Japão e uma retirada dos EUA?
5. Como responder efetivamente aos desafios da geopolítica social em países em desenvolvimento e nas nações frágeis com problemas de autoritarismo, depredação ambiental, deslocamento, doenças, epidemias, estiagens, fome, guerra, ignorância, migração, pobreza, renda e violência?
6. Como garantir a cooperação internacional, incluindo uma economia internacional mais democrática e mais equitativa pelo próprio mercado?

A unidade da Europa e sua influência nos assuntos globais deve continuar e a OTAN deve continuar como uma força de segurança, exigindo ainda a participação dos EUA e do Reino Unido. Obviamente a relação da Europa com o Reino Unido e com os Estados Unidos é mais estreita do que aquela com a China e a Rússia e levará em consideração também o relacionamento desses quatro países com seus parceiros mundo afora e suas ambições geopolíticas, senão mesmo o fato de serem poderios militares e nucleares, muito embora a China não tenha mostrado músculos militares no relacionamento internacional [Cap. 5] e a Rússia passe a ser menos agressiva.

O relacionamento com o Leste Europeu, os Balcãs e a Turquia deverão ser definidos entre as opções de *status* especial ou membros efetivos da União Europeia. Por certo a União Europeia não poderá acomodar às pressas países que ainda não são membros apenas por razões políticas e geopolíticas, acabando por cutucar ainda mais a Rússia. A qualificação técnica e econômica para a entrada desses países é mais recomendada.

A **União Europeia** provavelmente seguirá adiante, com diversificados ritmos de crescimento econômico anual e a imigração deverá continuar a ser um desafio. Poderá ser mais unida e ter mais influência no mundo se tiver mais disciplina fiscal, convergência fiscal, colaboração orçamentária para a União, somadas à já existente política monetária comum. A Alemanha e a França são preponderantes e outros países são mais quietos. A garantia do bem-estar econômico e social, a estabilidade, a paz e a segurança devem ser guardiãs contra o chauvinismo, nacionalismo, populismo, xenofobia e autoritarismo.

Quase 2/3 do gás natural demandado pela Europa vem da Rússia. No seu plano estratégico de país para o curto, médio e longo prazo a Rússia tem diversas opções na sua lida com a Europa que deverá, como sempre, responder da forma mais pragmática possível. No contexto mais amplo, a geopolítica do petróleo e gás cria um delicado pêndulo entre a Europa e a Ásia, tendo a Rússia e a Turquia como fiéis da balança.

Tim Marshall [2018, p.28] apresenta o Azerbaijão, Turcomenistão e Uzbequistão como **países neutros** em relação a Rússia e ao Ocidente e justifica isso frente a sua autossuficiência em energia e pouca dependência do comércio internacional e de segurança. O mesmo autor apresenta o Cazaquistão, Quirguistão, Tadjiquistão, Belo Rússia e Armênia, bem como a Ucrânia oriental, como países mais **relacionados com a Rússia** e justifica isso frente a sua dependência energética, econômica e de segurança com relação a Rússia. Marshall nota também que há uma parceria de segurança por meio da Organização do Tratado de Segurança Coletiva, exceto o Tadjiquistão. Por sua vez, Marshall [2018; p.29] apresenta a Albânia, Bulgária, Eslováquia, Estônia, Hungria, Letônia, Lituânia, Polônia, República Tcheca e Romênia como países que pendem mais para o Ocidente. Há ainda três em situação geográfica e estratégica delicada que ficam *sanduichados* em suas intenções como a Geórgia, Ucrânia e Moldávia.

A **Inciativa dos Três Mares** (Adriático, Báltico e Negro) envolve a Áustria, Bulgária, Croácia, Eslováquia, Eslovênia, Estônia, Hungria, Letônia, Lituânia, Polônia, República Tcheca e Romênia. Existente a partir de 2016, visa a cooperação econômica em energia, infraestrutura em comunicações e em transportes. A China tem interesse em conectar projetos de infraestrutura dos Três Mares com a Nova Rota da Seda. Os EUA têm simpatia pela iniciativa devido a cooperação econômica entre os membros e garantias de segurança contra a Rússia na Europa central.

A grande crise financeira e econômica de 2008 e 2009 foi o primeiro grande teste para o Euro como moeda única, envolvendo principalmente o Chipre, Espanha, Grécia, Irlanda, Itália, Portugal a ponto de questionar a permanência ou não de alguns destes na zona do euro. Ainda pendentes estão o acúmulo de dívidas de indivíduos, famílias, governos e empresas. Enquanto até se aguardava uma correção pelo mercado, o Covid-19 veio, não para corrigir novas exuberâncias irracionais econômicas como na última crise financeira internacional, mas para derrubar o crescimento econômico de todos e questionar muitas coisas no funcionamento econômico e social. A Pandemia (2019-2021) só virou ao avesso muita coisa que já estava errada.

A **OTAN** deverá continuar a sua parceria com a América do Norte para garantir a segurança de toda a Europa. Atualmente os seus membros são a Albânia, Alemanha, Bélgica, Bulgária, Canadá, Croácia, Dinamarca, Eslováquia, Eslovênia, Estados Unidos, Estônia, Espanha, França, Grécia, Holanda, Hungria, Islândia, Itália, Letônia, Lituânia, Luxemburgo, Macedônia do Norte, Montenegro, Noruega, Polônia, Portugal, República Tcheca, Romênia, Reino Unido, Turquia.

A **segurança do mar Báltico** também continuará sob garantias das Forças Expedicionárias Conjuntas compostas pela Dinamarca, Estônia, Finlândia, Holanda, Letônia, Lituânia, Noruega, Reino Unido e Suécia.

O desafio da viabilidade orçamentária para manutenção do Estado de Bem-Estar Social e ajuda externa ligado ao comércio exterior deverá continuar como sempre e na dependência do crescimento econômico.

## 29.2 Reino Unido global?

Outro fato marcante, senão dramático, tem sido o processo de saída do Reino Unido da União Europeia. A partir daí ficam alguns questionamentos:

1. Como fica o relacionamento diplomático e econômico do Reino Unido com a União Europeia e com os EUA?
2. Como será a adaptação econômica de abastecimento e preços pós-Brexit para o curto e médio prazo?
3. Haverá integração econômica e política mais aprofundada entre os membros da Comunidade de Nações?

O reposicionamento geopolítico britânico aparentemente se dará em três frentes: comercial, papel internacional e segurança. Sua importância geopolítica para a navegação do comércio internacional e poderio militar naval continuará no Gibraltar, Canal da Mancha e mar do Norte. Não obstante ao fortalecimento de Frankfurt, Zurique e Amsterdã como centros financeiros da Europa, Londres deverá manter o seu status global; a metade das empresas globais que atuam na União Europeia tinham as suas estruturas em Londres antes do Brexit e muitas deverão se mudar para o continente e outras se manterão dada a vantagem competitiva e logística que Londres oferece.[103]

Desde a votação da saída da União Europeia o governo britânico vem trabalhando num documento chamado *Global Britain* que esboça

[103] A afirmação em 1962 do ex-Secretário de Estado americano Dean Gooderham Achenson de que "A Grã Bretanha perdeu um império, mas ainda não encontrou o seu papel internacional" pode finalmente ser descartada. Não se pode, contudo ignorar o grande papel que o país tem desempenhado na esfera internacional em todos os sentidos desde o fim da Primeira Guerra Mundial.

a sua estratégia global de agora para a frente, saindo de um crepúsculo que teve início já com o fim do Império Britânico na descolonização em meados do século 20 para a possibilidade de uma nova aurora geopolítica. O Reino Unido decidiu estar na Europa e com a Europa, mas não na União Europeia; poderá se apresentar mais neutro, mas militarmente forte e se reaproximar economicamente dos países membros da Comunidade das Nações[104]. O Reino Unido tem a quarta maior rede diplomática da Terra com 282 postos em 178 países. O país se considera o terceiro *Soft Power* do mundo; sem dúvida a BBC acaba sendo um dos canais para isso ao atingir quase meio bilhão de pessoas em 42 idiomas todas as semanas [fonte: *Global Britain*, prime minister office oficial site, 2021].

Um dos grandes objetivos declarado no documento *Global Britain* é fortalecer a segurança e a defesa nacional e internacional. Para se defender, visa aumentar a capacidade de detectar e desviar ameaças físicas e cibernéticas à segurança perpetradas pelo terrorismo, crime organizado e crime patrocinado por governos de outros países. Com o uso da mais elevada tecnologia cibernética, informação e atenção redobrada de seus serviços diplomáticos, de espionagem e das forças armadas para conter ameaças externas e internas, focando na contenção, deterrência e perturbação dos adversários. A estratégia é detectar, compreender e agir a tempo e de forma preventiva para esvaziar ataques de qualquer natureza, em qualquer lugar, em qualquer hora e contra qualquer público.

Além da prevenção e das prioridades na área de segurança para proteger a democracia dentro do país e conter ameaças patrocinadas por governos de outros países, haverá também uma melhor prepa-

[104] A Comunidade das Nações, fundada em 1931 pelo Parlamento Britânico, hoje é composta por: África do Sul, Antigua e Barbuda, Austrália, Bahamas, Bangladesh, Barbados, Belize, Botswana, Brunei, Camarões, Canadá, Chipre, Singapura, Dominica, eSwatini, Fiji, Gambia, Gana, Granada, Guiana, Ilhas Salomão, Índia, Jamaica, Kiribati, Lesoto, Malásia, Malawi, Maldivas, Malta, Mauricio, Moçambique, Namíbia, Nauru, Nigéria, Nova Zelândia, Papua Nova Guiné, Paquistão, Quênia, Reino Unido, Ruanda, Samoa, Santa Lúcia , São Kitts e Nevis, São Vivente e Granadinas, Serra Leoa, Seicheles, Sri Lanka, Tanzânia, Tonga, Trinidade e Tobago, Tuvalu, Uganda, Vanuatu e Zâmbia.

ração para conflitos de múltipla escala, com mais atenção para a região Indo-Pacífica. A deterrência nuclear ativa volta à cena, por isso o anúncio já feito pelo governo britânico de aumentar o orçamento para fortalecer a marinha de guerra e o arsenal nuclear. Também visualiza a modernização de navios de guerra para manter a segurança de navegação no Atlântico Norte. A renovação de caças aéreos se dará em parceria com a Suécia e a Itália.

Em um recado direto para a Rússia, o documento reafirma a continuação do compromisso britânico com a OTAN e com os aliados europeus e atlânticos, como também com as Forças Expedicionárias Conjuntas, que garantem a segurança do mar Báltico, compostas pela Dinamarca, Estônia, Finlândia, Holanda, Letônia, Lituânia, Noruega, Reino Unido e Suécia. Isso exige também um fortalecimento da relação bilateral com França e a Alemanha. Não obstante a sua intencionada neutralidade militar global, o Reino Unido terá estrutura para colaborar com defesa e segurança internacional, com os EUA no Atlântico Norte e Sul; com a Europa no continente e no Mediterrâneo; com a Dinamarca, Canadá e Rússia no Círculo Ártico; com o Oriente Médio no Mediterrâneo, mar Vermelho e Golfo Pérsico; com a Índia e o Japão no Pacífico e Oceania e para ficar de olho na China de forma respeitosa e distante.

Não obstante ser um poderio militar, o Reino Unido tem em favor de si um cenário futuro de neutralidade militar, com grandes produtores de petróleo e gás e com outros poderes nucleares e, ao mesmo tempo, um bom relacionamento com as economias industriais e com as economias de produção primária, que lhe garantem a importação de matéria-prima e alimentos, bem como a exportação de produtos industrializados, tecnologia, serviços e finanças.

O petróleo pré-sal do Atlântico Sul, envolvendo as costas do Brasil com 14 bilhões de barris conhecidos e as ilhas Malvinas, apesar de descobertas modestas de petróleo e gás até agora, se constitui numa oportunidade para o Reino Unido e os EUA, que podem inclusive juntar forças navais para garantir a segurança da costa Leste das Américas e da costa Oeste da África.[105] Isso se torna mais viável em termos orçamentários dadas a diminuição de gastos destes dois países com segurança e defesa no Oriente Médio e na Europa. Basta lembrar das gigantes do petróleo British Petroleum, Royal Dutch Shell, ExxonMobil e Chevron Texaco e das Sete Irmãs que já escreveram parte da história, a Anglo-Persian Oil Company (atual British Petroleum), Chevron (Standard Oil da Califórnia), Esso (Standard Oil de Nova Jérsei), Gulf Oil, Mobil (Standard Oil de Nova Iorque), Shell, Texaco. Reforça-se se aqui a relação entre geopolítica, economia, geografia, gás, petróleo, poderio militar e relações internacionais [Caps. 2, 3, 4, 5 e parte II].

O Reino Unido já tem toda uma estrutura marítima, naval e militar para seus interesses geopolíticos no Atlântico Sul que inclui as ilhas de Ascenção, Santa Helena, Tristão da Cunha, Gouch, Sanduíche do Sul, Geórgia do Sul, Orcadas do Sul e Malvinas. A sua própria exploração de petróleo no mar do Norte não terá vida muito longa, então poderá contar com o suprimento da costa atlântica das Américas e da África, como já o faz com a Nigéria; poderá fazer parceria comercial para outras matérias-primas, bem como ser credor financeiro para produtores industrializados e em desenvolvimento e vender serviços e consultoria aos membros da Comunidade de Nações.

Dessa forma a histórica e tradicional relação especial entre os EUA e o Reino Unido se fortaleceria também geopoliticamente, dadas as suas parcerias e interesses petrolíferos e gasíferos com o Hemisfério Ocidental. O interesse energético nessas áreas não significa

---

[105] Nas bacias sedimentares sul-americanas, o pré-sal se constitui de bacias petrolíferas abaixo de camadas de rochas salinas que no Brasil vão de Vitória, ES até Florianópolis, SC e devem se estender até às Malvinas e à costa de Angola e do Congo. Alguns estimam que as reservas podem ser equivalentes àquelas do Iraque e do Kuwait somando em torno de 100 bilhões de barris, contudo não há tanta evidência disto. Fato é que, em termos geopolíticos, um controle naval e militar das Malvinas, seja pela Argentina ou pelo Reino Unido ou compartilhado entre eles, se constitui numa reserva estratégica para a eventualidade da escassez de petróleo e gás em outros pontos da Terra. Isso, somado à vigilância da Passagem de Drake e do Cabo da Boa Esperança, torna o Atlântico Sul mais ainda estratégico para o Reino Unido, bem como todas as ilhas atlânticas sob o seu controle. A suspeita de interesses britânicos em fatias da Antártida pode ser dirimida a partir do Tratado da Antártida de 1959. Um dos reflexos da presença naval britânica e americana na região poderá ser sentido nos *lobbies* da indústria da defesa da Argentina e do Brasil.

necessariamente importação pelo Reino Unido, senão a operação de suas empresas nesses territórios com exportações de gás e petróleo para diversas economias do globo.

Fora da União Europeia o país está mais livre para acordos comerciais, principalmente focando na África, Europa, Golfo Pérsico e priorizando a região indo-pacífico. É possível que ocorra uma aproximação bem ambiciosa do Reino Unido com o Comunidade das Nações. Dessa forma o **realinhamento geopolítico britânico** segue um realinhamento econômico global. Lembrando que entre 1947 a 1965 ocorreu o processo de devolução de colônias e protetorados e as negociações para a sua entrada na atual União Europeia. Além disso, muito de suas relações internacionais e geopolítica ficaram ocupadas com a Guerra Fria em outros territórios. A sua normalização com a Europa e com o mundo desde a sua entrada no Mercado Comum Europeu em 1973 até a sua saída efetiva em 2021 vai lhe deixar ainda comprometida com a geopolítica da Europa, porém agora pode retomar livremente o seu relacionamento econômico, político militar e geopolítico com a Comunidade das Nações e com o mundo dentro do seu plano estratégico de país de longo prazo; enquanto isso continua a colaborar com as Nações Unidas e seus órgãos. Importante notar que o príncipe Charles é bem afinado com a geopolítica social, ambiental e da água e bem ciente da aurora e do crepúsculo geopolítico das nações, podendo vir a ser, como rei, um grande porta-voz da cooperação internacional.

Não faltam propostas para uma colaboração mais integrada em política monetária, política comercial, relações internacionais, defesa e segurança num CANZUK: Canadá + Austrália + Nova Zelândia + Reino Unido. Todos esses países têm seus próprios governos de nações independentes, mas o mesmo monarca como chefe de Estado. Um CANZUK ampliado envolveria uma moeda comum e política monetária comum, bem como política alfandegária, comércio exterior, defesa e segurança em comum. De qualquer forma uma *angloesfera* entre Austrália, Canadá, EUA, Nova Zelândia e Reino Unido deverá ser uma realidade na nova aurora geopolítica daqui para 2050. O pacto naval entre Austrália-EUA-Reino Unido em setembro de 2021 já é um passo para isso.

Em junho de 2021 o Reino Unido assinou um tratado comercial com a Austrália e iniciou negociações com a Parceria Trans-Pacífica cujos membros desde 2015 são a Austrália, Brunei, Canadá, Chile, Singapura, Japão, Malásia, México, Nova Zelândia, Peru e Vietnã. Os EUA, sob a Administração Trump (2017-2021), deixaram a parceria; além do Reino Unido, também demonstram interesse em aderir a Colômbia, Coreia do Sul, Costa Rica, Filipinas, Índia, Indonésia e Tailândia.

O Canadá sempre agiu na arena internacional com uma certa independência que não afronta os EUA, seu vizinho, um importante e estratégico parceiro comercial e de segurança; assim também tem sido em relação ao Reino Unido. Tem sido neutro, colaborativo e não intrusivo e, nessas linhas e por isso mesmo, deverá continuar indispensável e um *major player* global. Outra presença do Canadá são as votações de matérias importantes na ONU e nos agendamentos comuns em organismos internacionais. Em todos esses, ao que tudo indica pelo comportamento histórico, o Canada deverá exercer as suas conhecidas posições e continuar indispensável na comunidade internacional onde tem demonstrado sensibilidade nas questões sociais, ambientais e de água e de generosidade na ajuda externa. A Austrália se aproxima dos EUA, Índia e Japão para formar o quarteto em defesa e segurança conhecido como QUAD. Interesses e objetivos de segurança asiática do Reino Unido e da União Europeia podem ser contemplados por aí.

## 30. CHINA

Quem ainda não está entendendo a ascenção da China, deve olhar para a História. Seu primeiro Império se desenvolve no século IV aC e também já foi uma grande civilização e um grande império, e a geografia não mudou em nada e é como se o país se reerguesse sobre os fundamentos que já estão aí.

> “No século III aC, dois impérios tomavam forma em extremidades de Eurásia. Roma e China se espalharam sobre espaços imensos e incorporaram populações longínquas, criaram manei-

> ras eficientes para governá-las e formar ideais de governo que sobrevivem até hoje" [Burbank & Cooper; 2019, p.45].
> "A noção de China quanto unidade política governada legalmente por uma única liderança central vem sendo compartilhada por governantes, pretendentes e líderes, elites favoráveis ao Estado e pessoas comuns há mais de dois mil anos [Burbank & Cooper; 2019, p.680]

Desde os tempos distantes, a China do longínquo Oriente marca presença entre as nações da Terra. De meados do século 19 a meados do século 20 o país esteve sobre influência estrangeira; após séculos de uma monarquia cansada e esclerosada, em 1911 se transforma numa república, para mais tarde mergulhar numa guerra civil intercalada pela invasão do Japão e se estabilizar com a Revolução Chinesa de 1949, num período que vai até 1976. A partir de 1979, inicia reformas econômicas, abre-se para o mundo e se agiganta saindo um pouco do seu silêncio como poderio militar, em 2021 a China ultrapassa os EUA com a maior frota naval da Terra e há informações de que esteja construindo silos em posições estratégicas do país para a instalação de mísseis balísticos intercontinentais.

Estaríamos exatamente agora num crepúsculo geopolítico das sequências dos eventos a partir da batalha de Waterloo com a *Pax Britânica*, substituída pela *Pax Americana,* para a aurora da *Pax Chinesa*?

## 30.1 A visita de Nixon e a abertura para o mundo

Já em 1956 a China e a União Soviética mostram visíveis sinais de seguirem caminhos diferentes, mas Richard Nixon tem como estratégia uma aproximação com ambos. Ao lidar no Leste Europeu por meio de negociações com a União Soviética, o presidente pretendia noutra estratégia lidar com o Sudoeste Asiático por meio da China. Sem ao mesmo tempo atiçar uma temida inveja desestabilizadora nas relações internacionais e ao mostrar a União Soviética como a maior ameaça aos EUA, Nixon taticamente inverte a percepção chinesa de que os soviéticos eram muitos condescendentes com os EUA; a China percebe-se valorizada e embarca.

Ao tentar melhorar o relacionamento com o bloco comunista, o presidente americano Richard Nixon visita a China em fevereiro de 1972 e a União Soviética em maio de 1972. Nas palavras de Nixon a visita à China foi "a semana que mudou o mundo". Entre outras coisas, a aproximação incentivou empréstimos de bancos privados americanos para superar a necessidade da poupança na China, a fim de construir a infraestrutura física que alimentaria a sua industrialização.

Reconhece-se hoje, a partir de relatos de Winston Lord (embaixador americano na China entre 1985-1989), que a visita tinha em mente três principais objetivos:

1. Abrir o leque de relacionamento com mais países comunistas, para além de Moscou e do Leste Europeu;
2. Chamar a atenção dos soviéticos para mais diálogo e negociação;
3. Resolver o conflito no Vietnã sobre quem a China tinha poder de influência. Esse era o objetivo mais imediato.

Hoje ainda um quarto objetivo, o de iniciar um relacionamento bilateral de longuíssimo prazo entre os Estados Unidos e a China. Essa aproximação inicial foi feita via Paquistão e Romênia e, simbolicamente, Carter não visita à China durante o seu mandato (1977-1981). Ironicamente depois de 50 anos de cooperação, essa parceria comercial contabiliza quase 10 bilhões de dólares por dia e inicia-se um conflito comercial e uma disputa de influência geopolítica e militar, tanto regional quanto global, entre Pequim e Washington. A estratégia de relações internacionais de colaboração cede à de neutralidade e confronto [Caps. 3, 4, 5 e parte II).

Fala de Richard Nixon junto à muralha em fevereiro de 1972:

> "Minha esperança é que no futuro, talvez como resultado daquilo que iniciamos nessa viagem, muitos americanos, particularmente americanos jovens que gostam tanto de viajar, tenham a oportunidade de vir aqui como eu vim hoje. Que eles

possam ver esse muro e olharem para o passado sobre a história desse grande povo e que eles tenham a oportunidade, assim como nós temos tido, de conhecer o povo chinês e conhecê-los melhor. Penso que um dos resultados da nossa viagem, espero que os muros que tenham sido erigidos, sejam eles físicos ou outros muros de ideologia ou filosofia, não dividam os povos do mundo, independentemente de suas diferenças e passados, suas filosofias; que eles tenham uma oportunidade de comunicar-se entre eles e conhecer-se um ao outro, e compartilhar entre eles aquelas iniciativas particulares que significarão paz e progresso nos anos vidouros." (pronunciamento espontâneo ante a Muralha da China, fevereiro de 1972 [*fonte* site Richard Nixon Presidential Library, acesso 5 setembro 2021, 8h].

A visita de Nixon à China começa a dar frutos reais com o restabelecimento de relações diplomáticos em 1979, o mesmo ano que Deng Xiao Ping inicia as reformas econômicas e a abertura para a entrada de capital e tecnologia americana em solo chinês, em zonas econômicas especiais em proximidade de portos e de logística marítima. Por longos anos a economia cresce com dois dígitos. Hoje a economia global é supridora de matérias-primas, bem como cliente de produtos industrializados da China. O país já é um credor internacional, sendo o maior detentor de títulos públicos que financiam a dívida pública americana e também grande comprador de ouro da Rússia, para quem exportou os seus melhores alimentos em pagamento pela ajuda durante a guerra civil que culminou com a Revolução de 1949.

Após a crise financeira de 2008/09 houve uma nova década de crescimento econômico, período em que foi presenciada, marcadamente, a ascensão econômica e geopolítica, mas não militar. A segurança da China tem 14 vizinhos. O país não envia tropas para operações em outros países, nem exporta ideologias, e nem tem exibido músculos militares por enquanto; o seu orçamento em segurança nacional excede o de defesa. A Ásia toda está em movimento na mesma direção: o Irã e a Turquia adquirem importância estratégica indispensável e a remodelagem internacional da Índia, Japão e Rússia também é um fato.

> "A China teve um espaço diferente para o império" [Burbank & Burbank; 2019, p.68] e continua diferente de outros países hoje: não é ainda uma democracia multipartidária, mas o estatismo secular, senão milenar, está presente na economia doméstica e na sua economia internacional. Contudo, muita crítica à China se baseia no desconhecimento e no preconceito.

O novo estatismo coloca em xeque algumas teorias e práticas do comércio internacional tradicional, que vinham sendo praticadas desde o fim da Segunda Guerra Mundial, dentro de um contexto de Guerra Fria e ainda dentro do legado colonialista. Os empreendimentos estatais chineses monopolizados podem ser vistos nas áreas de petróleo, telecomunicações, alumínio, geração de energia elétrica, aço, tabaco, empreendimentos mistos com preços administrados e em torno de 1000 empresas operando na África.

"A ascensão da China terá mais impacto de longo prazo do que o colapso da União Soviética" disse Niall Ferguson numa entrevista. Ao referir-se ao poder emergente da China contra a hegemonia americana, o cientista político americano Graham T. Alisson nos dá a ideia da ansiedade e desconfiança das pessoas sobre o espectro de guerra, quando um poder emergente vai desbancando outro na arena internacional; a isso ele chama de Armadilha de Tucídides. É uma alusão às guerras entre Esparta e Atenas quando Esparta ficou com medo da ascensão de Atenas.[106]

Numa palestra na Dartmouth University, Winston Lord, embaixador americano na China entre 1985 e 1989, afirmou que a China tem sido o Reino do Meio por milhares de anos e por 18 dos últimos 20 séculos, tem sido a nação mais poderosa do planeta; logo, a China não está em ascendência, só está retornando.

---

[106] Sugestões de leituras: ALLISON, Graham, Destined for war. Boston: Houghton Miffin, 2017, 384 pp. KISSINGER, Henry Alexander. On China. London: Penguin Books. 2011, 623 pp.

Percebe-se uma mistura de arrogância, inveja, insegurança e xenofobia expressada em certos cantos da Terra por alguns que não entendem de História, e nem de Geopolítica. É possível que não esteja ausente na mente de alguns estrategistas militares, o conhecimento silencioso de que a China pode acelerar o declínio da antes nação mais poderosa, os EUA que, em decorrência, terá que se adaptar a um segundo lugar na mesa.

É provável que eventualmente a China terá que promover mais o mercado interno, ampliar a formação de renda em forma de aluguel, juro, lucro e salário, liberar os bancos estatais (Agrícola, Comercial, Industrial, da China) e aumentar a poupança interna. Fica a indagação e a curiosidade sobre quando o país poderá convergir para um sistema multipartidário; numa tradição asiática e nos moldes da Malásia, Singapura e Japão, um partido pode ter longevidade na formação do governo nacional, ao mesmo tempo em que há oposição forte para vigiar o governo do dia.

## 30.2 A Nova Rota da Seda

O Cinturão Terrestre e Rota Marítima são acordos bilaterais da China que envolvem diretamente 60 países e indiretamente 120. Poderá absorver até U$ 8 tri em investimentos entre 2013 a 2049. O Fundo da Rota da Seda assim se distribui: 2/3 advindo da Administração Estatal e Política Externa, 15% pela Corporação de Investimento da China, 5 % do Banco de Desenvolvimento da China e 5% pelo Banco de Exportação e Importação da China; também tem parceria com bancos institucionais internacionais como o Banco Mundial e dos BRICS.

O Corredor Terrestre da China passa pela Ásia Central e entra no Irã e daí passa pelo Iraque, Síria e Turquia. Há uma rota terrestre, rota marítima e corredor terrestre pelo Irã; uma rota terrestre desde Xian passando pela Ásia Central, Moscou, Roterdã e até Trieste. Há também a rota marítima até os portos da China passando pelo Mediterrâneo, canal de Suez e mar Vermelho. Financiamentos e reconstrução de infraestrutura na África também são parte da Nova Rota da Seda.

O grande objetivo é sincronizar a economia da China aos fornecedores de insumos para a sua produção agrícola e industrial e criar o caminho logístico inverso para exportar produtos industrializados para os mesmos parceiros, bem como lhes fornecer crédito internacional; em termos estratégicos e geopolíticos, visa retomar e assegurar a liderança econômica, comercial e cultural por meio de projetos de infraestrutura e transporte, incluindo armazenamento, depósito, energia, fábrica, ferrovia, logística, oficinas, porto, porto-seco, postos de combustíveis, redistribuição, rodovia, silo, que ligam o Pacífico, o Índico e o Mediterrâneo por terra e por mar. Sincroniza projetos da economia da China a outros já em andamento com os parceiros na África, Ásia e Europa e também se alastra para parceiros em infraestrutura portuária no continente americano, principalmente na costa do Pacífico.

> "O Corredor Econômico China-Paquistão, como foi chamado, dará à China acesso direto ao oceano Índico a mais além" [Marshall; 2018, p.188].

Há uma sincronização entre pontos estratégicos na rota marítima e na rota terrestre, bem como entrepostos logísticos e investimentos industriais envolvendo desde a Arábia Saudita, Camboja, Singapura, Emirados Árabes Unidos, Espanha, Grécia, Filipinas, Índia, Indonésia, Iraque, Itália, Mianmar, Malásia, Paquistão, Sri Lanka, Sudão, Tailândia e Vietnã.

**Portos estratégicos e investimentos industriais** sincronizados à Nova Rota da Seda e alguns portos estão alugados pela China para um prazo que vai entre 40 a 99 anos: Atenas, Grécia; Beihai, China; Calcutá, Índia; Colombo, Sri Lanka; Dhaka e Cittagong, Bangladesh; Doraleh, Djibuti; Duisberg, Alemanha; Fuzhou, China; Guangzhou, China; Gwadar/Karachi, Paquistão; Haidob, Sudão; Haikou, China; Hambantota, Sri Lanka; Hanói, Vietnã; Helsinki, Finlândia; Hong Kong, China; Jakarta, Indonésia; Karachi, Paquistão; Kuala Lumpur, Malásia; Kuantan, Malasia; Kyaukpyu, Mianmar; Malacca Gateway, Malásia; Male, Maldivas; Marselha, França; Mombasa, Quênia; Muara, Brunei; Obock, Djibuti; Pequim, China; Quanzhou, China; Roterdã, Holanda; Shanghai, China; Sihnaukville, Camboja; Teerã, Irã; Veneza, Itália; Zhanjiang, China.

Há investimento industrial pesado em **cidades com passagens terrestres estratégicas** da Nova Rota da Seda: Almaty e Astana, Cazaquistão; Bishkek, Quirguistão fronteira com Cazaquistão; Chonqding, Chuxiog, Khorgos, Langzhou, Pequim, Urumqi, Xi'ang, China; Dishkek, Cazaquistão; Dushanbe, Tajiquistão; Istambul, Turquia; Irkutsk, Moscou e Perm, Rússia; Samarkand e Tashkent, Uzbequistão; Teerã, Irã; Zonas econômicas especiais China.

Além das conexões marítimas e por estradas, há também diversas conexões por ferrovias que chegam até Madrid.

## 30.3 Maior presença no Oriente Médio e Irã

A China está também fazendo amigos, principalmente onde compra o seu petróleo, minerais e alimentos e onde abre mercados e investe. Dados de 2018 mostram que os maiores vendedores de petróleo para o País do Meio eram por ordem de volume: Rússia, Arábia Saudita, Angola, Iraque, Omã, Brasil, Irã, Kuwait, Venezuela, Emirados Árabes Unidos, República do Congo, Colômbia, Malásia e Líbia.

A sincronização do fornecimento de seu gás natural a partir do Irã e da Rússia é uma estratégia para o abastecimento por terra, na eventualidade de um bloqueio comercial naval imposto por oponentes num eventual conflito militar. A Ásia Central, o Afeganistão e Paquistão são estratégicos neste jogo. Essa estratégia chinesa, combinada e eclética, não antagoniza Israel, e nem a Arábia Saudita; no mesmo jogo, a Rússia e a Turquia podem se apresentar como intermediários, em alguns casos, para acalmar os ânimos do Irã na sua agenda internacional regional.

Considerada ambiciosa e antiamericana, os atritos globais da China com os EUA se refletem de forma direta e visível no Oriente Médio e indiretamente na Venezuela. Comercializa com a Arábia Saudita e Israel e tem parcerias com o Irã e o Catar em gás. Há uma cooperação estratégica entre China, Irã e Rússia que pode servir como contrapeso direto e frontal à Índia, propensa a ser aliada, senão mesmo informal, da França e do Ocidente para fins de segurança o que inclui também parceria naval já conhecida, com a Austrália, EUA e Japão.

Tudo isso representa uma movimentação gigante nas placas tectônicas da geopolítica global. Os EUA, Reino Unido e União Europeia terão que reconfigurar as suas estratégias regionais e globais de segurança e defesa.

Como visto no capítulo 9, *Plano estratégico, teoria dos jogos e cenários*, especula-se que a China esteja financiando operações da Rússia na guerra da Líbia, mas ambas em envolvimento muito indireto. Uma Líbia pós-guerra e parceira da Rússia pode também ser parceira da China, ou pelo menos, por agora, a China coopera com interesses imediatos da Rússia visando retorno de apoio no futuro, se necessário. Mas tudo de forma muito indireta, não declarada, velada e silenciosa, porém nem tão desconhecida assim.

A parceria comercial, cultural e militar da China com o Irã pode envolver U$400 bilhões até o ano de 2045, sendo que U$18 bilhões já foram investidos desde 2010. Os setores envolvidos são bancos, gás, ferrovias, infraestrutura industrial, petróleo, petroquímica, portos, rodovias, telecomunicações e transporte. Companhias chinesas terão prioridade sobre a exploração de gás, petróleo, petroquímica e cibernética de segurança. Também envolve operações e treino militar conjuntos, compartilhamento de serviços de inteligência e desenvolvimento de armas. A justificativa dada perante a comunidade internacional dessa parceria militar é o combate à pirataria, ao tráfico internacional de humanos e de drogas, bem como contra o terrorismo.

É necessário entender alguns aspectos geográficos e geopolíticos da parceria. O petróleo advindo do Irã, saindo do porto de Jaks entra no porto de Zhoushan, por onde passa 75% da importação de petróleo para a China. Isso vem ao encontro da necessidade do Irã em produzir oito milhões de barris por dia, para se manter como um jogador indispensável na região e no globo e dar garantias à China no caso de um bloqueio naval contra a China.

Por meio do Irã, a China marca presença também no mar Cáspio, no Golfo Pérsico e no oceano Índico, bem como na Ásia Central. Para assegurar uma presença militar em terras persas. A China tem implantado duas zonas de livre-comércio nas cidades iranianas de Maku, na divisa com a Turquia e Qeshm, no estreito de Ormuz [item 33.15]. Considerando que os EUA têm a sua 5ª. Frota Naval estacionada no Barein, a presença da China tende a marcar presença de igual para igual no Golfo Pérsico e exercer a sua influência no oceano Índico e no mar Vermelho, bem como, por extensão, na passagem do canal de Suez; a influência se estende naturalmente para o Mediterrâneo e o estreito de Gibraltar e possível parceria com a frota naval russa no mar Negro. Dessa forma a aproximação da China aos portos do Irã tem um interesse comercial, mas também estratégico e geopolítico, não só regional, mas global. Mais especificamente, a estratégia militar no Colar de Pérolas envolve, inteligência, reabastecimento, recursos e treino; 5000 soldados chineses estão presentes no Irã e os aviões da China têm acesso a bases militares iranianas. Há sincronização entre os sistemas de defesa e de monitoramento antimísseis. Nas páginas do New York Times [de 11 de julho de 2020], assim se resumira o preâmbulo do acordo entre China e Irã: "Duas culturas antigas, dois parceiros nas áreas de comércio, economia, política, cultura e segurança, numa perspectiva similar de interesses bilaterais e multilaterais, se considerarão parceiros estratégicos um do outro."

Com elevado conhecimento das culturas das nações, a China é motivada por necessidades e oportunidades econômicas, não de ordem ideológica ou políticas visíveis e proselitistas. Não interfere diretamente nos conflitos internos de países, sendo neutra-atenta; também não demonstra preocupações com divisões religiosas e mantém um bom relacionamento com sauditas e iranianos.

## 30.4 Maior presença na Ásia Central

Há toda uma inciativa já em curso para o fornecimento de gás e petróleo da Ásia Central, da Rússia e do Irã para a China. Em 2014, a Rússia e a China assinaram um tratado em torno de U$400 bilhões para o suprimento de gás natural por 30 anos pela estatal Gazprom russa à estatal China National Petroleum Corporation em um duto de mais de 3000 km.

O programa de Cooperação Econômica Regional da Ásia Central (CAREC), com o início em 1997, envolve o Afeganistão, Azerbaijão, Cazaquistão, Geórgia, Mongólia, Paquistão, Quirguistão, Tajiquistão, Turcomenistão, Uzbequistão e as regiões autônomas Xinjiang Uygur da China e Nei Mongol da Mongólia. Há canteiros de obras de infraestrutura na região toda onde estão sendo ampliadas e construídas estradas, ferrovias, portos, aeroportos, terminais e geradores de energia ligados à Nova Rota da Seda. A região toda está sob a esfera de influência estratégica da China e da Rússia, configurando bem a aurora geopolítica. O suprimento do gás, passando pela região de Urumqi, também é estratégico para a China, sendo que essa é a região mais islâmica do país e já chegou aspirar a ser mais uma república centro-asiática; assim há necessidade de investimentos e desenvolvimento industrial e agrícola para gerar oportunidades de renda na região, bem como estabilidade política, não necessariamente multipartidária. O Talibã poderá ter um papel persuasivo de apaziguamento sobre possíveis grupos rebeldes nessa região [Cap. 33.1].

A Ásia Central faz parte da alimentação da economia da China e também, dentro de seu plano estratégico de país, é parte de sua segurança nacional ao mesmo tempo em que acomoda interesses na região e da própria Ásia Central. Entre esses, o Cazaquistão é o mais independente em sua política externa, pois acomoda também investimentos de empresas ocidentais, para o conforto americano e europeu.

Por meio da Venezuela e em parceria com o Irã, Rússia e Turquia, a China marca presença também na América Latina e poderá, em tempo não muito distante de hoje, confrontar o poder naval americano e britânico nas ondas do Atlântico Sul Ocidental. Malvinas na mesa?

## 31. JAPÃO

No realinhamento estratégico global é interessante perceber que as placas tectônicas estão se movimentando mais na Ásia e no Oriente Médio, mas os EUA, Europa e Reino Unido também se adaptam.

A colaboração entre as frotas navais da Austrália, EUA, Índia e Japão também se encaixam nos objetivos geopolíticos britânicos.

Para Fernandes [2019, p.154]:

> "O sentimento de insegurança japonês é acentuado pelo seu relativo declínio econômico e demográfico". A segurança da Austrália e da Nova Zelândia tradicionalmente tem incluído o Japão.

Após a Segunda Guerra Mundial, os EUA exerceram um monopólio sobre o Pacífico. No tratado de 1951, em aliança com a Nova Zelândia e Austrália, e em 1952 houve um entendimento de segurança com o Japão ante o cenário da Guerra da Coreia. A segurança do Japão, Austrália e Nova Zelândia é vista como uma só pelos europeus, americanos e canadenses. O país tem feito uma aproximação com a Índia na área de defesa e tem relações amigáveis com todos os outros poderes nucleares da Ásia. Atualmente um Japão mais robusto militarmente pode ser parceiro da Índia, à distância, mas sem necessariamente antagonizar a China e a Rússia, apesar das Curilas.

Além da liderança econômica e tecnológica, o Japão é pacífico e não nuclear, mas com uma economia gigante, está numa posição de importância estratégica indispensável para a segurança de todo o Pacífico e da Ásia, *vis-à-vis* novos poderes. O país também está mais assertivo de seus objetivos e de seu peso internacional e segue a intenção conspícua em participar de maneira construtiva, principalmente para manter o equilíbrio e a segurança internacional Ásia - Pacífico-Oceania. Embora tenha um percentual do orçamento nacional pequeno para defesa (0.9% do PIB anual), mas devido ao tamanho do seu PIB, tem um dos maiores *hardwares* militares do planeta, mas nos últimos 77 anos o país nunca usou isso como poder de barganha econômica, geopolítica ou militar. Está considerando incrementar a sua frota naval e com capacidade para o ataque preemptivo, uma estratégia que pode servir como contrapeso às outras forças na região e dar garantias de segurança e de cumprimentos de leis internacionais por todos, para si e sua vizinhança.

Mais e mais o país se torna indispensável e é bom tê-lo ao lado, inicialmente, pelas oportunidades econômicas que brotam de um relacionamento cooperativo e neutro com ele. Ser parceiro do Japão, ou simplesmente não o afrontar, bem como nem aos seus aliados mais próximos, é uma garantia adicional para atrair investimento direto e colher benefícios econômicos. Assim, o peso econômico do Japão torna-se, por si só, um fator de equilíbrio geopolítico regional e um convite ao bom entendimento, mesmo não sendo ele seu parceiro comercial mais forte, mas podendo sê-lo de outros países onde o Japão detém participação econômica considerável. O país não intimida militarmente, nem diplomaticamente, mas tem um peso direto e indireto sobre a vizinhança e seus parceiros comerciais no mundo, pela sua participação na economia internacional tanto como como importador quanto investidor e credor. E, claro, um voto do Japão a favor ou o seu silêncio na ONU, pode ser crucial em qualquer matéria de interesse nacional ou internacional de qualquer país [Cap.15].

## 32. ÍNDIA

A democracia multipartidária da Índia é um diferencial entre os países em desenvolvimento; eleições são respeitadas, os prazos de mandato também e as forças militares não se envolvem em política, fato que nunca houve golpe de Estado desde a independência em 1947. O país aspira ser uma potência global baseada em três pilares:

1. Desenvolvimento econômico;
2. Força geopolítica e influência diplomática;
3. Poderio militar.

No seu legítimo direito de sê-lo, deve ter em mente que nenhuma nação se mantém como poderio militar e geopolítico tendo uma economia insuficiente. Apesar da sua perceptível ascensão global, para todos os efeitos o país não é ainda industrializado e tem desafios econômicos-sociais típicos, senão mais urgentes que qualquer país em desenvolvimento.

As disputas de fronteiras da Índia com sua vizinhança fazem parte do jogo de barganha econômica e geopolítica na região e no globo [Cap. 20]. Ao mesmo tempo que a conquista desses territórios reclamados seria conveniente para atingir objetivos dentro do plano estratégico de país [Cap. 9], as disputas servem como instrumentos de política de relações exteriores [item 7.4], para acomodar *lobbies* nacionais [Caps. 3 e 5], para influenciar a política interna de vizinhos [Cap. 4], bem como influenciar a ajuda internacional de países desenvolvidos à própria Índia e à sua vizinhança [Cap. 17].

> "A Índia, apesar de seu tamanho, da diversidade cultural e dos movimentos de secessão construiu uma democracia secular sólida, com um sentimento unificado de identidade indiana" [Marshall; 2018, p.186].

> "A questão da Caxemira em parte representa um orgulho nacional, mas é também estratégica. O pleno controle da Caxemira daria à Índia uma janela para a Ásia Central e uma fronteira com o Afeganistão. Iria também negar ao Paquistão uma fronteira com a China e reduzir a conveniência de uma relação ente chineses e paquistaneses. O governo paquistanês gosta de trombetear que sua amizade com a China é 'mais alta que as montanhas e mais profunda que os oceanos'. Isso não é verdade, mas é útil para deixar os americanos temerosos de prover o Paquistão da enorme ajuda financeira que ele recebe de Washington" [Marshall; 2018, p.190].

A Índia se apresenta ao mundo como uma força a não ser ignorada e possivelmente participará ativamente nos próximos 50 anos, pois está equipando suas forças armadas, dentro de uma intenção de ser um poder regional e global indispensável. Apresenta-se como um contrapé por tabela a favor do Ocidente e via França dentro do jogo da OTAN e como um freio às ambições marítimas chinesas na Ásia. Ao mesmo tempo se oferece para garantir a segurança do Japão, da

Austrália e Nova Zelândia junto com os EUA. Esse contrabalanço para a segurança da região se dá, não só com relação à China, mas também inclui a Rússia e a Coreia do Norte e o Paquistão.

Ante pressões de militares, de fornecedores nacionais e internacionais, a reequipagem militar da Índia, em parceria estreita com a França, envolve aviões de caça, sistemas de informação, transferência de conhecimento, logística, treino militar, submarinos e sistemas sofisticados de armas. Fornecedores domésticos e poderosos fazem questão de que uma agenda de segurança forte, contra o Paquistão e vizinhos, esteja bem representada no orçamento federal anual, razão essa para o país ter o terceiro maior orçamento militar anual da Terra, depois dos EUA e da China.

Em termos de defesa e segurança a Índia tem sinalizado uma aproximação direta com a Austrália, EUA e Japão e indireta com a França, mas cautelosamente não se coloca como Ocidente à China e à Rússia. Flerta com o Ocidente para gerar ciúmes à China e Rússia e flerta com a China e Rússia para gerar ciúmes ao Ocidente no mesmo jogo para barganhar vantagens econômicas de ambos.

A Índia está a negociar e a comercializar com a China, apesar de algumas suspeitas que remontam as disputas de fronteiras ocorridas em 1972, ao apoio da China ao Paquistão na construção da bomba nuclear, como também as entradas comerciais da China nas ilhas Maldivas, Nepal e Sri Lanka onde a Índia também tem interesse. O PIB da China é cinco vezes ao da Índia, o que significa oportunidades para ambos, apesar do *déficit* comercial dos indianos, porém com benefícios mútuos.

A cooperação da Índia com os EUA está em comércio exterior, tecnologia da informação e *software*, aquisição de armas e parceria militar. Desde a independência do Reino Unido em 1947, há uma tradicional neutralidade mútua na política interna e externa. A relação entre os dois países é uma mistura de oportunidade e desconfiança; a Índia tem seguido um desenvolvimento autônomo focado na sua demanda interna e sem muita participação de investimentos americanos e estrangeiros em geral. Além de oportunidades de negócios os EUA não podem ignorar a

Índia, pois o país busca parcerias gigantes com concorrentes dos americanos, tanto na área econômica como de segurança.

A parceria com Arábia Saudita em petróleo está sólida e com Israel deve continuar a aprofundar-se. Muitos indianos frequentam universidades de Israel e há grande interesse em estudos estratégicos de segurança cibernética corporativa e cibernética aplicada à segurança e defesa, tecnologia da informação e até troca de informação entre os países.

A busca por um desenvolvimento econômico autônomo focado do mercado interno deve continuar. Um dos maiores desafios é ampliar as oportunidades de renda que alimentem o seu mercado interno e diminuam a pobreza econômica e a escandalosa diferença de renda entre os seus habitantes. Seu novo estatismo é perceptível nas áreas bancária, carvão, fertilizantes, ferrovias, gás natural e refino de petróleo. Grandes famílias controlam grandes negócios e isso tem reflexos na política nacional e internacional do país. Conglomerados econômicos gigantes em mãos de famílias afluentes e influentes exercem *lobby* protecionista efetivo sobre os partidos políticos e sobre o governo federal da Índia e sobre os estados [Cap. 4].

Outro posicionamento independente é sobre o Movimento Não-Alinhado, do qual a Índia é membro desde a sua fundação em 1961. Discordâncias históricas com os EUA sobre a independência do Bangladesh, sobre a guerra do Vietnã, sobre a invasão do Iraque e sobre o constante apoio americano ao Paquistão não chegam a ser um problema na atualidade, não são senão a utilização disso como ases na manga que dão poder de barganha à Índia no seu relacionamento com os EUA. A decisão da Índia em se trasformar num poder nuclear também teve punição direta e indireta dos EUA, mesmo assim o país é um parceiro estratégico do Ocidente na região. Os EUA devem continuar o seu esforço de cooperação equilibrada com a Índia e o Paquistão ao mesmo tempo.

A cooperação na área de defesa com a França envolve armas estratégicas avançadas, caças Refale de ataque marítimo e de profundidade e reconhecimento; envolve também sistemas de informação, transferência de conhecimento, logística, preparação militar, submarinos, além de tecnologia nuclear. A aproximação tem causado instabilidade estratégica na região, de maneira que a Índia não pode ser ignorada por seus agigantados e bem armados vizinhos, mas a expectativa, contudo, é de um novo cenário de equilíbrio regional. O país deverá pelo menos ser incluído em qualquer arranjo maior internacional numa estratégia de valorizar o passe, muito embora a Índia não seja ainda um poderio naval [item 25.2].

Os objetivos declarados da parceria Índia-França são garantir a proteção marítima e espacial na região e forçar a China a cumprir a lei internacional ao direito de navegação. A Índia fica de olho nas bases militares chinesas futuras na orla oceânica ao noroeste do Índico; a França, por sua vez, quer garantir o comércio internacional, mas também manter o seu *status* e assegurar a sua influência sobre suas ilhas nos oceanos Pacífico e Índico. Outros objetivos, mais de ordem global e não confrontantes são a contenção do terrorismo, da pirataria marítima, do contrabando e do tráfico; isso abre portas para justificar as operações da frota naval francesa na região.

O Japão, a Austrália e a Singapura têm preocupações com segurança e a Índia está se aproximando do Japão, entre outros objetivos, para fazer uso comum dos recursos de segurança como estruturas e bases militares, navios de guerra e suprimento de alimentos às tropas. Também poderá haver uma cooperação militar com a Austrália e os Estados Unidos, bem como com uma Coreia unificada nos próximos 50 anos.

A Índia tem adquirido equipamento militar também da Rússia, o que pode gerar desconfiança ao Ocidente, mas isso mais se trata de uma estratégia para barganhar vantagens econômicas com o Ocidente. A Rússia se apresenta como neutra em relação a Índia, enquanto declaradamente aliada com a China em termos econômicos e deixando implícita uma cooperação em termos militares.

A possibilidade de uma aliança tripla Índia-China-Rússia tem atraído a atenção do Japão; assim, o ocidente se vê encurralado para fazer concessões econômicas aos três gigantes, o que de certa forma, por si só, é um fator de equilíbrio na área de segurança. Um Japão parceiro direto da Índia, também implicitamente convida a Índia a intermediar as vontades da China e da Rússia sobre o Japão.

O Reino Unido deverá ampliar os seus laços com a Índia, ao mesmo tempo em que fará uma reaproximação a Comunidade das Nações, com acordos comerciais bilaterais e multilaterais na era pós-Brexit. Como a Índia não assinou a Parceria Regional Econômica Abrangente (RCEP), aí abre-se uma porta interessante aos britânicos [item 29.2].

O setor marítimo da Índia, como um todo, sofre uma falta de prioridade privada e pública, que não combina com a sua aurora geopolítica. Seus estaleiros estão bem longe daqueles da China, Coreia do Sul e do Japão e dependem da ajuda estatal para manterem as portas abertas. Como visto [item 5.3, 25.2], o setor marítimo exige uma estratégia em marinha mercante, portos, navegação e navios de patrulha costeira, capacidade pesqueira e de exploração dos recursos da Zona Econômica Exclusiva; já o setor de estaleiros envolve construção, máquinas de propulsão, sistemas de controle e eletrônica e tudo isso também gera emprego e renda e pode estar integrado ao sistema de segurança do país.

A Índia tem bases militares em Mumbai, Karwar, Kochi, Vasakhaptnan e em Port Blair nas proximidades o Estreito de Malaca; também está trabalhando no Projeto de Radar Marítimo em Seicheles.

Todos esses são marcos visíveis da aurora geopolítica da Ásia e da reconfiguração, senão do crepúsculo dos EUA e da Europa. Esses últimos, contudo, apresentam sinais de uma nova aurora reconfigurada.

## 33. PAÍSES DE IMPORTÂNCIA ESTRATÉGICA INDISPENSÁVEL

Além da China, EUA, Índia, Japão, Reino Unido, Rússia e União Europeia, há outros países e regiões que têm importância estratégica indispensável e devem ser partícipes ativos na geopolítica regional e global, pelo menos até é 2070: Afeganistão, Alemanha, Arábia Saudita, Azerbaijão, Brasil, Djibuti, Egito, Geórgia, Irã, Israel, Líbia, Panamá, Península coreana, Turquia, Ucrânia e Venezuela.

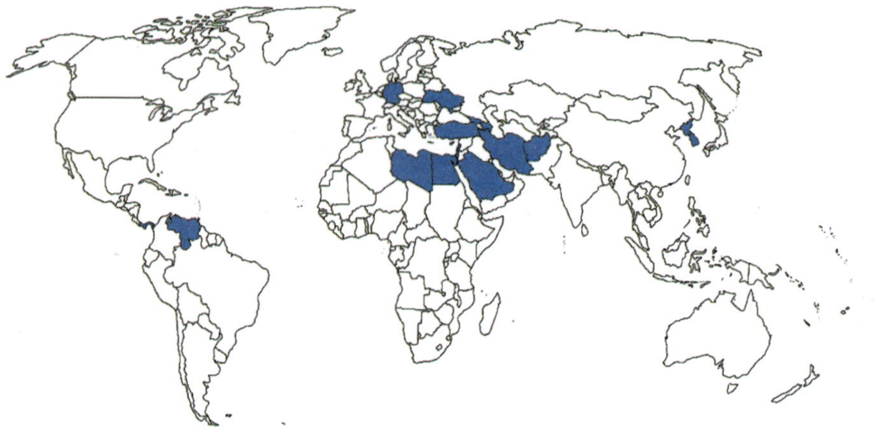

## 33.1 Afeganistão

Com reservas naturais de cobre, ferro, lítio, ouro e terra rara estimados em mais de U$1 tri, também com petróleo disponível e dada a sua posição geográfica, o Afeganistão é um dos países mais estratégicos da Terra como passagem entre Ásia Central, China, Índia, Irã e Paquistão. Tendo sido cobiçado por poderes estrangeiros há dois séculos, mesmo assim nenhum império tem conseguido impor a sua ordem e todos saíram corridos. Nos últimos 40 anos o país é palco de disputa da geopolítica global:

> "Quando os soviéticos invadiram o Afeganistão em 1979, a Índia deu apoio diplomático a Moscou, mas o Paquistão se apressou em ajudar os americanos e sauditas a se armar, treinar e pagar para os mijahidin lutarem contra o Exército Vermelho. Depois que os soviéticos foram derrotados, o serviço de informação do Paquistão, o ISI (sigla de *Inter-Services Intelligence*), ajudou a criar e depois a sustentar o Talibã afegão, que convenientemente controlou o país" [Marshall; 2018, p.192]

Dentro da geopolítica atual, corredor de passagem para os dutos de gás e petróleo do Irã, o Afeganistão é também de interesse para os planos estratégicos da China, entre os quais a garantia do abastecimento de energia num eventual bloqueio naval em sua costa litorânea. O corredor de Wakhan é estratégico, pois liga duas trifronteiras: Afeganistão-China-Paquistão ao oeste e Afeganistão-China-Tadjiquistão ao leste.

Com retomada do poder pelo Talibã, em 2021 o futuro do Afeganistão continua bastante ligado à geoestratégia de alguns países: China, EUA, Irã, Paquistão, Rússia, que de uma maneira ou outra devem influenciar os eventos internos.

A Rússia e o Reino Unido travaram disputas para o controle do Afeganistão no final dos anos 1830 e início dos 1840.[107] O Reino Unido tem travado três guerras contra o Afeganistão, tendo perdido todas: 1839-1842, 1878-1880, 1919 e a não muito efetiva incursão militar entre 2001-2021.

Na véspera de Natal de 1979, os tanques soviéticos o invadiram e 10 anos de uma sangrenta guerra seguiram num tabuleiro da Guerra Fria entre Washington e Moscou, com a Arábia Saudita recrutando, financiando e armando guerrilheiros e mercenários mujahedins, com o aval da Casa Branca e de governos ocidentais.[108] Em 1989, com a saída dos soviéticos, o caos se instala com uma nova e sangrenta guerra civil culminando na tomada do poder pelo grupo Talibã, em 1996, e a ajuda estratégica, financeira e militar do Paquistão. O seu território, então, torna-se um germinador de células do terrorismo internacional, inclusive com a organização e operação da Al Qaeda e o conspícuo desrespeito aos direitos humanos pelo regime medieval [item 19.4].

Após os atentados de 11 de setembro de 2001, numa tentativa de estancar o terrorismo internacional e preservar a sua segurança nacional, os EUA invadem militarmente o Afeganistão, batendo em retirada em agosto de 2021, quando o Talibã retoma o poder pela força.

---

[107] Sugestão de leitura: DALRYMPLE, William. Return of a king – the battle for Afghanistan. London: Bloomsbury, 2013.

[108] Enquanto os elefantes brigam, a grama sofre [Cap. 19].

Com a saída completa das tropas americanos em 2021, possivelmente a China em colaboração com o Paquistão terá interesse e influência na condução da política interna e externa do país e possivelmente com investimentos na exploração de seus recursos naturais e na construção da infraestrutura. O seu povo e a comunidade internacional aguardam um período de estabilidade, paz, progresso e de respeito aos direitos humanos e à segurança internacional.

O Qatar, Paquistão e Turquia possivelmente também terão maior participação no futuro do país. Possivelmente a China fará uma parceria com o Talibã, para evitar militância islâmica separatista na sua região Oeste em Urumqi. A Rússia também tem interesse em enxotar militância islâmica no Cáucaso e nas repúblicas centro-asiáticas. Seria então, em contrapartida a outros poderes o ISIS-K, o Estado Islâmico-Coração e autodeclarado inimigo do Talibã, um grupo financiado externamente para perturbar o Nordeste do Irã e o Oeste da China?

## AFEGANISTÃO

Montanhas de Yaghistão
Terra da Rebelião
Fim do mundo, pedras e areia
Onde todo invasor esperneia

Vales e montanhas nunca conquistadas
Tropas estrangeiras todas acuadas
Jalalabad, Kandahar, Kabul ou Peshawar
país difícil de governar

caleidoscópio de tribais principados
Não há monopólio de poder do estado
Salang, desfiladeiros e passagens rochosas
Vakhan, tocaias e emboscadas perigosas

Dois mil anos de sangue derramado
Entre eles e contra outros têm lutado
Rota da Seda com cidades soterradas
Aí intrusos nunca conseguiram nada

A fidelidade é pessoal e tribal
O soldado é leal ao chefe local
A autoridade está na vila
Para lutar homens cerram fila

Poder de malíque, valik e emir
Barakzai, Sadozai, Xá e Vazir
Com autoridade elusiva e difusa
Chefe de tribo com obediência fiuza

Vingança, inveja e manobras astutas
Contínua luta na busca da vitória absoluta
Fidelidade pessoal e tribal negociadas
Cooperação e lealdade compradas

Reis, por irmãos destronados e cegados
Para viver longamente eram bem alimentados
Para que não enxergassem a beleza de seu reinado
Nem das mulheres lindas do irmão entronizado

Pretensos khans em falso esplendor
Atrás de cada colina senta-se um imperador
O emir sobre o ninho da formiga dorme
A mulher não livre atrás da burca sofre

Adversidade da tempestade de areia e neve
Somente o avarento ingênuo aí se atreve
Papoulas, ópio e traição de líderes evasivos
Esconderijo de terroristas fugitivos

Anarquia de Mujahidin, Al-Qaeda ou Talibã
impossível entender ou conquistar o Afeganistão
Autoridade do mandão, desintegra em volta de si
Britânicos, soviéticos e americanos: é melhor desistir...

[JUSTINA, Masimo Della. Simplificar o complexo e sublimar o trivial. São Paulo, Edicon, 2020, p.165-166]

Ligadas à importância geopolítica do Afeganistão estão também a Malásia e a Singapura, devido ao estreito de Malaca além de seus portos; essa importância estratégica está ligada à Indonésia que é o país muçulmano com maior população, que liga o trânsito marítimo entre o Pacífico e o Índico. O Triângulo Coral, também chamado Amazônia dos Mares, envolve as Filipinas, Ilhas Salomão, Indonésia, Malásia, Papua Nova Guiné e Timor Leste e estratégico devido à sua biodiversidade marítima e à rota de tráfico de animais e de órgãos humanos provenientes de países pobres da região.

## 33.2 Alemanha

Além de sua importância econômica regional e global, a importância geopolítica imediata da Alemanha advém da geografia, ou seja, a passagem dos dutos de gás e petróleo vindos da Rússia para a abastecer a Europa. Com bom desenvolvimento econômico, político e social e motor de crescimento, a Alemanha tem sido forte na cooperação comercial internacional e por *Soft Power* nos últimos 50 anos. Por vezes criticada por não ter uma política estratégica e de defesa mais clara, o país deverá continuar como indispensável no equilíbrio europeu e internacional para os anos vindouros.

Com a base aérea em Büchel à disposição da OTAN e hospedagem de 60 bombas nucleares táticas B61, a Alemanha é estratégica para a segurança da Europa.[109] Faz a ligação Europa-Rússia e tem tido competente liderança nacional e dentro da União Europeia. Recentemente mostrou liderança e capacidade agregadora na crise financeira e na crise de imigração e de refugiados, bem como na Pandemia, e se manteve ativa com parceiros internacionais sobre o programa nuclear do Irã; ao mesmo tempo não se envolveu muito em conflitos militares em outras terras como na guerra da Síria, às recorrentes pressões em Ormuz e na crise da Ucrânia.

É carro-chefe da produção industrial, automotiva, metal-mecânica, química agrícola e de serviços da Europa que sustentam a sua economia social de mercado e o investimento global. Tem se tornado, desde a reunificação em 1991, indispensável para o equilíbrio entre Leste e Oeste, principalmente para manter um bom relacionamento econômico e diplomático e entre Rússia e a Europa, em específico na Europa Central, Báltico e Adriático; esse relacionamento não é isento de ocasionais rusgas, o que, no entanto, é muito sadio para ambos, pois promove debate aberto e decisões democráticas.

Jeffrey W. Legro, da Universidade da Virgínia, especialista em segurança internacional, analisa o papel moderador da Alemanha, China, EUA, Japão e Rússia. A Alemanha pode ser entendida como um poder geoeconômico, no sentido de que assegura interesses econômicos não

[109] Em 2020 o Parlamento alemão votou pela retirada das bombas nucleares de seu solo.

utilizando questões de segurança, defesa e militar, e comércio exterior, mas *softpower*.

A Dinamarca também está numa posição geográfico-estratégica ao ligar a Alemanha com os países escandinavos, permitindo o acesso da Europa ao gás e petróleo da Noruega e da Rússia e garantindo as passagens de navegação nos estreitos de Escagerraque e Categate.

A Polônia também tem uma importância estratégica por ser um país de trânsito entre Alemanha, Europa e Rússia. Além do gasoduto tem o porto de Gdansk que faz ligações com o mar Báltico, o mar do Norte e os países escandinavos.

Por conectar países em todas as direções e com terras férteis a Hungria também tem uma importância geográfica estratégica na Europa, mas o país deverá convergir para uma democracia mais efetiva para poder continuar na União Europeia.

## 33.3 Brasil e a América Latina

No momento, o Panamá e a Venezuela são os dois países de maior importância estratégica para a América Latina no contexto da geopolítica global. O pré-sal na costa atlântica e no Caribe e o gás boliviano também dão a alguns países uma importância estratégica, que ao mesmo tempo convida a parcerias internacionais econômicas, políticas e militares. O Brasil está num isolamento perigoso.

Fernandes [2019, p.208] aponta algumas características da América Latina que, ao ver desta obra, são utilizadas para controlar a população:

- A disseminação constante da ideia de nação e nacionalismo;
- A proximidade da linguagem política com a linguagem religiosa, do cristianismo, sobretudo católico;[110]
- Uma cultura de líderes fortes, especialmente com traços de caudilhos.

[110] A influência neopentecostal no mundo político, ideológico e financeiro na atualidade é grande e perturbadora para a prática de democracia efetiva em diversos países da região.

Ainda, segundo o autor essas características são disseminadas e apresentadas, tanto pela direita quanto pela esquerda:

> "– um obstáculo sociológico profundo a uma genuína democracia pluralista. Tais lideranças convivem mal – quando não erradicam mesmo – com os mecanismos da democracia representativa e o pluralismo social e político. Esta cultura política pode explicar as frequentes ditaduras (sobretudo de direita e/ou de perfil militarista), mas também lideranças populistas e autoritárias, próximas da esquerda social e política, que formalmente mantêm uma 'normalidade' democrática. A profunda desigualdade social, a falta de mecanismos e organização da sociedade civil, a quase ausência de uma classe média e a tendência para um Estado clientelar (para a corrupção), que favorece os que o controlam, em detrimento do bem comum, tornam uma governança democrática, imbuída por preocupações de justiça social, mas que também respeite as minorias, oposição, a liberdade e os direitos fundamentais, particularmente difícil" [Fernandes; 2019, p.210]. O autor conclui, ainda, que essa é a tragédia da América Latina.

Os donos econômicos dos países são muito fãs de colocar a política nas mãos de figuras controversas e contraditórias, presidentes idiossincráticos, peculiares, seja em ditaduras seja na democracia; em "muito barulho por nada", semeiam a ideia de caos e crise permanente no país, mas a ordem dos criminosos organizados lhes serve muito bem.

O **Brasil** é indispensável na geopolítica internacional, não só pela Amazônia, mas também por ser um celeiro global em grãos e carne e devido aos seus depósitos de petróleo pré-sal em torno de 14 bilhões de barris de reservas conhecidas. Na integração à economia internacional o país prospera nos agronegócios, agricultura mecanizada, banana, café, cana, carne, celulose, cítricos, feijão, madeira reflorestada, milho, minério de ferro, petróleo, soja, tabaco, mas pode estar caminhando para uma lenta e prolongada desindustrialização levando à síndrome da renda média. O país também hospeda considerável número de montadoras automotivas, porém algumas estão se retirando.

A Marinha do Brasil, além da segurança e estudos da Amazônia Azul, à qual se refere sobre a Zona Econômica Exclusiva, pode fazer o seu patrulhamento do Atlântico Sul em parceria com países do outro lado do Atlântico, em especifico a Namíbia e, num cenário próximo, junto com as frotas navais dos EUA e do Reino Unido. O narcotráfico internacional faz uso de muitas embarcações marítimas que saem da costa brasileira, portanto essa é uma questão estratégica global. O Brasil é peça chave para o uso de sua infraestrutura de transportes e de portos pelos membros do Mercosul e vizinhança Sulamericana. Para fechar a engrenagem econômica e geopolítica, é preciso lembrar que brasileiros (CPFs e CNPJs) estão entre os maiores credores da dívida pública dos EUA.

Uma preocupação, no entanto, é a baixa competitividade nacional e internacional das empresas brasileiras e os sinais visíveis da síndrome da renda média e falta de líderes e estadistas nacionais e internacionais.

Além do Brasil e da Venezuela, a Argentina, Bolívia, Colômbia, Equador, México, Trinidade e Tobago também fazem extração de petróleo e constituem países de interesse estratégico de importação de petróleo bruto pelos EUA. Pela importância energética das ilhas Malvinas, a Argentina passa a ser elemento indispensável de uma parceria geopolítica naval entre os EUA e Reino Unido para todo o Atlântico Sul e o Pacífico Sul; o Chile, com quem a China já assinou um tratado de livre-comércio, se inclui necessariamente como peça indispensável na estratégia da Nova Rota da Seda, e tem poder de barganha para ganhos econômicos junto aos EUA, Reino Unido e à comunidade internacional. Tudo isso pode influenciar o Mercosul para ganhos econômicos, para a estabilidade política e avanço educacional e social para os padrões da Europa.

O aquífero Guarani envolve a Argentina, Brasil, Paraguai e Uruguai e isso deve incentivar boa cooperação entre os países não somente aí, mas em termos comerciais de bom convívio político também. Bolívia e Paraguai não têm saída para o mar e precisam de ferrovias, rodovias e portos para suas exportações e importações pelo Atlântico e o Brasil pode capitalizar em termos de boas relações internacionais aí também e valorizar a importância geopolítica regional e global.

A Bolívia é um poder geopolítico do gás natural na América latina e é estratégica para alimentar as indústrias, residências e transportes na vizinhança. Da Bolívia para o Brasil, Argentina e Paraguai e Chile o gás natural segue os interesses britânicos para fluir para o leste (Atlântico) ao invés do oeste (Pacífico) como queriam os americanos. A substituição de Evo Morales, em 2019, embora o seu partido tenha conseguido eleger o presidente em 2020, deixa no ar a dúvida se os interesses americanos não queriam se sobrepor aos dos britânicos eventualmente, até mesmo por mecanismo não democráticos.

## 33.4 Panamá

O canal do Panamá propicia, há mais de 100 anos, uma importância geográfica estratégica permanente à toda a América Central. A Nicarágua tem um potencial para um segundo canal e nas décadas de 1970 e 1980, junto com o Panamá, foi peça importante na geopolítica global; isso não só porque Cuba já era aliada de Moscou e a Nicarágua e El Salvador poderiam vir a ser, mas devido ao fluxo do comércio internacional e em passagens marítimas entre o Pacífico e o Atlântico para alimentar as cargas no Sul e Leste do EUA e Leste do Canadá e facilitar o caminho marítimo da Europa e do Oeste e Norte da África [item 24.2]. O Brasil, Colômbia e Venezuela também têm interesse no bom fluxo nos mares do Caribe; ingleses, franceses e holandeses têm interesse estratégico na Guiana, Guiana Francesa e Suriname, respectivamente. Então a América Central é parte da geopolítica continental e global.

Originalmente se pensou em construir o canal de ligação entre o Atlântico e o Pacífico por meio de território nicaraguense. Depois decidiu-se pelo Panamá com todas as controvérsias e custos de vida que a história deixou registrada. A Nicarágua também marca posição estratégica global, na medida em que se planeja a construção de seu canal de ligação entre os dois oceanos, possivelmente com investimento chinês.

Como o Panamá evolui na democracia desde a década de 1990, a Venezuela e a Nicarágua precisam de melhores acertos políticos internos para melhor servir à comunidade nacional e internacional; a menos que aquilo que se parece como crise permanente, seja reflexo de influência externa [Cap. 7].

## 33.5 Venezuela

A Venezuela, às vezes entendida como um país conturbado que não acerta o seu rumo, mas, na realidade, ajuda a movimentar as placas tectônicas da geopolítica global ante sinais visíveis de crepúsculo e aurora nas Américas e na Ásia. Gigantes não travam batalhas épicas entre si, mas em território alheio. Sendo parte da saga global do petróleo e do gás e indispensável naquilo que se pode chamar de geopolítica global por tabela, o futuro da Venezuela poderá também remodelar a geopolítica do Hemisfério Ocidental e aos EUA com relação aos poderes emergentes da Ásia.

O país já conta com a presença da China, Irã, Rússia e Turquia. O Irã, ao não deter a resistência americana para um relacionamento normalizado e mais amistoso entre os dois desde 1979, já deu uma recente passeada naval ensaiada pelas ondas do Atlântico, muito embora simbólica, e faz questão de não esconder a sincronia com a China e a Rússia.

A Venezuela exporta 500 mil barris de petróleo por dia para os EUA e importa deles tecnologia e petróleo refinado que utiliza na sua própria refinação. Como não foi possível resetar a Venezuela politicamente nos últimos anos, os EUA estão tentando resetar a partir do rearranjo da América Latina, principalmente nos maiores produtores de petróleo Brasil, Colômbia, Equador, México. Há reservas petrolíferas nas Malvinas Argentina e no Paraguai e esses países também são importantes pelo aquífero Guarani que compartilham com o Brasil.

Buscando apoio nos capítulos anteriores que falam de plano estratégico de país, jogos de estratégia e cenários geopolíticos, é interessante notar que a reprodução de gás de xisto pelos EUA tem provocado uma reação saudita, uma vez que na percepção daqueles, os EUA foram responsáveis pela queda no preço internacional do gás e do petróleo.[111] Uma das estratégias sauditas é asfixiar os EUA com preços baixos, mas que num efeito bumerangue também força os sauditas a venderem títulos públicos no exterior; daí o motivo de uma possível colaboração com a Rússia e a Venezuela. Assim, para sobreviver, a Arábia Saudita precisa da Venezuela. Mas a estratégia funcionará? Perdurará? O que é interessante é que ao bater em retirada no Oriente Médio, os EUA avistam o próprio Oriente Médio vindo para as Américas; ao se retirarem do Afeganistão, avistam a própria Ásia vindo para as Américas. Esse é mais um argumento da tese desta obra de uma parceria naval maior entre americanos e britânicos no Atlântico Sul. É bom lembrar que o presidente Joe Biden em sua primeira viagem à Europa em 2021 convoca os europeus e a OTAN para uma parceria mais atenta para enfrentar os perigos impostos pela China e agora pela Rússia.

Como parte da aproximação recente entre sauditas e russos para influenciar a quantidade e o preço do petróleo para baixo e prejudicar os EUA, a Rosneft russa já está investindo na Venezuela; essa é uma estratégia econômica para ganhos econômicos, mas para ganhos geopolíticos ao mesmo tempo. Não envolve a estratégia militar nem muito diplomática. A Rosneft russa controla 49,9% das ações da CITGO venezuelana como uma garantia ao pagamento do U$ 15 bi de crédito russo para a PDVSA e os americanos se reaproximam em 2022.

Assim, a Venezuela se torna indispensável para uma disputa comercial e geopolítica global ao mesmo tempo. Isso se dá entre os EUA e, no lado oposto, a China, Rússia e Turquia. A Arábia Saudita, ainda é aliada dos EUA, mas com desconfiança, fica à distância, mas no jogo, os compradores de seu petróleo que substituem os EUA lhes são favoráveis. A Índia também está incluída no jogo, mas apenas pela sua necessidade de importar petróleo da Venezuela graças às suas limitações, devido as sanções econômicas e financeiras impostas pelos EUA

[111] A Arábia Saudita não pode sobreviver por muito tempo com o preço do barril do petróleo abaixo de U$85,00 na cotação internacional.

sobre o Irã; tão logo essas sanções sejam levantadas, é mais viável à Índia importar do mais próximo Irã.[112]

Veja aqui que a aproximação da China com o Irã e com a Rússia é ligada a aproximação com a Venezuela, ao mesmo tempo em que a China mantém bons termos com os sauditas de quem é grande importador. Há algumas semelhanças internas entre Arábia Saudita, Rússia e Venezuela, pois ambos:

- Dependem das receitas da exportação de petróleo e gás;
- São gigantes não industrializados na geopolítica global;
- Sentem-se confortáveis com política interna de clientelismo;
- Necessitam de um efeito multiplicador econômico das receitas de exportação sobre as camadas da população, para evitar turbulências nas ruas e manter neutralidade interna ao regime.

Por quê as exportações de petróleo são tão importantes para a Venezuela? Geram indispensáveis receitas advindas da China, EUA e Índia; facilitam o pagamento de dívidas com petróleo para a China; são parte da estratégia regional o que significa exportar petróleo para as Antilhas, Cuba, El salvador e Nicarágua como parceiros comerciais e aliados políticos, mesmo que sem muito lucro financeiro.

Em resumo, a China, Irã, Rússia e Turquia estão relacionadas com a Venezuela, com uma resposta direta à produção de craqueamento dos EUA, num jogo global de preço do petróleo e gás e com outra resposta à possibilidade de colaboração naval americano-inglesa no Atlântico. Para a China é uma grande oportunidade de marcar presença na Venezuela e sinalizar para os EUA o seu interesse em toda a América a Latina.

Crocodilo não come crocodilo, mas quando um crocodilo maior se movimenta, todos os outros se mexem um pouco. A China pode usar a sua presença na América Latina, sem confrontar militarmente a presença naval e submarina dos britânicos e americanos no Atlântico

[112] A índia prioriza o seu mercado interno ao mesmo tempo em que tenta exercer relações internacionais neutras.

Ocidental-Sul nos anos vindouros. Age com muita astúcia nessa estratégia, para ser convidada a ficar quieta nas ondas dos mares asiáticos e, com a presença eventual e futura de submarinos seus nas águas do Atlântico, poder barganhar concessões comerciais e diplomáticas em outros cantos da Terra. O poder econômico garante mais poder naval e mais poder naval garante mais poder econômico e ambos alimentam a geopolítica [Caps. 3 e 5].

## 33.6 Azerbaijão

O Azerbaijão, a Armênia e a Geórgia são os casos mais visíveis e dramáticos de disputa de fronteiras nos dias de hoje. Esse cenário lhes propicia oportunidades para barganhar vantagens econômicas com a vizinhança e com parceiros internacionais [Cap. 20]. Sendo peça-chave da geopolítica de Israel na região e também importante para a Turquia e a Ásia Central, o Azerbaijão tem grandes vantagens geográficas e estratégicas:

- Tem terras férteis;
- É trânsito entre o mar Cáspio e o mar Negro e passagem entre Ásia Central, Turquia e Europa;
- Na conexão da Ásia Central com o Ocidente, oferece alternativas às vias para transporte terrestre e dutos de petróleo e gás pelo Irã, Iraque e Síria.
- Historicamente e no presente tem se relacionado bem com a Turquia;
- Está de bem com a Rússia e hospeda a maior diáspora étnica russa;
- Faz fronteira com o Irã com quem divide o mar Cáspio;
- Tem boas relações com Israel há 30 anos, desde a sua independência da União Soviética. Historicamente o Azerbaijão tem sido refúgio para a comunidade judaica na diaspora [fonte The ties between Israel and Azerbaijan – Alexander Murinson, JSTOR, ITHAKA].

De fato, a Turquia trata o Azerbaijão como o portal de entrada e de passagem entre a Ásia e a Europa. Sua extração de petróleo tem sido peça chave na geopolítica global há 100 anos; com poder bélico bem atualizado e eficaz, se torna um *big player* regional com implicações globais. No eco da Segunda Guerra Mundial quando aliados, Stalin e Hitler sabiam que "quem controlar Baku, ganha a guerra", hoje sabe-se que quem se alia a Baku tem muito a ganhar.

Dentro das escolas de relações internacionais realista e pluralista, o relacionamento entre Azerbaijão e Israel pode se resumir em "armas por energia". Praticamente a metade das importações de petróleo de Israel vêm do Azerbaijão [fonte: The Center for Nacional Interest, 29 novembro 2020, acesso www Israel´s Azerbaijan mistake por Michael Rubin do American Enterprise Institute 21 abril 2021, 17h].

Na geopolítica de segurança e de negócios, o Azerbaijão é peça-chave no jogo de xadrez da geopolítica de Israel na sua lida com o Irã e para evitar a penetração iraniana na Ásia Central.[113] Mesmo sendo um entrave geopolítico para a Rússia e para o Irã, o Azerbaijão é aliado da Turquia; como a Rússia precisa dos estreitos de Bósforos e Dardanelos para a passagem da sua Frota Naval do Mar Negro, a Turquia, que recebe *royalties* da Rússia para isso, pode exercer influência sobre Rússia para essa convencer o Irã sobre suas ações que poderiam afetar negativamente a segurança de Israel; assim, além da parceria comercial, por outra via muito indireta, o Azerbaijão é parceiro para a segurança de Israel. Para Israel também é importante ter boas relações com um gigante sunita (Turquia) na região, ante a suspeitas de outros gigantes sunitas. Israel busca alianças regionais, sem necessariamente afrontar ou dispensar as parcerias tradicionais com seus apoiadores ocidentais. Ao influenciar o vácuo deixado nas montanhas do Cáucaso, Israel poderia ser um parceiro por tabela do Ocidente para frear incursões xiitas e jihadistas sunitas, bem como para aliviar para o Ocidente os obstáculos colocados no caminho pelos interesses da Rússia [Cap. 33.14].

---

[113] Calouste Sarkis Gulbenkian (1869-1955), armênio-português foi pioneiro na engenharia de petróleo e negócios de petróleo e na administração de exploração no Azerbaijão, Cáucaso e Irã.

O poderio aéreo do Azerbaijão, equipado com caças soviéticos e turcos e alta tecnologia de drones de reconhecimento e drones kamikazes israelenses, dá superioridade sobre as forças da Armênia que ainda se concentram tradicionalmente no exército. Isso ficou demonstrado na última guerra Armênia-Azerbaijão em 2020. Os russos têm abastecido armas para a Armênia sobrevoando o Irã com seus aviões Ilyushin Il-76. O Azerbaijão chegou a acusar os Armênios de comprarem armas aposentadas na própria Síria ou abastecidas pela Rússia.

Outra parceria comercial entre o Azerbaijão e Israel é no setor de defesa com importação de armamentos manufaturados por Israel. Para fechar a parceria, os lobistas nas esferas federais dos EUA garantem pouca resistência nas relações exteriores dos EUA com o Azerbaijão; exemplo disso é a lida com a Armênia e Nagorno Karabakh, por exemplo e um apoio meio indireto ao Azerbaijão quando há alguma desacerto entre o Azerbaijão e Rússia. Outro fator é que os azeris entendem a psicologia persa e russa, por quem já foram governados entre os séculos 15 ao 18 e de 1920 a 1991 respectivamente.

O Azerbaijão não é necessariamente opositor à Rússia e nem ao Irã e pode exercer persuasão diplomática em Teerã em alguma matéria iraniana relacionada aos EUA e à Israel. Da mesma forma, o Irã não antagoniza o Azerbaijão, fora algumas suspeitas contra o seu secularismo e a suspeita de que o Azerbaijão é passagem livre para Israel e os EUA para atuar no Cáspio e no imbróglio do Cáucaso.

Mas um grande problema a ser resolvido ainda é a disputa com a Armênia. Segundo, Nurit Greenger [jornalista, Israel Hayom (06/09/2020], a Armênia ainda ocupa ilegalmente 20% de territórios Azerbaijão. Será difícil acertar as fronteiras enquanto há interferência russa no Azerbaijão, Armênia e Geórgia, com apoio militar e financeiro para a Armênia.

Isso alimenta o conflito Nagorno-Karabakh que respinga instabilidade em mais sete distritos e tem deixado um milhão de pessoas desalojadas no Azerbaijão na guerra dos anos 1990s. O Azerbaijão não faz parte do Tratado da Organização Coletiva de Segurança (CSTO) liderado pela Rússia e tem posição estratégica para a passagem do gasoduto e oleodutos que passam por Tovuz na Geórgia; assim a hostilidade russa contra a Geórgia, também o é contra o Azerbaijão. O duto de gás o Sul do Cáucaso parte crucial para o abastecimento ao corredor Sul da União Europeia e passa por Tovuz (nome da região e da cidade que significa pavão). O gás Azeri passa à beira do rio Maritsa na fronteira entre Grécia e Turquia. Assim o gás natural do Azerbaijão flui para a Itália passando pela Geórgia, Turquia, Grécia, Albânia e o mar Adriático.

A TANAp, recém-inaugurada Rota Transanatoliana de 1850 km, passa por 20 províncias da Turquia, numa expansão já existente *South Caucasus Pipeline* e é conectada à Rota Transadriática (TAP). Essa rota é importante em termos geopolíticos e para as relações internacionais da Europa, porque evita os territórios, tanto o russo quanto o iraniano, para suprir diretamente aos consumidores de gás e petróleo europeus. A Rússia se opõe ao projeto da rota do Sul do Cáucaso (SCP), motivo esse que levou as forças armênias invadiram o distrito de Tovuz antes do fim da última guerra contra o Azerbaijão.

## 33.7 Djibuti

Independente desde 1977 e, em posição geográfica no golfo de Áden, tem uma importância estratégica indispensável porque o estreito Bab el-Mandeb abre a passagem para o canal de Suez e 30% do transporte marítimo global passa por aí. Hospeda bases militares da Arábia Saudita, China, Espanha, EUA, França, Itália e do Japão. Logo, também oferece posição geográfica para eventuais operações militares desses países no Oriente Médio e na África. O país não tem a imprevisibilidade de outros países islâmicos que hospedam bases militares como o Afeganistão, Arábia Saudita, Iraque e Paquistão. O Djibuti recebe milhões de dólares anualmente pelo aluguel de suas bases e não impõe restrições sobre as operações em outros países a partir do seu solo. O AFRICOM, comando da África dos EUA, tem sua base no Djibuti, assim como as forças especiais americanas com aviões e helicópteros eventualmente utilizados para operações na vizinhança.

A China, além da base militar, tem uma logística marítima no país e está investindo em infraestrutura, financiando portos e ferrovias para fazer conexões em transporte com Etiópia, Ruanda, Somália e Sudão.

Num ninho de instabilidade regional envolvendo a Somália, Iêmen, Sudão, Egito, Etiópia, Eritreia e Líbia, o país é tão estável que quase nunca se ouve falar dele; tão pequeno, tão quieto, contudo tão estratégico na geopolítica global.

## 33.8 Geórgia

Entra em cena a República da Geórgia, desafeto da Rússia, que conecta a Europa, Turquia e Azerbaijão aos países ricos em petróleo da Ásia Central e é o único país que propicia ligação terrestre direta entre Rússia e Turquia. Tem disputas de fronteira com a Rússia em Osétia e Abacasia e é refém do jogo geopolítico regional. Não há rodovia direta entre Baku (Azerbaijão) e Turquia e as estruturas da Geórgia também são utilizadas. Procurando diminuir a influência da Rússia no jogo geopolítico, tanto a Geórgia quanto o Azerbaijão têm dado as boas-vindas aos investimentos turcos em energia e infraestrutura e ajuda externa turca aos seus países. Por outro lado, a Rússia controla o equilíbrio da balança em apoios a movimentos separatistas, tanto na Geórgia quanto no Azerbaijão. É isso que dá à Rússia o poder de controle sobre as passagens de Darial e Derent; mas como a Rússia precisa das passagens de Bósforos e Dardanelos, ela mantém bom relacionamento com a Turquia sobre essas passagens e isso acaba favorecendo o Azerbaijão e a Geórgia.

## 33.9 Líbia

Após uma longa estabilidade autoritária, o atual conflito na Líbia é parte do jogo da geopolítica por tabela de gigantes externos, como na Venezuela. Marshall [2018; p.128] descreve a Líbia como "um constructo artificial com apenas algumas décadas de idade" e com três regiões geográficas distintas: a Tripolândia a oeste com influência mediterrânea, a Cirenaica, a leste, com influência árabe, e Fezã ao sul e com influência africana e nômade.

A unificação de países como a Líbia e o Iraque tem sido engenhos artificiais que custam muitas vidas humanas em conflitos periódicos e a democracia tem dificuldade para se enraizar ante a necessidade desses países de terem um homem forte para manter a ordem e a unidade nacional. "Na realidade as pessoas nunca foram unificadas, apenas congeladas pelo medo" [Marshall; 2018, p.150].

A experiência do Iraque pode servir de guia para o futuro da Líbia, em acertos e desacertos. Tim Marshall também descreve o triângulo sunita no Iraque em torno de Bagdá, Ramadi e Tikrit, em contraste com os xiitas ao sul, em Najaf, Karbala, Basra, Xatlárabe, Umm Qasr e com os curdos mais ao nordeste; os xiitas e curdos têm acesso ao petróleo e os sunitas, não. Isso impõe um desafio a qualquer governo de maioria sunita, que terá de se comprometer com respeito aos curdos e xiitas.

Saddam Hussein sabia disso, mas nem por isso deixou de persegui-los juntamente com os Iazidis; respeitava os cristãos somente para não afrontar o Ocidente para quem tinha que vender petróleo e de quem tinha que comprar armas e evitar que movimentassem a areia sob seus pés.

Interessante notar que dois membros da OTAN, a França e a Turquia estejam em campos opostos sobre a Líbia. Enquanto a França se alinha com a comunidade internacional que reconhece o Governo do Acordo Nacional, ao mesmo tempo apoia o Khalifa Belqasim Haftar, estando aí também ao lado da Rússia, do Egito e da Arábia Saudita.

O arranjo político pós-guerra na Líbia pode influenciar os regimes no Oriente Médio, afetando o Mediterrâneo em comércio exterior, geopolítica e segurança desde o Marrocos até o Afeganistão.

Dentro do atual *imbróglio* líbio, o enfrentamento no Mediterrâneo coloca o Egito e a Turquia em lados opostos e num jogo mais amplo que envolve também a Grécia, Chipre, Israel, Rússia, Irã, Iraque, Síria, Líbano, Azerbaijão e Geórgia. O grupo político que controlar militarmente a cidade de Sirtes provavelmente terá a condução da Líbia até 2050.

Mas qual é a importância geopolítica e estratégica da Líbia?

- Interesse petrolífero de estrangeiros sobre 40 bilhões de barris de petróleo conhecidos no deserto e nas águas;
- Território de disputa geopolítica entre Arábia Saudita, Egito, França, Líbia, Líbano, Turquia;
- Porta e trânsito para grandes migrações da África e Oriente Médio para a Europa;
- Campo de recrutamento e treino de jihadistas-salafista radicais que podem atuar na região Oeste e Leste da África, Oriente Médio, Ásia Central;
- Acerto pós-guerra pode afetar os regimes de Argélia, Egito, Estados do Golfo, Jordânia, Marrocos e Tunísia;
- Disputa direta entre Arábia Saudita, Egito, França Turquia, enquanto China, Índia e Israel mantêm um silêncio ativo.

Não obstante ser um esforço ideológico do regime, ressalta-se que a Líbia foi ativa e inovadora na ajuda externa à África entre 1968 a 2011 por meio de mesquitas, hospitais e escolas onde se exigia atenção também às mulheres e crianças. Provavelmente a Líbia não se estabilizará tão logo ante as intrusões externas e concorrentes entre si no seu próprio território, como pode ser observado nas agendas da Arábia Saudita, Egito e Turquia na busca do seu protagonismo na região. O medo da comunidade internacional é que a Líbia possa trilhar os caminhos do Iraque de Saddam Hussein (1979-2003) e do Sudão pós-Omar al-Bashir (1989-2019).

## 33.10 Oriente Médio

O Oriente Médio está se voltando mais para si e para a Ásia do que para o Ocidente. Israel é um poder militar de alta tecnologia, não apenas para a região, mas para o globo. Isso faz com que a vizinhança se aproxime de Israel devido às grandes oportunidades comerciais, incluindo armas, para ambos os lados. A própria mudança geopolítica do Oriente Médio deste século tem servido como uma persuasão para a aproximação da vizinhança com Israel. O declínio do panarabismo e do panislamismo desarma a argumentação de que Israel é o inimigo comum e no outro espectro o ativismo do Irã em fazer amigos e a sua ascensão, inclusive junto aos palestinos negligenciados pelos próprios árabes, são outros fatores para uma reconfiguração do Oriente Médio por meio dos Acordos de Abraão. Essas são aproximações de alto nível entre as lideranças, mas analistas alertam que ao ignorar a opinião pública, resistente à aproximação com Israel, alguns líderes árabes não estão dando tantas garantias de segurança a Israel.

Dentro das oportunidades comerciais há planos para uma grande ferrovia para transporte de produtos e de passageiros (trabalho e turismo) que ligue o porto de Haifa, passando pela Palestina e Jordânia e eventualmente chegando às capitais dos Estados do Golfo incluindo eventualmente a Arábia Saudita.

Na medida em que o Oriente Médio não precisa mais tanto do Ocidente para vender o seu petróleo e comprar as suas armas, poderá também ignorar o apelo desses países em torno de temas considerados sensíveis como direitos humanos e democracia. Mesmo assim poderá ser inevitável se deparar com problemas internos aos quais seus líderes terão que gerenciar eventualmente, com sabedoria. Até porque alguns regimes autoritários, no seu tempo e na sua esclerose, cairão:

> "a segunda fase da insurreição árabe está bem encaminhada. Trata-se da luta interna complexa em sociedades nas quais crenças religiosas, costumes sociais, vínculos tribais e armas de fogo são atualmente forças muito mais poderosas que ideias "ocidentais" sobre igualdade, liberdade de expressão e sufrágio universal" [Marshall; 2018, p.176].

Depois do abandono e da traição de Trump aos curdos, os EUA já são vistos como dispensáveis por muitos líderes no Oriente Médio, exclua-se para Israel.

> "Os americanos estão ansiosos para reduzir seu investimento político e militar na região em decorrência de uma redução de suas necessidades de importar energia; se eles de fato se retirarem, e a China, e em menor medida a Índia, poderá ter de se envolver em proporção igual à perda de interesse dos Estados Unidos. Os chineses já são atores importantes na Arábia Saudita, no Iraque e no Irã" [Marshall; 2018, p.178].

O Oriente Médio deverá continuar dinâmico, instável e imprevisível como sempre, mas com indispensável importância estratégica na geopolítica global.

Há dois mil anos e agora mais ainda, o Oriente Médio e o Norte da África são uma região importante na geopolítica global cujos eventos reverberam para cantos da Terra bem distantes daí. Nas palavras Alfred Döblin (1878-1957) de que "os Estados de hoje são o túmulo das nações", a maioria dos Estados do Oriente Médio, apesar de bem organizados e ricos, são criação artificial sobre tribos e nações e governados por regimes autocratas sejam monarquias ou repúblicas.

Não há dúvida que as nações e grupos étnicos do planeta merecem ter seus arranjos na forma de Estado e de país, mas do jeito que o Oriente Médio, a África e a América Latina estão organizados, não necessariamente significa estabilidade e prosperidade. Não se pode negar, tampouco, que muitos países do Oriente Médio e do mundo foram invenções dos britânicos.

A influência externa dos últimos 100 anos tem escrito a sua história, mais do que a vontade de seus próprios povos. Entre seus diversos e complexos países a Arábia Saudita, Egito, Irã, Israel e Turquia têm uma importância estratégica indispensável na esfera regional e global, para o comércio internacional e para as relações internacionais. Há uma complexidade, contudo compreensível, nas disputas entre esses gigantes que buscam o protagonismo regional. O tabuleiro geopolítico do Oriente Médio segue muito a trindade petróleo-dinheiro-armas onde a geologia fala mais alto do que a ideologia; é preciso fazer uma revisão dos últimos 100 anos para entender a região, a partir de quando a "estabilidade" imposta pelo Império Otomano ruiu durante a Primeira Guerra Mundial e os eventos seguintes tomaram o seu lugar para uma nova estabilidade garantida pelos EUA, França e Reino Unido, até os eventos da Primavera Árabe em 2011 e por uma instabilidade desde então:

- A partilha inglesa-francesa e a herança Syckes-Picot;
- A escalada da divisão sunita-xiita;
- A demanda por gás e petróleo pela economia internacional;
- As esferas de influência regional, disputadas ente Arábia Saudita e Irã, com a pretensão de hegemonia saudita;
- O conflito Israel-Palestina;
- As quatro guerras civis em curso: Iêmen, Iraque, Líbia, Síria;
- A importância estratégica do canal de Suez, dos estreitos de Ormuz e Bab el-Mandeb e de todo o Chifre da África;
- A instabilidade e mudança geopolítica regional e global nos últimos 20 anos.

Os britânicos e franceses estabeleceram as zonas de influência e de controle direto no acordo secreto Syckes-Picot de 1916. O acordo foi assinado e o Czar da Rússia foi informado, pois era de interesse da Rússia ver uma Turquia enfraquecida; alguns jornais cogitaram, mas os respectivos governos negaram, até que Vladimir Lenin encontrou o acordo no arquivos do Czar e publicou nos jornais Izvestia e Pravda. Foi a primeira sensação de grande traição pelos árabes, mas também pelos judeus espalhados pelo mundo, lembrando que o Kaiser Guilherme II tinha uma intenção de aliar-se aos turcos, nos objetivos de tirar a Índia das mãos dos britânicos e, para isso, cortando as passagens terrestres pelo Oriente Médio, principalmente o território da atual Jordânia. A região a oeste do Tigres e Eufrates com saída para Basra e o Golfo Pérsico ficaram sob o controle direto britânico e a região de Beirute e costa ao norte, sob o controle direto dos franceses, sendo que que a região de Damasco e Síria e Norte ficou sob o controle indireto francês e Aman a costa leste indo até Petra e saída para o mar Vermelho sob o controle indireto britânico. Já Jerusalém e Gaza até ao Sinai sob o controle internacional, mas com a pesada mão de Westminster.

Os que se interessam e amam o Oriente Médio atual têm em mente 7 pontos:

1. Maomé e a fundação do Islã, a tradição do Al Corão e suas intepretações não só religiosas, mas políticas sociais e legais.
2. A divisão sunita-xiita desde Batalha de Karbala. Meca e Medina são o centro da fé sunita e Karbala o centro da fé xiita desde o ano 680. Jerusalém é incluída por Maomé como a terceira cidade da fé.
3. Os califados Rashidun, Omíada, Abássida, Otomano entre 1300-1922.
4. A transição entre o império Otomano e o controle britânico após a Primeira Guerra Mundial e a fundação do Estado de Israel logo após a Segunda Guerra Mundial.
5. Os regimes atuais com o apoio inglês e americano.
6. A insurgência de grupos do Oriente Médio contra o Ocidente e contra seus próprios líderes após a guerra do Golfo em 1990, quando os EUA estacionaram tropas em território saudita.
7. A disputa atual entre gigantes externos e buscas de protagonismo entre os próprios líderes do Oriente Médio, princi-

palmente entre Arábia Saudita, Egito, Irã e Turquia sobre a região e o Norte da África, principalmente o mar Vermelho, canal de Suez e Mediterrâneo. O teatro atual dessas disputas está na Líbia e no Iêmen.

No Mandato da Palestina, a Jordânia foi organizada como passagem britânica para a Índia, a maior fonte de riqueza para o Reino Unido à época. No plano estratégico de país, o Reino Unido precisava garantir o acesso ao petróleo persa e iraquiano para a marinha britânica, já no início do século 20. A revolta árabe e a criação da Arábia Saudita, em 1932, e dos países do Golfo fizeram parte dessa geopolítica após a Primeira Guerra Mundial.

A pretensão do kaiser William II da Alemanha, de uma aliança colaborativa ampla com os otomanos, levou à disputa geopolítica entre alemães e britânicos já no início da segunda década do século 20. Com a derrota alemã após a Primeira Guerra Mundial, as vontades dos ingleses e franceses se cristalizaram em arranjos que deram mais ou menos o mapa político da região e que tem funcionado até hoje. Após a Segunda Guerra Mundial, os EUA aderiram a esse arranjo.

O Tratado de Versalhes proíbe a Alemanha de ter empresas de extração e de refino de petróleo e de fabricação de pneus, que ficam com os EUA, França, Inglaterra, Itália. A Alemanha só passará a fabricar veículos, cujo abastecimento alimentará os lucros de empresas dos aliados. Essa é a grande penalidade econômica e geopolítica de longuíssimo prazo imposto às empresas alemãs, ao passo que na formação escolar entende-se que a maior penalidade imposta a Alemanha foram os reparos de guerra e a proibição do rearmamento[114]; assim, foi dado à Bridgestone, Firestone, Goodyear, Michelin e Pirelli o domínio de pneus, enquanto a Irlanda ficou com a Dunlop e a Alemanha com a manufatura de veículos, caminhões e ônibus. Claro

---

[114] Possivelmente no plano estratégico dos nazistas eles previam a reversão dessa situação. Por isso a obsessão de Hitler para o controle do petróleo em Baku não era apenas uma necessidade desesperada para alimentar os tanques, mas para a integração da Alemanha pós-guerra no mercado petrolífero global. O falso antagonismo ideológico da Guerra Fria incluiu a URSS no lugar da Alemanha e as 7 Irmãs se asseguraram! [Cap. 3]

que, independente da geopolítica e das guerras, os mestres alemães do metal prosperam: Benz, Diesel, Krupp e Rathenau; assim como os grandes laboratórios Bayer, Hohfmann, Siemens e Zeiss [WATSON, 2010, p.369].

O mundo todo já percebeu o declínio, opcional ou de curso histórico natural, dos EUA no Oriente Médio; o país parece desinteressado no Oriente Médio como um todo e, cansado, se retira. Fato é que, independentemente de intenção, velocidade e tempo dessa mudança, alguns países da região e do mundo já estão ocupando o vácuo. Muitos aproveitaram os quatro anos de amadorismo, desconhecimento e teimosia de Trump (2017-2021) para marcar presença em territórios onde antes havia uma influência forte americana. Possivelmente, os maiores fatores têm sido: as mudanças na demanda mundial de petróleo, com a presença dos EUA como produtor; as frustrações militares e geopolíticas no Afeganistão e no Iraque, desde 2001; a hesitação, não engajamento ou falta de inteligência, com o abandono e traição aos curdos, depois de lutar contra o Estado Islâmico, não se descartando a hipótese de que alguns países e seus governantes nunca tiveram simpatia e ânimo para juntar forças com os EUA e, agora, de forma subtil, mas profissional e constante, avançam a sua própria influência nesses países. A aliança de conveniência por vezes dura somente enquanto o cenário geopolítico é favorável a países menos fortes; quando a nova situação permite, os líderes não escondem as recentes e verdadeiras preferências.

O vazio deixado pelos EUA abre brechas para outros movimentos geopolíticos com uma Rússia bem interessada para influenciar economicamente, politicamente e geopoliticamente a região e como *power broker*. A presença dos EUA foi interessante, apesar de que quem apoiou a independência de Israel em primeiro lugar foi a URSS. Desde 1798 até agora a Europa e os EUA se engajaram no Oriente Médio, mas agora terão que reconfigurar a sua geopolítica, uma vez que o pêndulo pende para a Ásia, Rússia, China, Índia e a Europa.

O professor Rabi Uzi, do Centro Moshe Dayan da Universidade de Tel Aviv, fala do campo Norte, a aproximação Irã, Rússia e Turquia. Argumenta que o vazio deixado pelos Estados Unidos abriu caminho para a Rússia fazer amigos e incluindo a Arábia Saudita, Argélia, Qatar, Egito, Emirados Árabes Unidos, Iêmen, Irã, Israel, Jordânia, Líbia, Síria, Iraque e Irã; sob seu ponto de vista, a Rússia não é novata na região: soviéticos já tinham participação. Desde os tempos do Czar a Rússia demonstra interesse no Irã e no Afeganistão e o atual regime, envolvido na guerra da Síria, tem o sonho de restaurar o passado glorioso russo misturado com força e geopolítica. A invasão da Ucrânia reforça isso.

Ao capitalizar no vácuo ideológico, a Rússia também lutou contra o islã radical visando sua própria segurança nas fronteiras com os países da Ásia Central, Chechênia e Daguestão. Portanto, o Kremlin já tinha experiência com radicalismo islâmico na Chechênia e Daguestão e isso ajudou Putin a obter apoio doméstico para a participação contra o Estado Islâmico na Síria. O presidente da Síria, Bashar al-Assad, foi de fato resgatado pelos russos, que capitalizam a partir daí, buscando influência e não ocupação militar, numa presença ativa e indispensável para ampliar o poder de barganha: as ações na Ucrânia e Crimeia renderam críticas dos europeus, mas sempre é possível inundar a Europa com migrantes via Líbia e Turquia. Assim, muitos enxergam a Rússia como antiamericana e ameaçadora à Europa, operando indiretamente, por meio do Oriente Médio e diretamente na Ucrânia.

## 33.11 Arábia Saudita

As características econômicas da Arábia Saudita podem ser listadas como:

- País não industrializado e nem se industrializando;
- Dependente em petróleo; mantém ¼ ou ⅓ das reservas de petróleo conhecidas;
- Precisa do barril de petróleo a uma cotação de não menos que u$ 85,00 para ser um país economicamente viável;
- Tem se deparado com a queda nas receitas nas exportações de petróleo com sequente queda nos gastos sociais;

- Crescentes gastos com guerras na vizinhança;
- Desafios fiscais levando a tornar-se um vendedor de títulos públicos em grandes praças financeiras pela primeira vez;
- Decisão estratégica atual para diversificação da economia para a era pós-petróleo, como o planejamento da megacidade de Neom.

Na sua agenda permanente contra o Irã, os sauditas procuram assegurar os seguintes objetivos permanentes contra o Irã:

- Manter as sanções econômicas;
- Bloquear a passagem da crescente xiita contra o Irã;
- Confrontar e destruir influência iraniana em qualquer lugar, por todos os meios a qualquer custo;
- Manter o apoio do Reino Unido e dos EUA;
- Assegurar o silêncio da China, Índia e Japão, seus principais importadores de petróleo;
- Colaborar com Israel por trás das portas;
- Ser o poder único no Oriente Médio.

A Arábia Saudita, por sua vez, encontra-se diante de três dilemas geopolíticos: a necessidade econômica de diversificar a sua economia para além do petróleo; manter a simpatia de sua vizinhança sunita enquanto se aproxima de Israel e recuperar o terreno diplomático perdido para o ativismo charmoso do Irã em muitos países da região. Assim pensa na sua era pós-petróleo e para tanto tem o projeto da megacidade de Neom, no golfo de Aqaba, que possa atrair investimento nacional e internacional em alta tecnologia e serviços. Aqui entra um quebra-cabeça de negociação: tratados de paz asseguram o acesso ao estreito de Tiran, ao Egito e Israel, mas não à Arábia Saudita; logo está sob a mesa dos sauditas o convite para reconhecerem oficialmente Israel para que Israel lhe permita o acesso marítimo ao estreito de Tiran.

Na intenção de diversificar a sua economia da dependência do petróleo e gás, a Arábia Saudita está pensando em se industrializar e explorar o potencial turístico das construções de Al-Ula da tradição Nabatena, ligando isso às oportunidades para cruzeiros no mar Vermelho, e alavancar o setor hoteleiro. A economia do país é sensível à queda no preço internacional do petróleo que afeta a arrecadação de recursos para o setor público, que banca gastos sociais, militares e com armamentos, bem como a sua agenda na vizinhança. Surgiu recentemente, pela primeira vez, o desafio de empréstimos governamentais para o equilíbrio fiscal, ou seja, a venda de títulos públicos nos grandes centros financeiro da Terra; isso dá uma sensação de fragilidade fiscal e dependência dos movimentos dos preços do petróleo, na cotação internacional e nas ambições geopolíticas da monarquia na região.

Na esfera política ocorreu a Primavera Árabe e a desestabilização do Oriente Médio, mas regimes fortes, ou até mais fortes, voltaram, abortando a esperança da democracia. Um grande ponto de interrogação é a sucessão e o futuro da casa de Saud, o regime do Irã, a iniciativa de Israel e os sonhos de desenvolvimento e segurança regional. As elites do reinado têm demonstrado divisão e disputas internas, desde o falecimento do último rei. A sucessão ao trono pode não ser tão harmoniosa e ainda há reticência democrática.

Na intenção de formar uma geração tolerante e respeitosa com as diferenças em outros países, uma reforma curricular tem sido anunciada recentemente para incluir princípios e práticas de outras religiões. Na intenção também de ganhar adesão dos mais jovens, reformas sociais têm sido pregadas sobre alguma liberação de opção individual comportamental. Alguns, incluindo vizinhos sunitas, percebem como demagógica e agressiva demais a intenção saudita de querer ser o único poder na região.

## 33.12 Egito

O país tem participado ativamente nos eventos do Oriente Médio desde a Segunda Guerra Mundial, a lembrar os mais dramáticos: três guerras contra Israel, crise de Suez 1956, golpes de Estado [Nasser e Sissi], incapacidade democrática, assassinato de um presidente, perseguição a intelectuais reformistas islâmicos e contra a Irmandade Islâmica.[115] Não alinhado, mas com tendências soviéticas na Guerra Fria até 1970, também tentou um protagonismo pan-arábico com Gamal Abdel Nasser [1918-1970]. Também abriga o maior acervo de civilização antiga abrindo portas para a pesquisa científica (arqueologia, arquitetura, história, política, religião) e para o turismo; já ofereceu ao mundo um secretário geral da ONU (Boutros-Boutros-Ghali) e ganhou dois prêmios Nobel da Paz (Muhammad Anwar al-Sadat e Muhamed El Baradei), Literatura (Nagib Mahfouz), Química (Ahmed Zewail).

A importância estratégica do Egito está principalmente na sua administração do canal de Suez, que faz a ligação entre o mar Vermelho e o Mediterrâneo; por extensão está ligada às passagens dos estreitos de Gibraltar e Bab el-Mandeb e à ligação entre os oceanos Índico e Atlântico e destes com o Pacífico. Isso inclui toda a geopolítica do fluxo do comércio internacional e das frotas navais entre Ásia, Europa, EUA e Canadá.

Vale lembrar de três aspectos estritamente políticos da estabilidade autoritária interna do Egito que reverbera em todos os regimes políticos da região, do Marrocos ao Afeganistão; a sobrevivência de um é condição necessária para manutenção dos demais:

- O modelo de estabilidade política autoritária do Egito tem servido como espelho para outros países do Norte da África, do Sahel e do Oriente Médio, sejam repúblicas ou monarquias;
- A garantia de paz que o Egito dá, no cumprimento do acordo com Israel assinado em 1980, entre Sadat-Begin-Carter em Camp David;

[115] Diversos pensadores islâmicos tem sido aprisionados e alguns até mortos pelo Estado egípcio nos últimos 100 anos.

- O controle de radicais islâmicos no Sinai, em parceria com Israel, evitando que grupos treinem ali e desestabilizem, com suas ações, toda a região e até mesmo a Europa e a Rússia.

Sua agenda nacional e internacional segue uma parceria silenciosa com a Arábia Saudita e Israel. É natural se pensar que, tanto Israel e os vizinhos sunitas quanto o Ocidente e a Rússia deem igual atenção a esse papel indispensável do Egito e o transformem em uma peça geopolítica, pelo privilégio geográfico que vem acompanhado também de uma responsabilidade única na região e no globo.

A estratégia regional do Egito depende também de outros parceiros. Existe a necessidade de uma colaboração, mesmo que negada e invisível, entre o Egito e a Arábia Saudita, quando se trata da política interna do Iêmen, devido passagem do estreito de Bab el-Mandeb na entrada do mar Vermelho a partir do mar Arábico. Nessa estratégia, a China também tem interesse, uma vez que está do mesmo lado do Egito na Líbia, importa petróleo da Arábia Saudita e tem negócios de gás natural com o Irã e colaboração em energia com a Rússia.

Dessa forma o Egito também se fortalece contra as ambições da Turquia, quando se trata de gás e petróleo no Mediterrâneo e no Egeu, bem como sobre o futuro político da Líbia. Não antagoniza Israel, que tem interesse em não permitir militantes no Sinai, e procura fazer parcerias com a Grécia e Chipre no gás do Mediterrâneo, além da segurança de sua própria exploração de gás na costa. No jogo de xadrez, Israel, por sua vez não antagoniza o Egito e nem a Turquia e garante suprimento de petróleo e gás do Azerbaijão.

## 33.13 Irã

No crepúsculo e aurora da geopolítica internacional entra em cena o Irã. Sua revolução islâmica completou 40 anos em 2019, mas o país nunca conseguiu exportar a sua revolução e possivelmente pretende manter a sua influência na região, mais por motivação econômica do que ideológica ou religiosa. Esse é o caso de seu acesso ao Mediterrâneo pelas terras do Iraque e da Síria; o contrabalanço da Turquia sobre o Irã é seu controle sobre as águas dos rios Tigres e Eufrates, para cooptar os governos da Síria e Iraque a fazerem o seu jogo, em desvantagem para o Irã, dada a presença da frota turca no Mediterrâneo.

A Pérsia é parte da história humana desde os tempos antigos e já acumulou um acervo considerável de riqueza, tesouros e cultura que foram cobiçados por Alexandre, romanos e outros. Inúmeras batalhas ocorreram entre persas e gregos, persas e romanos, persas e judeus. Durante a Segunda Guerra Mundial o país foi invadido conjuntamente pelo Reino Unido e União Soviética para garantir o suprimento para a ajuda britânica (Lend-Lease entre 1941-1945) para os soviéticos contra Hitler.

Após muitos anos de controle britânico e americano de grande parte do tabaco e petróleo e da economia, Mohammed Mossedegh, primeiro-ministro entre 1951 e 1953, nacionaliza empresas petrolíferas inglesas que não aceitam. Os EUA e o Reino Unido impõem um embargo internacional ao petróleo iraniano e aos seus serviços secretos, enquanto empresas internacionais petroleiras engendraram um golpe de Estado com a anuência do Xá Reza Pahlevi. O país embarca em reformas interessantes e numa ocidentalização, porém com gastos extravagantes de personagens do regime e o crescente autoritarismo da monarquia, somado ao desemprego, leva a protestos e à Revolução Islâmica de 1979 com o retorno do Aiatolá Ruhollah Musavi Khomeini [1902-1989]. Assim é possível afirmar que nos últimos 70 anos o Ocidente tem tentado impedir o desenvolvimento econômico do Irã a todo o custo. Não obstante, o país é protagonista na região e agora alinha-se mais ao Oriente.

Aqueles que tentam impingir uma imagem de que o Irã é um problema e o seu regime também, disfarçam o conhecimento geral de que para o Ocidente estar numa situação de controle sobre o Oriente Médio, a começar pelos persas, é preciso um alinhamento triplo: saudita-iraniano-iraquiano; se um desses é perdido como parceiro comercial e militar, então não é difícil perder o segundo e, eventualmente, os três grandes supridores de petróleo podem ser perdidos. Nos últimos 40 anos nunca houve entendimento entre o Irã e os EUA; o Iraque continua em turbulência e a sucessão saudita é uma incógnita. Neste sentido não se pode olhar para o Irã individualmente para entender uma possível retirada dos EUA do Oriente Médio. O fracasso da cooperação é mais amplo e a perda de influência para a China e a Rússia já é evidente. É possível vislumbrar um cenário para os próximos 50 anos em que os três gigantes petrolíferos estejam alinhados econômica e geopoliticamente ao Oriente e não mais ao Ocidente.

A Revolução Islâmica Iraniana constitui-se, na prática, uma tentativa de aplicação da proposta de intelectuais islâmicos de que é possível combinar progresso econômico e social com a tradição religiosa e legal islâmica. Neste aspecto, a oposição de alguns regimes sunitas ao Irã se dá mais por medo de avanços nesta área do que por diferenças de intepretação do legado de Maomé; não seria um zelo religioso, mas uma preservação política dos conectados de riqueza e autoritarismo ante uma "ameaça" de solução viável pelo Irã que possa ser copiada.

O Irã, detentor de 10% das reservais mundiais de petróleo, tem uma economia diversificada e mais industrializada que a maioria de sua vizinhança, exclua-se Israel e a Turquia. Há uma democracia funcional com eleições periódicas, mas a liberdade de expressão talvez poderia ser ainda mais ampla. É um poder militar, tem o apoio da Rússia e da China e fez amigos no meio do caos das guerras regionais desde o evento das Torres Gêmeas no 11 de Setembro de 2001.

Alguns regimes sunitas do Oriente Médio têm usado a causa palestina por décadas para seus fins próprios e agregado bem pouco ao acerto entre Palestina e Israel; enquanto isso o Irã xiita tem preenchido o vácuo com apoio à causa palestina via Hezbollah e Hamas.[116]

[116] Na escalada de violência em maio de 2021, é possível que países sunitas tenham pedido a Israel não escalonar a violência sobre disputas, pois isso daria uma vitória moral e diplomática ao Irã, que apóia o Hezbolah e ao Hezbolah que apóia o Hamas e ao Hamas que se diz campeão da causa palestina, mais do que o acomodado el Fatah da Autoridade Palestina.

Acusar o Irã de desestabilizador da região e exportador de terrorismo faz parte da estratégia em superestimar um inimigo comum para regimentar apoio de outros regimes da vizinhança e agradar a Israel, bem como para ir construindo na mente da opinião pública mundial uma justificativa para eventual bombardeamento de facilidades nucleares do Irã. O objetivo real é impedir a prosperidade econômica e desestabilizar o regime iraniano.

Cabe-nos entender mais detalhadamente o relacionamento atual e futuro do Irã com a Turquia, Rússia e China para trilharmos os labirintos do seu poder geopolítico.

## 33.13.1 Irã e Vizinhança

A Turquia não vê o Irã como um adversário, mas sim como útil para ampliar sua esfera de influência numa vantagem contra os desejos da Arábia Saudita, Egito, EUA, França, Israel e Reino Unido na região. Nessa perspectiva entram em cena Chipre e Rodes para a importância de segurança turca no Mediterrâneo e Sul da Anatólia.

Assim com os russos em Tarus e os turcos no Mediterrâneo seria possível também controlar a boca do Canal de Suez e o mar Vermelho e o delta do Nilo em um possível conflito armado generalizado na região. Mesas de negociação na Europa, Américas, Japão, China e Austrália estão abertas para ouvir os turcos dispostos a fazer concessões para os objetivos daqueles países desde que assegurem os seus próprios.

O Irã é indispensável por causa da Crescente Fértil e Crescente Xiita conforme visto nas páginas anteriores. Faz fronteira com diversos países e dá passagem terrestre para 15, numa posição estratégica grande para a conexão portuária, rodoviária e ferroviária para o Golfo Pérsico e o mar Mediterrâneo. Essa importância também o é para oleodutos e gasodutos. No mar Cáspio tem conexões com Azerbaijão, Cazaquistão, Rússia e Turcomenistão; ao Leste conexões com o Afeganistão e o Paquistão e ao Oeste com o Iraque, o Líbano, a Síria e a Turquia.

Não obstante toda a complexidade e todos os conflitos armados no Oriente Médio, o Irã foi capaz de manter livre a passagem pela Crescente Xiita para ligar ao porto no Líbano. Sabedores disso, Israel e a Arábia Saudita pretendem de todas as formar impedir essa realização. Algumas opções estão na mesa e uma delas é provocar um novo conflito no Sul do Líbano, onde nem sempre seria interesse reiniciar a guerra civil, mas pelo menos criar um teatro em que seria possível Israel combater o Hezbollah em terras libanesas; assim, se retardaria para sempre o projeto do Irã.

A logística portuária do Irã tem três importâncias estratégicas e geopolíticas: comércio internacional para o país, comércio internacional para a vizinhança, utilização da passagem terrestre para eventual conflito militar amplo na região.

A logística da Crescente Xiita é alternativa importante para o Irã, tanto para importações quanto para exportações devido às delicadezas no estreito de Ormuz. O Irã fica muito à mercê do humor de seus vizinhos sunitas. Então, se tivesse uma abertura pelo Mediterrâneo poderia importar seus maquinários industriais e agrícolas pelo Líbano, passando pela Síria e pelo Iraque e chegando ao seu território e daí transportar de trem ou de caminhão para todas as direções. Para chegar aos portos iranianos, os navios mercantes vindos do mar Arábico entram no golfo de Omã e depois no Golfo Pérsico.

Isso torna o Irã muito vulnerável às vontades de seus vizinhos, sendo que no jogo geopolítico às vezes tem que negociar alguns objetivos com os regimes sunitas, somente para manterem a sua boa vontade para não atrapalharem a passagem. Obviamente que a lei marítima internacional garante a passagem.

Também para uma necessidade militar terrestre, Teerã fica ao norte do Irã e qualquer socorro de algum aliado ou suprimento terrestre de material de guerra pode passar pela Crescente Xiita, caso o golfo de Omã se feche. Poderia se valer da Crescente Xiita, bem como do mar Cáspio, onde há fronteiras com a sua tradicional amiga Rússia.

Existem seis rotas terrestres que conectam 15 países, e principalmente da Ásia Central, o que dá ao Irã uma importância geográfica estratégica indispensável para as suas conexões e, aos demais países, aos portos do Líbano, Síria e Mersin na Turquia.

O bom funcionamento dessas rotas é também de interesse estratégico da Rússia e da Turquia e com a entrada da China, na parceria com o Irã, e da Índia, como importadora de petróleo e gás, dá ao Irã uma posição de barganha bem interessante e bem maior do que aquela possível com a Arábia Saudita e o Egito. Portanto, a proposta de bombardear o Irã a qualquer hora não é bem assim, envolve uma consulta além do parlamento doméstico a todos esses jogadores estratégicos da região.

De acordo com a Organização Portuária e Marítima do Irã [fonte: Port and Maritime Organization — Iran Ministry of Transport, acesso: 4 setembro 2021, 16h18] o porto mais importante do Irã no golfo de Omã é Chabahar; no Golfo Pérsico são Bahonar Shahidrajaee, Lengeh, Bushehr, Imam Khomeini; no Mar Cáspio estão os portos de Amirabad, Noshahr, Anzali e tem ligação por terra para o porto de Saraks na Síria.

Os portos iranianos servem seis rotas muito importantes: Trânsito norte-sul (Bandar Abbas para Amir Abad e Anzali); Rota de Trânsito leste-oeste (Sharaks na fronteira com o Paquistão e passa por Barzargan a Jolfa no Cazaquistão); Rota de Trânsito Sharak-Latakia; Rota do subcontinente indiano para o mar Mediterrâneo; Rota do Porto Khomeini para Shalamchec no Iraque; Eixo leste para a Ásia Central. A partir do Porto Internacional de Mersin na Turquia, os caminhões podem transportar até Teerã. Qualquer estrangulamento de passagem da Síria ou do Líbano ou do Golfo Pérsico estrangularia o Irã.

Uma terceira importância da estrutura portuária do Irã é a passagem em seus territórios para suprir países vizinhos. Numa eventualidade de um trancamento do canal de Suez, Golfo Pérsico, Síria e Líbano ainda há as opções de entrar pelo mar Negro ou pelo mar Cáspio. Numa situação mais extrema em que seriam trancados o mar

Negro e o mar Cáspio, ainda sobraria a entrada pelo Mar Báltico descendo os canais e rios russos até o solo iraniano. Por essa geopolítica, o Irã não tem nenhum motivo para confrontar a Rússia, ou pelo menos manter um silêncio que se explica em qualquer situação com o urso marrom.

O Iraque e a Síria servem como passagem terrestre para o Irã e para as repúblicas centro-asiáticas para o Mediterrâneo. Em meados de 2020, o Irã anunciou a sua intenção em construir uma ferrovia passando pelo Iraque e Síria para o transporte de produtos e pessoas. O acesso por terra ao mar Mediterrâneo e ao porto na Síria pode cortar o tempo de transporte em até três dias, se comparado com a passagem pelo Golfo Pérsico e o canal de Suez.

Em conclusão, o bom estrategista entende a importância da Crescente Xiita com todo esse emaranhado de teia de aranha. A Geografia é mais importante do que a ideologia para entender o mundo nos dias de hoje. Para corpos diplomáticos e militares isso é básico, mas os meios de comunicação ao reportarem notícias quebradas nem sempre esclarecem o usuário.

Tanto a posição geográfica quanto a diversificação da economia do Irã atiçam o olhar da Arábia Saudita. O reposicionamento da Rússia com os sauditas a partir de 2018 pode ser uma estratégia para apaziguar os sauditas e iranianos ao mesmo tempo; mais do que o Irã ser sacrificado pelos russos, haverá um freio dos ânimos sauditas que, dadas as condições do preço do petróleo e da exploração do gás de craqueamento dos EUA, estão frente a um desafio muito grande para sobreviverem somente as custas do petróleo e do gás. Eventualmente o gás saudita pode achar o seu caminho para a Europa pelas mesmas vias da Rússia e do Irã; em situações em que não seria possível exportar gás natural direto para a Europa, então se faria por outras vias marítimas. E os russos já estão aí solícitos. A ironia é que os EUA, além de perderem terreno com os xiitas, ainda passam a perder terreno com os sunitas.

### 33.13.2 Irã e China

A parceria da China com o Irã é de extrema importância para ambos, pois representa também a presença geopolítica da China no mar Cáspio, Golfo Pérsico e oceano Índico, sendo que já tem base militar no Djibuti para marcar presença na passagem de Bab el-Manded, no mar Vermelho e no canal de Suez. Em termos de estratégia, o Irã dá garantias de suprimento de petróleo para a China no caso de ela sofrer um bloqueio comercial ou naval por algum de seus oponentes. A parceria com a China é estratégica já de imediato para o Irã que necessita produzir oito milhões de barris por dia para manter-se ativa domesticamente e continuar indispensável no Oriente Médio. Por essa razão o país dá prioridade para empresas chinesas na exploração de gás e petróleo e no investimento na indústria petroquímica. Obviamente que a tecnologia cibernética não podia ficar fora do pacote. A China já abriu uma *free trade city* em Qeshm no Irã, na região de Ormuz. A presença da China no Golfo Pérsico cria um equilíbrio diferente daquele dos últimos 50 anos. Há uma parceria comercial e militar entre a China e o Irã cuja expectativa é um investimento de U$400 bilhões até 2045. Desde 2010, U$18 bilhões já foram investidos; as áreas de interesse são autoestradas, bancos, ferrovias, indústria petroquímica, infraestrutura industrial, petróleo, portos, gás, companhias de transporte, telecomunicações. A cidade de Maku, ao norte do Irã e próxima do Azerbaijão e Turquia, é declarada de livre-comércio e já conta com a presença comerciantes chineses por lá; o porto de Jask tem importância para o controle do estreito de Ormuz.

O reflexo direto dessa aurora geopolítica é um repensar da 5ª Frota Naval Americana no Barein; até que ponto vale a pena gastar tanto para estar presente num ponto estratégico que agora tem outros gigantes em cena? Mover o esforço militar para os oceanos Índico, Pacífico e Atlântico seria recomendável. A discordância de Israel e de alguns países do Oriente Médio sobre o Irã é mais uma estratégia para unificar posições entre eles e criar oportunidades econômicas a partir dos Acordos de Abraão do que uma resposta a uma ameaça real por parte do Irã.

## 33.14 Israel e vizinhança

Sendo uma democracia multipartidária e funcional no estilo Ocidental, Israel lida com gigantes em ascendência geopolítica como a China, Índia, Irã, Rússia e Turquia e com uma vizinhança não muito estável.

O novo estatismo de Israel pode ser encontrado na regulamentação financeira, regulamentação trabalhista, propriedade de terras, e migração seletiva permitindo a entrada de profissionais das áreas que mais necessita, assim como o Canadá também o faz.

O país está ciente das oportunidades econômicas próximas e que essas podem ter consequências políticas e geopolíticas. Na sua aproximação com a vizinhança, por exemplo, há perigos da transferência tecnológica e venda de armamentos para mãos indesejadas, hostis e, a partir daí, para clientes mais distantes, mas o país é suficientemente pragmático e dono de seu destino. Como visto no item 33.6, a segurança de Israel triangula com o Azerbaijão, Rússia e Turquia e o país deve recalibrar estratégias e táticas na nova realidade do Oriente Médio e avançar nos Acordos de Abraão.

Sua grande prioridade é garantir a importação de petróleo e gás e daí produzir derivados para garantir o bom andamento de sua economia. A busca por energia alternativa também é uma constante nas pesquisas e na criação de *startups*. Há esforço contínuo para energia térmica e fotovoltaica também.

Competição na exploração de gás e petróleo de xisto entre novos entrantes e produtores tradicionais, com novas descobertas no mediterrâneo e mar Egeu, bem como no Círculo Ártico afetam diretamente Israel, Turquia, Grécia, Líbia e Egito, dando a Israel mais liberdade para suas inciativas com seus vizinhos, conforme já demonstram os acordos de Abraão. Um zelo para qualquer partido político, uma vez no governo, é garantir uma política que facilite, sem intromissão pública, o suprimento e a formação dos preços de derivados de petróleo e gás via mercado.

O porto de Haifa é bem estruturado para *containers* e pessoas; o porto de Ashdod é estratégico para importação de petróleo e para o fluxo de produtos industrializados; o porto de Eilat conecta-se diretamente ao mar Vermelho e ao canal de Suez, alimentando também o sul do país e o setor de turismo; o porto de Tel Aviv encerrou as atividades em 1965, em função de Ashdod, dando espaço para armazenamento, comércio, lazer e moradia.

O gás natural é crucial para a geração de eletricidade no país e parcialmente na indústria. Nos últimos 15 anos Israel tem explorado gás em sua própria costa e até exporta para a Jordânia. Os seus gasodutos, com abastecimento marítimo a partir de Ashdod, ligam também Haifa às principais cidades e áreas agrícolas indo até mesmo ao mar Morto. As estações de geração de energia de Dalia, Dorad, Eshkol, Mishon, Rotem e Reading são abastecidas com gás natural. As descobertas de gás na costa litorânea de Israel aliviaram as importações de insumos para diesel e gasolina, bem como os custos internos uma vez que houve paulatina migração para o gás.

A importação de petróleo vem principalmente do Azerbaijão, Cazaquistão e da Rússia. Por meio do Azerbaijão Israel consegue o equilíbrio com Turquia e a Rússia e, por meio desses, também com o Irã. Esse equilíbrio também abre as portas para os interesses de empresas ocidentais na Ásia Central. Outro interesse é puramente econômico: Israel precisa de suprimento de petróleo e gás da região cáspia e o Azerbaijão é estratégico como supridor e como passagem. O petróleo é transportado desde 2006 pelo oleoduto Baku-Tbilisi-Ceyan (com capacidade para um milhão de barris ao dia de petróleo cru e leve) e daí transportado por navios para o porto de Ashdod; após ser refinado, abastece a economia israelense em gás de cozinha, nafta, óleo diesel para transporte pesado e aquecimento, querosene, óleo pesado e leve [item 3.3].

Sob o ponto de vista de segurança, a estratégia de Israel desde a Guerra de Yom Kippur em 1973 é defender as suas fronteiras a qualquer hora em qualquer lugar conforme o legado de Yigal Allon e do Palmach. Sendo convenientemente aliado do Azerbaijão xiita e da Turquia sunita na estratégia para enfraquecer o Irã, a pergunta que fica é se uma certa falta de atenção de Israel com a Armênia não fortalece o Irã, a quem os armênios acabam recorrendo para sobrevivência econômica. A

Armênia exporta produtos agrícolas e minerais, mas não tendo saída para o mar, o Irã a serve como caminho também para importações.[117] Se levar em consideração esse efeito adverso e se colocado em situação desconfortável, uma alternativa ao apoio de Israel ao Azerbaijão é importar petróleo do Chipre e dos Emirados Árabes, agora com o início da implantação do plano estratégico Iniciativa de Israel, formalizado pelos Acordos de Abraão.

Uzi Rabi, diz que não há uma política israelense definida para com a China; algumas acomodações precisam ser feitas e não há experiência no passado em movimentações ainda não conhecidas. A aproximação com a China não significa necessariamente que o país irá antagonizar os EUA, pois Israel deverá manter a sua parceria especial com os americanos, principalmente por razões de segurança; Israel não antagoniza a China, nem os EUA, nem a Rússia uma vez que a Rússia pode influenciar as vontades do Irã com relação a Israel.

A luta, até agora interminável, entre o Estado de Israel e o Hezbollah, nem é tão somente por razões ideológicas, entre um Hezbollah de esquerda e um partido Likud de direita; entre um islâmico e outro hebraico. É mais ampla e tem conotações de comércio internacional e de estratégia regional e do equilíbrio geopolítico da região toda.

Por meio dos Acordos de Abraão mais ampliados, Israel deve recalibrar estratégias e táticas na nova realidade do Oriente Médio. Uzi Rabi afirma que o acordo de Abraão levará a uma releitura e reexaminação da geopolítica na região. Qual será, então, o relacionamento de Israel com a vizinhança? Quais são as responsabilidades e possibilidades de cada país do Oriente Médio? A relação especial EUA-Israel será mantida, mas com desconfiança e sem fiança? Apoio, sem presença militar? Como ficarão as colinas de Golã? O que negociar em troca? Controle partilhado ou controle somente por um lado? Que garantia Israel pode ter de seus vizinhos que não revenderão e que não venham a utilizar as mesmas armas contra Israel eventualmente?

---

[117] Há acusações de que a Turquia transportou ex-combatentes da al Qaeda e do Estado Islâmico como mercenários para atuar na Guerra Azeri-Armênia em 2020.

Nas suas relações internacionais o país tem três campos diferentes para lidar: Xiitas e seus agentes por tabelas, Turquia e Qatar monarquias autoritárias. Alguns vizinhos agora o percebem como "parceiro" conveniente para ter acesso a armas e tecnologia da informação e cibernética para controlar o seu próprio povo, clérigos, acadêmicos, militantes islâmicos e grupos radicais. Além de um ganho de confiança com os vizinhos, tecnicamente é possível contraespionar e dar a Israel um sentimento de maior segurança. Assim, sente-se mais seguro e pode desenhar melhor os cenários de defesa ante qualquer tipo de ataque, desde um ataque terrorista num mercado aberto, até em uma universidade ou em instalações militares.

Um detalhe a se prestar atenção para as futuras gerações como um efeito tesoura, uma indo na direção contrária da outra a partir de certo ponto: hoje Israel tem uma unidade inquebrantável como nação e uma diversidade cultural trazida com as Aliás de mais de 60 países; eventualmente no futuro poderá haver mais uniformização cultural, mas muitas divisões como nação. O ideal será manter a unidade na diversidade e sempre, na prosperidade e na partilha por todos.

Irã, Rússia e Turquia, são antagonistas aos EUA e extrarrivais dos radicais sunitas, como o ISIS, e pode se vislumbrar acordos entre os três em um Campo Norte, sob a atenção cuidadosa de Israel. A Rússia tem estratégia e táticas bem jogadas no antagonismo do Oriente Médio e assim mantém-se ativa no Egito e na Líbia, com venda de armas e intermediária entre forças antagônicas por lá e na Síria com presença em Tartus e Latakia.

Parece claro agora que tanto a causa da Primavera Árabe quanto a direção decepcionante tomada depois, foram amplamente influenciados pelos acertos e erros americanos no Afeganistão e no Iraque. Claro que Washington ainda tem que entender melhor a mente dos árabes e nem sempre todos os países caminham na direção que foi combinada, alguns países têm agenda própria e não manifesta; eles próprios querem estar em controle da situação de assegurarem os seus interesses geoestratégicos e cada país de conflito.

## 33.15 Península Coreana

Para Fernandes [2019; p.119] existe uma relação complexa entre a China e Coreia do Norte.

> "o objetivo último da China é afastar a presença militar dos EUA da Península da Coreia e da Ásia-Pacífico. É um objetivo estratégico permanente, prosseguido com paciência, determinação e sentido de oportunidade e do qual a China nunca abdicará".

E para isso a China joga com as possibilidades do mundo real.

Fernandes [2019; p.120-121] traça alguns cenários da solução do impasse da Coreia do Norte na mesa de poderes externos:

- Continuar com sanções econômicas e dissuadir o Norte de qualquer aventura nuclear;
- Romper, o que envolveria um ataque armado aéreo e depois por terra e mar pelos EUA;
- Negociar, envolvendo a Rússia e o Japão e a própria China.

Mas fica, ainda, a maior dúvida do maior desafio e do maior objetivo: a reunificação. Se dará? Como se dará?

Vale lembrar que qualquer um dos três cenários acima fortaleceria a China que se colocaria ao lado do Norte para, na sequência, tentar enxotar os EUA da península da Coreia e da região Ásia-Pacífico. O próprio Sul, em nome de sua defesa e segurança poderia tentar convencer os EUA a convergir para o terceiro cenário, o que mais beneficiaria a China no longo prazo, dentro de seus objetivos permanentes para a região.

Nos três cenários, a China precisa ser consultada e na negociação

> "a China iria exigir a total retirada militar dos EUA na Coreia do Sul, em troca de uma pressão decisiva para desnuclearização da Coreia do Norte" [Fernandes; 2019, p.122].

> "a esperança chinesa tem fundamento e sentido estratégico. Um erro de cálculo poderá ser o princípio do fim da hegemonia dos EUA na Ásia-Pacífico. Mas também trágico para o mundo, se acabar por levar a uma confrontação militar" [Fernandes; 2019, p.123].[118]

Quais seriam então as possíveis especulações sobre o futuro da Coreia, levando em consideração a relação complexa entre o Norte e a China e as difíceis relações do Norte com os EUA e o vai e vem de encontros entre os líderes do Norte e o Sul. Será que é possível antever uma Coreia reunificada e nuclear? Uma Coreia nuclear poderia ser o fiel da balança entre os gigantes geopolíticos no Índico e nos dois lados do Pacífico. Mais ainda, essa Coreia reunificada seria pró-EUA e pelo menos neutra com a China? Nesse caso a estratégia americana envolveria a ajuda para a atual Coreia do Norte obter o domínio tecnológico completo para fazer a bomba. Como poderia isso ser feito? Qual seria a reação da China? Como poderia se provocar uma reunificação de maneira harmoniosa?

A própria Coreia do Norte olhando para a Líbia traída pelos EUA, Inglaterra e França em 2011, poderia ver uma aproximação do ocidente com desconfiança [Fernandes; 2019, p.119]; a mesma desconfiança pode ser confirmada olhando para o Afeganistão abandonado à sua sorte em 2021 pelos EUA e a Inglaterra. E não faltará a China para sussurrar aos ouvidos dos coreanos e entregar relatórios de boas espionagens sobre as verdadeiras intenções e maquinações dos EUA.

---

[118] No início de 2021 a frota naval militar chinesa superou a dos EUA. No enfrentamento silencioso ou ruidoso na Ásia-Pacífico as vantagens são da China: para não atazanar Taiwan, a China exigiria que EUA não interfeririam na Coreia do Norte; para convencer a Coreia do Norte a se desnuclearizar, a China exigiria a retirada militar americana da península coreana.
De qualquer forma uma Coreia do Norte, nuclear ou não, já está nas mãos da China.
Tanto os EUA quanto a China aguardam a Coreia do Norte fazer a bomba e a sequente unificação da Coreia. Fica o cheque mate para quem controlaria a península coreana na sequência.
Não havendo acordo, a Coreia assumiria uma posição não alinhada e os EUA e China concordariam que suas frotas navais possam circular livremente no Pacífico, mas sem confronto.

## 33.16 Turquia

Nos últimos 100 anos a Turquia tem sido um meio termo equilibrado entre democracia multipartidária ao estilo ocidental e o fundamentalismo radical; tem sido também um oásis de estabilidade entre cinco regiões instáveis: Balcãs, Cáucaso, Golfo Pérsico, Norte da África e Oriente Médio.

O mar de Mármara, o Chifre de Ouro, o mar Negro e os estreitos de Bósforo e de Dardanelos têm sido estratégicos desde os hititas, romanos, bizantinos, otomanos e à presente Turquia, além de todo o território geográfico do país.

A passagem do gás natural que sai da Ásia Central, do Cazaquistão e Turcomenistão, mas também do Azerbaijão, pode passar pela Turquia. Sabendo da dependência europeia da posição estratégica de seu país, isso dá extrema autoconfiança aos líderes turcos para seguirem agendas independentes, perseguirem seus objetivos geopolíticos e às vezes se comportarem como se o país nem fosse membro da OTAN.

A Turquia foi admitida na OTAN em 1952, como barreira contra os soviéticos no mar Negro e no estreito de Bósforo, portanto, para evitar a entrada fácil no Mediterrâneo.[119] Também servia ao propósito de passagem de armas para aliados do Ocidente no mundo árabe, nem sempre democráticos. Ironicamente, para o Ocidente, agora o país se aproxima do Irã e da Rússia que têm consumido energia diplomática por décadas do Ocidente (e não tem objeções China).

É um país indispensável no triângulo África-Ásia-Europa e a sua presença na OTAN está assegurada, seja por razões geográficas, econômicas, políticas e estratégicas. Além de ter que assegurar seus próprios recursos energéticos, o país procura ser um intermediário ativo no grande jogo do Oriente Médio e na geopolítica global do gás e petróleo. A descoberta recente de gás natural no mar Negro poderá exigir uma reconfiguração geopolítica turca na região. É

[119] Ironicamente, no momento há uma cooperação entre a Turquia e a Rússia para garantir exatamente isso, sendo que nem a Rússia nem a Turquia são menos antagônicas ao Ocidente agora do que à época.

possível que com mais suprimento de gás, em seu próprio território e na vizinhança, não haverá necessidade de a Turquia ser um *big player* em toda a região, desde o Cáspio ao Mediterrâneo. Por isso, o seu enfrentamento com o Egito e o antagonismo com a Arábia Saudita tenderão a diminuir. Inclusive com menos dependência do gás e petróleo da Líbia, a Turquia pode ter dois ases na manga para a Europa: como controladora de fluxos de migração que passariam por seu território a partir do Oriente Médio e do Norte da África e a ameaça implícita de liberar milhares de seus próprios desempregados para dentro da União Europeia.

Ao mesmo tempo que aspira entrar na União Europeia, fora dela pode ter mais liberdade em sua política interna e externa, bem como maximizar sua infraestrutura junto à vizinhança. Os dez maiores portos marítimos da Turquia diferenciam-se não somente pela posição geográfico-estratégica, mas também pela especialidade de cada um, além de cargas. Mersin é o maior porto e para os grandes fluxos globais de cargas, tendo conexões com mais de 100 portos no globo; Istambul é mais para passageiros; Alanya é um porto de conexões com Chipre, Egito, Grécia, Israel, Líbano e Síria; Aliaga é ligado ao petróleo e refinarias; Clias em Dardanelos está ligado a administração naval; Eregli inclui função militar; Gemlik é de *containers* e global; Izmir inclui passageiros e facilidades militares; Bandirma é ligado aos mares e cargas; Finike está mais ligado à agricultura e ao turismo para monumentos antigos.

Exerce uma disputa geopolítica mais direta com o Egito e mais indireta com a Arábia Saudita, ao mesmo tempo em que tenta não atiçar os EUA, nem confrontar a Europa. Exerce neutralidade distante com a Rússia, a China, a Índia e o Irã e procura se manter parceira com Israel.

O grande plano de influência geopolítica do atual governo turco é focado na Anatólia, Mediterrâneo e passagens a Darial, Derbent e ao Cáucaso e envolve a relação com o Azerbaijão, Geórgia, Irã, Rússia e a bacia dos rios Tigres e Eufrates, bem como a delicada lida com os curdos.

Os interesses e habilidades geopolíticas da Turquia relativas ao Cáucaso, Iraque, Síria, Líbano e Jordânia ficam limitadas devido ao arco-íris étnico e ideológico e a interferência, ali, de poderes maiores globais e nacionais. Assim como no Império Otomano, fica difícil influenciar as coisas à distância, a partir da capital Ancara. É muito gasto, desgaste para pouco retorno no longo prazo.

A Anatólia tem uma importância muito grande para a Turquia na região: é passagem asiática por terra para ter o controle militar da região por qualquer exército pró ou contra a Europa ou a Rússia; dá acesso aos hidrocarbonetos da Ásia; permite o controle das fontes dos rios Tigres e Eufrates e fontes de águas doces da região.[120]

Esse terceiro fator dá grande poder de barganha geopolítica turca sobre o Iraque, a Síria e o Líbano por induzi-los a não discordar em muitas agendas; não há acordo formal entre esses países sobre o uso dessas águas.[121] As barragens turcas para a geração de energia (Ataturk é a maior), nessas bacias, lhe dá também poder de controle sobre a vazão das águas que podem causar efeitos sobre a agricultura e a produção de alimentos rios abaixo.

O presidente turco Halil Turgut Özal [1927-1993] certa vez afirmou que se "a Turquia não fica dando opinião sobre o petróleo árabe, assim os árabes também não têm o direito de ficar dando opiniões sobre as águas turcas". Mas sentimentos à parte, a importância das águas aí é também para o futuro, quando as populações mais ao sul crescerem no Iraque e Síria, deverá haver a necessidade de mais água bem como de mais alimentos, produtos e serviços turcos.

O país não gosta muito de ser admoestado por outras capitais do mundo sobre o que fazer ou não fazer na sua política interna e externa. Turcos não são etnicamente árabes e um certo ressentimento não declarado contra os anos de domínio otomano ainda pode ser sentido em alguns vizinhos.

---

[120] Revisitar a parte IV – Geopolítica da água.

[121] Um exemplo claro de que o espírito otomano ainda circula um pouco na veia de muitas empresas, militares e políticos em Ancara, para lhes dar um conforto natural desse poder de barganha e de influência silenciosa sobre alguns de seus vizinhos.

Dessa forma, a sabedoria comum em Relações Internacionais recomenda a outros países serem amigáveis com a Turquia. Em princípio não deveria haver problema, uma vez que ambos os governos podem ser sunita, apesar da maioria no Iraque ser xiita. A Turquia também está aberta a compromissos, porque ao tratar bem a Síria, o Líbano e o Iraque, acaba fazendo um meio de campo com o Irã e com a Rússia; por outro lado disputa esferas de influência com a Arábia Saudita, mas não confronta Israel e tenta influenciar vizinhos hostis a restringirem incursões de grupos radicais contra Israel, principalmente o Hezbollah. Não se fala aqui de parcerias, mas de intermediações inteligentes que geram um equilíbrio geral para todos na região, isto é, um bom relacionamento da Turquia com o Irã pode ser um canal para convencer o Irã a influenciar um comportamento menos agressivo de oponentes de Israel no Oriente Médio. É preciso lembrar que, dado o desinteresse dos governantes sunitas da região em apoiar construtivamente a causa palestina, o Irã apadrinhou a causa palestina com o intuito de ajudar a resolver o conflito por meio dos partidos políticos como o Hamas (Gaza) e Hezbollah (Líbano), mas também, possivelmente, como janela de oportunidade para si no jogo geopolítico na região. Assim, se quiserem diminuir a influência do Irã, outros regimes da região deveriam se apressar mais em colaborar efetivamente na solução dos desafios Palestina-Israel. É possível que um mesmo regime que finge estar ao lado de Israel contra o Irã, esteja no seu silêncio preferindo interferências do Irã para desconfortar Israel.

Uma vez que o Irã precisa da saída para o Mediterrâneo passando por terras do Iraque e da Síria, a Turquia pode fazer uma aliança não declarada nem escrita com o Irã. Tudo isso, por sua vez, também deixa a Rússia e os centro-asiáticos mais confortáveis.

Há o desafio da delicada disputa com os curdos, que entre outras coisas têm deliberadamente atacado as hidroelétricas turcas na Anatólia. A Turquia também acusa vizinhos e poderes externos por financiar os curdos para criar instabilidade em seu território, senão até mesmo afrontar diretamente o governo central do país. Assim, a boa administração das águas do Eufrates e Tigres vem junto com a necessidade de um relacionamento mais construtivo e menos conflitante com os curdos.

Outra importância da Turquia e da Anatólia envolve a Europa, a Rússia e o Irã. A Europa depende da Rússia para seu gás natural e seria bom a Europa ter mais parceria com a Turquia para diminuir essa dependência, pois a Rússia exerce um poder geopolítico formidável sobre a Europa, o Oriente Médio e a Ásia Central como um todo. O suprimento segue muito por via marítima, mas poderia melhorar por gasodutos por terra. Assim mesmo, não sendo um gigante na produção de hidrocarbonetos (petróleo e gás), a Turquia tem uma posição geográfica privilegiada para exercer uma grande geopolítica e obter ganhos econômicos tanto do Oriente quanto do Ocidente.

Esse é o caso do gasoduto trans anatoliano, com gás vindo do Azerbaijão, mas a política regional deve ser bem harmonizada para que isso aconteça, ante interesses e interferências da Arábia Saudita, EUA, Irã, Israel em toda a região.

Agora entram em cena as montanhas do Cáucaso e suas passagens que ligam o mar Negro ao mar Cáspio, a passagem de Derbente, já no Mar Cáspio e a passagem Darial Gorge perto da Geórgia; estradas em regiões planas já levam direto para a geografia da Rússia e a Rússia controla a passagem Darial Gorge e tem entendimento com o Azerbaijão sobre a passagem de Derbente. Essas passagens fazem parte direta de toda a geopolítica regional e global da Rússia, na mesma proporção da Crimeia; além da passagem do estreito de Bósforos que os russos precisam para a frota naval do mar Negro. Assim, a Turquia pode exigir termos favoráveis aos russos pelas passagens de Derbente e Darial Gorge. O arco-íris de etnias no sul do Cáucaso torna tudo mais complicado, onde não só a história, mas religiões e sentimentos de séculos ainda afloram, ou pelo menos são utilizados como poder de barganha para obter benefícios econômicos.

As disputas entre Turquia e Egito na Líbia seguem essas linhas, mas a Rússia pode ser um fiel da balança ao convencer tanto a Turquia quanto o Egito a negociarem; a Rússia precisa do estreito de Bósforo e o Egito precisa de armas e alimentos da Rússia. Na medida em que a Rússia amaina, a Turquia também pode influenciar o Irã a ser mais amigável com Israel.

> "a elite turca aprendeu que ganhar pontos com os islâmicos provocando brigas com Israel resulta na cooperação entre Israel, Chipre e Grécia para criar uma aliança enérgica trilateral a fim de explorar os campos de gás ao largo de seus respectivos litorais. A desconfiança do governo egípcio em relação à Turquia está aumentando o interesse do Cairo em ser um grande cliente para essa nova fonte de energia" [Marhsall; 2018, p.174].

A Turquia se apresenta como uma força geopolítica global. Tem uma posição geográfico-estratégica indispensável no triângulo África-Ásia-Europa, numa aliança já feita com o Irã e a Rússia que envolve:

- Passagem pelos estreitos de Bósforo e Dardanelos pela frota russa do mar Negro estacionada na Crimeia;
- Passagem das forças da OTAN (por terra, ar e mar) estacionadas na Romênia e com acesso ao mar Negro;
- Passagem dos dutos de gás e petróleo por seu território e que abastecem a Europa;
- Acertos sobre a exploração de gás e petróleo do Mediterrâneo e Egeu, acomodando gregos, cipriotas, israelenses com intermediação da Rússia;
- Acesso a seus portos do Sul, como Mersin, para o Irã e Repúblicas centro-asiáticas;
- Tolerância para que a Rússia transporte gás e petróleo saudita para a Europa, a um preço de transporte mais baixa do que o gás de xisto americanos;

- Influência na Líbia, compartilhada com o Egito quando a guerra terminar;
- Confortável com a aproximação entre China, Índia e Rússia;
- Ainda envolve o luxo de cutucar o olho de americanos junto com China, Irã e Rússia na Venezuela.

Pode ainda convencer vizinhos a abastecer Israel com petróleo e gás e ajudar a refrear os ânimos do Irã para não atazanar Israel e os vizinhos sunitas.

A lógica liberal-secular vigente desde a sua criação por Ataturk, em 1922, foi um pouco afastada por Recep Tayyip Erdogan [Fernandes; 2019, p.136]; mas enquanto conservador, o seu governo não incomoda outros regimes sunitas da região.

Há uma ironia do destino: na Guerra Fria alguns governantes do Ocidente não tinham vergonha de apoiar ditadores, porém, agora países não democráticos que foram aliados do Ocidente se voltam contra o sistema liberal partidário do Ocidente, ou pelo menos o preterem, quando não o dispensam e desprezam.

É possível perguntar se os EUA, a Europa e a própria OTAN tenham imaginado uma colaboração tripartite entre Irã-Rússia-Turquia, entre Irã e China e entre China e Rússia, e, mais ainda, se teriam se preparado para isso. Sem dúvida, os movimentos dessas placas tectônicas da geopolítica asiática regional também afetarão a geopolítica global. Aurora para uns, crepúsculo para outros, pelo menos daqui até 2070. Essa aproximação tripartite também pode envolver uma atenção maior da Turquia sobre o futuro do Afeganistão a partir de agosto de 2021.

## 33.17 Ucrânia

A guerra na Ucrânia é o marco militar e dramático do crepúsculo e aurora da geopolítica global, que já estavam em movimento nos últimos 30 anos. Poucos imaginavam que a Rússia se atreveria a invadir o país todo e causar tanta destruição física e humana. A desestabilização total da Ucrânia levou ao êxodo em massa, destruiu todo o fabrico social, os projetos de vida, as famílias, a economia bem como lhe impõe uma encruzilhada política interna e com o mundo. Além da urgente necessidade de reconstrução da Ucrânia, a guerra reverberará no próprio modelo econômico, político e militar interno da Rússia, deixando uma incógnita sobre o seu futuro interno e internacional, uma vez que todo o relacionamento de confiança da Rússia pós-Soviética com o Ocidente não será mais o mesmo, exigindo um inevitável e urgente reposicionamento de ambos os lados.

O cenário pós-guerra deverá seguir o seu curso com muita negociação, envolvendo a Europa e toda a comunidade internacional, levando a um novo equilíbrio geopolítico com implicações regionais e globais. Uma nova ordem internacional será marcada com o fim do conflito, possivelmente tendo Israel e Turquia como mediadores e como ganhador de visibilidade assim como a China. O equilíbrio geopolítico global penderá fortemente para a Ásia *vis-à-vis* os EUA, França, Reino Unido e seus aliados, com maior presença da Índia, Irã, Israel, Japão, Oceania e Turquia.

Muito se falará a partir de agora e por isso essas páginas vão se abster de conjecturas. O que se pode dizer é que a questão da Ucrânia é muito sensível porque, além de ser uma nação soberana que merece respeito, envolve toda a geopolítica da Europa com a Rússia e conecta geograficamente o continente à Ásia Central. Trata-se de uma nação milenar, estratégica e indispensável, não só europeia, mas global e todo o difícil entendimento entre o Ocidente e a Rússia passa por aí. Por suas terras planas e férteis e recursos naturais, que em si são uma dádiva geográfica, o país tem pagado um preço histórico muito alto por intrusões externas, e agora mais uma vez. Na anexação russa da

Crimeia, foi deixada meio sozinha por sua própria condição de vulnerabilidade ante toda a geopolítica do gás e do petróleo entre a Rússia e a Europa; a reação ingênua da comunidade internacional desde então pode ser considerada como um grande erro estratégico. Isso deu coragem expansionista ao Kremlin e agora as ações militares da Rússia embaralham o jogo; a OTAN encontra-se amarrada e a ONU tímida, dado o perigo de alastramento do conflito e da ameaça nuclear russa.

Se não era prioridade a Moscou instigar a independência das repúblicas secessionistas, nem tampouco dividir a Ucrânia ao meio, agora não há mais certeza de nada. Em um bullying contínuo, a Rússia pode forçar gastos governamentais ucranianos com defesa e isso drena recursos públicos que seriam utilizados na infraestrutura para alimentar o crescimento e o desenvolvimento econômico do país. Mais ainda, faz a Ucrânia continuamente vender títulos públicos na forma de empréstimos de dinheiro fora do país, utilizando assim os próprios dólares e euros adquiridos com *royalties* do gasoduto para a redenção destes títulos. Isso pode perpetuar a instabilidade para Ucrânia, a Rússia e a Europa.

O processo de desindustrialização, desde a independência em 1991, tem afetado também o acesso ao sistema educacional e as oportunidades de formação de renda de porção considerável da população, bem como resultado em problemas sociais profundos que levarão tempo para serem superados, ante ao deslocamento total e dramático de sua população na guerra. É natural, portanto, que milhares que fugiram da guerra jamais regressarão. Isso somado alimenta a instabilidade política e imprevisibilidade em eleições, bem como torna difícil uma tomada de decisão sobre a direção futura que o país deseja, na escolha de seus parceiros externos que lhe possam garantir prosperidade e segurança.

O crescimento econômico sustentado e sustentável e a estabilidade política e social desejados pela Ucrânia, também afetarão positivamente toda a estabilidade da Europa que não pode se dar ao descuido de ter uma nação agredida militarmente e com ameaças contínuas nas suas entranhas. Num cenário em que a Rússia pode garantir o suprimento do gás à Europa, mas alienar a Ucrânia e com alternativas de gás natural fornecido à Europa pelo Cazaquistão, Turcomenistão, Irã e Azerbaijão, a Ucrânia perderia tanto os *royalties* do atual gasoduto russo, como também poderia perder importância estratégica. Se a Ucrânia escolher estar mais próxima da Europa, poderá colher os benefícios econômicos desta cooperação e assim gastar menos com segurança interna e com as fronteiras com a Rússia, desde que a Rússia se comprometa, por tratado internacional, a não intimidar mais; se escolher uma parceria maior com a Rússia, terá mais receita com *royalties* e gastará menos em segurança de qualquer forma.

A brutalidade da invasão é também um recado da Rússia a outros países e por isso mesmo tudo deve ser muito bem resolvido, não podendo a Ucrânia ser somente a primeira peça no dominó na esfera maior de influência da Rússia por meio da força militar.

Um país com elevado nível educacional desde a era soviética, com avanços científicos, inovação tecnológica e liderança em aviação e alimentos e um povo amigável, com uma história forte e identidade cultural bem definida e admirável, mesmo assim a tragédia da Ucrânia de hoje deixa-a numa crise de identidade e numa encruzilhada na sua política interna e externa. O ideal seria o país encontrar um bom relacionamento com a União Europeia e com a Rússia ao mesmo tempo e nessa estratégia poder contar com os EUA. Uma das opções é se tornar um país neutro por tratado internacional, pois não será a piedade internacional ao sofrimento impingido a essa nação que ditará o seu futuro, mas os interesses estratégicos dos países da Europa, dos EUA e outros *big-players* na arena internacional.

A Ucrânia será sempre lembrada por esse momento dramático de guinada nas relações internacionais entre os países e na geopolítica global. Que seu sofrimento sirva de aprendizado para passos mais largos e urgentes da civilidade humana: a guerra na Ucrânia e a aurora geopolítica evidenciam a urgência de um novo tratado internacional sobre armas de guerra e estratégias militares, sobre os perigos das armas nucleares [Cap. 5], necessidade de informação mais precisa para a prevenção de conflitos e solução dos mesmos [Caps. 8 e 9], maior autoridade moral da ONU e o seu envolvimento efetivo para acudir a população civil enquanto está sendo deslocada [Cap. 15]. Outro aprendizado é que, apesar da imediata e perceptível efetividade das sanções econômicas sobre os controladores de um regime econômico, político e militar agressivo, são necessárias também estratégias mais inteligentes, para que as sanções econômicas não penalizem tão dramaticamente as pessoas comuns do país agressor e nem a economia a internacional na escala que está sendo presenciada agora [parte III].

Aguarda-se com muito otimismo o cenário pós-guerra nos dias vindouros, num crepúsculo da brutalidade e numa aurora da prosperidade e da partilha entre os humanos!

## 34. PODER, CONSPIRAÇÃO E INVERDADE

A busca de poder e de influência, por meio da disseminação de mentiras e teorias da conspiração na presente era da informação, se dá em três esferas bem distintas: indivíduos que buscam a fama e culto à personalidade e pessoas comuns que compartilham informações questionáveis; políticos nacionais que buscam a manipulação ideológica e maximização dos votos; nações rivais que buscam alinhamento e controle geopolítico nas relações internacionais.

No atual emaranhado de interdependência complexa entre países, o alinhamento regional e global e a rivalidade entre nações e poderes se desenrolam numa forma ou noutra de conflito, diplomacia, diplomacia econômica, estratégia direta e indireta, geoeconomia, geoestratégia, guerra, guerra econômica, identidade, informação, desinformação, contrainformação, capitalismo de Estado e novo estatismo.

Ante o movimento das placas tectônicas da geopolítica entre poderes-guias e novos entrantes, percebe-se cada vez mais o uso da tecnologia cibernética e de redes sociais e a participação de agentes e atores estatais e não estatais para influenciar a política nacional e as relações entre os países.

A tecnologia cibernética, da informação, de comunicações, bem como técnicas de relações públicas, publicidade, propaganda, psicologia social e teoria dos jogos podem se constituir em verdadeiras armas com menos gastos e com mais eficácia do que a utilização do poderio militar por grupos e nações visando objetivos estratégicos, principais e intermediários. Ações diplomáticas e militares predatórias, perpetradas por um país contra outro país, podem influenciar negativamente a imagem desse país ante a comunidade nacional e internacional; podem levar ao confronto verbal, aberto ou mesmo agressivo entre nações. Por outro lado, ações dentro da cibernética e da teoria dos jogos são invisíveis e de difícil identificação e comprovação de suas origens e de seus perpetradores.

Eis a novidade para o presente século e na nova Guerra Fria: a cibernética é potencialmente mais eficaz e menos onerosa que o aparato diplomático e militar que possa ser utilizado no exercício da política nacional e das relações internacionais e os disseminadores de conspirações e falsidades podem contar, gratuita e voluntariamente, com a replicação do seu material por milhões de seguidores desavisados, e não somente por agentes do Estado.

A disseminação da conspiração e de falsidade se tornou mais efetiva com a revolução da informação e com as redes sociais, mas vem de longa data desde a divisão ideológica direita-esquerda a partir de 1848, das guerras convencionais e guerras civis e da escalação do terrorismo neste século. O que ocorre é que as redes sociais na atualidade facilitam a disseminação de informações e atingem um público que jornais e livros jamais atingiriam. Blog, facebook, instagram, twiter, youtube e web são mecanismos facilitadores da disseminação de conteúdos que chegam confortavelmente nas mãos de usuários de celular e de computador, de maneira silenciosa e instantânea.

"Com pouca leitura, os meios de comunicação, as redes sociais e a grande mídia mantêm a atenção de grande número de pessoas por diversas horas diárias desde os centros urbanos em cada município aos grotões, bem como alcançam pessoas de qualquer escolaridade" [Della Justina, 2021, p.73]

No lento crepúsculo dos últimos 100 anos mais brutos da humanidade, enquanto aguarda-se uma aurora civilizatória para os anos vindouros, parte da humanidade parece sofrer uma dramática recaída quanto se trata de teorias da conspiração e *fake news*. A informação e a intepretação que a maioria das pessoas têm acerca dos fatos, da economia, das organizações, da política, das relações internacionais e de outros países advém quase que exclusivamente dos meios de comunicação social e das redes sociais, e não da leitura robusta de livros. Sem muita formação, um percentual assustador de pessoas agarra-se ao tipo de informação que lhes conforta e essa, na maioria das vezes, não passa da casca do ovo. A intepretação dos fatos, disseminados com caráter conspiratório, enganador e manipulador, silenciosa e desavisadamente forma a opinião pública a respeito dos líderes políticos, desportistas, econômicos, sociais, religiosos, culturais nacionais e internacionais. Para muitos líderes, a manipulação da informação é conveniente na busca de admiração pessoal e de aprovação de suas ações, mesmo que as vezes essas sejam ilegais, ilegítimas e longe da ética; nas mesmas táticas é possível também difamar oponentes e desconstruir a imagem deles.

A disseminação de teorias da conspiração e de inverdades cria paranoia na mente de muitas pessoas, com a intenção deliberada de plantar assuntos e desviar as suas mentes para longe das pautas verdadeiramente necessárias e construtivas. Nessas táticas, o maior objetivo, numa democracia multipartidária, é transformar indivíduos em votos e numa ditadura, diminuir manifestações contrárias ao regime. A tática geralmente é acompanhada por um elemento de nacionalismo; indivíduos e grupos manipuladores tentam fazer parecer que seus objetivos sejam também aqueles da nação; que ameaças contra a sua reputação também sejam contra a integridade territorial, contra a nação, contra o Estado, contra o governo e contra a democracia. Mais ainda, os que criam e disseminam esse material sempre tentam fazer os seguidores sentirem que eles próprios estejam ameaçados, assim como o seu país. Também incutem o conforto implícito e enganador no inconsciente dos seus seguidores amedrontados de que alguém vai cuidar da segurança do país e deles individualmente. Por isso, políticos populistas são barulhentos e combativos, ante ameaças que eles próprios fabricam e disseminam.

"Quando não tem mérito para ser admirado, o político populista sente-se confortável por ser odiado e, por isso, busca viciosamente despertar ciúmes e inveja em seus adversários e manter a admiração de seus eleitores". [Della Justina; 2021, p.154]

## 34.1 Culto à personalidade, polarização e eleições

Assim como o imediatismo e a amplitude das redes sociais pode forçar positivamente pessoas em evidência e de responsabilidade privada ou pública a serem mais transparentes e prestativas por suas ações, o seu uso sem muita sabedoria pode também, por vezes, partir para um lado menos nobre. São os casos de indivíduos que buscam fama na Internet espalhando controvérsias e conspirações e, mesmo que não persigam objetivos políticos, da mesma forma as suas inverdades vão desde fantasias até ao proselitismo, racismo, antissemitismo, negacionismo que podem levar seguidores à intolerância, agressão, violência e morte.

Outros tantos se dedicam ao culto de sua própria personalidade, desde artistas, desportistas, políticos, líderes religiosos até influenciadores. Isso tudo causa fadiga e é um atentado contra a civilidade em qualquer sociedade multicultural e complexa.

Há também disseminação ingênua e inocente de informação sem fundamento e frágil no sentido da verdade por indivíduos isolados. Informações sem fundamento são levadas a sério até nos meios acadêmicos, escolares, profissionais, no comércio e nas finanças fazendo com que indivíduos baseiem algumas decisões em interpretações equivocadas, num mundo verdadeiramente paralelo à realidade.

Já na esfera coletiva aos poucos, mas irreversivelmente, estamos nos acostumando com ações cibernéticas que tentam influenciar as eleições majoritárias em outro país na busca de um resultado a partir do qual futuros líderes passam a agir pelas mãos dos manipuladores, conscientemente ou inadvertidamente. Em certos casos, o eleitor desavisado acaba por eleger líderes que colocarão o seu país nas mãos e na armadilha do outro país, em situação de refém ou de vítima nas relações internacionais, enquanto o país conspirador fica em situação de controle, atingindo o seu objetivo estratégico. O eleitor não ganha nada com isso e às vezes até perde, mas tem a sensação de ser protagonista da história.

Felizmente para a democracia, as forças armadas e outras instituições públicas, desde os EUA até outros países, têm exercido a sua grandeza no zelo de suas atribuições constitucionais, assim como as entidades da sociedade civil organizada e a imprensa livre têm cumprido os seus propósitos.

O que se percebe é que a difusão da informação equivocada e direcionada, com pitadas de medo e de incerteza, pode criar condições de poder. Mueller [2003, p.360] alerta que quando se refere à burocracia e incerteza, a informação e o poder andam juntos.

A implantação intencional e sistemática de contrainformação, desinformação, confusão e anarquia para direcionar a opinião pública por meio das redes sociais e da Internet é um dos dilemas da democracia e das relações internacionais na atualidade e um desafio para as lideranças de boa qualidade.

A tecnologia cibernética permite a disseminação direcionada de conteúdo abusivo, confuso, difamatório, falso, negativo para afetar adversamente a imagem e a reputação de empresas, governos, indivíduos, políticos e organizações. A mesma tecnologia cibernética permite a criação deliberada de imagem positiva, mesmo que falsa, a respeito de empresas, governos, indivíduos, organizações e políticos.

Nos dois casos a opinião pública é direcionada para objetivos específicos, dentre os quais o direcionamento do voto de eleitores.

A teoria da escolha pública analisa a busca da maximização do voto na democracia representativa, mesmo em países economicamente desenvolvidos [Mueller; 2003]. Apesar da opinião pública ser um dos temas difíceis na análise da Teoria Política, a sua utilização tem se mostrado eficaz quando ocorre a manipulação das mentes dos eleitores. Vale aqui retomar Bonavides (1996, p.457-464) quando fala da sociedade de massas e da natureza artificial e irracional da opinião pública e de sua politização, em substituição a sua natureza espontânea e racional. O autor alerta para não confundir opinião pública com opinião publicada.

"Na sociedade de massas, o indivíduo, as ideias, os juízos críticos, a autonomia do raciocínio contam pouco, cedendo lugar à ação coletiva, aos juízos de grupo, aos interesses de classe e profissão, às ideologias". [Bonavides; 1996, p.458]

"A massa se rege por sentimento, emoções, preconceitos, como a psicologia social já demonstrou exaustivamente. A opinião das massas formando a opinião pública será por consequência irracional". [Bonavides; 1996, p.459]

Os meios de comunicação social e redes sociais e os conteúdos que divulgam têm caráter coletivo, possibilitando um verdadeiro comportamento de rebanho em resposta a conspirações e falsidades propositadamente plantadas. Por questão estatística, o conteúdo disseminado vai cair nas graças de um percentual de indivíduos que não se preocupa se a informação é verdadeira ou falsa e, mais ainda, esses manterão uma fidelidade cega e indestrutível aos seus falsos profetas.

"As pessoas frequentemente tendem a acreditar naquilo que elas gostam, mais do que naquilo que elas precisam; naquilo que lhes convém, mais do que naquilo que é provavelmente correto" [Bouquet; 1964, p.36].

Geralmente os que se dedicam à manipulação sentimentalista das emoções das pessoas não são defensores de valores e nem guardiões da pátria contra inimigos como demagogicamente pregam; convenientemente encontram aí uma forma eficaz de causar insegurança e, uma vez eleitos, facilitar ao prática diária dos vícios de poder conforme tratados na Ciência Política: autoritarismo, burocracia, chauvinismo, cleptocracia, clientelismo, corporativismo, coronelismo, corrupção, demagogia, elitismo, falso-nacionalismo, favoritismo, fisiologismo, golpismo, intervencionismo, monopolismo, negacionismo, nepotismo, oligarquia, plutocracia. O indivíduo desavisado é transformado em eleitor no dia das eleições e na sua vida diária passa a ser um agente útil e gratuito de ações dos praticantes desses poderes e que estão encrostados no setor público e privado, muitas vezes atentando contra os direitos básicos desse próprio indivíduo.

## 34.2 Conspiração e cibernética na nova Guerra Fria

A polarização ideológica pode também conter elementos de teoria dos jogos aplicada à política e às relações internacionais: criar uma ação, já antecipando a reação do Estado rival para a contrarreação, onde o Estado conspirador possa estar sempre no controle deixando o outro nacionalmente ou internacionalmente em situação de refém ou mesmo cair vítima da armadilha [Cap. 9].

Teorias da conspiração já tomam forma e abundam numa aparente nova Guerra Fria na atual bipolarização global entre as nações, desde especulações da Armadilha de Tucídides a outros possíveis conflitos. Se for retomada a análise de Mackinder [Cap. 6], as áreas geográficas de poder da Terra estariam sendo rearranjadas em dois blocos oponentes na atualidade:

Em bloco A, formado pela Rússia da *heartland*, somada China e ao Oriente Médio da *rimland*, e bloco B, formado pelos EUA e a Austrália, das ilhas transoceânicas, somados Europa Ocidental e Índia da *rimland*, mais a Grã-Bretanha e o Japão das ilhas circunstantes.

Os 15 países de importância estratégica, mencionados no capítulo 33, seriam convenientemente e ocasionalmente cooptados para se alinharem a um bloco ou ao outro em questões e disputas bem específicas de comércio exterior, relações internacionais, segurança e defesa.

No que se trata de poderio militar, esses dois blocos estariam alinhados entre si um contra o outro, sendo que há dois membros permanentes do Conselho de Segurança da ONU no primeiro grupo e três no segundo grupo; poderão ser oponentes e rivais em termos comerciais, geopolíticos e militares, mas também parceiros bilaterais entre si em outras regiões da Terra quando conveniente. De qualquer forma isso levará a um equilíbrio geopolítico regional e internacional.

Por fim, no cenário de conspirações e de *fake news*, tanto indivíduos avulsos quanto grupos e governantes são uma ameaça desagradável para a democracia e para o bom entendimento entre as pessoas e as nações. Na busca de fidelidade ao regime, as relações internacionais e a geopolítica podem ser manipuladas em favor dos praticantes do vício do poder. Para esse propósito, problemas externos também podem servir como cortina de fumaça para analistas, demagogos, empresários, imprensa nacional, oportunistas e políticos que tentam vender uma imagem de que na esfera nacional tudo é melhor, se comparado a outros países, como tentativas disfarçadas de esconder ou justificar a sobreposição de alguns indivíduos e grupos sobre outros dentro do próprio país.

A difusão de mentiras sobre a conspiração ameaçadora por um inimigo externo e do inimigo comum é muito eficaz nas mãos de quem não tem carisma para a verdadeira liderança e nem capacidade agregadora.

Faz-se urgente uma colaboração internacional efetiva para garantir a segurança cibernética nacional e internacional, desde o combate à manipulação da opinião pública e de eleições por meio de fantasias conspiratórias e *fake news* até crimes de roubo e exposição de dados de indivíduos e organizações, bem como hackeamento de códigos bancários e de segurança nuclear dos poderes geopolíticos guias. Mas nada será muito efetivo se indivíduos não superarem o seu descuido e a sua própria ignorância.

# CONCLUSÃO

Tem sido prazeroso elaborar esta obra e espero que o tenha sido também para a sua leitura. É um desafio agradável juntar as peças do jogo entre os países e da geopolítica e simplificar algo aparentemente complexo; essas peças aparecem soltas nos meios de comunicação quase rodos os dias, mas são só rajadas de informação, sem o leitor perceber o todo e os princípios e as bases de sustentação que apoiam todo esse emaranhado. É quase o trabalho do poeta que toma o óbvio que está em frente aos olhos de todos, mas que nem todos enxergam e, porque não enxergam, não entendem e nem tampouco têm o privilégio de apreciar.

Além da fundamentação teórica, escolas de pensamento, autores e metodologia de análise, tentou-se também trazer os fatos reais e os tópicos relacionados como economia, geografia, poderio militar, plano estratégico, teoria dos jogos, cenários, cooperação, comércio internacional, conflito, crise, geopolítica social, ajuda internacional, água, economia marítima e um pouco de projeção sobre o crepúsculo para alguns e a aurora para outros países.

Fica o desejo silencioso de que as pessoas que leem possam entender e quiçá a leitura agrade estudantes de qualquer nível e que gestores privados e públicos e lideranças possam tê-la a seu alcance para saber dialogar melhor com todos os interlocutores e tomar decisões mais acertadas para o país e para o mundo.

Agradeço a sua paciência por ter me honrado com sua leitura!

Fica o convite para acompanhar o crepúsculo e a aurora da geopolítica global no decorrer dos próximos 50 anos.

# REFERÊNCIAS

AGÉNOR, Pierre-Richard & MONTIEL, Peter J.. *Development macroeconomics.* Princeton: Princeton University Press, 1999.

BEAUMONT, Joan. *Comrades in Arms – British aid to Russia 1941-1945.* London: Davis-Poynter, 1980.

BOBBIO, Norberto. Dicionário de política. Brasília: UnB, 1995.

BONAVIDES, Paulo. Ciência Política. São Paulo: Malheiros, 1996.

BOUQUET, A.C.. Comparative religion. Middlesex: Penguin, 1964.

BURBANK, Jane & COOPER, Fredrick. *Impérios – uma nova visão da história universal.* São Paulo: Planeta, 2019.

CARVALHO, Leonardo Arquimino (org.). *Geopolítica e relações internacionais.* Curitiba: Juruá, 2002.

COHEN, Raphael & HAN, Eugeniu & RHOADES, Asley L.. *Geopolitical trends and the future of warfare.* Santa Monica: Rand Corporation, 2021.

COUTEUR, Penny La & BURRESON, Jay. *Os botões de Napoleão – as 17 moléculas que mudaram a história.* Rio de Janeiro: Zahar, 2006.

CRETELLA NETO. José. *Teoria geral das organizações internacionais.* São Paulo: Saraiva, 2007.

DAVIDSON, James Dale & REES-MOGG, Sir William. *Blood in the streets – investment profits on a world gone mad.* London: Sidgwick & Jackson, 1988.

DELLA JUSTINA, Masimo. Brasil – *Poder no município.* Curitiba: CRV, 2021.

ELGESTRÖM, Ole. Foreign aid negotiations. Hants: Avebury, 1992.

ESTEVES, Paulo & SEIXAS, Camila do Couto. *In* SOUZA, Matilde de. *A agenda social das relações internacionais.* Belo Horizonte: Editora PUCMinas, 2005.

FERGUSON, Niall. *A guerra do mundo – a era do ódio na história.* São Paulo: Planeta, 2015.

FERNANDES, José Pedro Teixeira. *Geopolítica em tempo de paz e guerra.* Coimbra: Almedina, 2019.

FOLLAND, Sherman & GOODMAN, Allen & STANO, Miron. *The economics of health and health care.* Upper Saddle River: Pearson, 2007.

GALLUP, John Luke; GAVIRIA, Alejandro; LORA, Eduardo. *Geografia é destino?* São Paulo: Unesp, 2017.

GLIED, Sherry & SMITH, Peter C.. *The Oxford handbook of health economics.* Oxford: Oxford University Press, 2013.

GOULD, W.T.S.. *People and education in the third world.* New York: Longman, 1993.

JACKSON, Robert & SORENSEN, Georg. *Introdução às relações internacionais.* Rio de Janeiro: Zahar, 2018.

JAMES, Onnig Tamdjian & MENDES, Ican Lazzari. *Geografia – estudos para a compreensão do espaço.* São Paulo. FTD, 2011.

JAMISON, Dean T & MOSLEY, W. Henry & MEASHAM, Anthony R. & BOBADILLA, Jose Luis. *Disease control priorities in developing countries.* Washington, DC: Oxford/World Bank, 1993.

JOHNES, Geraint. *The Economics of Education.* London: Macmillan, 1993.

JUSTINA, Masimo Della. *Simplificar o complexo e sublimar o trivial.* São Paulo: Edicon. 2020.

KENEN, Peter. *Economia Internacional – teoria e prática.* São Paulo: Campus 1998.

KING, Kenneth. *Aid & Education in the developing world.* Essex: Longman, 1991.

KRUGMAN, Paul R. & OBSTFELD, Maurice. *Economia internacional – teoria e prática.* São Paulo: Makron, 1999.

LACOSTE, Yves. *A geopolítica do Mediterrâneo.* Lisboa: 70, 2006.

LIVINGSTONE, I. & ORD, H.W. *Economics for eastern Africa.* London: Heinemann, 1988

MARSHALL, Tim. *Prisioneiros da geografia.* Rio de Janeiro: Zahar, 2018.

MORAES, Marcos Antonio de & FRANCO, Paulo Sérgio da Silva. *Geopolítica – uma visão atual.* Campinas: Átomo, 2014.

MUELLER, Dennis C.. Public choice III. Cambridge: Cambridge University Press, 2003.

NELSON, Joan M. in EVANS, Peter et all. *The politics of economic adjustment.* New Jersey: Princeton, 1992.

PARKINSON, C. Northcote. *The rise of big business.* London: Weidenfeld & Nicolson, 1977.

ROSSETTI, José Paschoal. *Introdução à economia.* São Paulo: Atlas, 2016.

ROXBOROUGH, Ian. *Theories of underdevelopment.* London: Macmillan, 1986.

SACHS, Jeffrey. *A riqueza de todos.* Rio de Janeiro: Nova Fronteira, 2008.

SALDANHA, Eduardo. *Teoria das relações internacionais.* Curitiba: Juruá, 2009.

SINDICO, Francesco. *International law and transboundary aquifers.* Cheltenham: Edward Elgar publishing, 2020.

STEITENFUS, Ricardo. *Relações internacionais.* Barueri: Manole, 2004.

STENELO, L-G. Foreign policy predictions. Lund: Studentlitteratur, 1980 *in* ELGESTRÖM, Ole. *Foreign aid negotiations.* Hants: Avebury, 1992.

STOPFORD, Martin. *Economia marítima.* São Paulo: Blucher, 2017.

STUENKEL, Oliver. *O mundo pós ocidental – potências emergentes e a nova ordem global.* Rio de Janeiro: Zahar, 2018.

TALLEY Weyne K.. *The Blackwell companion to maritime economics.* Oxford: Blackwell, 2012.

THACKRAH, J. R. *Politics made simple.* London: Heinemann, 1987.

TODARO, Michael. *Economic development.* New York: Longman, 1994.

TRAVASSOS, Mário. *Projeção Continental do Brasil.* São Paulo: Global, 1981.

VISENTINI, Paulo Fagundes. *As revoluções africanas – Angola, Moçambique e Etiópia.* São Paulo: UNESP, 2012.

WATSON, Peter. *The German genius – Europe's third renaissance, the second scientific revolution and the twentieth century.* London: Simon & Schuster, 2010.

*WORLD BANK: Development Report.* Washington, DC: World Bank, 1993.

*WORLD BANK. Poverty Reduction and the World Bank – progress and challenges in the 1990s.* Washington: World Bank, 1996.

*WORLD BANK. The east asian miracle – economic growth and public policy.* Oxford: Oxford University Press, 1993.

## Acessos à Internet


https://www.imf.org/external/index.htm.Report for Selected Countries and Subjects (IMF, 2019, 10, 11, 08, 2020.

http://hdr.undp.org/en/content/latest-human-development-index-ranking, acesso em 06.06.2021.

https://www.usaid.gov/who-we-are/usaid-history, acesso em 04.03.2021, 11h.

www.BBC, site de 03.04.2014, acesso 14.10.2020.

www.DB Schenker Logistics Company, acesso 15.04.2021.

www.Global Britain in a Competitive Age – GOV.UK. The Integrated Review on Security, Defence, Development and Foreign Policy. HM Government. Presented to Parliament by the Prime Minister by Command of Her Majesty, March 2021,

www.Global Water Partnership, acesso 25.10.2020.

www.Global Water Partnership; 25/10/2020. Soumyajit Dasgupta, 30 July 2019, Marine Insight, 15 oldest most beautiful shipping ports of the maritime world, acesso 08.06.2021, 8h30.

https://hellene-sun.xyz/index.php?n=Library.TheTiesBetweenIsraelAndAzerbaijan. The ties between Israel and Azerbaijan, by Alexander Murinson (The Begin-Sadat Center for Strategic Studies, published in OctOber 2014, acesso 24 fevereiro 2022

www.ICRP Budapest, Institute for Cultural Relations Policy (2012) por Andras Lorincz, acesso 29.04.2021, 09h30.

www.Iran Ministry of Transport, acesso: 04.09.2021, 16h.

www.Israel Fuel Sector – Ministry of Energy, gov.il, acesso 21.04.2021, 19h04

www.Israel´s Azerbaijan mistake, Michael Rubin, American Enterprise Institute, acesso 21.04.2021.

www.list of fragile states, acesso 22.04.2021, 11h27.

www. New York Times, acesso 11.07.2020.

www.ncbi.nlm.nih.gov, SHIMAZONO, Yosuke. The state of the international organ trade: a provisional picture based on integration of available information. Bulletin World Health Organisation, December 2007, 85:955-962. Maryland: ncbi.nlm.nih.gov, 2007.

www.Nixon in China (The Film) – YouTube Richard Nixon Presidential Library, February 22, 2012, acesso 5 setembro 2021, 8h www. Prafula Kumar Sahoo & José Tasso Feliz Guimaraes. Global groundwater; 2021, acesso, 21.07.2021, 21h].

www.Port and Maritime Organization, acesso 25.05.2021.

www. The Center for Nacional Interest, 29th November 2020, acesso 14.08.2021.

www.UN.Gift Guide – Human trafficking and business: good practices to prevent and combat huma trafficking. International Labour Organization, 12 July 2010, acesso 04.11.21.

https://unctad.review-maritime-transport- 2020. Executive Summary, acesso 20 02 2022, 8h

www.*United Nations – department of economic and social affairs– sustainable development,* 03 junho 2021 11h14

www.United Nations Office on Drugs and Crime, acesso 02.03.2021.

www.weforum.org/gcr SCHWAB, Klaus, editor. The Global Competitiveness Report 2019. Geneva: World Economic Forum, acesso 24.08.2020, as 19h30.

www.Youtube video. Geopolitics: a very short introduction, Klaus Dodds – Talks at Google, 2019, acesso 16.04.2021.

## PÉS AO PÓ

Pés firmes ao pó do chão
se apressam para os lados
do sossego são empurrados
com dilacerado coração

ainda existe a força da arma
que perfura e o sangue jorra
sem abrigo, no perigo chora
é escolha, destino ou carma?

depois de tanto que já sofreu
de batalhas e violência espúria
o humano é pó em lamúria?
que da História nada aprendeu?

mas igual à guerra, aqui ao redor
a brutalidade, nem sempre é menor

mdj 06.03.2022